本书出版得到“龙图法律教育基金”的资助

2018
第1辑·总第3辑

师大法学

ECNU LAW REVIEW

华东师范大学法学院　组编
张志铭　主编
田雷　郑戈　执行主编

法律出版社
LAW PRESS · CHINA

图书在版编目(CIP)数据

师大法学．2018年．第1辑：总第3辑／华东师范大学法学院组编；张志铭主编．--北京：法律出版社，2018

ISBN 978-7-5197-2774-1

Ⅰ．①师… Ⅱ．①华… ②张… Ⅲ．①法学－文集 Ⅳ．①D90-53

中国版本图书馆CIP数据核字(2018)第233658号

师大法学(2018年第1辑·总第3辑)
SHIDA FAXUE(2018 NIAN DI 1 JI · ZONG DI 3 JI)

华东师范大学法学院 组编
张志铭 主编

策划编辑 蒋　橙
责任编辑 蒋　橙
装帧设计 鲍龙卉

出版 法律出版社
总发行 中国法律图书有限公司
经销 新华书店
印刷 北京虎彩文化传播有限公司
责任校对 马　丽
责任印制 吕亚莉

编辑统筹 法律应用·大众出版第二分社
开本 720毫米×960毫米　1/16
印张 24.75
字数 375千
版本 2018年11月第1版
印次 2018年11月第1次印刷

法律出版社/北京市丰台区莲花池西里7号(100073)
网址/www.lawpress.com.cn
投稿邮箱/info@lawpress.com.cn
举报维权邮箱/jbwq@lawpress.com.cn
销售热线/010-83938336
咨询电话/010-63939796

中国法律图书有限公司/北京市丰台区莲花池西里7号(100073)
全国各地中法图分、子公司销售电话：
统一销售客服/400-660-6393
第一法律书店/010-83938334/8335　西安分公司/029-85330678　重庆分公司/023-67453036
上海分公司/021-62071639/1636　深圳分公司/0755-83072995

书号：ISBN 978-7-5197-2774-1　定价：78.00元

卷首语

在法学的版图内，任何一所有学术担当的法学院，往往都有本院主办的学术刊物，或收入本院教员著作的学术文丛，以之确立本院在法学百花园中的学术地标。正因如此，在华师大法学“撤系建院”之后，《师大法学》的编辑工作随即提上我们的工作日程。编辑工作没有“一般将来时”，只有“现在进行时”，我们没有患上时髦的学术拖延症的奢侈，而是相信在实际的、具体的编辑过程中发现困难，解决问题，果然是事不宜迟，从萌发“师大法学”这个构想到现在，不到两年的时间，我们已经把《师大法学》从引号变成了书名号，头两辑已经先后在2017年下半年和2018年上半年出版，现在又到了将第三辑的文章整理打包，发给出版社的时候了。

但仍然是很难，能做到什么样，取决于所录文章的品质如何。作为“老编辑”，我们当然清楚，《师大法学》**至少现在**还没有守株待兔的资本（当然，我们并没有因此而忽略任何一篇投稿的稿件），主动出击、定向约稿是解决我们目前好稿件稀缺问题的办法。但难就难在约稿上，在这个“不发表，就出局”的学术时代，高校教员普遍面临着压力山大的学术发表任务，按聘期或分年度要被考核，定绩效，而“青椒”群体在很多学校内都有所谓“非升即走”的当头压力。在这样的学术环境下，暂时还未纳入评价系统，却又志存高远，想要展示出自己的学术面貌，甚至是示范一种新的学术气象，其难度可想而知。作为编辑，我们在约稿和组稿的过程中，时常想到的一句话就是——“杀出一条血路”。

“杀出一条血路”，曾是我们所熟知的政治口号，二十世纪八十年代初为改革开放鼓舞人心，积蓄力量。1979年4月，邓小平在拍板要搞经济“特区”时，就对其时主政广东的习仲勋讲过:"中央没有钱,可以给些政策,你们自己去搞,杀出一条血路来。"[1]但这六个字,又不只是一种政治口号,它还包含了改革开放在中华大地上之所以得以启动和展开的政治策略。甚至可以说,这六字真言,凝练着中国政治家在这个曾一穷二白的大国里要做事,做成事的政治智慧,甚至提炼出可以为各行各业学习的人生经验,大到改革开放之涉及十多亿人口的家国大业,小到我们在这里做一本发行量不过千余册的学术书,中国的道理在某些方面可以说是一通百通,殊途同归的。学术评价体制迅速成为铁板一块,我们要想发挥任何"后发优势",找到我们的"寸有所长",那就要在一定的时期内把《师大法学》定位为一种"特区",暂时没有C字打头,我们反而可以轻装上路,走得通就走,走不通就改回来。

从第三辑开始,我们在编辑模式上做了一个自觉的调整:在坚持"自力更生"的既定前提下,我们开始引进外援。执行主编制,在国内常由学术共同体所创办并维持,它的好处在于权责明确,统分结合。从第三辑起,我们在执行主编制的基础上又做了一个大胆的尝试,就是我们开始探索院内和院外(一般是校外)的双执行主编机制。以第三辑为例,我们特别邀请了上海交通大学凯原法学院的郑戈教授,由他同我院田雷教授一起,共同主编了这一辑的《师大法学》。这么"引进外援",所考虑的并不只是外来的学者可以帮我们多约个三五篇,而是希望借由这种合作机制,可以把《师大法学》作为"特区"的优势灵活地运用起来。

《师大法学》之特,就在于它目前尚未进入主流的学术评价系统,因此是外在于学术评价体制的,因此我们就有从容的余地,说的具体些就是实打实的版面,来讨论在我们看来根本的法学问题。根本的未必是眼下看起来紧迫的,有时反而是"寻常看不见"的,因此不太入法学界主流的法眼。接下来,每一辑由两位执行主编所共同打造的"专题研讨",可以说是《师大法学》的特色和亮点。外来的学者会念经,这种合作执行主编的方式可以把每一辑的"专题研讨"做的再扎实些。若干年后大浪淘沙,若干辑留在我们的书架上,我们到时候可以再来总结,我们一步一个脚印,一辑一个专题,到底做出了什么,贡献了什么,愿我

---

〔1〕《邓小平年谱》,中央文献出版社2004年版,第510页。

们的研讨不会成为学术 GDP 中的一个分母而已。以本辑主题研讨的中国土地法制为例，在不到一年的时间内，张泰苏、乔仕彤、彭錞先后在剑桥大学出版社推出了讨论中国土地问题的英文学术专著，我们在此特别邀请他们，就他们专著所研究的问题继续写下去，相信这种专题研讨的方式可以最大程度利用《师大法学》的平台，推动我们对相关现实和理论问题的认识。

万事开头难：虽然第三辑已经完成了编辑的全部工作，第四辑的编辑也已全面展开，甚至未来的第五辑……也是如箭在弦，但在我们编委会的设想中，《师大法学》的这个头还没有开完，如何在当下的学术环境下，考虑到我们的平台以及所能支配的学术资源，办好《师大法学》，我们仍在摸索，在杀出一条血路的同时，我们其实也在摸着石头过河。

最后加上一句绝非多余的话，请各位学界同人和读者多加指教、支持和关照！

田　雷

2018 年 6 月 6 日于华东师范大学法学院楼

目录
Contents

专题研讨（一）

如何超越法条来思考中国土地问题　郑　戈　3
早期现代土地市场中的道义经济制：历史与理论　张泰苏　8
关系物权的演变：以中国农村土地改革为例　乔仕彤　潘孚然　44
现代中国征地权力的理论基础：多元传统与共同遗产　彭　錞　74
财产的历史形态及其演进动力
——读《财产故事》　陈贤凯　104

专题研讨（二）

营商环境评估：国际实践及其中国启示　王美舒　124
世界银行《营商环境报告》述评　王美舒　136

瑞士营商环境评估的实践与经验 李建星 149
德国营商环境评估的实践与经验 周万里 162
法国营商环境评估的实践与经验 李颖轶 165
印度营商环境评估述评 李 帅 172
日本营商环境评估的实践与经验 缪 怡 177

论文

批判法学的中国式误读 熊丙万 187
“厚今薄古”:法的阶级性和继承性讨论(1956~1957) 段瑞群 212
关于设置互联网法院的若干思考 邵 新 233
犀利还是无力?
——重读《代码 2.0》及其法律理论 戴 昕 252
立法论视阈下最惠国条款适用于国际投资争端解决程序的法理困境 田 海 269
司法裁判案件的参与式实地研究
——以商志才案的研究为例 王 军 286
德日危险接受判例述评 马卫军 299

评论

正义想象中的去差异化与异质性崇拜
——兼评《正义与差异政治》　谭安奎　327
差异的正义,抑或正义的他者?
——读《正义与差异政治》　许小亮　360
我的老师和朋友——哈罗德·约瑟夫·伯尔曼教授
——纪念哈佛法学院和埃默里大学法学院荣誉教授
哈罗德·约瑟夫·伯尔曼100周年诞辰(1918～2018)
鲍里斯·A.奥西比安　樊宇译　孙新强校　367

专题研讨（一）

如何超越法条来思考中国土地问题

郑 戈*

最近一年以来,剑桥大学出版社连续出版了三本关于中国土地财产权问题的专著,分别是张泰苏的《儒家的法律和经济学:前工业时代中国和英格兰的亲属关系与财产》、[1]乔仕彤、潘乎然的《中国小产权:法律与社会规范的协同演进》,[2]以及彭錞的《现代中国的农村土地征收法:起源与演进》。[3] 这三本书有这样几个特点:首先,它们的作者都是名校"青椒"——张泰苏是耶鲁大学法学院副教授,乔仕彤是香港大学法律学院助理教授,彭錞是北京大学法学院助理教授;其次,三位作者都在英美名校(牛津和耶鲁)取得博士学位,三本书都是在他们各自博士论文的基础上修改、提升而成;最后,尽管三位作者中有两位任教于以英文为工作语言的大学,而且这三本书都是以英文写作的,但不同于以往的大多数研究"中国法"的英文作品,这三本书都是以中文为母语的学者写成的,对中国问题的把握准确、到位,对中国故事的讲述妥帖、顺畅,没有"洋人唱京剧"般的猎奇感。

本辑《师大法学》所收录的三篇主题研讨论文便分别是由这三位作者(以及其中一位的合作者)围绕着他们的专著所讨论的问题而写作的文章。将这三篇文章放在一起,可以说是体现了编者的匠心独运,因为它们在以下三个方面具

---

* 郑戈,上海交通大学凯原法学院教授,法学博士。

〔1〕 Taisu Zhang, *The Laws and Economics of Confucianism: Kinship and Property in Preindustrial China and England*, Cambridge, Cambridge University Press, 2017.

〔2〕 Shitong Qiao, *Chinese Small Property: The Co-evolution of Law and Social Norms*, Cambridge, Cambridge University Press, 2017.

〔3〕 Chun Peng, *Rural Land Takings Law in Modern China: Origin and Evolution*, Cambridge, Cambridge University Press, 2018.

有交相增益的互补性。首先是论题在历史维度上的连续性。张泰苏的文章(以下简称张文)论及前现代时期的土地交易,彭錞的文章(以下简称彭文)梳理了马恩经典著作以及孙中山和毛泽东思想中关于土地改革和土地制度的阐述,而乔仕彤和潘孚然的文章(以下简称乔—潘文)则聚焦于中国当代的农村土地制度,三篇文章共同形成了一段完整的历史叙事,带来了单篇文章所无法提供的纵深历史视野。

其次是方法上的多元与叙事逻辑上的互补。从表面上看,张文所采取的应该是法和经济学的方法,正如对该文论文展开更深入讨论的那本著作的名称一样。但即便是仅看该书的书名,他也避免了法和经济学(Law and Economics)这一学科专名,而用的是作为并列范畴的法律和经济学(Laws and Economics)。无论是在书中还是在这篇文章里,张文采用的主要是一种韦伯(Max Weber)意义上的社会理论或社会学方法:“社会学(这个字眼具有多重含义,下面仅以我们所理解的方式予以定义)是一门科学,其意图在于对社会行动进行解释性的理解,并从而对社会行动的过程及结果予以因果性的说明。”[1]这种经典社会学方法不同于如今过分强调“实证性”的社会科学方法,而是对历史中的文化和文化中的历史具有高度的敏感性,从而能够从行动者的历史—文化具体性出发去“解释”行动的意义,然后再跳出这种主观意义视角去“客观地”说明各种要素之间的因果关系。张文正是采取这种方法去寻找文化规范、法律制度和宏观经济结果之间因果链的一种努力。乔—潘文所用的是乔的导师罗伯特·C.埃里克森(Robert C. Elickson)在《无需法律的秩序——邻人如何解决纠纷》一书所使用的那种用自然语言而非数学来把事情讲清楚的法经济学方法。科斯(Ronald H. Coase)曾经说过:“年轻时我听人说,说不清楚的可以唱;长大后我知道,说不清楚的可以诉诸数学。”可见科斯本人也是倾向于用简洁清晰的自然语言来讲清楚深刻的经济学道理的,比如“企业的性质”和“社会成本问题”等经典名篇都是这样的作品。但随着学院派经济学变得越来越数学化,这些习惯用法律人能懂且愿意接受的自然语言来讲道理的学者不得不自嘲是“民科法经

---

〔1〕 Max Weber, *Economy and Society: An Outline of Interpretive Sociology*, Guenther Roth & Claus Wittich ed., California, University of California Press, 1978, p. 4.

济学”(Rogue Law and Economics)。

彭文则采用知识考古学—系谱学和思想史的方法追溯了近代中国土地征收制度的理论基础，并辨析了三民主义和社会主义传统对土地公有化的不同理解和相应的制度设计。立法者的意图以及形塑这种意图的理论体系在这个过程中被清楚地揭示出来。通过这种分析我们才能理解：为什么我国宪法中的财产权条款没有出现在第二章“公民的基本权利和义务”里，而是和所有制条款一起出现在第一章“总纲”里，以及所有制和所有权的关系如何。研究征收、征用的学者如果仅仅对《宪法》第10条第三段，即“国家为了公共利益的需要，可以依照法律规定对土地实行征收或者征用并给予补偿”，进行解释和横向比较，就会简单地将它类比于美国宪法第五修正案，即“……不经正当法律程序，不得被剥夺生命、自由或财产。不给予公平赔偿，私有财产不得充作公用”，然后进一步借助美国宪法判例来批评中国缺乏对“公共利益”的明确界定、补偿标准不合理，等等。彭文的思想史梳理可以帮我们看到《宪法》第6条关于生产资料社会主义公有制是中国社会主义经济基础的规定是理解第10条的前提和基础，美国的今天不是中国的明天，两国走着完全不同的发展道路。

乔—潘文则从“小产权房”这一明显违反中国法律规范因而得不到正式法律制度保护、但在现实中却普遍存在的现象入手，说明绝对的、排他性的物权无法对现实作出有效的回应，进而借鉴已有的“物权即社会关系”和“关系合同”理论推出新的“关系物权”概念，借以说明转型中国农村土地改革的实践。现有的“法律与发展”理论强调法律的形式品质对经济发展的重要性，比如，秘鲁经济学家赫尔南多·狄索托(Hernando de Soto)在他影响甚大的《资本的秘密》[1]中便指出：发展中国家面临的最大发展障碍便是明确界定和保护穷人对其所拥有之物的财产权，因此限制了穷人将死的物转化为活的“资本”的能力，比如无法获得抵押贷款，使他们无法脱贫致富。但中国在消灭贫困方面的举世瞩目的成就却恰恰是在对土地等生产资料的私有财产权不存在的情况下发生的，中国经验对新自由主义的发展理论构成了颠覆性的挑战。关系物权概念的

---

[1] Hernando de Soto, *The Myth of Capital: Why Capitalism Triumphs in the West and Fails Everywhere Else*, New York, Basic Books, 2003.

提出对于解释中国经验提供了一种可能的思路,这种无法被完全形式化的、由社会关系网络而不是法院来维护和保障的"物权"是对现有物权理论的修正和补充。

最后,这三篇论文虽然并不是刻意安排的对话的产物,但将它们放在一起却自然形成了一种对话效果。比如,彭文从影响中国历史进程的伟大人物的思想出发来解释宪法中征地权的理论基础,这是一种从思想到意志再到法律条文的立法学思路,可以说明法律条文所体现的被正式表达出来的思想,却无法说明影响法律条文形成的思想之外的政治、经济和社会因素,也无法说明法律条文的实践情况。

而乔—潘文则正好从民间基层自生自发的社会规范的形成机制的角度对接了彭文未及之处,展现了伟大人物改造社会的构想和努力与小民谋求生计改善的努力之间的冲突与协调,书本上的法律与实践中的法律并非完全一致,亦非互不相扰,而是以动态的、地方化的、具体而微的方式不断发生耦合、碰撞与相互妥协。但乔—潘文在论证关系物权所涉及的"关系"的形成机制上略显仓促和薄弱,作者轻描淡写地援引了"六度分割理论"("朋友的朋友"的关系链可在最多六步内链接任意两个人)和"弱关系的力量"理论(信息传递可借助"点赞之交"这样的弱关系的桥梁作用来实现),便试图将乔的导师埃里克森在《无需法律的秩序——邻人如何解决纠纷》中用以解释熟人社会(加州夏斯塔县农牧民)非正式纠纷解决机制的理论范式套用到高速城市化过程中的陌生人社会用以保障高价值财产(小产权房)的非正式机制上面,说服力稍显不足。

张文则在历史纵深度和理论精细度上为进一步拓展上述两篇文章的思考和论证提供了一种可能的方向。泰苏的主要观点是:前工业时代的中国人和"西方人"在经济理性方面并无根本的不同,尤其是当某种财产(如土地)对于生计的重要性无比巨大的时候,道德考量往往会服从于经济理性考量。不过,这并不意味着文化对于解释经济发展的差异性没有帮助,只是要经过更为曲折的途径:中国的礼教和文教传统使得亲亲、尊尊的伦理观念在发蒙阶段便被内化为儿童内心的道德律,这种内化的道德律又支持着外在的不以财产多寡而以长幼尊卑为序的权威结构,这种权威结构确立着关于财产分配和流转的产权制度,产权制度影响了最终的经济结果。这一发现与苏力所总结出的海瑞定理Ⅱ

可谓交相印证:在经济资产的两可案件中,无法明晰的产权应配置给经济资产缺乏的人;而文化资产的两可案件中,无法明晰的产权应配置给文化资产丰裕的人。[1] 由此形成"文化向上,财产向下"的分场域的分配效应。这种理论框架将一个社会中的教育、文化、伦理、政治、法律和经济诸领域钩连起来,而又发现了每一领域自身的独特逻辑,并揭示了它们之间相互影响的复杂机制,从而避免了被简化的韦伯(Max Weber)式"经济伦理"和"法律理性"论证(韦伯本人的论证远为复杂)导致的线性发展观误区。这种理论范式为彭文从伟人思想到立法选择和乔—潘文从社会关系到物权形态的只考虑极少变量的论证方式提供了一个拓宽和挖深的思路。

让我们一起阅读这三篇精彩的论文并同作者们一起思考吧!

---

〔1〕 苏力:《"海瑞定理"的经济学解读》,载《中国社会科学》2006 年第 6 期。

早期现代土地市场中的道义经济制：历史与理论

张泰苏*

一、导　论

就理论上而言，有许多原因可能导致某一经济体中，无法发展出有活力的土地市场。其中的一些原因和法律直接相关：或许是财产权利未受充分保障，不足以促进有效的市场交易；或许是法律明确禁止某些交易形式；或至少是明显地对此类交易设限；等等。尽管这些原因都完全符合逻辑，并且能够得到事实验证，但是一个执着的社会科学家仍可能想进一步探究：这些反市场的法律机制最初是如何形成的？对这一问题也有多种可能的回答。例如，在某些情况下，特别是当富有阶层尽享社会—政治优势时，自由交易可能导致滚雪球式的贫富差异。国家或许会试图遏制这种不平等。[1] 又如，活跃的土地市场可能会损害某些有政治影响力的社会阶层之利益。这些阶层将会通过政治游说有效

---

* 张泰苏，耶鲁大学法学院副教授，耶鲁大学法学博士。感谢杜克大学法学院举办的2016年法律与市场研讨会上（2016 Law and Markets Symposium）组织者和与会者的评论与建议。文责自负。

感谢高一宁对本文的翻译。译者按：下文注释中外文资料的中译本信息均为译者所加，以【】符号标识。所有外文作品的页码均指向该作品的外文版本。若遇作者引用中文资料，则直接写出该资料的中文信息，不再保留原注。除特别说明之外，注释均为作者添加。

〔1〕 可参见，例如 Thomas Piketty, *Capital in the Twenty-first Century*, trans. by Arthur Goldhammer, Cambridge, *Business History Review*, 2014, pp. 571 – 573。【中译本参见[法]托马斯·皮凯蒂：《21世纪资本论》，巴曙松译，中信出版社2014年版。】（作者认为不断加剧的财富不平等是资本主义的一种自然结果，并且提出了基于税收制度的方法对其予以遏制。）

地限制土地市场。[1] 在另一种可能的情形中，信息技术和社会资本处于极低的水平，以至于广泛的市场交易可能导致大量的权利混淆（confusion）和潜在的欺诈。[2]

但是，当论及前工业化的早期现代社会时，从十分久远到相当晚近的大量研究都围绕着另一种理论，其与上一段提出的诸观点截然不同。这些研究论称，认为土地可以流转的规范性社会理念，也即认为售卖土地在道德上可被容许的观念，是一种唯独伴随着商业社会之到来，方能产生的现代景象。[3] 一般而言，上述研究会进一步推论：传统社会是在"道义经济制度"（moral economies）下运行的。在这一制度下，基于保护经济弱势者，或是追祭先祖，以

---

〔1〕 就许多方面而言，这正是英国的土地贵族在十八世纪晚期之后，通过复兴土地限嗣继承制度（entail），以及限制债权人占有（seize）被抵押土地而做到的。概括式的论述，可参见 Alan Harding, *A Social History of English Law*, Peter Smith Pub, 1966; Claire Priest, "Creating an American Property Law: Alienability and Its Limits in American History", *Harv. L. Rev* 120, 2006, p. 385。

〔2〕 可参见 Stephen Knack and Philip Keefer, "Does Social Capital Have an Economic Payoff? A Cross-Country Investigation", *Q. J. Econ* 112, 1997, p. 1251。（作者详述了低程度的社会信用以及/或者高程度的信息沟通成本对不动产产权及其出让的影响。）

〔3〕 这种话语已然获得了各种形式的论述，并见诸对不同地区的研究。可参见 William James Booth, *Households: on the Moral Architecture of the Economy*, New York, Cornell University Press, 1993（作者讨论了资本主义家庭观背后的思想史脉络）；Thomas M. Buoye, *Manslaughter, Markets, and Moral Economy: Violent Disputes over Property Rights in Eighteenth-Century China*, Cambridge, Cambridge University Press, 2000, p. 94【中译本参见［美］步德茂：《过失杀人、市场与道德经济——十八世纪中国财产权的暴力纠纷》，张世明译，社会科学文献出版社 2008 年版】（作者讨论了所谓的十八世纪中国道义经济制度的衰败）；Philip C. C. Huang, "Code, Custom, and Legal Practice in China: The Qing and the Republic Compared", *Historian* 107, 2001, p. 74【中译本参见［美］黄宗智：《法典、习俗与司法实践——清代与民国的比较》，上海书店出版社 2007 年版】（作者讨论了十九世纪中国经济中对转让土地的道德禁令）；Karl Polanyi, "The Great Transformation, the Political and Economic Origins of Our Time", *Proceedings of the National Academy of Sciences* 104, 1957【该书有多个中译本，最近的一个可参见［匈］卡尔·波兰尼：《巨变——当代政治与经济的起源》，社会科学文献出版社 2017 年版】（作者认为道义经济制度的衰败是全世界现代史的核心特征之一）；James C. Scott, "The Moral Economy of the Peasant: Rebellion and Subsistence in Southeast Asia", *Journal of Politics* 38, 1976【中译本参见［美］詹姆斯·C. 斯科特：《农民的道义经济学》，程立显、刘建等译，译林出版社 2013 年版】（作者讨论了道义经济制度在东南亚是如何运转以及最终衰败的）；E. P. Thompson, *Customs in Common*, New York, The New Press, 1993, pp. 97 - 184（作者讨论了早期现代与现代英格兰的道义经济制度）；Charles Tripp, *Islam and the Moral Economy: the Challenge of Capitalism*, Cambridge, Cambridge Books, 2006（作者讨论了中东地区道义经济制度所遭受的侵蚀）；Stephen Vlastos, "Peasant Protests and Uprisings in Tokugawa Japan", *Monumenta Nipponica* 41, 1990（作者讨论了道义经济制度在日本农民起义中发挥的作用）。

及保障农村社会团结等原因,售卖与购买土地均被认为是严重违反道德的行为。[1] 相应地,这些传统社会发展出了一系列禁止,或至少是限制土地出让的法律和惯例。因此,道德因素不只是影响了土地市场,更使得每一个出售和购买土地的行为都几乎被道德化了。换言之,道义经济制度深深植根在了土地之中。

在这些论述背后,潜藏着有时未被言明的假设:和他们的现代同行相比,早期现代的务农者更少具有经济理性。[2] 这意味着他们对于最大化其土地的经济价值更为漠然,并且允许内化于社会的道德因素干扰自己对最重要财产的管理。有人甚至认为,对转让土地的道德谴责,恰恰就源于土地在前工业化社会中的经济地位。土地具有无法撼动的经济意义,这使得农村家庭在心理上,无法做到冷静思考转让土地的可能。但实际上,从长远角度来看,这一选择可能会巩固他们从农业生产中获得的总体收益。

现代社会商业化与工业化的来临,可能消解了大部分的道义经济制。这一转变不仅包括稳定且紧密联结的社会团体之崩解,以及人口快速流动的出现,

---

〔1〕 参见 William James Booth, *Households: on the Moral Architecture of the Economy*, New York, Cornell University Press, 1993(作者讨论了资本主义家庭观背后的思想史脉络);Thomas M. Buoye, *Manslaughter, Markets, and Moral Economy: Violent Disputes over Property Rights in Eighteenth-Century China*, Cambridge, Cambridge University Press, 2000, p. 94【中译本参见[美]步德茂:《过失杀人、市场与道德经济——十八世纪中国财产权的暴力纠纷》,张世明译,社会科学文献出版社 2008 年版】(作者讨论了所谓的十八世纪中国道义经济制度的衰败);Philip C. C. Huang, "Code, Custom, and Legal Practice in China: the Qing and the Republic Compared", *Historian* 107, 2001, p. 74【中译本参见[美]黄宗智:《法典、习俗与司法实践——清代与民国的比较》,上海书店出版社 2007 年版】(作者讨论了十九世纪中国经济中对转让土地的道德禁令);Karl Polanyi, "The Great Transformation: the Political and Economic Origins of Our Time", *Proceedings of the National Academy of Sciences* 104, 1957【该书有多个中译本,最近的一个可参见[匈]卡尔·波兰尼:《巨变——当代政治与经济的起源》,社会科学文献出版社 2017 年版】(作者认为道义经济制度的衰败是全世界现代史的核心特征之一);James C. Scott, "The Moral Economy of the Peasant: Rebellion and Subsistence in Southeast Asia", *Journal of Politics* 38, 1976【中译本参见[美]詹姆斯·C. 斯科特:《农民的道义经济学》,程立显、刘建等译,译林出版社 2013 年版】(作者讨论了道义经济制度在东南亚是如何运转以及最终衰败的);E. P. Thompson, *Customs in Common*, New York, The New Press, 1993, pp. 97 - 184(作者讨论了早期现代与现代英格兰的道义经济制度);Charles Tripp, *Islam and the Moral Economy: the Challenge of Capitalism*, Cambridge, Cambridge Books, 2006(作者讨论了中东地区道义经济制度所遭受的侵蚀);Stephen Vlastos, "Peasant Protests and Uprisings in Tokugawa Japan", *Monumenta Nipponica* 41, 1990(作者讨论了道义经济制度在日本农民起义中发挥的作用)。

〔2〕 概括式的论述,可参见 Donald N. McCloskey, "Book Review", *J. Pol. Econ* 89, 1981, p. 837(作者总结并评价了这一观点)。

它还涉及——且不论其结果是好是坏——一种根本的道德变迁。这种变迁进一步被载入法律，并贯彻于日常的经济生活之中。[1] 土地不再具有任何特殊的道德意涵，相反，人们开始将其与其他任何一种交易物等同视之，并以经济利益最大化的方式使用和处分土地。

长久以来，道义经济论遭受了轮番的批评，而这些批评通常都十分猛烈。首要的反驳意见自然是针对这一观点：现代转型背离了前商业化时代的道德准则。此批评以两种不同的方式展开，尽管它们具有同样的隐含前提。第一种，也可能是更具影响力的一种方式表现为，相当数量的批评者论证了，早期现代的经济制度在处理不动产产权，尤其是土地出让时，采取了高度理性化的方式（基本表现为财富最大化）。[2] 这些经济制度并未受制于土地不可买卖的道德观念。当社会中的法律机制对土地出让作出限制时，其大多基于经济实用性的考量，而非任何道德原因。第二种，某些批评者则与第一种方式截然相对。他们认为真正需要修正的，恰是"道义经济制终结于现代"这一论述。人类的经济制度从未能完全剥离自身的道德属性。认为现代市场经济在某种层面上与道德无关的想法是有重大缺陷的。[3] 我们并非是从道义经济制转变为市场经济制，而只是单纯地变换于不同类型的道义经济制度之间。总而言之，第一种反

[1] 参见 William James Booth, *Households: on the Moral Architecture of the Economy*, New York, Cornell University Press, 1993; Thomas M. Buoye, *Manslaughter, Markets, and Moral Economy: Violent Disputes over Property Rights in Eighteenth-Century China*, Cambridge, Cambridge University Press, 2000, p. 94; Philip C. C. Huang, "Code, Custom, and Legal Practice in China: the Qing and the Republic Compared", *Historian* 107, 2001, p. 74; Karl Polanyi, "The Great Transformation: the Political and Economic Origins of Our Time", *Proceedings of the National Academy of Sciences* 104, 1957; James C. Scott, "The Moral Economy of the Peasant: Rebellion and Subsistence in Southeast Asia", *Journal of Politics* 38, 1976; E. P. Thompson, *Customs in Common*, New York, The New Press, 1993, pp. 97 – 184; Charles Tripp, *Islam and the Moral Economy: the Challenge of Capitalism*, Cambridge, Cambridge Books, 2006; Stephen Vlastos, "Peasant Protests and Uprisings in Tokugawa Japan", *Monumenta Nipponica* 41, 1990; 亦可参见 William James Booth, "On the Idea of the Moral Economy", *Am. Pol. Sci. Rev* 88, 1994, p. 653（作者分析了现代和前市场化时期社会的特点，以及市场的规范性地位）。

[2] 参见 Donald N. McCloskey, "Book Review", *J. Pol. Econ* 89, 1981（作者讨论了越南农民在选择作物品种时表现的经济理性）；另可参见下文第二部分、第三部分（我将会梳理大量的相关文献）。

[3] 可参见 Thomas Clay Arnold, "Rethinking Moral Economy", *Am. Pol. Sci. Rev* 95, 2001, p. 85。作者通过对于美国西部用水政治的考察，表达了对基于社会公共产品（social goods）的道义经济制度的理解。

对意见认为,无论是现代还是前现代的经济制度,都趋向于实用理性,而第二种意见则认为两者通常都受道德约束。

尽管遭受了上述批评,道义经济论在多个研究领域和学科中,仍具有极其旺盛的生命力。例如,在法律理论学界,财产权与契约研究的诸多重要论文都将土地出让相对禁止观(relative inalienability of land)视作前现代的道德现象——尽管对这一概念的使用都是颇具争议的。最为著名的,就是圭多 · 卡拉布雷西(Guido Calabresi)和道格拉斯 · 梅拉米德(Douglas Melamed)讨论财产权与责任规则的经典之作:"无法用金钱量化(non-monetizability)是某一类外部成本的典型特征。在实践中,其往往会将我们引导向禁止转让的规则。而这类外部成本通常被称为道德戒令。"〔1〕对这一问题的论证除了历史性的,还有规范性的。例如,玛格丽特 · 莱丁(Margaret Jane Radin)认为,禁止出让某些类财产(包括土地在内)或许能在有关人类繁荣与道德准则的特定观念下,获得正当性。〔2〕

或许有一点在意料之中,即在法律与社会史的特定子领域中,道义经济论的影响尤为突出和持久。例如,在中国法律史研究中,务农者在某一历史时期,曾对土地怀有特殊道德依附的观点,甚至深刻地影响了在名义上反对这一说法(或至少是其某些版本)的学者。〔3〕 而在东南亚史和中东史领域,此类说法甚至更具影响力,并且时至今日都相当流行。这在很大程度上归功于对乡村低收入群体以及当地宗教的民族志(ethnographic)研究。〔4〕

---

〔1〕 Guido Calabresi and A. Douglas Melamed, "Property Rules, Liability Rules, and Inalienability: OneView of the Cathedral", *Harv. L. Rev* 85, 1972, p. 1089, pp. 1111 – 1112。【一个稍有节略的译文(并非节译,而是文章被收入原书时已遭裁剪),可参见[美]吉多 · 卡拉布雷西、道格拉斯 · 梅拉米德:《财产规则、责任规则与不可让渡性:"大教堂"的一副景观》,凌斌译,载[美]唐纳德 · A. 威曼特编:《法律经济学文献精选》,苏力等译,法律出版社 2006 年版,第 29 ~ 106 页。】

〔2〕 概括性的论述,可参见 Margaret Jane Radin, "Market-Inalienability", *Harv. L. Rev* 100, 1987, p. 1849(作者提供了另一种对不可转让性的正当化,即将其与对人类繁荣的理想联系起来);Margaret Jane Radin, "Property and Personhood", *Stan. L. Rev* 34, 1982, p. 957(作者提出了一种对于财产与人格间关系的直观见解)。

〔3〕 参见本文第二部分。

〔4〕 可参见,例如 Timothy Gorman, "Moral Economy and the Upper Peasant: The Dynamics of Land Privatization in the Mekong Delta", *J. Agrarian Change* 14, 2014, p. 501。(基于对湄公河三角洲地区的个案研究,作者考察了人们如何围绕着分配正义或道义经济的观念进行社会动员。)

本文将同时从理论和宽广的历史视角来切入相关论题。作为全文的经验研究内核,本文第二部分将聚焦中国的经济制度,并追问:我们能否在有典可查的中国史上任一时期,发现土地交易中存在道义经济制的确凿证据?对此问题的回答极可能是否定的。第三部分将会考察世界其他地区历史中,有关土地交易与农民理性问题的学术争论。这些地区包括英格兰、日本以及部分东南亚地区。尽管其中某些学术争议尚无定论,但其论述道义经济制的方式可能存在严重的逻辑错误,从而使其驳论更为可信。

我将在文章的第四部分中,检验上述历史考察的理论意义。尤其是针对这一问题:在土地交易的历史语境下,通过实证研究而对道义经济论的潜在否定,是否必然暗示,一切以道义经济观为基础的财产或契约理论会被全部推翻?我将在这一部分中论证,就道义经济论的应用而言,早期现代土地市场是极端困难的领域。道义经济论的拥趸们认为,土地在前现代社会无可动摇的经济地位,使得土地所有权被注入了一种特别的道德意涵。[1] 然而,这种逻辑根本就是黑白颠倒的:土地越是在经济上重要,就越不可能容忍对售卖土地的道德谴责。土地对于农民生计越是关键,将其物质价值最大化的需求就会越加迫切,因而,留给系统性道德规制(systemic moralization)的余地就会越发逼仄。

但是,这并不意味着土地的经济意义必然会消除禁止出让土地的制度。恰恰相反:当土地耕作成为经济产出的首要来源时,许多社会团体和阶层会有强烈的动力,来起身反对土地的自由流转——这种动力基于物质利益的考量,而非任何道德因素。如果这些群体足够有力,他们就能够强硬推行对土地出让的法律或习俗限制,以维护其自身利益。实际上这正是中国历史长河中屡屡发生的情形。在若干历史节点上,身处社会等级谱系两端的群体:从封官获爵的贵族到居于乡野的小农(small holders),都曾试图对土地买卖施加制度化的限制。而他们当中的部分群体更是以令人惊叹的方式得偿所愿。[2] 从法律视角来看,

---

〔1〕 可参见 Philip C. C. Huang, "Code, Custom, and Legal Practice in China: the Qing and the Republic Compared", *Historian* 107, 2001, p. 71。作者将清代的土地交易体系描述为受到"生存伦理"(survival ethic)的驱动。

〔2〕 参见本文第二部分的相关论述。

前工业化时期的社会确乎时常限制土地出让,[1]但可能鲜少出于道义原因。

换言之,早期现代土地市场无疑是道义经济制最难发挥作用的情形之一。因此,即便我们无法在历史中找出重要事例,以证明道德关切曾经阻碍了土地出让,但也不该断言这种道德关切无法对社会生活的其他领域发挥强大作用。实际上,尽管土地的使用与出让本身并未被道德化,但社会文化与道德观念,或许已然对财产制度施加了深刻的间接影响。

本文的第五部分概述了几个事例,以展示道德与文化如何间接影响财产制度。我在这一部分中同时在思考,这些理论声明是否会影响我们对当代法律系统的理解?数次工业革命,以及方兴未艾的全球市场一体化造就了一个奇特的结果:在许多发展中国家,土地作为一种经济资源,已不再像原来那样举足轻重。但与此同时,很少有人会否认,与早期现代相比,大部分经济体中的土地转让如今变得更加自由和频繁。这是否向我们在第四部分中勾勒的理论框架提出了诘难?尽管对这一问题的回答是否定的,但通过进一步考察上述疑问,我们对道义经济学说的理论基础将产生些许额外见解。

二、中国土地市场的长时段史 (longue durée history)[2]

中国土地市场发展史中是否曾出现过道义经济制?历史学家已就此争论了数十年之久,但至今未得出任何确切结论。已有的理论进展表明,如果道义经济制确乎曾限缩了中国土地市场,则其出现时间远早于之前的设想。已经有相当可信的证据证明,至少自十八世纪以降,大部分农村家庭主要从功利主义和物质性角度出发,来处理土地出售。[3] 财富最大化,而非个人或社会道德准则,才更可能是他们最为关心的问题。但是,如果说中华人民共和国成立前的大致两百年历史皆是如此,我们又有什么真切的理由——无论是基于实证还是

[1] 参见本文第三部分的相关论述。

[2] 长时段史(longue durée)这一概念的具体使用,可参考赖建诚:《布罗代尔的史学解析》,浙江大学出版社 2009 年版,第 1 ~7 页。

[3] 参见本文第二部分后半段的讨论。

理论,认为更早期的历史会与之迥然相异?

为了能至少初步回答这一问题,或许较为简易的方法是:先对我们已知的晚清与民国史进行概述,并沿着时间线索,将这种分析式调查(analytical inquiries)追溯至更早的时期与朝代。虽然这必将是一个极宽泛的概述,但它仍能说明,我们几无理由相信早期现代中国曾有过道义经济制——尽管认可其存在的二手文献地位颇高。坦白讲,我实在难以想象对上述结论的有力反驳能从何谈起。

这一概述的起点自然是十九世纪及二十世纪初期,即紧接中华人民共和国成立的这一段时间。而其提供的历史证据也最为有力。著名的经济史与法律史学者黄宗智(Philip Huang)在二十世纪八十年代,就尝试将其新作聚焦于清代,以及民国时期的华北农村经济,进而修正在他看来过于宽泛和一般化的,对农民群体的道义经济式描述。[1] 他认为这种描述甚至"高估了道德约束"在前现代经济制度中"发挥的作用"。[2] 与此相应,针对1949年以前,中国习惯法中常见的对土地出让的制度性限制,他尝试将其描述为:很大程度上,这是人们对于勉强糊口的内卷式经济生活(involutionary subsistence economy)的功利主义式反抗。[3] 公正地讲,上述观点并不是此书的理论支柱之一,作者也并未就这些制度性限制如何创生和维持给出坚实的理论。而在二十世纪九十年代将关注点完全转向法律史领域后,黄宗智采纳的立场与他此前批判的道义经济论惊人相似。他认为1949年之前中国土地市场中存在的诸多结构性问题,都是源于"土地占有的永久性这一前商业化(pre-commercial)理念"。这种观念阻碍

---

〔1〕 Philip C. C. Huang, *The Peasant Economy and Social Change in North China*, Stanford, Stanford University Press, 1985.【中译本参见[美]黄宗智:《华北的小农经济与社会变迁》,中华书局2000年版。】

〔2〕 Philip C. C. Huang, *The Peasant Economy and Social Change in North China*, Stanford, Stanford University Press, 1985, p. 23.

〔3〕 黄宗智教授在《华北的小农经济与社会变迁》一书中将"Involution"一词译为"内卷化",而在《长江三角洲小农家庭与乡村发展》一书中改译为"过密化"。其具体含义是:"(农业)总产出在以单位工作日边际报酬递减为代价的条件下扩展。"(《长江三角洲小农家庭与乡村发展》中译本第一章)。这个概念最早由吉尔茨(Clifford Geertz)用于对爪哇的农业研究。可参考杜赞奇(Prasenjit Duara)对吉尔茨用法的总结:"根据吉尔茨的定义,'内卷化'是指一种社会或文化模式在某一发展阶段达到一种确定的形式后,便停滞不前或无法转化为另一种高级模式的现象。"——译者注

了农民出让其土地,并使得交易规则被设定为让预期买方极难永久地获得土地。[1]

这一观点很快就遭受了多方批评。首先,在二十一世纪头十年末期,出现了大量经济史和制度史研究,而这些研究直接针对黄宗智的上述观点,即晚清和民国时代的产权习惯具有前商业化特质。他们认为,与黄宗智所说恰恰相反,这两个时期的产权习惯都允许,并且事实上促进了高效的土地出让。[2] 其次,一些社会史研究,特别是步德茂(Thomas M. Buoye)在2000年的作品,表明最迟到清朝中期至晚期,整个社会对于土地的态度就已经相当商品化了——大部分家庭将土地与其他的经济资源同等对待,即只要售价与条件合理皆可出让,几乎找不到显著的道义经济制曾经存在的证据。[3] 最后,有些学者从更理论化,也可能是更远的视角出发,来考察这一领域。他们质疑,越来越多的经济学研究将清代的务农者描述为:对于最大化自己的财富极为主动——尤其在土地的使用与管理方面。"土地占有的永久性这一前商业化观念"本质上能否和这些研究共存?[4] 换言之,如果存在有力的证据证明,清代务农者在绝大部分土地使用的事项上都受制于道义经济制,那么土地的出让又怎会有任何不同?

在进一步探索相关问题之前,对这些引发争议的财产制度做一个快速概览将会是非常有益的。首先,遍及华南、华北的诸多农村都有类似的习惯法规则,要求有意售地者在与外人接洽之前,必须首先穷尽于自己亲族内(有些地方是在整个村子内)进行交易的可能。这些规定实质上赋予了亲族成员优先购买

---

[1] Philip C. C. Huang, "Code, Custom, and Legal Practice in China: the Qing and the Republic Compared", *Historian* 107, 2001, p. 74; 另可参见 Melissa Macauley, "Social Power and Legal Culture: Litigation Masters in Late Imperial China", *China Journal* 108, 1998, p. 234【中译本参见[美]梅利莎·麦柯丽:《社会权力与法律文化——中华帝国晚期的讼师》,明辉译,北京大学出版社2012年版】(作者提出了一套类似的理论)。

[2] 可参见,例如 Kenneth Pomeranz, "Land Markets in Late Imperial and Republican China", *Continuity & Change* 23, 2008, p. 101。

[3] 参见 Thomas M. Buoye, *Manslaughter, Markets, and Moral Economy: Violent Disputes over Property Rights in Eighteenth-Century China*, Cambridge, Cambridge University Press, 2000。

[4] 概括式的论述,可参见 Taisu Zhang, "Social Hierarchies and the Formation of Customary Property Law in Pre-Industrial China and England", *Am. J. Comp. L* 62, 2014, p. 171。(我在文中归纳并讨论了相关文献。)

权。正如众多学者所欲论证，这一规定很可能限缩了土地的可交易性。[1] 其次，根据大部分村子的交易习惯，土地所有者在抵押土地之后，可以保留几乎不限期的回赎权[2]，即这种抵押大多以所谓"典卖"（附条件交易）的方式进行，其与按揭贷款（mortgage）类似。如果债务人极度渴求，他在获得初始贷款的数十年之后，仍可以赎回其土地。对于急需现金的土地所有者而言，这种方式使得抵押土地借款几乎毫无风险，也因此严重扭曲了地方的土地市场。其结果是，绝大多数人并无动力去永久地出售土地。这使得土地的永久出让极其罕见，故而以资本主义大农场为主要形式的规模经济逐步减少，劳动生产力水平也因此不断下滑。[3]

仿效黄宗智和其他研究者，而将这些结构性特征定性为前商业化理念，这或许是颇为诱人的选择。但对这些特征之下的政治结构，及其真正的经济影响进行更为细致的观察后，此类想法自会烟消云散。[4] 恰恰相反，典卖制度正源于经济自利的主体之间激烈的博弈与磋商。小农对于长时效回赎权的渴求乃基于合乎逻辑，且在经济方面极具说服力的理由——在前工业化时代的经济体

---

[1] 参见 Philip C. C. Huang，"The Peasant Family and Rural Development in the Yangzi Delta"，*Journal of Social History* 25，1990，pp. 1350 – 1988【中译本参见［美］黄宗智：《长江三角洲小农家庭与乡村发展》，中华书局 2000 年版】［作者通过对比表土（topsoil）与心土（subsoil）所有者之间的权利差异，分析了中国的土地所有制］；Sucheta Mazumdar，*Sugar and Society in China：Peasants，Technology，and the World Market*，Cambridge，Harvard University Asia Center，1998，pp. 226 – 231【中译本参见［美］穆素洁：《中国：糖与社会——农民、技术和世界市场》，叶篱译，广东人民出版社 2009 年版】（作者讨论了与土地权利和小农所有制相关的清朝法律）；Kenneth Pomeranz，"The Great Divergence：China，Europe，and the Making of the Modern World Economy"，*Journal of Interdisciplinary History* 32，2000，p. 70【该书有多个中译本，最近的一个可参见［美］彭慕兰：《大分流——欧洲、中国及现代世界经济的发展》，史建云译，江苏人民出版社 2008 年版】（作者描述了长三角地区的交易实践，即有意售卖或出租土地的人必须首先向其亲戚或同村人提供交易机会）。

[2] Philip C. C. Huang，"Code，Custom，and Legal Practice in China：the Qing and the Republic Compared"，*Historian* 107，2001，p. 74；Melissa Macauley，"Social Power and Legal Culture：Litigation Masters in Late Imperial China"，*China Journal* 108，1998，p. 234.

[3] 概括式的论述，可参见 Taisu Zhang，"Property Rights in Land，Agricultural Capitalism，and the Relative Decline of Pre-Industrial China"，*San Diego Int'l l. J* 13，2011，p. 129。（我在文中更为细致地研究了这一现象。）

[4] Taisu Zhang，"Social Hierarchies and the Formation of Customary Property Law in Pre-Industrial China and England"，*Am. J. Comp. L* 62，2014，p. 171.

中,除务农之外的高回报工作极度稀缺。这实质上意味着,赎回抵押的土地一般而言比将土地彻底卖掉更具诱惑力。[1] 此外,土地所有者能借助典卖制度获得多少利益,直接源于其握有多少社会—政治资本,而非更富有的债权人出于道义的同情以及无偿的接济。[2] 换言之,典卖制度的创生与维持首先是一个功利性和政治性,而非道德性的过程。另外,将典卖定性为对土地出让的限制,并不完全准确。这类交易仅是将卖方(债务人)的自由与控制权最大化——他们有权选择是否永久出售自己的土地,同时又从买方(债权人)那里拿走了一些自由和控制权。很难说这完全等同于禁止出让土地本身。

亲属的优先购买权更容易被定性为对土地出让的真正限制。但我们同样能为这一制度找到在政治与经济层面合乎逻辑的解释。在 1949 年之前,中国的大部分村庄都是规模小且成员联结紧密的社会团体。在这种状况下,不愿让外人购买土地并不必然是道德事件,而更可能是基于功利性考量。正如对这一问题的理论性研究所示,过多外来者的出现,趋向于侵蚀内部成员间的信任。其足以使得团体自治,以及日常经济交易的有效性大打折扣。[3] 这并不仅是一种抽象假设:对于华北村治的研究表明,村民们对外来者介入所导致的政治与经济后果深感忧虑。[4] 而对村内的次级团体,例如亲族和宗族来说,他们的政治算盘甚至可能打得更为简单:作为一个整体的宗族,其社会—政治影响力与地位至少部分源于自身累积的全部经济力量。因而,他们有相当强的意愿至少去尝试将土地留在自己的家族之内。

另外,亲属的优先购买权似乎不大可能显著限缩当地的土地市场,因为这

---

〔1〕 Taisu Zhang, "Social Hierarchies and the Formation of Customary Property Law in Pre-Industrial China and England", *Am. J. Comp. L* 62, 2014, p. 171.

〔2〕 Taisu Zhang, "Social Hierarchies and the Formation of Customary Property Law in Pre-Industrial China and England", *Am. J. Comp. L* 62, 2014, p. 171.

〔3〕 参见 Robert C. Ellickson, "The Market for Social Norms", *Am. L. & Econ. Rev* 3, 2001, p. 1(作者描述了新的社会规范是如何在团体中创生与发展的);另可参见 Jonathan Bendor and Piotr Swistak, "The Evolution of Norms", *Am. J. Soc* 106, 2001, p. 1493[作者从演化博弈论(evolutionary game theory)的视角对社会规范进行了解释]。

〔4〕 可参见 Prasenjit Duara, "Culture, Power, and the State: Rural North China", *Pacific Affairs* 48, 1988, pp. 1900 – 1942。【中译本参见[美]杜赞奇:《文化、权力与国家——1900 ~ 1942 年的华北农村》,王福明译,江苏人民出版社 2010 年版。】

毕竟只是一种优先购买权,而不是交易否决权。此外,我们还有更多的理由,去质疑这种权利是否具有更广阔的经济意义。有一点十分重要:长江流域及华南地区的大部分农村,即那些优先购买权最为普遍,也倾向于得到较好施行的地方是由一个或两个主要宗族控制的。[1] 换言之,由于这些宗族规模十分庞大,即使售地者必须先在其宗族内部寻求交易,确实有意购地者的数量也基本不会因此减少。因而,拥有土地的个人也并无动力去抵制这一规定。事实上,他们也鲜少因此而成为诉讼当事人。例如,民国时期浙江南部某县的法庭档案囊括了数千份与典卖回赎、佃权,以及其他土地纠纷相关的案卷。但其中并没有,或者说仅有数量极少的案件与亲属的优先购买权相关。[2]

对于我们在第二部分开头归纳的"前商业化观念"之争,上述制度观察将产生怎样的影响?这些观察既倾向于符合步德茂的观点,即最迟至清中期,土地就已经更多地被视为一种商品化的经济资源,而非道德实体;同时也契合于普遍化的观察,即清代和民国时期的务农者在使用与管理土地时,对于最大化自己的收益极为主动。[3] 典卖回赎规范确实扭曲了地方土地市场——当然这实则取决于每个人对何为正常的理解。尽管其中绝大多数土地交易表现为抵押贷款,而不是对土地彻底且永久的买卖,但这些市场仍旧十分活跃。例如,根据民国时期的调查,华北农村通常有10%到30%的土地始终处于典卖状态。[4] 而考虑到长江下游和华南地区商业化与市场统一度更强,以及有数量更为庞大

---

〔1〕 参见 Susan Naquin and Evelyn S. Rawski, *Chinese Society in the Eighteenth Century*, New Haven, Yale University Press, 1987, pp. 100 - 101【中译本参见[美]韩书瑞、[美]罗友枝:《十八世纪中国社会》,陈仲丹译,江苏人民出版社2008年版】(作者讨论了十八世纪清朝社会、经济和文化的演进);另可参见 Kenneth Pomeranz, "Land Markets in Late Imperial and Republican China", *Continuity & Change* 23, 2008, p. 72。

〔2〕《龙泉档案合编目录》(作者自存)。【已出版资料可参考包伟民、吴铮强、杜正贞:《龙泉司法档案选编(第1辑):晚清时期》,中华书局2012年版;包伟民、傅俊:《龙泉司法档案选编(第2辑):1912~1927》,中华书局2014年版。——译者注】

〔3〕 参见 Kenneth Pomeranz, "Land Markets in Late Imperial and Republican China", *Continuity & Change* 23, 2008, p. 101; Thomas M. Buoye, *Manslaughter, Markets, and Moral Economy: Violent Disputes over Property Rights in Eighteenth-Century China*, Cambridge, Cambridge University Press, 2000。

〔4〕 [日]长野郎:《中国土地制度的研究》,张我军译,中国政法大学出版社2004年版。

的地契留存至今,那里的土地市场甚至有可能更为活跃。[1] 并且,扭曲的财产制度源自政治经济制(political economies)的可能性远高于道义经济制。[2] 黄宗智认为中国的财产制度对于土地的永久买卖十分严苛,这或许是正确的。[3] 但由此结论直接跳到一种完全基于道义经济制的解读则可能略显仓促。

尽管如此,"前商业化观念"之争的展开过程仍然向我们完全展示了道义经济论巨大的理论诱惑力。黄宗智注意到,道义经济论被过分宽泛地应用于中国历史,并以对这一现象的批判作为其研究之开端。[4] 然而,他最终却得出了多少与之相似的结论。[5] 步德茂则更为坚决地试图反驳下述观点:清朝中晚期的土地市场中,存在明显的道义经济制度。但在论述过程中,他同样认为这种道义经济制存在于清朝早期,并在某一时间点上经历了转型。[6] 这正是其论证中最为薄弱的一点:无论是在其著作还是其他资料中,都无法找到任何证据能证明土地市场在清前期以截然不同的方式运转。[7] 当前最佳的证据反而表明,基本的不动产产权体系(包括典卖与永久出售不动产所适用的规则)在整个清代都大体稳定,并有可能追溯至明朝(1368~1644)。不过,暂且不论步德茂的观点在史实层面是否可靠,他对于清代由道义经济向商业经济转型的信念,凸显了道义经济论的弹性。至少对于经济学领域之外的学者而言,当与反对道义经济论的证据不期而遇时,他们内心的冲动通常都不是将该理论整个推翻,而是将它压回更早的时期去。在上述个案中,道义经济论就被压回了清前期。但事实证明这仍是不够的。那么,道义经济又得缩回多远才能为自己找到坚实的证

---

〔1〕 可参见曹树基等:《石仓契约》(第1辑),浙江大学出版社2011年版(编者收集了石仓地区部分保存最为完好的契约文书);王万盈辑校:《清代宁波契约文书辑校》,天津古籍出版社2008年版。

〔2〕 Taisu Zhang,"Social Hierarchies and the Formation of Customary Property Law in Pre-Industrial China and England",*Am. J. Comp. L* 62,2014,p. 171.

〔3〕 Philip C. C. Huang,"Code, Custom, and Legal Practice in China: the Qing and the Republic Compared",*Historian* 107,2001,pp. 71,74.

〔4〕 Philip C. C. Huang,*The Peasant Economy and Social Change in North China*, Stanford, Stanford University Press,1985,p. 23.

〔5〕 Philip C. C. Huang,"Code, Custom, and Legal Practice in China: the Qing and the Republic Compared",*Historian* 107,2001,pp. 71,74.

〔6〕 Thomas M. Buoye,*Manslaughter, Markets, and Moral Economy: Violent Disputes over Property Rights in Eighteenth-Century China*, Cambridge, Cambridge University Press,2000,p. 94.

〔7〕 参见 David Faure,"Book Review",*Bull. Sch. Oriental & Afr. Stud* 65,2002,p. 621。

据呢?

然而,对于论证明、元或宋代的道义经济制而言,一个主要的难题在于,一旦我们步入十八世纪之前的历史,能够获取的档案资料就立刻急剧减少。现存的绝大部分土地契约与案例均源自清代,并且几乎所有对农村社会深入的学术调查都完成于二十世纪初。[1] 各县档案极少含有可溯至明末的材料,更早的时期就越发凤毛麟角。因此,就像任何对于明代社会及其经济动态的解释性描述一样,道义经济论极难推进到明代历史中。大部分道义经济论述都被设定在清代与民国时期,这也绝非是个巧合。鉴于学界正在逐渐形成的共识,即清代的土地经济并非与道德特别相关,道义经济制的支持者们若想证明其观点,就至少应该给出足够的理由说明:为什么明代的土地市场和清朝完全不同,而不能假定前现代的务农者就一定得比其现代同行具有更少的经济理性。但地方档案资料的缺失严重限缩了提出证据的可能性。

对明末土地市场的学术研究确实揭示了下述观点,其在司法档案或是文人(literati)评论中可谓俯拾皆是:地产所有者们普遍想要守住祖传的土地,并且丢掉这些祖产是件令人羞愧的惨事。[2] 但问题在于,此类观点在清代档案中甚至更为常见。[3] 而学者们基本上没有找到任何证据,以确证道义经济制的存在,反倒是发现了许多反例。对一个家族中的祖传土地给予道德评价,这在整个清

〔1〕 只消对比一下任何一个县在清朝和在明朝的档案集录(如果还真有哪怕一本明集录的话)就会明白我所说的问题。

〔2〕 参见杨国祯:《明清土地契约文书研究》,人民出版社1988年版(作者讨论了明清档案中记载的对于典卖土地的回赎);[日]岸本美绪:《明清时代的"找价回赎"问题》,载[日]寺田浩明:《中国法制史考证·丙编·第四卷》,郑民钦译,中国社会科学出版社2003年版,第423页(作者讨论了清明时期典卖回赎交易的社会史);杨国桢:《试论清代闽北民间的土地买卖》,载《中国史研究》1981年第1期(作者讨论了明清档案中记载的对于典卖土地的回赎)。

〔3〕 可参见 Melissa Macauley, "Social Power and Legal Culture: Litigation Masters in Late Imperial China", *China Journal* 108, 1998, p. 234(作者讨论了福建地区在晚清的民间土地交易);[日]岸本美绪:《明清时代的"找价回赎"问题》,载[日]寺田浩明:《中国法制史考证·丙编·第四卷》,郑民钦译,中国社会科学出版社2003年版,第423页。

末时期的几乎所有地方,都是一种司空见惯的修辞。[1] 但其对于整个财产权体系似乎并未产生多少影响。例如,当小农想要重申或是执行对自己有利的典卖回赎规则时,他们往往不得不诉诸对自己政治或社会力量的展示,以对抗更富有的债权人有时十分激烈的抵制。[2] 大体而言,只有那些有强烈的经济动力去守住祖产的人,才会声明祖传土地的道德神圣性。[3] 而那些有相反动力的人,也即渴求购买新地产的人,则极少使用这一修辞,甚至都很少去否定它。[4] 因此,这一说法可能主要是一种修辞工具——类似于诉讼当事人在地方法庭上,以自己如何贫穷与无知而做的夸大其词的惯常辩解,而不是植根于社会的道德化之证据。不过,倘若清代的情形如此,我们是否有任何理由认为,对于明代出现的类似现象应该进行不同的解读?这似乎不太可能。与之相反,我们可以在明代中期找到大量的间接证据,其足以证明彼时的土地市场极度活跃,并且卖掉自己的土地被认为是一件稀松平常的事情。[5] 有一卷对于明中期华南地区土地契约的大规模集录流传至今,这也是近来发现的此类集录中,年代最为久远的一份。[6]

另一种对于明朝(或者说至少是明朝初期)土地市场为何与后世不同的潜在论证是:有证据表明,自明初至明中期,售卖土地的行为出现了增长。例如,

---

〔1〕 可参见 Melissa Macauley, "Social Power and Legal Culture: Litigation Masters in Late Imperial China", *China Journal* 108, 1998, p. 234(作者讨论了福建地区在晚清的民间土地交易);[日]岸本美绪:《明清时代的"找价回赎"问题》,载[日]寺田浩明:《中国法制史考证 · 丙编 · 第四卷》,郑民钦译,中国社会科学出版社 2003 年版,第 423 页。

〔2〕 Taisu Zhang, "Social Hierarchies and the Formation of Customary Property Law in Pre-Industrial China and England", *Am. J. Comp. L* 62, 2014, p. 171.

〔3〕 Taisu Zhang, "Social Hierarchies and the Formation of Customary Property Law in Pre-Industrial China and England", *Am. J. Comp. L* 62, 2014, p. 171.

〔4〕 Taisu Zhang, "Social Hierarchies and the Formation of Customary Property Law in Pre-Industrial China and England", *Am. J. Comp. L* 62, 2014, p. 171.

〔5〕 参见 Kenneth Pomeranz, "Land Markets in Late Imperial and Republican China", *Continuity & Change* 23, 2008, p. 101;杨国桢:《试论清代闽北民间的土地买卖》,载《中国史研究》1981 年第 1 期。

〔6〕 杨国桢:《试论清代闽北民间的土地买卖》,载《中国史研究》1981 年第 1 期。同时,许多描述土地交易渐趋频繁的谚语似乎也在这一时期流行起来,如"千年田地,八百主人"。这个成语起源于唐朝,但直到明代才被称为一句谚语。例如,可参见憨山德清法师:《题朱太史修南浔报国寺疏后》,载《龙藏 · 梦游集》(第 32 卷)1634 年。(作者将这一成语称为一句"谚语":千年田地,八百主人。谁氏之子,能守数百年之业者乎?抑有后。)

大量资料说明,在明代中叶,政府更新纳税人名册的难度相较以往大大增加。这有力地证明土地出售正在急剧增长。[1] 这些一般性的经济趋势是否提供了一些论据,以证明道义经济存在于明朝初年?在理论上直白的回答是:并没有。商业化在理论上确实能够瓦解道义经济制,但我们不能因为在一波剧烈的商业发展之后,难以发现道义经济制的痕迹,便反推其必定存在于这一波商业化之前。有关明朝中期商业化加速的证据仅能说明,其早期的土地市场并无后来那样活跃,但却丝毫没有告诉我们其中的原因。

对于这一转变,至少有两种符合逻辑并且有史实支撑的解释,而它们都与道义经济制无关。第一种,早期的明朝政府远比其中期时,更为敌视人口与劳动力流动。太祖皇帝尤甚——在他勾画的理想社会中,农村家庭既不迁徙也不变更职业。他还强令每个家庭都必须在其原初户籍地为政府提供劳役——实质即为公共工程提供无偿劳动,以此禁止或至少限制人口迁移。[2] 此类政策的成因颇为复杂,其中包含了对国家财政收入、经济不平等、劳动力市场,以及社会的总体稳定等方面的担忧。但实际上,此类政策在大约公元800年之前的中国,都属于政府的常规操作。[3] 早期明朝政府费尽心机地推行上述劳役政策,但人口与经济的膨胀,以及诸多其他原因导致强征劳役的行政成本不断扩大。到明朝中期,对于劳役的规避已经变得十分常见,且几无成本,这导致了人口流动剧烈增长,以及土地买卖相应增多。[4] 人们当然可以反驳说,在这一过程中,人口与经济增长是根本驱动力,但这种观点却忽视了政府的扩张式禁令,以及

---

〔1〕 参见 Timothy Brook, *the Confusions of Pleasure*: *Commerce and Culture in Ming China*, California, University of California Press, 1998, pp. 63 – 64, 79, 95。【中译本参见[加]卜正民:《纵乐的困惑——明代的商业与文化》,方骏、王秀丽、罗天佑译,广西师范大学出版社2016年版。】(作者讨论了明中期人口统计的不准确。)

〔2〕 概括式的论述,可参见 Richard von Glahn, "Ming Taizu *Ex Nihilo*?", *Ming Stud*, 2007, p. 113。(作者讨论了朱元璋强征的劳役。)

〔3〕 由名义上禁止土地交易的封建体制到土地交易自由化体制的转型正是中古中国史研究中最重要的主题之一。可参见 Richard Von Glahn, "The Economic History of China: from Antiquity to the Nineteenth Century", *Business History* 1 – 3, 2016, pp. 208 – 255; Hisayuki Miyakawa, "An Outline of the Naiti Hypothesis and Its Effects on Japanese Studies of China", *Far E. Q*14, 1955, p. 533。

〔4〕 Timothy Brook, *the Confusions of Pleasure*: *Commerce and Culture in Ming China*, California, University of California Press, 1998, p. 52.

税收政策可能在很大程度上抑制了明初的土地交易。

第二种,也可能更为重要的一种解释是,十二世纪至十五世纪的中国历史见证了贵族大庄园之衰落——它们曾经是农业产出的主要来源之一。而这些解体的农庄向当地市场放出了大量土地。[1] 直到宋朝(960~1279),农业生产的主力军往往都是由受封贵族,或身居高位的文人所拥有的大庄园。维持这种体制的并非这些地主的经济地位,而是他们被赋予的政治特权。[2] 正如许多学者所言,这些显贵家族的政治威望在宋代开始渐趋式微,其经济地位也随之下滑。[3] 体量更小的平民生产者往往远比这些旧贵族更有动力,经济头脑也更为灵活,并逐渐成为了农业生产中的顶梁柱。[4] 但他们的崛起并非一帆风顺。特别是在元朝(1271~1368)和明朝早期,由受封贵族和名门士绅控制的大型农庄卷土重来。蒙古人南下中原又退回北境,这造成了剧烈的社会—政治动荡。而相较小农,这些动荡更有利于贵族士绅。[5] 明朝政府同样没收和夺回了大量土

---

〔1〕 Richard Von Glahn, "The Economic History of China: from Antiquity to the Nineteenth Century", *Business History* 1-3, 2016, pp. 273-295; Joseph P. McDermott, "Charting Blank Spaces and Disputed Regions: The Problem of Sung Land Tenure", *J. Asian Stud* 44, 1984, p. 13.

〔2〕 参见 Richard Von Glahn, "The Economic History of China: from Antiquity to the Nineteenth Century", *Business History* 1-3, 2016, pp. 208-255; Hisayuki Miyakawa, "An Outline of the Naiti Hypothesis and Its Effects on Japanese Studies of China", *Far E. Q* 14, 1955, p. 533。

〔3〕 概括式的论述,可参见 Hilary J. Beattie, *Land and Lineage in China: a Study of T'ungch'eng County, Anhwei, in the Ming and Ch'ing Dynasties*, Cambridge, Cambridge University Press, 1979(作者追溯了桐城的精英家族自晚宋至明代的变迁); Beverly J. Bossler, *Powerful Relations, Kinship, Status, and the State in Sung China*, Cambridge, Council on East Asian Studies, 1998, pp. 960-1279【中译本参见[美]柏文莉:《权力关系:宋代中国的家族、地位与国家》,刘云军译,江苏人民出版社 2015 年版】(作者追溯了宋代政治精英群体的演变); Robert P. Hymes, "Statesmen and Gentlemen: the Elite of Fu-chou, Chiang-hsi, in Northern and Southern Sung", *Journal of Asian Studies* 93, 1986(作者梳理了长江下游地区士绅家族在宋代的经历); Robert M. Hartwell, "Demographic, Political and Social Transformations of China, 750-1550", *Harv. J. Asiatic Stud* 42, 1982, p. 365(作者讨论了与唐宋时期朝代更替相伴生的政治变革)。

〔4〕 参见 Richard Von Glahn, "The Economic History of China: from Antiquity to the Nineteenth Century", *Business History* 1-3, 2016, pp. 273-295; Joseph P. McDermott, "Charting Blank Spaces and Disputed Regions: The Problem of Sung Land Tenure", *J. Asian Stud* 44, 1984, p. 13。

〔5〕 参见梁庚尧:《中国社会史》,台大出版中心 2014 年版,第 246~247 页。

地，并实际上成为了不在地主(absentee landlord)。[1] 但从明初至明中期，在人口增长和财富再分配政策的综合作用下，这些大庄园又一次衰落了。[2] 换言之，可能直至十五世纪或十六世纪，私有化且安全又富有流动性的土地所有权体系才彻底取代了贵族式的政治特权。而正是这种权利体系塑造了清代的经济制度。在宋—元—明的历史行程中，这一长时效因素间断性地助推了中国土地市场发展。而在所有长效因素中，它或许也是最为重要的。

上述解释不仅使我们无须再借助道义经济论，来理解明中期出现的土地售卖增长，其实际上还告诉我们为何应当对道义经济论心怀疑虑。高强度的政府管控，以及普遍的贵族土地所有制至少应该在理论上，不利于土地市场中出现坚实的道义经济制。在这一理论的传统叙述中，土地市场内的道义经济制度诞生于长期而稳定的土地所有。[3] 拥有土地的人需要足够的时间和对其财产的保障，才能对土地生发出心理以及(更重要的)道德上的依附，从而支撑道义经济制的运转。然而国家干预和贵族土地所有制同时向这两方面提出了严峻挑战。承租贵族大庄园的当然只是一些小佃农，因此他们缺乏稳固的所有权。而对于自耕农来讲，恼人的国家机器屡屡现身，这也可能使他们感到无法完全掌控自己的财产。除了限制人口迁移和出卖地产，国家还时不时地以征用(eminent domain)为名大量没收土地。[4] 理论上来讲，由于君王的恩赐，自耕农才保有其土地，[5]他们手中没有任何受宪法保护的财产权之类的武器来对抗皇帝。在更为晚近的时代，特别是到了清代，王朝政府在理论上的所有权已然变得徒具名义；但在明朝初年，这种权利显然更具强迫性，并可能有效地抹去了平民

---

〔1〕 Richard Von Glahn, "The Economic History of China: from Antiquity to the Nineteenth Century", *Business History* 1－3, 2016, pp. 286－291.（作者分析了当时财税政策建议的影响。）(Absentee Landlord，不在地主，即不在自己出租的地产上或附近生活，承租人难以联系的不动产所有人。——译者注)

〔2〕 Richard Von Glahn, "The Economic History of China: from Antiquity to the Nineteenth Century", *Business History* 1－3, 2016, pp. 286－291.（作者分析了当时财税政策建议的影响。）

〔3〕 可参见 James C. Scott, "The Moral Economy of the Peasant: Rebellion and Subsistence in Southeast Asia", *Journal of Politics* 38, 1976。

〔4〕 林金树：《关于明代江南官田的几个问题》，载《中国经济史研究》1988年第1期。

〔5〕 Mio Kishimoto, "Property Rights, Land, and Law in Imperial China", Debin Ma and Jan Luiten van Zanden eds., *Law and Long-term Economic Change: a Eurasian Perspective*, 2011, pp. 71－73.（作者讨论了土地与人民为君主所有的理论，即人们相信所有的土地在一开始都属于国王或君主。）

家庭心中土地归我私有的感觉,同时也消除了坚实的道义经济制成形的可能。[1]

在更早的朝代中,这些问题极有可能更为尖锐。元代(1271 ~ 1368)与宋代(960 ~ 1279)的农村经济中都含有大量的封建制要素——贵族大庄园而非私有农场支配了农村经济。[2] 并且,与明初相比,前朝政府甚至在许多方面对民众侵扰更甚。宋朝政府以对待土地出售较为宽松而闻名:不同于其前后朝代的诸多体制,宋朝政府从未试图禁止土地交易,或系统性地规制土地兼并。[3] 即便如此,宋朝征收的部分土地税为中国历史上最高,并且从十一世纪末开始直到十三世纪,宋朝政府都曾尝试在微观层面管理农业生产,其介入程度远超唐朝之后的任何朝代。[4] 换言之,我们越是在历史上向前追溯,就会发现一般的农户越有可能是租种庄园土地的佃户,而非自己拥有土地的人;并且在日常经济生活中,国家的财政与规制手段也会越发强大。这些总体趋势说明,显著的道义经济制并不曾存在于土地之中。相应地,我们应当运用这些总体经济趋势——而不是存在于假想中的土地道义经济制——去解释:为何宋代与元代的土地市场并没有明清时那样活跃。我们有时很难在史实层面证明这一点,但我们或多或少都假定其为事实。[5]

综上,按照历史顺序,我们大致可以将中国的土地市场描述为:中国在约十世纪时,开始逐渐摆脱封建化的土地制度。这一过程历经了多个王朝与法律体系之后,在明朝中叶到达了关键节点——在此之后,平民土地所有者才真正成

---

〔1〕 参见围绕下列著作展开的讨论:Richard von Glahn,"Ming Taizu Ex Nihilo?",*Ming Stud*,2007, p. 113;Richard Von Glahn,"The Economic History of China:from Antiquity to the Nineteenth Century", Business History 1 – 3,2016,pp. 208 – 255;Hisayuki Miyakawa,"An Outline of the Naiti Hypothesis and Its Effects on Japanese Studies of China",*Far E. Q* 14,1955,p. 533;Timothy Brook,*the Confusions of Pleasure: Commerce and Culture in Ming China*, California,University of California Press,1998,p. 52。

〔2〕 参见 Richard Von Glahn,"The Economic History of China:from Antiquity to the Nineteenth Century",*Business History* 1 – 3, 2016, pp. 208 – 255; Hisayuki Miyakawa,"An Outline of the Naiti Hypothesis and Its Effects on Japanese Studies of China",*Far E. Q* 14,1955,p. 533(作者讨论了对经济资源的分配)。

〔3〕 于千千:《基于博弈论的"不抑兼并"土地制度分析——以唐宋农地制度的演进为视角》,载《中国经济史研究》2007 年第 1 期。

〔4〕 Richard Von Glahn,"The Economic History of China:from Antiquity to the Nineteenth Century",*Business History* 1 – 3,2016,pp. 256 – 265,268 – 269.(作者分析了南宋的财政政策。)

〔5〕 胡钢:《明清时期土地市场化趋势的加速》,载《古今农业》2005 年第 2 期。

为了农村经济的中流砥柱。而在此节点之前,国家干预和贵族土地所有制这两大因素,不仅使得土地中的集体性道义经济制不可能存在,也使得道义经济论不再是必须的分析工具。相较道义经济论,上述两种因素为我们已知的明代之前缺少土地交易的现象,提供了显然更具说服力的解释。土地市场似乎与这些因素以近乎相同的节奏此消彼长。因此,除非能够发现有力的直接证据,以确证土地道义经济制(至现在尚未找到),不然我们基本无法从历史情形中推断其曾经存在——实际上我们倒是有十足的理由作出相反的推论。而在历经了明朝中叶的转型时刻后,证明土地交易高度活跃,以及土地被社会商品化的有力证据逐渐浮现。到了清代与民国时期,此类证据变得数不胜数。总结而言,在中国土地经济史中,道义经济制(或者说至少是传统定义下的道义经济制)曾发挥过重要作用的可能性微乎其微。中国土地市场的确在相当长的一段时间(可以证明是绝大部分有档案可考的历史时期)内受到抑制和扭曲,但或许这并不是由于对土地交易遍及全国的道德谴责。

当然,根据欧洲世界的标准,中国并不仅仅是一个国家或一个经济体这么简单。实质上,中国一直以来都是整块大陆。多种不同的生态系统和地区经济体在其中交相辉映。在中华帝国晚期历史的大部分时间中,它们都仅仅是若即若离地共享着统一的政治体系。[1] 因此,道义经济制在中国土地管理行为中显见的缺失,就为我们提供了不止一个数据源。不过,有人或许会想,土地道义经济制会不会在其他几个重要的前现代国家中更为明显呢?本文第三部分考虑了其中几个政治体,并尝试对他们进行理论比较,或识别出他们的相似之处。

三、他山之石,可以攻玉?

英国史可能一直以来都是道义经济论争的主战场。在二十世纪六七十年

---

〔1〕 参见 Jonathan D. Spence, "The Search for Modern China", *Library Journal*, 1999, pp. 75 – 78。【中译本参见[美]史景迁:《追寻现代中国——1600 ~ 1912 年的中国历史》,黄纯艳译,上海远东出版社 2005 年版】(作者讨论了清王朝中期各个微观区域的经济与生态构成);G. William Skinner, *Regional Urbanization in Nineteenth-Century China*, G. William Skinner, *in the City in Late Imperial China*, 1977, p. 211【中译本参见[美]施坚雅:《中华帝国晚期的城市》,叶光庭等译,中华书局 2000 年版】。

代之前,下述理论长期支配了对英国社会史的研究,并获得了许多知名学者,如托尼(R. H. Tawney)和汤普森(E. P. Thompson)的偏爱:英格兰经历了一场从集体主义道义经济向个人主义商业经济的转型——大庄园土崩瓦解,崛起的家庭式农业地位突出,而所有将务农者与其土地绑定起来的传统道德观念均被抛弃。[1] 相应地,土地市场开始解冻,并且急剧增长的土地出让不只是法律流程,也是实实在在的经济实践。[2] 从不同立场来看,这种社会发展既可以是积极的——缺乏理性的前现代农民群体,终于开始更好地利用他们的土地资源了;[3]也可以是消极的——讲道义的农民群体失去了集体自救,以及抵抗恃强凌弱的贵族、士绅与资本家的能力。[4] 韦伯主义者和马克思主义者似乎都接受了这一基本叙事。

对地方性材料的学术研究最先向这一理论发难。最知名的就是麦克法兰(Alan Macfarlane)于 1978 年出版的《英国个人主义的起源》。在书中,作者基于厄尔斯科恩(Earls Colne)的地方性材料,提出了彻底的历史再诠释。[5] 首先,也是最关键的一点是,麦克法兰指出,并无任何法律或习俗方面的证据,能

---

[1] 概括式的论述,可参见 R. H. Tawney,"Religion and the Rise of Capitalism", *Archives Européennes De Sociologie* 26(2),1926【此书有多个中译本,较新的一个可参见[英]理查德·亨利·托尼:《宗教与资本主义的兴起》,沈汉译,商务印书馆 2017 年版】(作者划定了这一理论的范围);R. H. Tawney,"The Agrarian Problem in the Sixteenth Century",*Longman*,*Green and Co.* 32(4),1912(作者详细描述了转型的开端);E. P. Thompson,*Customs in Common*,New York,The New Press,1993,pp. 97 – 184。

[2] 参见 R. H. Tawney,"Religion and the Rise of Capitalism",*Archives Européennes De Sociologie* 26(2),1926;R. H. Tawney,"The Agrarian Problem in the Sixteenth Century", *Longmans*,*Green and Co.* 32(4),1912;E. P. Thompson, *Customs in Common*,New York,The New Press,1993,pp. 97 – 184。

[3] 韦伯主义学者,包括韦伯本人以及某种程度上接续了韦伯理论传统的其他学者,如托尼,时常对传统道德的沦丧发出哀叹,但他们同时倾向于将早期现代的经济增长归因于此。参见 R. H. Tawney,"Religion and the Rise of Capitalism",*Archives Européennes De Sociologie* 26(2),1926;Max Weber,*The Protestant Work Ethic and the"Spirit" of Capitalism and Other Writings*,trans. by Peter Baehr and Gordon C. Wells,Roxbury Pub. Co. ,2002。

[4] 参见 E. P. Thompson, *Customs in Common*,New York,The New Press,1993。(作者描述了农民群体权利的演化,或者说是权利的缺失。)

[5] Alan Macfarlane, *The Origins of English Individualism*: *the Family*, *Property*, *and Social Transition*,Hoboken,Blackwell, 1978.【中译本参见[英]艾伦·麦克法兰:《英国个人主义的起源》,管可秾译,商务印书馆 2008 年版。】

够证明禁止售卖土地的社会规范曾经存在。[1] 相反,拥有土地的个人大都可以自由买卖土地,而无须担心道义上或来自社会的谴责。其次,由于毫无道德桎梏,土地所有者得以积极投身于大量的土地交易,从而使得土地市场甚至在十三、十四世纪就极度活跃。[2] 极少有土地能在一个家庭中流传几代。最后,从这些相对狭窄的实证论述中,麦克法兰看到了更为宽广的,对于整个英国社会史的修正。他认为,相比于从集体主义转向个人主义,英国社会更可能自始至终都奉行个人主义——尤其与欧陆各国相比较,这一结论极其明显。[3] 在史籍完备的英国历史中,其社会行为从未在任何一个时间点上,偏离了个人主义信念。在这一信念下,个体追求他们自己的幸福,而从未在更高层面上,特别地考虑过集体甚至家庭的福利。

不难预料,这一激进的历史修正在其支持者与攻击者之间,引发了无休止的论战。[4] 经过了几十年的拉锯,围绕麦克法兰部分观点(尤其是更具普遍性的那些观点)的争议仍在继续,但对其基本要点的共识初现端倪。法兰西(H. R. French)和霍伊尔(R. W. Hoyle)在2003年写道:"作为对权利的描述,《英国个人主义》一书无疑是准确的。"[5]即便在中世纪时期,我们也无法找到明确约束土地交易的法律或社会制度。相反,"自由保有(freehold)和租用土地(leasehold)的市场始终存在",并且绝大部分"耕种土地的人除租约外,对其他有关土地的事情毫无兴趣"。[6] 但是,麦克法兰的观点,即土地在中世纪时期

---

[1] Alan Macfarlane, *The Origins of English Individualism: the Family, Property, and Social Transition*, Hoboken, Blackwell, 1978, pp. 62 – 130.

[2] Alan Macfarlane, *The Origins of English Individualism: the Family, Property, and Social Transition*, Hoboken, Blackwell, 1978, pp. 102 – 130.

[3] Alan Macfarlane, *The Origins of English Individualism: the Family, Property, and Social Transition*, Hoboken, Blackwell, 1978, pp. 165 – 189.

[4] 参见 Jane Whittle, "The Development of Agrarian Capitalism: Land and Labour in Norfolk", *Historical Materialism*15, 2000, pp. 1440 – 1580, pp. 10 – 25(作者梳理了这一论战); H. R. French and R. W. Hoyle, "English Individualism Refuted and Reasserted: the Case of Earls Colne (Essex), 1550 – 1750", *Econ. Hist. Rev* 56, 2003, pp. 595 – 596(作者讨论了围绕英国个人主义的论战)。

[5] 参见 H. R. French and R. W. Hoyle, "English Individualism Refuted and Reasserted: the Case of Earls Colne (Essex), 1550 – 1750", *Econ. Hist. Rev* 56, 2003, p. 621。

[6] 参见 H. R. French and R. W. Hoyle, "English Individualism Refuted and Reasserted: the Case of Earls Colne (Essex), 1550 – 1750", *Econ. Hist. Rev* 56, 2003, p. 621。

被频繁易手,则是站不住脚的。例如,从厄尔斯科恩获得的档案证据表明,尽管土地市场确实存在且运转良好,但其并不像麦克法兰最初认为的那样活跃。并且,土地通常能够在一个家族中流传数代。[1] 尽管没有对土地出让的道义谴责,但仍然可能有其他制度性、政治性或社会性因素曾经阻碍了土地市场发展。最后,麦克法兰提出的见解,即英国社会自很早开始就本质上奉行个人主义,已经广为接受——特别是晚近的研究已经指出,英格兰在中世纪时期经历了深入的商业化。[2] 然而,麦克法兰将社会—经济式个人主义定性为英国独有特征的做法引起了学界质疑。有学者指出,他试图描绘的英国和欧陆国家之间社会—经济行为的差异,很少见诸史料。[3]

早期现代日本史是另一个道义经济话语曾经声名显赫的领域。相关史料完备地记录了从德川早期(Tokugawa)到明治时代(Meiji era),日本经历的农村社会解体和农民大量迁居。这一历史过程催生了道德与社会变迁存在共生关系的描述(symbiotic narrative)。[4] 但较为晚近的几位学者则挑战了这一描述,最值得关注的就是拉姆塞耶(Mark Ramseyer)。他向我们展示了,曾被假定在早期现代的道义经济制下不可被转让的经济资源,包括土地与劳力,不仅在当时的制度中可以被转让,实际上也常常被转让。[5] 土地尤其如此——尽管德川幕府实际上宣布土地的永久性买卖为违法行为,但拉姆塞耶和其他学者的研究

---

[1] 参见 H. R. French and R. W. Hoyle,"English Individualism Refuted and Reasserted: the Case of Earls Colne(Essex),1550 – 1750",*Econ. Hist. Rev* 56,2003,p. 621。

[2] 例如,Ian Rush,"The Impact of Commercialization in Early Fourteenth-Century England: Some Evidence from the Manors of Glastonbury Abbey",*Agric. Hist. Rev* 49,2001,p. 123。

[3] H. R. French and R. W. Hoyle,"The Character of English Rural Society: Earls Colne,1550 – 1750",*Continuity & Change* 21,2007.("但《英国个人主义》一书完全没有展示出法国农村土地市场和英国农村土地市场的运作有任何不同。")

[4] 参见 Penelope Francks,"Rural Economic Development in Japan",*Journal De Physique IV* 120(12),2006,pp. 96 – 97(作者讨论了德川和明治时期农民的迁徙);Stephen Vlastos,"Peasant Protests and Uprisings in Tokugawa Japan",*Monumenta Nipponica* 41,1990,pp. 1 – 20(作者讨论了德川时期农民的迁徙)。

[5] 参见 Herman Ooms,*Tokugawa Village Practice: Class, Status, Power, Law*, California, California Press,1996,pp. 222 – 242(作者在更为微观的层面上解构了这一概念);J. Mark Ramseyer,*Odd Markets in Japanese History*,Cambridge,Cambridge University Press,1996,p. 26(作者提出了对日本历史中土地不可出让性这一概念的质疑);Osamu Saito,"Land, Labour and Market Forces in Tokugawa Japan",*Continuity & Change* 24,2009,pp. 169,191(作者将这一概念运用到了对德川时期各市场势力的分析中)。

证明，在地方的实践中，上述禁令几乎被完全规避。[1] 将土地的永久交易伪装为十年按揭贷款契约，这几乎得到了所有村庄的认可——债务人会在十年之后径直违约，从而将完整的所有权移转给债权人。[2] 较为富裕的务农者购买了大量土地，这正是小农在德川末期背井离乡的主要原因之一。[3] 所以，是土地流转导致了社会解体，而不是后者导致了前者。

即便在东南亚研究中，即斯科特(James Scott)的里程碑著作《农民的道义经济学》[4]的主场，道义经济论也遭遇了猛烈的质疑。受斯科特启发，波普金(Samuel Popkin)很快完成了他的作品——《理性的农民：越南乡村社会的政治经济制》(*The RationalPeasant: The Political Economy of Rural Society in Vietnam*)，这部作品有十足的理由被视为一个针对性驳论(counter-manuscript)。波普金在书中论证，越南农民远没有斯科特所认为的那样道德化，而是更为功利化和富有理性；他还从欧洲和非洲史中收集了大量资料，以反驳斯科特的假设："惯于道义而少有理性的农民"是遍及世界的一个重要历史现象。[5] 波普金还更为具体地论证了，远在现代殖民时期以前，越南土地所有权的流动率(turnover)就处在相当高的水平。[6]

---

〔1〕 参见 Herman Ooms, *Tokugawa Village Practice: Class, Status, Power, Law*, California, University of California Press, 1996; J. Mark Ramseyer, *Odd Markets in Japanese History*, Cambridge, Cambridge University Press, 1996; Osamu Saito, "Land, Labour and Market Forces in Tokugawa Japan", *Continuity & Change* 24, 2009。德川幕府是日本封建时代最后一任军政府，于1603年至1867年掌权。

〔2〕 参见 Herman Ooms, *Tokugawa Village Practice: Class, Status, Power, Law*, California, University of California Press, 1996; J. Mark Ramseyer, *Odd Markets in Japanese History*, Cambridge, Cambridge University Press, 1996; Osamu Saito, "Land, Labour and Market Forces in Tokugawa Japan", *Continuity & Change* 24, 2009。

〔3〕 可参见 Thomas C. Smith, "The Agrarian Origins of Modern Japan", *Economic Geography* 37, 1959, pp. 157 - 164。(作者讨论了大地主与小土地所有者之间新兴阶级关系的发展。)

〔4〕 James C. Scott, "The Moral Economy of the Peasant: Rebellion and Subsistence in Southeast Asia", *Journal of Politics* 38, 1976.

〔5〕 一个概括式的论述，可参见 Samuel L. Popkin, "The Rational Peasant: the Political Economy of Rural Society in Vietnam", *American Historical Review*, 1979。

〔6〕 Samuel L. Popkin, "The Rational Peasant: the Political Economy of Rural Society in Vietnam", *American Historical Review*, 1979, pp. 83 - 132.

直到今天,相关争议仍在若干学术领域中继续着。[1] 但也正因如此,本文才努力向读者展示了,在几个重要的经济体——尤其是中国,不过也包括英格兰,并可能兼及日本——于档案可证的任何一个历史阶段,我们都无法确证道义经济制曾显著地制约了土地市场。其他因素或许曾限制了土地市场,并且其中有些因素显然可证,但对于出售土地的道德厌恶却是一个在实证层面难以捉摸的东西。上述结论应该至少能催生出这样的假定——我们不能想当然地用道义经济论解释前现代土地市场遭受的扭曲。实际上,它能做的或许远不止如此——除非能找到极大量的实证依据,否则,任何解释为什么土地道义经济制存在于历史上[2]其他社会的论说,也应该能够完满地解释,为什么土地道义经济制仅仅存在于部分地区,而不是遍及世界。如果土地市场中的道义经济制并非普世现象,那么就应该有比较研究来解释它是如何形成的。

我们在此已考察了诸多道义经济制话语,而它们都倾向于犯了同样的方法论错误,从而大大增添了其驳论的可信度——它们大多从没想过为自己发掘的经验证据寻找替代性解释。以中国研究为例,学者们过多地将土地契约和诉讼文书使用的道德性语言视作毫无疑问的证据,进而使用它们去论证道义经济制的存在——哪怕在几乎可以确定其并非如此的情况下。在道义经济论的相关文献中,学者们几乎从未认真考虑过以政治经济制为基础的替代性解释。这或许是由于社会科学不同学科之间的方法论隔阂,但归根结底,还是由于替代性解释对道义经济论的破坏。它将使得下述结论——"我们讨论的道义经济制确实以道义为基础"——很难说是可靠的,特别是在其中太多现象都禁不起详细推敲的情形下。

而这又引出了证明责任的问题(question of burden of proof)——如果某历史现象似乎一方面适应于道义经济制的解释,另一方面也适应于政治经济制的解释,那么哪一方面应该负担更重的证明责任?也就是说,哪一方面有责任使得人们至少初步认定(prima facie)另一种解释是无效的?特别落实到土地市场语境下,下述事实——在几个重要的社会—经济系统有档案可考的历史中,道

---

〔1〕 可参阅 Charles Tripp, *Islam and the Moral Economy: the Challenge of Capitalism*, Cambridge, Cambridge Books, 2006。(作者梳理了这一争议如何在伊斯兰世界的经济史中仍然具有重要意义。)

〔2〕 除了中、英、日等之外。

义经济制显然并未发挥任何关键作用——或许会使证明责任向道义经济制阵营倾斜。但是，我们仍会禁不住去忖度：是否还有更为系统和理论化的原因促使我们这样认为？

四、早期现代土地市场的（部分）理论解释

本文的第四部分将为下述问题提供一个理论性论证：为什么在早期现代土地市场的语境下，道义经济的支持者们应当承担证明责任（而他们尚未以任何令人信服的方式达到要求）。下文将论证：除非被大量的现存证据说服，否则在此之前，我们应当假设，显著限缩土地出让的道义经济制并非早期现代社会的普遍现象。这并不必然意味着，对售卖土地的道德谴责完全不曾存在，而是说，当售卖土地确实符合土地所有人的经济利益时，这种道德谴责还没有强大到真的阻止大部分人出售自己的土地。基本的论点很简单：某种资源的经济价值越大越复杂，就越不可能完全受制于明显的道义经济制。因此，考虑到土地在早期现代社会极其巨大的经济价值，我们应当作出一个普遍性的假设以供反驳，即对土地买卖的道德谴责基本没有束缚过早期现代的土地市场。基于本文结论部分将要解释的原因，上述假设并不必然适用于后工业化社会。

为了使道义经济论真正与政治经济论相区分，我们至少得找出某些正在发挥作用的主观性道德规则——它们或是被刻意地通过规范而内化于社会，或是存在于人们的认知习惯中。[1] 不然的话，如果所谓的道义经济制仅仅是对有

〔1〕 参见 William James Booth, *Households: on the Moral Architecture of the Economy*, New York, Cornell University Press, 1993; Thomas M. Buoye, *Manslaughter, Markets, and Moral Economy: Violent Disputes over Property Rights in Eighteenth-Century China*, Cambridge, Cambridge University Press, 2000, p. 94; Philip C. C. Huang, "Code, Custom, and Legal Practice in China: the Qing and the Republic Compared", *Historian* 107, 2001, p. 74; Karl Polanyi, "The Great Transformation: the Political and Economic Origins of Our Time", *Proceedings of the National Academy of Sciences* 104, 1957; James C. Scott, "The Moral Economy of the Peasant: Rebellion and Subsistence in Southeast Asia", *Journal of Politics* 38, 1976; E. P. Thompson, *Customs in Common*, New York, The New Press, 1993, pp. 97 – 184; Charles Tripp, *Islam and the Moral Economy: the Challenge of Capitalism*, Cambridge, Cambridge Books, 2006; Stephen Vlastos, "Peasant Protests and Uprisings in Tokugawa Japan", *Monumenta Nipponica* 41, 1990。这些学者们拒绝接受一切的此类推测：道义经济制可能仅仅是政治经济制表现出的一些症状。

意识的功利主义,或是物质主义式经济博弈的调和(equilibria),那么即便它通过道德话语表述自己,也无法在理论分析层面,与物质主义式的政治经济话语真正区别开来,因而也就是毫无意义的。主要有两种形式的主观道德行为能避免上述问题。第一种形式是,某些个体可能基于有意识的道德推理,而完成一系列行为——所谓道德推理也就是根据某种道德信念,而审慎地决定做或不做某事。第二种形式是,某些个体可能仅是出于习惯,而下意识地完成某一系列行动。但当被要求证立自己的行为时,他们会十分严肃地给出道义上的论证。有人可以反驳说,这些行为过程并不是必然的,与对政治或是微观经济行为的功利主义式解读水火不容。内化于某个个体的道德规范仅是其效用函数的一个部分,它对于行为的影响方式,也和该个体的其他偏好并无二致。[1] 这种说法或许是正确的,但它并不会使得下述两者间的根本区分归于无效:道德功利主义和物质功利主义。在后者中,获取经济利益被视为首要动力。

就社会层面而言,当涉及某种给定的经济资源时,道义经济制和物质经济制之间或许存在着一种均衡:后者越是重要,前者就越不重要,反之亦然。这似乎符合大部分人的直觉。毕竟我们大都相信,当遵循道德信念的经济成本更高时,我们更有可能在道义方面作出妥协。但是,我们是否能用逻辑论证上更为严谨的方式,来解释这一观点?

幸运的是,至少有三类重要的认知行为学理论(cognitive behavior)为上述观点提供了支持。首先,认知决策(cognitive decision-making)理论,即系统 1/系统 2,由于卡尼曼(Daniel Kahneman)和其他学者之推崇,在近年来声名鹊起。

---

[1] 这一假说的新古典主义版本常常将效用函数假定为外生的(exogenous)(行为主体的效用函数外在于提出的模型,是已经给定的。——译者注)。可参阅 GaryS. Becker & Kevin M. Murphy,"A Theory of Rational Addiction",*J. Pol. Econ* 96,1988,p. 675(作者概括地提出了理性成瘾理论);George J. Stigler and Gary S. Becker,"De Gustibus Non Est Disputandum",*Am. Econ. Rev* 67,1977,p. 76(作者分析了品味、成瘾以及外生性偏好)。但亦可参见 David Krackhardt, *Endogenous Preferences: A Structural Approach*, Jennifer J. Halpern and Robert N. Stern eds, *Debating Rationality: Nonrational Aspects of Organizational Decision Making*, 1998, p. 239(作者提出了一种在外生性函数之上添加内生性偏好的模型);RobertA. Pollak,"Habit Formation and Dynamic Demand Functions", *J. Pol. Econ* 78,1970,pp. 745-746(作者构建了一种以习惯如何形成为基础的消费者行为模型)。

这一理论认为,人们把审慎的思考——“系统 2”,或者说慢思考只留给那些最为重要的决策,而大部分决策都是通过使用“系统 1”,或者说快思考,而在某种程度上不假思索地完成的。[1] 在这一理论框架中,最突出的决策,即那些需要审慎的智识努力才能作出的决策,往往最为重要也最难作出。我们可以把这一理论框架应用到早期现代的土地市场中:尽管一个农民或许会运用系统 1/快思考,而迅速地舍弃一块没有价值的荒地,但如果涉及一块对其生计至关重要的土地,系统 2/慢思考就极有可能开始发挥作用。换言之,当某个决策,譬如出售土地,其经济意义特别巨大时,它在认知上的突出程度照理也应当增长。这一推理降低了下述现象的可能性,即早期现代土地市场受到下意识道德习惯的支配。

其次,一系列心理学研究——这些研究可以追溯至弗洛伊德(Freud)、皮亚杰(Piaget)、科尔伯格(Kohlberg),但时至今日仍保有影响力——认为人们倾向于在幼年时期,形成内化的规范偏好(normative preferences)。并且相较于年龄稍大者,年龄较小的儿童在规范标准方面更具可塑性,和成人相比则更是如此。[2] 而且,某一经济资源的价值越大,成人就越不可能将其托付给孩

---

〔1〕 概括式的论述,参见 Daniel Kahneman, *Thinking, Fast and Slow*, London, Penguin, 2011。【中译本参见[美]丹尼尔·卡尼曼:《思考,快与慢》,胡晓姣、李爱民、何梦莹译,中信出版社 2012 年版。】(作者详细描述了这一认知决策理论的框架。)

〔2〕 可参见 Jean Piaget, *The Moral Judgement of the Child*, New York, Harcourt Brace, 1965, pp. 13 - 108【中译本参见[瑞士]让·皮亚杰:《儿童的道德判断》,傅统先、陆有铨译,山东教育出版社 1984 年版】(作者推进了这一理论);另可参见 Lawrence Kohlberg, *The Philosophy of Moral Development: Moral Stages and the Idea of Justice*, New York, Harper & Row, 1981, pp. 409 - 412(作者归纳了道德发展的六个阶段); Richard Wollheim, *Sigmund Freud*, London, Lancet, 1971, pp. 177 - 218; JE Grusec, L Kuczynski, "Parenting and Children's Internalization of Values: a Handbook of Contemporary Theory", *Annals of Surgery* 161(3), 1997(作者通过对儿童的研究讨论了价值和偏好的内化); Joan E. Grusec and Jacqueline J. Goodnow, "Impact of Parental Discipline Methods on the Child's Internalization of Values: A Reconceptualization of Current Points of View", *Dev. Psychol* 30, 1994, p. 4; K. V. Roe, "Early Empathy Development in Children and the Subsequent Internalization of Moral Values", *J. Soc. Psychol* 110, 1980, p. 147。对于这一理论更为晚近的应用,参见 Amir N. Licht, "Social Norms and the Law: Why Peoples Obey the Law", *Rev. L. & Econ* 4, 2008, pp. 715, 733[citing Hans Kelsen, "Pure Theory of Law", *L. q. rev* 57(3), 1989, pp. 193 - 278]。

子。在现代社会中,与金钱或财产相关的重大决策基本都验证了这一结论。[1]并且,我们没有理由相信,早期现代社会在此方面有本质差别。实际上,就家庭中的社会—经济决策而言,早期现代的男性家长享有远高于现代家长的控制权,并且孩子极少参与其中。[2]将上述论点摆在一起,我们就应该至少有了部分理由,去质疑现代土地市场的道义经济论——一般而言,一个人只有到了相当成熟的年纪,才可能接触到与土地管理或出让相关的事项。在那个时候,他早已度过了自己认知可塑性最强的年岁。

最后,众多有影响力的认知科学研究已经表明,人们更可能接受与其既有倾向、偏好相吻合的规范与信念。[3]假定大多数人,甚至包括儿童,都对物质满足和财富积累有强烈偏好,并且这种偏好是与生俱来的。那么很可能,人们就难以接受(因而也难以内化)明显减损其经济利益的规范。上述观点以正式且理论化的方式,表述了我们在上文提到的直觉,即当循规蹈矩的物质成本最高时,人们极有可能对道德戒令视若无睹。

相关例证比比皆是。尽管早期现代的中国和日本,都有明确且严厉的成文戒令反对贩卖妻子儿女,然而穷人阶层对于这一戒令的违反如此之普遍,以至于一直以来,学者们都能够识别出一些妇幼市场——他们不得不将其描述为成

---

〔1〕 可参见 Haiyang Chen and Ronald P. Volpe,"An Analysis of Personal Financial Literacy among College Students", *Fin. Servs. Rev* 7,1998,pp. 107,114(作者得出的结论是:大学生的理财能力很差); Annamaria Lusardi et al. ,"Financial Literacy among the Young: Evidence and Implications for Consumer Policy",*Nat'l Bureau of Econ. Research*,Working Paper No. 15352,2009,Accessed October 23,2017. http://www.nber.org/papers/wl5352[https://perma.cc/QH4H – DF4N](作者指出人们普遍认为这一理论在现代群体中是正确的)。

〔2〕 可参见 Alan Macfarlane,*The Origins of English Individualism: the Family, Property, and Social Transition*,Hoboken,Blackwell,1978(作者讨论了中世纪以及早期现代的家庭如何作出决策);Alexandra Shepard,"Manhood,Credit and Patriarchy in Early Modern England",c. 1580 – 1640,*Past & Present* 167,2000,p. 75(作者讨论了早期现代英格兰有关父权制的社会规范)。

〔3〕 可参见 Dan M. Kahan et al. ,"Cultural Cognition of Scientific Consensus",*J. Risk Res* 14,2011,p. 147。[作者解释了这一证实偏见(confirmation bias)的科学基础。](所谓证实偏见是指人们倾向于寻找能够证实其既有观念的信息。——译者注)

熟且受到良好规制。[1] 类比来看,土地买卖可能给交易人带来的道德羞耻感是温和的——并且,土地交易通常是否伴随着羞耻感都是十分成疑的,但土地交易的经济意义却远大于这种羞耻感。在一个农业经济体中,得到良好养护的土地可以长期保值,然而人工劳力的价值却会随着时间而迅速流逝。因此,足够支撑某人生计的一块土地往往远比此人更为昂贵。[2] 这导致了拥有买卖土地的能力,远比拥有买卖人口的能力更具经济意义。如果极其明确的道义(以及法律)禁令无法制止人口贩卖,那么我们就不能不好好想想,怎样的道德戒令才足以禁止土地交易,以及多么极端的社会—经济条件才能创造出此般戒令。直白来讲,在被证伪之前,假设这些戒令从未存在过才更合逻辑。

我们不难想象,对于土地出让的社会—道义谴责便利了,因而也吸引了某些特定的个人或群体。但我们却很难设想整个社会趋于达成共识,以支持此类规范。有太多的人会因此蒙受损失:既包括渴望购买土地的较富裕家庭;也包括为迫在眉睫的现金需求,而孤注一掷的土地所有者;以及寻求对地产边界作出微调的邻人们。农民家庭或许极其希望留住土地,但很难说这意味着他们不想要出卖土地的自由。另外,政府官员可能确实更希望农民和土地绑定起来——这会大大方便他们征缴和管理税收。但少有学者会将精英政治阶层的偏好或理念,视作社会层面道义经济制存在的证据。归根结底,真正的道义经济论必须找到某种社会共识。这种共识至少要强大到,足以令异议分子惧怕遭受名誉上的制裁。而更为理想的状况是,对于违反相关规范的威慑,就是直截了当的刑罚。上述分析表明,这两种情况可能都未曾存在过。

有关道义经济制,上述的认知科学观点给了我们哪些启示?首先,道德规制更可能被施加于认知突出程度较低的经济资源,并且更有可能在某人年龄较小的时候,才被认真对待。或许更重要的一点是,这些道义规范与个体的经济利益摩擦越少,就越有机会植根于人心。在土地市场的具体语境中,学者们还

---

[1] 概括式的论述,可参见 Matthew H. Sommer, *Polyandry and Wife-selling in Qing Dynasty China: Survival Strategies and Judicial Interventions*, California, University of California Press, 2015(作者指明了此类市场的完整范围);J. Mark Ramseyer, *Odd Markets in Japanese History*, Cambridge, Cambridge University Press, 1996。

[2] 可参见 Matthew H. Sommer, *Polyandry and Wife-selling in Qing Dynasty China: Survival Strategies and Judicial Interventions*, California, University of California Press, 2015。

提出了道义规范形成的其他条件。例如,它通常产生于人们在长期而持续地拥有一块土地后的反应;它趋向于在稳定,且紧密联结的社会中产生。[1] 不过,这些条件都倾向于和我们提出的论点并不矛盾。无论是长期、稳定的土地所有,还是社会团体的紧密性,都没有暗示任何巨大的经济意义。实际上,两者都和经济意义毫无关系。学者们提出的条件中,只有一点与我们的结论明显无法兼容,即下述可谓流行的观点:土地在早期现代社会中无可比拟的经济价值,实际上促进了反对出让土地的道义经济制度之发展。[2] 不仅我们无法在中国史和英国史的范围内,为这一主张找到实证支持,其逻辑也很有可能是黑白颠倒的。就理论上而言,在早期现代社会中,土地极其巨大的经济价值更有可能阻止,而非促进了道义经济制度的形成。

换言之,针对早期现代经济中的土地出让禁令,道义经济的支持者们可谓煞费苦心。但他们可能是在所有备选领域中,挑选了最不适合其理论应用的一个。或许他们一直都是有意为之——从最难的部分啃起有时是回报颇丰的。但这一选择更可能反映了他们对人类心理活动略显奇特的理解。对此更为传统的理解认为,在早期现代土地市场这一语境下,道义经济制的支持者们应当比对手承担更重的证明责任。而他们尚未满足这一要求。

五、结论:其他语境中的道义经济制

如果说在道德层面,大部分早期现代社会实际都包容对土地的出让,这是否会在普遍意义上,对于道义经济论的现实可信度造成消极影响?正是就此点而言,我们在第二部分和第三部分中讨论的,有关前工业化时期土地市场的理论问题,实际有利于道义经济的支持者们。从理论上来讲,要在早期现代社会中,找到对土地出让进行道义谴责的有力证据几无可能。因而,我们自始就不

---

〔1〕 可参见 Karl Polanyi, "The Great Transformation: the Political and Economic Origins of Our Time", *Proceedings of the National Academy of Sciences* 104, 1957; James C. Scott, "The Moral Economy of the Peasant: Rebellion and Subsistence in Southeast Asia", *Journal of Politics* 38, 1976。

〔2〕 参见 Philip C. C. Huang, "Code, Custom, and Legal Practice in China: the Qing and the Republic Compared", *Historian* 107, 2001, p. 71。[作者将清代的土地交易体系定性为受到"生存伦理"(survival ethic)的驱动。]

该对结果抱有期望。在试图摘取更高的理论成果时遭遇实证难题,要远远好过连摘取低垂的果子都力不能及。

但是,到底什么才是最低垂的果子呢?它或许会涉及一些社会与经济资源——至少在主观感知层面,这些资源与基本的物质生计和维持生存相距较远。并且在相对年轻的时候,人们就能严肃地参与到有关这些资源的事项当中。另外,在理想状态下,它应当由稳定而紧密联结的社会团体长期管理和使用。

一个潜在的担忧是,由于和物质生存相距较远,这种最低垂的果子必然不具有重要的经济意义。换言之,如果道义经济制仅仅存在于其社会—经济影响力甚微的场合中,那么我们干嘛还要研究它?但这是个误解。真正重要的距离是心理感知上的距离。道义经济制容身的资源,很可能貌似与大多数人的经济生计相距甚远。因此这些资源也不会像早期现代土地交易那样,可能触发系统2式的谨慎检查,[1]以及经济利己方面的担忧。但这些资源仍旧造成了深远(如果稍显间接)的物质结果。

为了说明这一点,我将在接下来几段中概述一个例子——这个例证取自我先前完成的部分研究。它将返回到我们在第二部分中讨论过的典卖赎回制度,并尝试为其提供一种文化性,以及在诸多层面上道义性的解释——但这一解释绝不依赖于任何传统的道义经济理论,即有关土地出让禁令的学说。[2] 因此,它足以向我们展示,在不直接为土地交易赋予具体道义内涵的情况下,道德规范如何能影响土地市场。

典卖交易支配了晚清以及民国时期的中国土地市场,而它实质上就是按揭贷款的一种形式。这类交易允许土地所有者——通常都是经济上较为脆弱,因而更可能涉身于抵押借贷的小农——以总价的大约六成到八成将地卖给债权人,但同时保留回赎权。[3] 与其他早期现代经济体中的按揭规则相比,典卖赋予了债务人异常强大的回赎权。不仅仅是债务人可以拥有实质上无条件的回赎权,

---

〔1〕 可参见 Daniel Kahneman, *Thinking, Fast and Slow*, London, Penguin, 2011。

〔2〕 概括式的论述,可参见 Taisu Zhang, "Cultural Paradigms in Property Institutions", *Yale J. Int'l l* 41, 2016, p. 347。(我在文中讨论了由文化定义的社会等级制度如何影响了财产体系的创生。)

〔3〕 Taisu Zhang, "Cultural Paradigms in Property Institutions", *Yale J. Int'l l* 41, 2016, p. 380.

并且在大部分地方习惯中,这一权利都被强制附加于所有典卖交易。[1] 在典卖完成之后,出卖方可以随时将其转变为永久交易,并就此获得一笔额外支付款,其金额一般等同于原始贷款与地产总价之差。但他同时要放弃自己的回赎权。

这种制度安排倾向于最大化债务人赎回土地的权能。而在早期现代的经济条件下,这种权利通常是人们梦寐以求的。这使得回赎权在小农中间十分流行,并获得了他们的普遍支持——正是这些人更可能以土地换取现金。[2] 但同时,这严重阻碍了更为富裕的地主——他们趋向于成为典卖交易中的债权人,或是永久买卖中的买方——安全地获取土地,也可能因此引发他们的怒火。换言之,典卖交易规范是下述现象的一个例证:小土地所有者如何在其更为富裕的邻人们的强烈反对之下,推进了自己的制度性偏好。[3]

这一过程是如何发生的?大体而言,这是对小农群体政治力量的直观反映。不同于其他一些早期现代社会,如英国与日本,中国大部分农村和乡镇的政治精英阶层都令人吃惊地良好地代表了小农群体。[4] 例如,在华北的某些农村,处于平均线以下的土地所有者能够在村议会(village council)中占据半数席位。还有数量惊人的农村领导者接近于身无寸土。[5] 因此,在对于其经济生计至关重要的事项上——典卖回赎权几乎必然被包括在内,因为它直接影响了小农土地所有权的稳定性——小农群体就有能力调动起十分强大的社会—政治资源,并且有时可以大获全胜。具体到典卖回赎的语境中,有证据表明,支持不限期回赎权的低收入政治精英之介入,对于该制度的牢固树立起到了极其关键的作用。[6] 没有他们的介入,来自大地主们的反对将会是极其难以招架的。

但这不禁引人发问:小农群体最初如何拥有了这般社会—政治威望?毕竟其他的社会,也极有可能是大部分的早期现代社会,都倾向于根据财富来分配威望与权力,因而他们的地方政治生活掌控于大地主手中。[7] 为什么中国的情

---

〔1〕 Taisu Zhang,"Cultural Paradigms in Property Institutions", *Yale J. Int'l l* 41,2016,pp. 380 – 381.

〔2〕 Taisu Zhang,"Cultural Paradigms in Property Institutions", *Yale J. Int'l l* 41,2016,pp. 381 – 384.

〔3〕 Taisu Zhang,"Cultural Paradigms in Property Institutions", *Yale J. Int'l l* 41,2016,p. 384.

〔4〕 Taisu Zhang,"Cultural Paradigms in Property Institutions", *Yale J. Int'l l* 41,2016,pp. 389 – 392.

〔5〕 Taisu Zhang,"Cultural Paradigms in Property Institutions", *Yale J. Int'l l* 41,2016,p. 390.

〔6〕 Taisu Zhang,"Cultural Paradigms in Property Institutions", *Yale J. Int'l l* 41,2016,p. 391.

〔7〕 Taisu Zhang,"Cultural Paradigms in Property Institutions", *Yale J. Int'l l* 41,2016,pp. 390 – 391.

况如此不同?答案最有可能藏身于规范性地位等级体系,即进行地位分配的社会规范之中。农村社会正是在这一套体系之下运转的。晚清和民国时期的中国社会普遍接纳了一套新儒家式的社会理念,即个人应当将自己整合进巨大的亲属关系网中,并且这些关系网内部的社会等级排序应当取决于年龄和辈分。[1] 这导致了大量贫穷,但却资历甚高的人——大部分农村中都有许多这样的人——获得了与他们的土地财产完全不相匹配的地位与政治影响。

此外,这些新儒家式地位等级体系的涌现,至少有某些部分是规范被内化的道德或文化过程。它们起初在十一世纪时还稍受限制,至十六世纪或十七世纪时已经具有了压倒性的社会地位。这主要是由于人们相信,以这种方式进行社会组织是在道德上可取,或是自然的。[2] 仅用社会—经济以及政治动力,无法完满解释这一极速扩张的过程。因为儒家式资历政治体制(gerontocracies)将带来的社会经济,或政治利益非常含混不清,并且在许多情况下极有可能造成不利影响。[3] 如果不考虑社会对于这种等级体系的普遍内化——自十二世纪和十三世纪开始就有证明此点的有力证据——我们实难设想它如何能至明朝晚期时,在几乎中国核心文化的每一个层面,支配了相关的社会生活。

换言之,这里存在一个因果链条:从分配社会地位的规范被文化性内化,到对于社会—政治地位的实际分配,再到社会—政治威望不同的社会群体之间相互博弈,进而产生的财产制度,最后到这些财产制度在土地市场中造成的扭曲。但是,为什么分配社会地位的规范实现了道德内化,而与此同时,反对土地出让的规范却极可能没有呢?回到我们在第三部分中概括的基本理论框架,任何人都有充分的理由推断,社会等级体系与日常经济生活距离较远,但却异常接近新儒家主义的哲学核心。实际上,各个层次的知识界和政界精英,留下了洋洋大观的哲学和伦理学著作,以明确表示支持这一等级体系。但对于土地出让问题,哪怕投下一笔一毫的文人都寥寥无几。[4] 此外,在寻常百姓年纪很小的时

[1] Taisu Zhang,"Cultural Paradigms in Property Institutions", *Yale J. Int'l l* 41,2016,pp. 393 - 397.

[2] Taisu Zhang,"Cultural Paradigms in Property Institutions", *Yale J. Int'l l* 41,2016,pp. 397 - 410.

[3] Taisu Zhang,"Cultural Paradigms in Property Institutions", *Yale J. Int'l l* 41,2016,pp. 406 - 408.

[4] 概括式的论述,参见 Taisu Zhang,"Cultural Paradigms in Property Institutions", *Yale J. Int'l l* 41,2016,pp. 381 - 384。

候,分配社会地位的规范就会被引入他们的生活——人们大多相信这是儿童最早接触的社会规范之一。因此,我们至少有一定依据去猜测,相较于通常在一定年龄之后才会发展出的财产规范偏好,这一类规范可能内化程度更深。实际上,由于大多数人在非常年幼时就遭遇,并接受了此类规范,在考虑非自利型规范被内化的任何可能性时,它或许是最有希望的备选项之一。

因此,尽管我们无法在土地售卖中,为道义经济制找到实证依据,但道义经济制仍有存在于社会—经济生活其他维度的理论可能——实际上是现实可能。当道义规范最终酝酿出强大的经济结果时,在此意义上,其就是真正的道义经济制度。有人甚至可能将上文勾勒出的因果链条,称为土地出卖中的道义经济制——这一链条刻画了道义规范怎样影响土地市场的制度架构与经济运作。只不过它并非传统意义上的土地道义经济制,即并不关注对土地出让本身的道德谴责。如果道义经济论要在早期现代史中重获一席之地,它就应当抛弃自己陈旧的观点,而投身于对道义规范与经济活动间关系更为宽广,以及更为复杂的理解。

我们最后要考虑的一个问题是,上述讨论是否以及如何能够解释从早期现代到现代的转型——大多数传统土地道义经济论最初都是受此启发。大部分学者都会认同,相比于早期现代,当代社会中的土地市场普遍更为活跃,也更加自由。[1] 与此同时,考虑到发达国家的大部分家庭,以及在发展中国家也有越来越多的家庭不再以私有土地作为收入来源,土地的经济意义在个人层面通常是减少了。这就意味着,曾在早期现代社会中阻碍土地出让被道德化的物质因素,现在已经大部分消失。但在它的缺席之中并未生发出多少——如果真的生发出了哪怕一点——道义经济制。这是否挑战了我们在上文中得出的观点?

我们没理由这样想。土地出让中的道义经济制之形成受诸多因素影响,土地的经济意义仅是其中之一。在人口流动更加频繁,商业化程度更深的现代时期,其他的影响因素,如土地所有者住所的稳定,以及地方社会团体的紧密性,

---

〔1〕 本文中引用的几乎所有历史学研究,不论对道义经济论赞成与否,均认同此种基本的历史评估——他们的分歧在于如何解释这一现象。

都明显不利于道义经济制的出现。[1] 然而，颇为有趣的一点是，我们可以看出，道义经济制在前现代，以及在现代历史中无法生成的原因可能是迥然不同的。同样的一些社会—经济力量——工业化、资本主义，以及现代劳动者群体的发展，既降低了拥有土地的重要性，但同时又加速了人口流动和地方社会解体。受现代经济发展所赐，但同时也受其所夺。（Modern economic development giveth, but also taketh away.）[2]

---

〔1〕 参见 Yun-chien Chang and Henry E. Smith, "An Economic Analysis of Civil Versus Common Law Property", *Notre Dame L. Rev* 88, 2012, pp. 1, 47 – 55（作者发展了一套理论，从交易成本的角度出发，对大陆法和普通法中的财产规则进行解释）；Avner Greif and Guido Tabellini, "Cultural and Institutional Bifurcation: China and Europe Compared", *Am. Econ. Rev* 100, 2010, p. 135（作者提供了一个概念框架，以解释欧洲与中国的崛起）。

〔2〕 作者化用了一句英文习语："The Lord giveth, and the Lord taketh away。"此语常用于葬礼上表达对逝者的缅怀。其典出于《圣经·旧约·约伯记 1:21》。约伯（Job）本是乌斯地（the land of Uz）大富农，牛羊仆从甚众，避恶畏神。撒旦（Satan）言其畏神行义仅因上帝许他财富家产，耶和华便允许撒旦试探其信仰。一日之内约伯家产尽毁，儿女全遭横死。他得知后一边跪拜一边说："我赤条条地出自娘胎，也当赤条条地返回。神赏赐给我，神也将它们收去；我仍称颂上帝之名。"（Naked came I out of my mother's womb, and naked shall I return thither: the LORD gave, and the LORD hath taken away; blessed be the name of the LORD. ——译者注）

关系物权的演变：以中国农村土地改革为例*

乔仕彤** 潘孚然***

一、概　　述

历史上最激动人心的产权变迁往往是独占性权利在集体和个人之间的转换。恰如哈罗德·德姆塞茨(Harold Demsetz)所认为的,个人产权与集体产权之间的竞争是二十世纪的一大主题。控制权在集体和个人之间彻底转换的激烈变革往往更能引起人们的关注,比如苏联集体农庄和中国人民公社的兴衰。无可否认贯穿整个社会和经济系统的激进产权变革的确令人兴奋,这或许就是关于产权演变的文献总聚焦于公有制与私有制之间的互相转变的原因。[1] 然而,此类激进的时刻只构成了历史的一小部分。在大多数情况下,财产权的演变总是悄无声息地渐进发生——如果将排他权作为产权的核心或者总是执着

---

* 在中文文献中,周雪光教授最早提出了关系产权的概念并用来解释"模糊产权"在中国乡镇企业发展中的意义。详见周雪光:《"关系产权":产权制度的一个社会学解释》,载《社会学研究》2005 年第 2 期。

** 乔仕彤,香港大学法律学院助理教授,耶鲁大学法学院法律科学博士。

*** 潘孚然,纽约大学法学院财产法教授。

本文系二人共同协作完成,乔完成了本论文的实证研究。作者在此感谢张永健、陈若英、Richard Brooks、Henry Smith、Katrina Wyman 和其他提供评论和建议的纽约大学自发产权秩序专题会议参与者。乔仕彤也要感谢 Robert Ellickson、Hanoch Dagan、Katharina Pistor 以及哥伦比亚大学法学院基本资源管理研讨会的与会人员关于物权概念的讨论。感谢宋杉杉对本文的翻译。

〔1〕 See generally Thomas W. Merrill, "Introduction: The Demsetz Thesis and the Evolution of Property Rights", *Legal Stud* 31 J, 2002, p. 331(概括了对德姆塞茨论文回应的学术观点)。

于谁拥有某物，我们将很难解释这一现象。[1]

本文认为，排他权并不总处于物权演变的核心地位，并且进一步来讲，物权权利束的其他组成部分在财产权演变中能起到关键作用。正如中国的事例所展现的那样，"权利束"的形式能更好地描述真正体现了物权演变的细微、灵活而又特殊的过程。

为展现中国财产权的演变，我们发展了关系物权的概念。约瑟夫·威廉·辛格(Joseph William Singer)的"社会关系模型"、[2]伊恩·麦克尼尔(Ian Macneil)的"关系合同"，[3]特别是他们对于社会关系在物权和债权建构中所起的决定性作用的重点关注深刻影响了这一概念。权利束这一概念构成了关系物权的基础，因为它认识到了为了适应不断变化的社会、经济和技术需求，物权可以，并且常常是被分解的。正如我们将在中国农村土地改革的内容中展示的，关系物权的两个核心特征——权利束中各束权利的可分性和可塑性与物权对社会关系的依赖性——使得其比强调物权的单一核心含义的观点更能准确地解释物权的演变。

我们的核心观点很简单：与其纠结于谁是土地的所有者，还不如准确定义每个利益相关者对于农村土地享有的特定权益。例如，相较于排他权，明确开发和转让农村土地的不同权利更有助于厘清土地的控制权。更重要的是，当物权法落后于物权关系时，后者将会发挥作用并塑造经济、社会和政治权力的最终分配。具有相似或相同制度结构的村庄的社会关系决定了他们未来的发展。不同的村庄发展出了不同甚至截然相反的物权安排。关系物权可以在物权法缺席的情况下发挥作用，但物权法如果不将自身嵌入到社会关系中将无从发挥作用。

---

〔1〕 See generally Henry E. Smith, "Property as the Law of Things", *Harv. L. Rev* 125, 2012, p. 1691 (主张物权法应被视为由多部分组成的法律体系).

〔2〕 See generally Joseph William Singer, "Property and Social Relations: From Title to Entitlement", in Charles Geisler and Gail Daneker eds., *Property and Values: Alternatives to Public and Private Ownership*, 2000, p. 3 (以下简称 Singer, Property and Social Relations); Joseph William Singer, "The Reliance Interest in Property", *Stan. L. Rev* 40, 1988, p. 611 (以下简称 Singer, The Reliance Interest in Property).

〔3〕 See generally Ian R. Macneil, "Contracts: Adjustment of Long-Term Economic Relations under Classical, Neoclassical, and Relational Contract Law", *NW. U. L. Rev* 72. 1978, p. 845 (以下简称 Macneil, Contracts); Ian R. Macneil, "Relational Contract: What We Do and Do Not Know", *Wis. L. Rev*, 1985, p. 483; Ian R. Macneil, "Relational Contract Theory: Challenges and Queries", *NW. U. L. Rev* 94, 2000, p. 877.

下文将如此布局:第二部分批判物权演变的对物物权观点;第三部分引出关系物权的概念并评估其与自下而上的物权演变的兼容性;第四部分利用关系物权的概念分析中国农村土地改革;第五部分系结论。

二、对物物权和物权演变

谁有资格作为财产的所有人? 个体,密切联系的社区和政府"都可以并且确实拥有财产"。[1]

但物权意味着什么? 一些学者相信物权是一个权利束并且指出哪些被指定的个体有权参与哪些特定的资源的使用。[2] 这一对人的视角将物权定义为主体之间关于资源的社会关系并被类比为权利束。另一观点则认为"物权是一种对物的特别权利,是一种绝对权"。[3] 这种物权的对物概念包含两部分。第一部分是对于"物权系关于物的制度"的强调。[4] 正如亨利 · E. 史密斯(Henry E. Smith)所言,"物权的核心在于物的定义和其在调整私主体互动中的作用"。[5] "物"在使物权关系非个性化和形式化中发挥作用。[6] 一般而言,这一对物概念将物权视为人与资源之间的关系,而非人与人之间的社会关系网。"首先,它识别出特定的资源(物),再明确谁(所有权人)将作为物的看门人或监管者"。[7] 物作为"模块",使得法律可以通过它组织复杂的关系成为"一包

---

〔1〕 Thomas W. Merrill and Henry E. Smith, *The Oxford Introductions to U. S. Law: Property*, New York, OUP USA, 2010, p. 3.

〔2〕 Thomas W. Merrill and Henry E. Smith, *The Oxford Introductions to U. S. Law: Property*, New York, OUP USA, 2010, pp. 4 – 5.

〔3〕 Thomas W. Merrill and Henry E. Smith, Essay, "What Happened to Property in Law and Economics?", Yale *L. J* 111, 2001, pp. 357 – 358.

〔4〕 See generally Henry E. Smith, "Property as the Law of Things", *Harv. L. Rev* 125, 2012, p. 1691 (主张物权的特性是权利束的观点是有缺陷的).

〔5〕 Henry E. Smith, "The Thing about Exclusion", *Brigham-Kanner Prop. RTS. Conf.* J 3, 2014, pp. 95, 123.

〔6〕 Henry E. Smith, "The Thing about Exclusion", *Brigham-Kanner Prop. RTS. Conf.* J 3, 2014, pp. 95, 123(说明了"物权是关于物的制度",但不以排他权为中心).

〔7〕 See Thomas W. Merrill & Henry E. Smith, "The Property/Contract Interface", *Colum. L. Rev* 101, 2001, pp. 773, 790.

裹”的法律关系。[1] 在张永健和史密斯看来,将财产权视为对物权,能使社会关系结构化并因此最小化信息成本。[2]

物权对物理论的第二部分在于强调排他权。就特定物排除他人干涉的权利是所有权人享有权利的核心。[3] 将某人称为物的所有权人就意味着该主体有权排除他人使用该物。托马斯·梅里尔(Thomas Merrill)认为排他权并非只是物权权利束中的一支权利。“赋予某人在一有价值的资源上排除他人干涉的权利……就等于赋予了他物权。不赋予某人排他权则他们并不享有物权。”[4] 但史密斯最近指出,“排他权……并非物权的必要条件”,“物权的特性……逻辑上不能起源于……排他权”。[5] 在同一篇论文中,他指出了其他物权,如转让权和使用权,在物权关系中的重要性。张永健也在最近的一篇论文中写道,“所有权”只是物权的一种类型,他将其他权利中的转让权和使用权标记为“附属权利”。[6] 虽有这些最近的细化,然而,对物概念维持了长期以来对于排他权的强调,将其作为定义物权为关于物的制度的自然结果。在这一观点下,首先要提出的问题仍然是谁拥有该物,一般也就意味着谁是守门人并对该物享有排他的控制。

梅里尔和史密斯认为法律现实主义者和法律经济学家已经成功地用权利束取代了物权的对物概念。[7] 他们甚至怀疑秉持物权是对物享有的权利这一

---

〔1〕 See generally Henry E. Smith, “Property as the Law of Things”, *Harv. L. Rev* 125, 2012, p. 1693.

〔2〕 See Yun-chien Chang and Henry E. Smith, “An Economic Analysis of Civil Versus Common Law Property”, *Notre Dame L. Rev* 88, 2012, pp. 1, 3 – 5; Yun-chien Chang, “The Economy of Concept and Possession”, in Yun-chien Chang ed., *Law and Economics of Possession*, 2015, pp. 103, 108.

〔3〕 Thomas W. Merrill and Henry E. Smith, Essay, “What Happened to Property in Law and Economics?”, *Yale L. J* 111, 2001, p. 360.

〔4〕 Thomas W. Merrill, “Property and the Right to Exclude”, *Neb. L. Rev* 77, 1998, p. 730.

〔5〕 Henry E. Smith, “The Thing about Exclusion”, *Brigham-Kanner Prop. RTS. Conf.* J 3, 2014, pp. 96, 119.

〔6〕 See Yun-chien Chang and Henry E. Smith, “An Economic Analysis of Civil Versus Common Law Property”, *Notre Dame L. Rev* 88, 2012, pp. 1, 3 – 5; Yun-chien Chang, “The Economy of Concept and Possession”, in Yun-chien Chang ed., *Law and Economics of Possession*, 2015, p. 5.

〔7〕 Thomas W. Merrill and Henry E. Smith, Essay, “What Happened to Property in Law and Economics?”, *Yale L. J* 111, 2001, pp. 358 – 369.

看法的人会被认为想法不够成熟。[1] 然而,实际情况是布莱克斯通式的强调对物的绝对支配的对物物权概念仍然主宰着我们对于物权的想象和法律对话。私人、集体和国家所有物权的标准三分法中就预设了布莱克斯通式的对物物权概念。“理论学者试图推进一种或另一种的所有权形式,但没有人实质撼动了三分法本身。”[2]

私人物权,尽管其边界和内涵有着固有的不确定性,仍构成了三分法的基准和起始点。威廉·布莱克斯通(William Blackstone)爵士将私人物权界定为一个人“对于世界的外物的唯一和专制的支配”。[3] 他的观点无疑是物权的对物说的写照。此外,“集体物权标出了由共同管理资源并排除该集体外的他人干涉的、有限数量的人所有或控制的资源”。[4] 本质上,“这是一种社会制度使其‘内部成员’可共有这些资源,并对‘外部人员’具有排他权”,[5] 即“内部的共有物权,对外部而言则是排他性的权利”。[6] 国家物权意味着国家享有一切排他权并可作为资源使用的唯一决策中心。[7] 正如私人物权的定义,集体和国家物权都表现了物和所有权人之间的关系,并将排他性作为核心。

这一对物物权说也主宰着物权演变的学术研究。大部分的现存文献,跟随着哈罗德·德姆塞茨的开拓性研究,重点关注从开放获取的物权或公有物权开始、到私人的个体物权结束的这一范式演变过程。德姆塞茨在他 1967 年的文章中讨论了拉布拉多半岛上印第安人中私人物权的出现。[8] 罗伯特·埃里克森(Robert Ellickson)则利用许多实证资料探索集体所有制到个人所有制的转

---

[1] Thomas W. Merrill and Henry E. Smith, Essay, “What Happened to Property in Law and Economics?”, *Yale L. J* 111, 2001, pp. 357 - 358.

[2] Michael A. Heller, “The Dynamic Analytics of Property Law”, *Theoretical Inq*. L 2, 2001, pp. 79, 82.

[3] 2 WILLIAM BLACKSTONE, COMMENTARIES *2.

[4] Hanoch Dagan and Michael A. Heller, “The Liberal Commons”, *Yale L. J* 110, 2001, pp. 549, 557.

[5] Carol M. Rose, “The Several Futures of Property: of Cyberspace and Folk Tales, Emission Trades and Ecosystems”, *Minn. L. Rev* 83, 1998, pp. 129, 155.

[6] Hanoch Dagan and Michael A. Heller, “The Liberal Commons”, *Yale L. J* 110, 2001, p. 557.

[7] Michael A. Heller, “The Dynamic Analytics of Property Law”, *Theoretical Inq* 2, 2001, p. 85.

[8] See generally Harold Demsetz, “Toward a Theory of Property Rights”, *Am. Econ. Rev* 57, 1967, pp. 347, 350 - 352.

变。[1] 迈克尔·海勒(Michael Heller)调查了俄罗斯后共产主义时期物权制度从政府所有制到私人所有制的转变。[2] 其他学者，如特里·安德森(Terry Anderson)、P. J. 希尔(P. J. Hill)、D. 布鲁斯·约翰森(D. Bruce Johnson)、约翰·昂伯克(John Umbeck)和巴里·费尔德(Barry Field)分别从不同角度丰富了物权理论，但他们均因循从开放获取的物权或公有物权到个体的私人物权的轨迹进行研究。[3] 而一些研究则讨论了相反方向的演变，[4]但总体而言，目前对于对物物权演变的研究有三个重要缺陷。

其一，排他权的概念模糊且随着社会、制度和技术环境的不同而不同。例如，在本文一名作者中国农村的老家，无论何时只要大门敞开，村民可自由进入邻居家中，甚至可停留片刻等待所有权人回家。然而，相反的是，在另一名作者所处的曼哈顿地区，未经允许的进入将至少导致一个紧急的"911"报警电话。这一对比虽然很不严谨，但可作为排他权的具体含义和范围会因环境的不同而不同的例证。

而环境并不仅限于相关的社区规范的性质，更会拓展至制度和技术的环境。艾米·卡普辛斯克(Amy Kapczynski)和塔尔哈·赛义德(Talha Syed)在探讨专利限制的过程中推崇"排他的连续性"这一术语。[5] 他们认为，"排他性并

---

[1] See generally Robert C. Ellickson, "Property in Land", *Yale L. J.* 102, 1993, pp. 1315, 1318.

[2] See generally Michael A. Heller, "The Tragedy of the Anticommons: Property in the Transition from Marx to Markets", *Harv. L. Rev* 111, 1998, p. 621.

[3] See generally Terry L. Anderson and P. J. Hill, "The Evolution of Property Rights: A Study of the American West", *L. & Econ*, 1975, p. 163; Barry C. Field, "The Evolution of Property Rights", *Kyklos*, 1989, p. 319; D. Bruce Johnsen, "The Formation and Protection of Property Rights Among the Southern Kwakiutl Indians", *Legal Stud* 41, 1986; John Umbeck, "The California Gold Rush: A Study of Emerging Property Rights", *Explorations Econ* 14, 1977, p. 197.

[4] See, e. g., Abraham Bell and Gideon Parchomovsky, "The Evolution of Private and Open Access Property", *Theoretical Inquiries* L 10, 2009, p. 77(讨论了刺激从私有制转变为开放获取物权的推动力); David D. Haddock and Lynne Kiesling, "The Black Death and Property Rights", *Legal Stud* 31 J, 2002, p. S545(讨论了瘟疫如何影响联邦物权制度); Henry E. Smith, "Exclusion Versus Governance: Two Strategies for Delineating Property Rights", *Legal Stud* 31 J, 2002, p. 453(讨论了从早期不完善的个人占有制度中出现的开放田地体系).

[5] See generally Amy Kapczynski and Talha Syed, "The Continuum of Excludability and the Limits of Patents", *Yale L. J* 122, 2013, p. 1900.

非二元的特性,无论'开'或'关'取决于可获得或缺乏物权"。[1] 他们指出:"相反,排他性在信息财产中极其易变,不仅受到正式的法律权利的影响,也会被现有技术……现有社会规范……和现有的制度所影响……"[2]对于排他的连续性的承认拓展了基于排他性的刻板印象所产生的、关于信息商品的传统观点,并且不仅可运用于知识产权,更可运用于一般的物权理论。鉴于法律体系的多样性、技术获取的不平等、分散的社会规范、不同的制度环境和不同资源的不同属性,资源的排他性在理想的私人物权到开放获取的频谱内不断变化。通过将制度和社会规范作为排他性的关键因素,卡普辛斯克和赛义德聚焦于信息财产的社会关系而非信息财产和其所有权人之间的关系。[3] 在他们的讨论中被嵌入的物权形象系对人物权而非对物物权。

海勒和汉诺克·达甘(Hanoch Dagan)同样批判了将排他权作为标准的物权三分法。在他们看来,这一熟悉的概念地图在以下三个方面限制了讨论:(1)"分类并不完整",过于简单,分类中应当包括新的物权种类,如反公有[4]和半公有[5];(2)现有分类,如私人物权,可重新调整其自身概念并发展出一个更全面的可替代性概念;(3)也有可能合成现有物权类型的特征以创造出混合物,如自由公有。[6] 自由公有的概念聚焦于社会关系的重要目标——个体自治,个体间的合作和社区繁荣,[7]而非资源和所有权人之间的关系。

其二,物权的对物概念过度强调了排他权而缺乏对于权利束中其他权利的改变的说明。因此,物权演变的另一趋势被主流法学和经济学所忽视。以下述

[1] See generally Amy Kapczynski and Talha Syed, "The Continuum of Excludability and the Limits of Patents", *Yale L. J* 122, 2013, p. 1903. 并比较这一理论:"在排他的策略里,法律设置了粗糙的信号(信息变量,代理)以界定财产的边界。在这个保护范围内,所有权人有权选择如何投资或消费该财产"。Henry E. Smith, "Property and Property Rules", *N. Y. U. L. Rev* 79, 2004, pp. 1719, 1755。

[2] See generally Amy Kapczynski and Talha Syed, "The Continuum of Excludability and the Limits of Patents", *Yale L. J* 122, 2013, p. 1903.

[3] See generally Amy Kapczynski and Talha Syed, "The Continuum of Excludability and the Limits of Patents", *Yale L. J* 122, 2013, p. 1903.

[4] Hanoch Dagan and Michael A. Heller, "The Liberal Commons", *Yale L. J* 110, 2001, p. 558.

[5] See generally Henry E. Smith, "Semicommon Property Rights and Scattering in the Open Fields", *Legal Study* 29, 2000, p. 131.

[6] Hanoch Dagan and Michael A. Heller, "The Liberal Commons", *Yale L. J* 110, 2001, pp. 549, 557.

[7] Hanoch Dagan and Michael A. Heller, "The Liberal Commons", *Yale L. J* 110, 2001, p. 574.

为例。

莫顿·霍维茨(Morton Horwitz)考察了十九世纪物权概念的转变并指出布莱克斯通式的所有权概念必然会限制他人开发土地的权利。[1] 如其所述:

> 十九世纪初,经济发展的精神开始掌控美国社会,然而物权的概念却经历了一个根本性的转变——从赋予所有权人享有不被干涉的权利的静态农业概念转变为强调生产性使用和开发这一主要优点的、动态的、工具性的和更为抽象的物权概念。[2]

克莱尔·普利斯特(Claire Priest)则关注"早期美国经济和政治发展的核心议题:保护不动产免受债权人请求的影响的法律"。[3] 传统的英国法"以多种方式保护不动产免受债权人请求的影响",为继承制度提供保障。[4] "通过保护不动产免受累积的无担保债权所带来的风险,法律限制了债权人通过债权占有土地的能力,进而稳定了地主阶级。"[5]普利斯特表明:"大英帝国内,与英国在社会和政治上都有一定区别的美国殖民地的地位与英国债权人和殖民者改善帝国内的债权条件的愿望导致了英国最终取消了土地免受债权人影响的传统保护。"[6]

在这一事件中,可转让性而非排他性才是问题的焦点,但不可否认的是,可转让性是物权体系的基本议题。此外,普利斯特还强调了物权演变的社会、经济和政治环境:

---

〔1〕 Morton J. Horwitz, "The Transformation of American Law: 1780 - 1860", *Ethics* 2, 1977, p. 32.

〔2〕 Morton J. Horwitz, "The Transformation of American Law: 1780 - 1860", *Ethics* 2, 1977, p. 31.

〔3〕 Claire Priest, "Creating an American Property Law: Alienability and Its Limits in American History", *Harv. L. Rev* 120, 2006(abstract), p. 385.

〔4〕 Claire Priest, "Creating an American Property Law: Alienability and Its Limits in American History", *Harv. L. Rev* 120, 2006(abstract), p. 387.

〔5〕 Claire Priest, "Creating an American Property Law: Alienability and Its Limits in American History", *Harv. L. Rev* 120, 2006(abstract), p. 388.

〔6〕 Claire Priest, "Creating an American Property Law: Alienability and Its Limits in American History", *Harv. L. Rev* 120, 2006(abstract), p. 389.

英国法反映了一个地主阶级通过长期掌握不动产所有权来享有政治和社会权威的社会……然而,美国法从建国初期就将更大的土地流转量作为提供更多政治参与机会的新政治理想——共和的基础。[1]

简言之,美国物权法的转变源自于经济、政治和社会关系的转变。[2]

同样的结论可从史蒂芬 · 科奇瓦尔(Steven Kochevar)关于十九世纪早期美国康涅狄格州纽黑文市机构抵押贷款的兴起的研究中得出。[3] 他的研究也反映了政治和社会关系在物权演变过程中所起的关键作用。[4] 这一研究特别记录了 1837 年之前的精英抵押("依赖于已有的社会网络的资本分配")和 1837 年之后的城镇和储蓄银行的抵押("不依赖于已有的社会网络的资本分配")的关键区别。[5] "通过建立政治论坛,使并未进入现有精英社会网络的经济主体可以在公共场合表达和整合私人拥有的信息,城镇提供了信息整合服务以促进机构抵押贷款。"[6]

其三,梅里尔和史密斯提出了最优标准化的论点并进一步阐释了以物权的对物概念为基础的物权法定原则。而这些观点,总体来说,过度强调法律对物权演变的作用而低估了社会规范的作用。[7] 在他们看来,对物权独一无二的优势在于较之对人权,其节约了信息成本。尤其是"在资源的潜在请求权人数量

---

〔1〕 Claire Priest, "Creating an American Property Law: Alienability and Its Limits in American History", *Harv. L. Rev* 120, 2006(abstract), p. 387.

〔2〕 Claire Priest, "Creating an American Property Law: Alienability and Its Limits in American History", *Harv. L. Rev* 120, 2006(abstract), p. 390.

〔3〕 See generally Steven J. Kochevar, Note, "The Rise of Institutional Mortgage Lending in Early Nineteenth-Century New Haven", *Yale L. J* 124, 2014, p. 158.

〔4〕 See generally Steven J. Kochevar, Note, "The Rise of Institutional Mortgage Lending in Early Nineteenth-Century New Haven", *Yale L. J* 124, 2014, p. 162.

〔5〕 See generally Steven J. Kochevar, Note, "The Rise of Institutional Mortgage Lending in Early Nineteenth-Century New Haven", *Yale L. J* 124, 2014, p. 163.

〔6〕 See generally Steven J. Kochevar, Note, "The Rise of Institutional Mortgage Lending in Early Nineteenth-Century New Haven", *Yale L. J* 124, 2014, p. 199.

〔7〕 Thomas W. Merrill and Henry E. Smith, "Optimal Standardization in the Law of Property: The Numerus Clausus Principle", *Yale L. J* 110, 2000, pp. 1, 38–40.

巨大而这一资源又可以相对低的成本界定的情况下",这一观点可以成立。[1] 梅里尔和史密斯指出:

> 对物权提供了一系列弃权的标准化的消极义务,这些义务可适用于社会上所有主体遇到的,以常见方式标记为已"被所有"的资源的情形,并通过以下方式使信息得以保存,包括:通过使这些义务自动适用于被标记的资源,而不论所有权人的身份;通过设定统一的义务;通过将义务限缩于可被所有人轻易定义和理解的几项消极义务;通过使用容易观察的代理划定边界。[2]

简言之,物权以定量的形式存在。[3] 通过借鉴大陆法系国家的概念,梅里尔和史密斯将物权必须遵从特定标准化形式的原则称为物权法定原则,这一概念在拉丁语中意味着数量是有限的,旨在促进物权的最优标准化。[4]

在物权法定的世界里,法律是物权的主要渊源。梅里尔和史密斯主张,政府,尤其是立法机关,应当在标准化权利中发挥作用。[5] 这一观点事实上与边沁(Jeremy Bentham)"没有法就没有权利"的观点近似。史密斯还在语言和物权间做了一个著名的类比。他认为语言的语法是自然地标准化的,然而物权标准化的渊源却不同。[6] 在最近的一篇论文中,他提出了一个对物物权的系统性模块理论,这一理论同样表现了法律中心主义。[7] 他的模块化理论假定了界定

---

〔1〕 See Thomas W. Merrill & Henry E. Smith, "The Property/Contract Interface", *Colum. L. Rev* 101, 2001, p. 793.

〔2〕 See Thomas W. Merrill & Henry E. Smith, "The Property/Contract Interface", *Colum. L. Rev* 101, 2001, p. 794.

〔3〕 See Thomas W. Merrill & Henry E. Smith, "The Property/Contract Interface", *Colum. L. Rev* 101, 2001, pp. 3 – 4.

〔4〕 See Thomas W. Merrill & Henry E. Smith, "The Property/Contract Interface", *Colum. L. Rev* 101, 2001, p. 38.

〔5〕 See Thomas W. Merrill & Henry E. Smith, "The Property/Contract Interface", *Colum. L. Rev* 101, 2001, pp. 60 – 68.

〔6〕 Henry E. Smith, "The Language of Property: Form, Context, and Audience", *Stan. L. Rev* 55, 2003, pp. 1105, 1160.

〔7〕 See generally Henry E. Smith, "Property as the Law of Things", *Harv. L. Rev* 125, 2012, pp. 1709 – 1710.

模块的规定,而当再模块化对重大改变而言成为必须时,“在我们的法律体系中这类改变一般将指向立法”。[1] 在本期专题的论文中,张永健和史密斯区分了严格意义上的物权法定和定义更宽泛的物权法定:在前者的情形下,仅有立法可以创设新的物权形式,而在后一情形中,创设了新的物权形式并且已经施加了可忍受的信息成本的物权习惯很有可能被法院认可。[2]

或许他们的这一假设需要以预设其他所有制度条件相同为前提。信息成本虽然重要,但它仅是导致物权演变的众多因素之一。而在法院、立法机关,甚至是行政机关间究竟何者更有能力规定物权则受制于环境。更普遍地说,法律是否通常是物权改革的主要引擎仍值得怀疑。例如,发展中国家物权法体系的不健全导致了并非来源于正式法律的非形式化物权的盛行。[3] 与对物物权的标准化相反,在发展中国家,非形式化是物权被普遍认可的特点。在许多发展中国家,权力结构和社会关系的多样性使得物权体系变得十分混乱和不正式。[4] 世界银行和其他国际组织花费了很多时间和资源使非形式化的物权体系得以形式化,但并未取得实质进展。[5] 部分国家赋予法定权利的程序的失败,以及法定权利对于促进投资和经济发展的不确定影响,使人们开始反思将

〔1〕 See generally Henry E. Smith, “Property as the Law of Things”, *Harv. L. Rev* 125, 2012, p. 1724.

〔2〕 Yun-chien Chang and Henry E. Smith, “The Numerus Clausus Principle, Property Customs, and the Emergence of New Property Forms”, *Iowa L. Rev* 100, p. 154.

〔3〕 See e. g., Hernando De Soto, *The Mystery of Capital: Why Capitalism Triumphs in The West and Fails Everywhere Else*, 2000, pp. 166 – 168; Hernando De Soto, *The Other Path: The Economic Answer to Terrorism*, 1989, pp. 19 – 26; Shitong Qiao, “Planting Houses in Shenzhen: A Real Estate Market Without Legal Titles”, *Can. J. L. & Soc' Y* 29, 2014, pp. 253, 270 – 271(以下简称 Qiao, Planting Houses); Shitong Qiao, “Small Property, Big Market: A Focal Point Explanation”, *Am. J. Comp. L.* 63(以下简称 Qiao, Small Property), available at http://papers.ssrn.com/sol3/papers.cfm? abstract_id=2399675, last visited at 2018/05/12; Leah M. Trzcinski and Frank K. Upham, “Creating Law from the Ground Up: Land Law in Post-Conflict Cambodia”, *Asian J. L. & Soc' y* 1, 2014, p. 55。

〔4〕 See Daniel Fitzpatrick, “Evolution and Chaos in Property Rights Systems: The Third World Tragedy of Contested Access”, *Yale L. J* 115, 2006, pp. 996, 1011 – 1016.

〔5〕 See Tor Krever, “The Legal Turn in Late Development Theory: The Rule of Law and the World Bank's Development Model”, *Harv. Int' l L. J* 52, 2011, pp. 287, 304 – 307.

私人所有权作为发展战略的做法。[1] 基于我们先前对于现在物权争论的对物基础的审视,这类观点虽不令人惊讶,但对于解决问题并无助益。若要超越物权的三分法争论来分析问题,则需要我们避免将一种物权形式的失败作为另一种物权形式成功的理由。相反,我们应当从分析资源与所有权人的关系转换为分析关于资源的社会关系。

三、关系物权和自下而上的制度变迁

(一)关系物权

借鉴约瑟夫·辛格的"物权系社会关系"及伊恩·麦克尼尔的"关系合同"理论,我们发展了"关系物权"的概念并且认为其构成自发秩序的基础。[2] 对社会关系的强调在这一领域并不少见。例如,卡罗尔·罗斯(Carol Rose)同样主张"物权和对物物权的管理在一系列重叠的演化关系中保持一致"。[3]

关系物权理论主张物权是互相依赖的关系网。[4] 物权被定义为"人与人的关系而非人与物的关系"。[5] 这一定义也与"法律现实主义者把关注点从人

---

〔1〕 See e. g. ,Hernando De Soto,*The Mystery of Capital*:*Why Capitalism Triumphs in The West and Fails Everywhere Else*,2000,pp. 166 – 168;Hernando De Soto, *The Other Path*:*The Economic Answer to Terrorism*,1989,pp. 19 – 26;Shitong Qiao,"Planting Houses in Shenzhen:A Real Estate Market Without Legal Titles", *Can. J. L. &Soc' Y* 29,2014,pp. 253,270 – 271;Shitong Qiao,"Small Property,Big Market:A Focal Point Explanation", *Am. J. Comp. L.* 63,forthcoming 2015,available at http://papers. ssrn. com/sol3/papers. cfm? abstract_id = 2399675,last visited at 2018/05/12;Leah M. Trzcinski and Frank K. Upham,"Creating Law from the Ground Up:Land Law in Post-Conflict Cambodia",*Asian J. L. &Soc' y* 1,2014,p. 55.

〔2〕 See generally Joseph William Singer,"Property and Social Relations:From Title to Entitlement", in Charles Geisler and Gail Daneker eds. ,*Property and Values*:*Alternatives to Public and Private Ownership*, 2000,p. 3.

〔3〕 Carol M. Rose,"Property Rights,Regulatory Regimes and the New Takings Jurisprudence-An Evolutionary Approach",57 *Tenn. L. Rev.* 577,1990,pp. 577 – 78.

〔4〕 Joseph William Singer,"The Reliance Interest in Property",*Stan. L. Rev* 40,1988,p. 652.

〔5〕 See generally Joseph William Singer,"Property and Social Relations:From Title to Entitlement", in Charles Geisler and Gail Daneker eds. ,*Property and Values*:*Alternatives to Public and Private Ownership*, 2000,p. 3.

与物的关系转变为人与人之间、关于有价值的资源的关系”的观点相一致。[1] 根据这一理论,权利源于随时间发展的人与人之间的关系所产生的协议而非法律的明确规定。[2] “物权并无静态的定义,它反映的是随着时间推移不断改变的政府、地方社区、个人之间的关系。”[3] 因此,在这一理论下,“理解物权的演变需要审视”关于财产的人际关系所处的历史和社会环境。[4]

权利束是关系物权理论的核心。它强调“财产权可以,并且常常是被分割的”的法律现实主义观点。[5] 我们常常可以观察到物权细微而渐进的调整和演变以及物权体系快速的根本性变化的瞬间。我们不仅能观察到排他权在个体之间的转让,也能观察到使用权和处分权的演变。关系物权考虑到了物权更细微和渐进的变化,并且提供平台使得不同的利益相关者在物权的演变过程中共同参与并与彼此讨价还价,以此避免或减少对一份财产的排他控制的竞争中直接的对抗和冲突。关系物权理论也关注排他权,但更多地作为排除他人干涉其行使某一特定权利的权利,而非就物的整体排除他人。[6] 权利束最重要的含

---

[1] See generally Joseph William Singer, “Property and Social Relations: From Title to Entitlement”, in Charles Geisler and Gail Daneker eds., *Property and Values: Alternatives to Public and Private Ownership*, 2000, p. 3.

[2] See generally Joseph William Singer, “Property and Social Relations: From Title to Entitlement”, in Charles Geisler and Gail Daneker eds., *Property and Values: Alternatives to Public and Private Ownership*, 2000, p. 3(以下简称 Singer, Property and Social Relations); Joseph William Singer, “The Reliance Interest in Property”, *Stan. L. Rev* 40, 1988, pp. 618 – 623; Joseph William Singer and Jack M. Beermann, “The Social Origins of Property”, *Can. J. L. & Jurisprudence* 6, 1993, pp. 217 – 218.

[3] Wendell E. Pritchett, “The ‘Public Menace’ of Blight: Urban Renewal and the Private Uses of Eminent Domain”, *Yale L. & Pol’y’ Rev* 21, 2003, pp. 1, 6.

[4] Wendell E. Pritchett, “The ‘Public Menace’ of Blight: Urban Renewal and the Private Uses of Eminent Domain”, *Yale L. & Pol’y’ Rev* 21, 2003, pp. 1, 6. 此类研究的例子参见 Carol M. Rose, “Property Rights, Regulatory Regimes and the New Takings Jurisprudence-An Evolutionary Approach”, *Tenn. L. Rev* 57, 1990, pp. 577 – 578; Joseph L. Sax, Lecture, “Some Thoughts on the Decline of Private Property”, *Wash L. Rev* 58, 1983, p. 481; and Laura S. Underkuffler, “On Property: An Essay”, *Yale L. J* 100, 1990, p. 127。

[5] See generally Joseph William Singer, “Property and Social Relations: From Title to Entitlement”, in Charles Geisler and Gail Daneker eds., *Property and Values: Alternatives to Public and Private Ownership*, 2000, p. 3.

[6] See generally Joseph William Singer, “Property and Social Relations: From Title to Entitlement”, in Charles Geisler and Gail Daneker eds., *Property and Values: Alternatives to Public and Private Ownership*, 2000, p. 3.

义是,它将我们的关注点从谁拥有财产转移到了谁就该物享有何权及围绕这一份财产、“被冲突的价值和竞争的权益所包围的”社会关系。[1]

我们同意辛格和其他学者关于社会关系在物权构建中的重要决定性作用的观点,但并不完全同意他们描述社会关系的方式。例如,我们赞成辛格所言——在人们之间存在基本的连通性,但我们将自治是人格的重要维度的观点与其核心观点相融合。[2] 此外,不同的社会控制体系遵循着不同的逻辑,因此不能将其混同,尤其是不能混同社会关系和法律关系。辛格批判了他所谓的“自由市场模型”,在这一模型中,“权利在决策时得以清晰地界定”,且个人“在法律上仅以两种方式相关联:通过国家共同体或通过私协议”。[3] 尽管我们赞成他“应考虑到流动关系”的观点,但并不赞成这些关系的影响。我们的焦点不在于辛格在美国钢铁公司案的分析中所述的、直接从社会关系中建立法律权利和义务;[4] 我们更感兴趣的是社会改变的机制及其如何导致系统性的法律变革。

关系物权也与麦克尼尔的关系合同理论有共通之处。麦克尼尔主张关系合同是“对稳定的需求和对变化作出回应的需求间的……持续冲突”的解决方案。[5] 他认为:

在新古典主义的体系中,往往以原始协议作为关于改变的问题的参照系。

---

〔1〕 See generally Joseph William Singer,“Property and Social Relations:From Title to Entitlement”, in Charles Geisler and Gail Daneker eds. ,*Property and Values:Alternatives to Public and Private Ownership*, 2000,p. 3.

〔2〕 See generally Joseph William Singer,“Property and Social Relations:From Title to Entitlement”, in Charles Geisler and Gail Daneker eds. ,*Property and Values:Alternatives to Public and Private Ownership*, 2000,p. 3(以下简称 Singer,Property and Social Relations);Joseph William Singer,“The Reliance Interest in Property”,*Stan. L. Rev* 40,1988,p. 8.

〔3〕 See generally Joseph William Singer,“Property and Social Relations:From Title to Entitlement”, in Charles Geisler and Gail Daneker eds. ,*Property and Values:Alternatives to Public and Private Ownership*, 2000,p. 3.

〔4〕 See generally Joseph William Singer,“Property and Social Relations:From Title to Entitlement”, in Charles Geisler and Gail Daneker eds. ,*Property and Values:Alternatives to Public and Private Ownership*, 2000,p. 3.

〔5〕 See generally Ian R. Macneil,“Contracts:Adjustment of Long-Term Economic Relations under Classical,Neoclassical,and Relational Contract Law”,*NW. U. L. Rev* 72,1978,p. 854.

而在一个真正的关系视角,因关系发展至上述变化发生的时间(且在很多情况下,它自变化发生时开始发展),因此应以整段关系为参照系。而这也许不一定能涵盖一个“原始协议”;且若其涵盖,也许不一定能充分考虑原始协议。[1]

依据社会关系而非原始协议能够解决变化与稳定之间的冲突。这一逻辑也能适用于物权领域。在法学和经济学传统中,学者趋于将法律体系作为物权的参照系。然而这一参照系却带来了难题:经济发展同时需要安全的物权和再分配物权的能力以应对社会的变化。顺着这一逻辑线,我们必须提问:如何可使物权在被调整的同时仍保持安全性?[2] 近似于麦克尼尔的观点,本文将关系物权视为物权稳定性和变化难题的解决方案。在关系物权的视角下,参照系是正在进行的关系而非原始的法律。[3] 换言之,正是社会关系决定着物权的布局。

关系物权和对物物权间存在差异。正如张永健和史密斯在论文集和其他地方所展现的,对物物权理论反复承认社会关系的存在。[4] 尽管如此,在对物物权理论下,社会关系仅作为背景出现,而物权习惯则处于边缘,只能推测国家将最终把这些习惯法律化。与之相反,关系物权理论认识到社会关系是物权的主要渊源而非补充渊源。关系物权可在物权法缺席的情况下发挥作用,但物权法如果不将自身嵌入到社会关系中将无从发挥作用。

(二)自下而上的制度变迁

梅里尔和史密斯主张,“支持权利束说法的法律现实主义怀有政治目的,也就是贬低私人物权的神圣性和以之为前提的私序来加强集体控制、提高再分配

---

[1] See generally Ian R. Macneil, “Contracts: Adjustment of Long-Term Economic Relations under Classical, Neoclassical, and Relational Contract Law”, *NW. U. L. Rev* 72, 1978, p. 890.

[2] See generally Naomi R. Lamoreaux, “The Mystery of Property Rights: A U. S. Perspective”, *J. Econ. Hist* 71, 2011, p. 275(提出了同一问题).

[3] See generally Ian R. Macneil, “Contracts: Adjustment of Long-Term Economic Relations under Classical, Neoclassical, and Relational Contract Law”, *NW. U. L. Rev* 72, 1978, p. 890.

[4] See Yun-chien Chang and Henry E. Smith, “An Economic Analysis of Civil Versus Common Law Property”, *Notre Dame L. Rev* 88, 2012, pp. 1, 3 – 5; Yun-chien Chang, “The Economy of Concept and Possession”, in Yun-chien Chang ed., *Law and Economics of Possession*, 2015, pp. 103, 108; Henry E. Smith, “Community and Custom in Property”, *Theoretical Inquires L* 10, 2009, p. 5; Henry E. Smith, “Custom in American Property Law: A Vanishing Act”, *Tex. Int' l L. J* 48, 2013, p. 507.

程度”。[1] 他们担心“无边界”地调整物权的能力将使权利的行使不再在个体所有权人和世界上其他所有主体间进行,而将在个体和最强大的国家间进行。[2]

我们认为对人物权说并不必然诱发国家干涉,相反,它可以激发自下而上的制度变迁。[3] 因为“一支”的概念,无论是说起衣服、布片还是物权,都像是没有内部连贯性的任意组合,仅因为有人把它们系在一起而相聚,因此引发了权利束概念的疑问。学者们也担心政府在整合权利束的过程中夹带“私货”。[4] 正如理查德·爱泼斯坦(Richard Epstein)所写,区分“权利束的概念”和“我们是以自上而下还是自下而上的视角看待物权的问题”十分重要,而这最终是一个政治抉择。[5] 在权利束概念中并无任何内容使其更易接受自上而下的路径。相反,正因其保留了个体选择的自由,它与自下而上的路径更为契合。在爱泼斯坦看来,“只要我们知道如何分散和整合权利,就能够让各主体自行决定他们如何与彼此和外部世界互动”。[6] 或如辛格和其他学者所述,“关键问题不仅在于个体在国家面前所享有的权利,而在于必须建立在所有权人和共同体内其他主体间的权利关系”。[7]

一个重要问题是正当化集中式的物权体系的理由是否具有足够的说服力来牺牲制度多样性和个体及社区的自治。在詹姆斯·斯科特(James Scott)

---

[1] Robert C. Ellickson, “Two Cheers for the Bundle of Sticks Metaphor, Three Cheers for Merrill and Smith”, *Econ J. Watch* 8, 2011, pp. 215 – 216(省略了内部引用标记)(转引自 Thomas W. Merrill and Henry E. Smith, “Making Coasean Property More Coasean”, *J. L. & Econ* 54, 2011, pp. 77, 83).

[2] Thomas W. Merrill and Henry E. Smith, “Making Coasean Property More Coasean”, *J. L. & Econ* 54, 2011, pp. 77, 82.

[3] See generally Richard A. Epstein, “Bundle-of-Rights Theory as a Bulwark against Statist Conceptions of Private Property”, *Econ J. Watch* 8, 2011, p. 223.

[4] See generally Richard A. Epstein, “Bundle-of-Rights Theory as a Bulwark against Statist Conceptions of Private Property”, *Econ J. Watch* 8, 2011, p. 225.

[5] See generally Richard A. Epstein, “Bundle-of-Rights Theory as a Bulwark against Statist Conceptions of Private Property”, *Econ J. Watch* 8, 2011, p. 227.

[6] See generally Richard A. Epstein, “Bundle-of-Rights Theory as a Bulwark against Statist Conceptions of Private Property”, *Econ J. Watch* 8, 2011, p. 233.

[7] Joseph William Singer, “The Ownership Society and Takings of Property: Castles, Investments, and Just Obligations”, *Harv. Envtl. L. Rev* 30, 2006, pp. 309, 331 (citing Laura S. Underkuffler, “Tahoe’s Requiem: The Death of the Scalian View of Property and Justice”, *Const. Comment* 21, 2004, pp. 727, 751).

看来,古代的皇帝通常想要掌握各主体所有财产的全面信息以方便收税。[1]为达到透明性,他们愿意以帝国的复杂性和多样性为代价。[2] 因此,大陆法系国家采纳了对物物权理论和物权法定原则的原因可能并不在于减少信息成本,而只是方便执行皇帝的规则。正如梅里尔和史密斯所赞成,制度比较"必须对环境敏感"。[3] 或许将物权构建归于现有的特定社会关系的做法更为妥当。

(三)从密切联系的社区到无边界的社会关系网

关系物权作为基础性议题在社会规范建构中起到何种作用?是否这些规范限定在密切联系的社区内,因此无法成为整个社会的基础?罗伯特·埃里克森的开拓性成果在法学研究领域发起了法律和社会规范运动。他的两部著作——《无需法律的秩序——相邻者如何解决纠纷》和更近的一本《家庭:壁炉边的非正式秩序》都是关于密切联系的社区内的物权关系。[4] 他也将无须法律的秩序论题限定在密切联系的社区内,[5]并未讨论社会规范是否会在更多陌生人或更少的重复参与者组成的环境中产生,包括利奥尔·斯特拉希维茨(Lior Strahilevitz)所谓的"组织松散的团体"和"中等联系的团体"。[6] 考虑到运作良好的物权体系是经济和社会的地基这一传统观点,探讨适用于全社会的物权规

---

[1] James C. Scott, *Seeing Like A State: How Certain Schemes to Improve the Human Condition Have Failed*, New Haven, Yale University Press 1998, p. 23.

[2] James C. Scott, *Seeing Like A State: How Certain Schemes to Improve the Human Condition Have Failed*, New Haven, Yale University Press 1998, p. 23.

[3] Thomas W. Merrill and Henry E. Smith, "Optimal Standardization in the Law of Property: The Numerus Clausus Principle", *Yale L. J* 110, 2000, pp. 1, 68.

[4] See generally Robert C. Ellickson, "Order without Law: How Neighbors Settle Disputes", *Modern Law Review* 57(2), 1994, pp. 330 – 331.

[5] 比较以下两篇文章:Robert C. Ellickson, "Order without Law: How Neighbors Settle Disputes", *Modern Law Review* 57(2), 1994, p. 123(解释无法律情况下形成秩序的非正式规范理论);Ellickson R C, *The Household: Informal Order around the Hearth*, Princeton, Princeton University Press, 2010, p. 92(展现家庭关系在无外部法律的情况下形成秩序)。

[6] Lior Jacob Strahilevitz, "Social Norms from Close-Knit Groups to Loose-Knit Groups", *U. Chi. L. Rev* 70, 2003, pp. 359 – 360.

范能否出现是十分重要的。[1] 基于社会网络理论,我们认为物权可在无边界的社会关系网中出现。

社会网络理论的一个重要发现在于绝大多数的人类社交网是无范围局限的。[2] 世界上有无数密切联系的社区,但他们并非孤立存在;相反,他们互相联系。[3] 下述两个理论可以证明这一点。

第一个理论是六度分割理论,即通过介绍,每个人和每样事物与世界上任何其他人的距离都在六步或以内,因此"朋友的朋友"的关系链可在最多六步内连接任意两个人。[4] 支持这一论点的事实包括"演员凯文·贝肯(Kevin Bacon)可与几乎所有自1898年以来出演过故事片的大约一百万人相连"。[5] 如斯特拉希维茨所述,"人们与老朋友保持联络,共进晚餐,扮演媒人,更重要的是在各式不同的圈子里有亲密友人。这些人都是世界中的凯文·贝肯:社会的超节点"。[6]

第二个理论是格兰诺维特(Granovetter)所谓的"弱关系的力量"。[7] 如其所著,"倾向于分享同一文化的、小型紧密结合群体并非结合得如此紧密以至于完全封闭,这为文化传播提供可能;更准确地说,思想可通过弱关系的连接媒介从其他同类群体渗透入该群体",[8]"弱关系起到'桥梁'作用,将新信息从一个紧密联系的群体传递至另一个"。[9]

---

[1] See Lior Jacob Strahilevitz, "Charismatic Code, Social Norms, and the Emergence of Cooperation on the File-Swapping Networks", *Va. L. Rev* 89, 2003, pp. 505, 508; Lior Jacob Strahilevitz, "How Changes in Property Regimes Influence Social Norms: Commodifying California's Carpool Lanes", *Ind. L. J* 75, 2000, pp. 1231 - 1232.

[2] Lior Jacob Strahilevitz, "A Social Networks Theory of Privacy", *U. Chi. L. Rev* 72, 2005, pp. 919, 947 - 953.

[3] Lior Jacob Strahilevitz, "A Social Networks Theory of Privacy", *U. Chi. L. Rev* 72, 2005, p. 958.

[4] Lior Jacob Strahilevitz, "A Social Networks Theory of Privacy", *U. Chi. L. Rev* 72, 2005, p. 949; John Guare, *Six Degrees of Separation: A Play*, Vintage. 1990.

[5] Lior Jacob Strahilevitz, "A Social Networks Theory of Privacy", *U. Chi. L. Rev* 72, 2005, p. 949.

[6] Lior Jacob Strahilevitz, "A Social Networks Theory of Privacy", *U. Chi. L. Rev* 72, 2005, p. 951.

[7] Lior Jacob Strahilevitz, "A Social Networks Theory of Privacy", *U. Chi. L. Rev* 72, 2005, p. 954; Mark Granovetter, "The Strength of Weak Ties: A Network Theory Revisited", *Soc. Theory* 1, 1983, p. 201.

[8] Lior Jacob Strahilevitz, "A Social Networks Theory of Privacy", *U. Chi. L. Rev* 72, 2005, p. 956.

[9] Lior Jacob Strahilevitz, "A Social Networks Theory of Privacy", *U. Chi. L. Rev* 72, 2005, p. 955. (转引自 Gabriel Weimann, "The Strength of Weak Conversational Ties in the Flow of Information and Influence", *Soc. Networks* 5, 1983, pp. 245 - 246.)

这些理论提醒我们在紧密联系的社区外建立社会关系的可能性。事实上,社会网络分析已广泛运用于社会科学,并以互动单元的关系为基础。[1] "对于过程的社会网络解释和非网络解释的根本差异在于学术研究中各单元关系的概念和信息所包含的内容。"[2]一个网络解释路径通过观察网络内成员的互动来考察各成员如何互相影响以作出决策。[3] "由各单元的联结所定义的关系是网络理论的基本构成。"[4]在社会网络分析中,"主体及其行为被视为相互依存而非独立的单元"且"主体间的关系纽带是资源转让或'流通'的枢纽"。[5]社会网络理论的这些特征使其与关系物权理论完美契合。

四、中国农村土地改革:物权关系演变

我们可从关系物权的概念中推导出四条假设。其一,定义利益相关者的权利比回答谁拥有财产更为简单。其二,除了排他权,权利束中的其他支权利也在物权演变中起到重要作用。其三,鉴于物权由社会关系创造和定义,当物权法滞后于物权关系时,后者将会发挥作用。其四,物权是相对的而非绝对的,因此需由特定社会关系来界定。同样制度背景下的相似主体可能会有截然相反的物权安排。对于中国农村土地改革的考察将阐释这四条假设。

(一)谁拥有中国的土地

谁拥有中国的土地?由于问题具误导性,因此无法简答。它假定土地和国家、集体、个体或私主体之间存在排他关系。这一传统观点主张以私人对不动产"唯一的专制支配"作为比较的基准点。因此发明了数个短语来描述中国物

---

〔1〕 Stanley Wasserman and Katherine Faust, *Social Network Analysis: Methods and Applications*, Cambridge, Cambridge University Press, 1994, pp. 245 – 246.

〔2〕 Stanley Wasserman and Katherine Faust, *Social Network Analysis: Methods and Applications*, Cambridge, Cambridge University Press, 1994, p. 6.

〔3〕 Stanley Wasserman and Katherine Faust, *Social Network Analysis: Methods and Applications*, Cambridge, Cambridge University Press, 1994, p. 7.

〔4〕 Stanley Wasserman and Katherine Faust, *Social Network Analysis: Methods and Applications*, Cambridge, Cambridge University Press, 1994, p. 4.

〔5〕 Stanley Wasserman and Katherine Faust, *Social Network Analysis: Methods and Applications*, Cambridge, Cambridge University Press, 1994, p. 4.

权制度的发展,如"准私人所有制"[1]和"不完全产权"。[2] 然而,中国的土地改革并非只是由公至私的排他权转让。这一关于对物物权的描绘与中国现实并不相符。相反,考察过去30年间中国土地的权利束如何被重新安排才是正确的路径。

目前中国农村的土地制度是三方模式:(1)土地集体所有;(2)个体农民享有土地使用权;(3)政府垄断农村城市间的土地转换,而这也是转让土地的主要方式。在这个模式中,排他权难以界定,但可以界定每个利益相关者的权利束。

1. 集体所有制

《宪法》第10条规定,农村土地,除属于国家所有的以外,属于集体所有。[3] 这一规定被《土地管理法》第8条和《物权法》第59条所确认。[4] 这些规定都指定村民委员会、村民小组或相应的村集体经济组织作为被授权的主体行使集体所有权并经营管理集体所有土地。[5] 在深圳和部分地区,村集体经济组织的形式是村股份合作公司。[6]

集体所有权的核心是将农村土地承包给个体农民的权利。大部分时间由村民委员会或村民小组代表农民集体行使所有权。中国农民把这两个组织称

---

〔1〕 See e. g. ,James Kai-sing Kung,"Choice of Land Tenure in China:The Case of a County with Quasi-Private Property Rights",*Econ. Dev. & Cultural Change* 50,2002,p. 793.

〔2〕 See e. g. , Michael T. Bennett, "Aashish Mehta and Jintao Xu, Incomplete Property Rights, Exposure to Markets and the Provision of Environmental Services in China",*China Econ. Rev* 22,2011, p. 485.

〔3〕 《宪法》(2004)第10条。

〔4〕 《中华人民共和国物权法》(由全国人民代表大会于2007年3月16日通过,2007年10月1日起施行)(以下简称《物权法》)第59条,载 http://www. npc. gov. cn/englishnpc/Law/2009 - 02/20/content_1471118. Htm;《中华人民共和国土地管理法》(由全国人民代表大会常务委员会于1986年6月25日通过,1988年12月29日、1998年8月29日、2004年8月28日修改)(以下简称《土地管理法》)第8条,载 http://www. npc. gov. cn/englishnpc/Law/200712/12/content_1383939. htm,最后访问日期:2018年5月1日。

〔5〕 《土地管理法》第10条规定:"农民集体所有的土地依法属于村农民集体所有的,由村集体经济组织或者村民委员会经营、管理;已经分别属于村内两个以上农村集体经济组织的农民集体所有的,由村内各该农村集体经济组织或者村民小组经营、管理;已经属于乡(镇)农民集体所有的,由乡(镇)农村集体经济组织经营、管理。"

〔6〕 Shitong Qiao,"Planting Houses in Shenzhen:A Real Estate Market without Legal Titles",*Can. J. L. & Soc'y* 29,2014,pp. 260 - 261.

为"集体",以与"国家"相区分。

2. 农民的土地使用权

1993 年,《宪法》第 8 条确立了以家庭承包经营制为基础的农村物权制度,[1]随后这一制度通过 2002 年的《农村土地承包法》[2]和 2007 年的《物权法》[3]得以确立。家庭承包经营制确保集体将集体所有土地承包给个体农民。个体农民作为农村土地的承包人可自由使用承包土地从事农业生产。法定承包期限为 30 年,[4]该期限可以延长。多种方式可用以保护农村家庭的土地承包经营权。在将土地承包给个体农民后,集体就无权干涉农民对承包土地的农业使用。[5] 与此同时,对于承包家庭转让其使用权也有一系列的限制:(1)需获得集体的同意;(2)不可改变土地的农业用途;(3)本集体成员对被转让的土地承包经营权享有优先购买权。[6]

除了从事农业活动,农民还需要家庭住所。集体中的每一户都有资格并且能够免费获得一块宅基地以建造房屋。[7] 农村土地应仅被农民用于农业用途和其他日常活动。《土地管理法》第 63 条明确禁止农民转让农村土地使用权用于非农建设,[8]尤其不允许城镇居民购买农村房屋或农村宅基地。这一禁令通过诸多行政条例得以确立。[9]

---

[1] 《宪法》第 8 条。

[2] 《中华人民共和国农村土地承包法》(由全国人民代表大会常务委员会于 2002 年 8 月 29 日通过,2002 年 8 月 29 日起施行)(以下简称《农村土地承包法》)第 35 条,载 http://www.npc.gov.cn/englishnpc/Law/2007-12/06/content_1382125.htm,最后访问日期:2018 年 5 月 1 日。

[3] 参见《物权法》第 124 条。

[4] 参见《土地管理法》第 14 条。2008 年,在十七届三中全会上,中国共产党通过了一项决定,要求农村土地的承包期应在很长一段时间保持稳定不变,在很多中国学者看来这是一个进一步加强农民土地权安全性的信号。

[5] 参见《农村土地承包法》第 1 条。

[6] 参见《农村土地承包法》第 35、37 条。

[7] 《土地管理法》第 62 条。

[8] 该项禁止有一个例外:在破产、兼并的情况下,企业的农村土地使用权可以转让。这一例外旨在促进乡镇企业的发展。参见《土地管理法》第 63 条。

[9] 如参见《国务院关于深化改革严格土地管理的决定》(国发〔2004〕28 号);《国务院办公厅关于严格执行有关农村集体建设用地法律和政策的通知》(国办发〔2007〕71 号)。

3. 农村城市间土地转换的国家垄断

城市土地由国家所有,而农村土地则是集体所有。这一农村和城市土地的不同由《宪法》第 10 条规定。[1] 耕地保护是中国土地管理制度最重要的目标之一。因此,农村土地仅可用于农业用途及相关目的,包括建造住宅、公共设施、公共物品和乡镇企业。

农村城市土地转换仅可通过"征收"合法实现,基本等同于国家征收权。2004 年《土地管理法》第 43 条第 1 款规定,"任何单位和个人进行建设,需要使用土地的,必须依法申请使用国有土地"。[2] 这一条款使得私主体间的农村土地使用权与非农村土地使用权的流转无法合法实现。此外,第 43 条第 2 款重申前款所称国有土地包括国家所有的土地和国家征用的原属于农民集体所有的土地,而这就意味着只有在征收后农村土地才可成为建设用地。尽管依据法律规定,国家对于农村土地的征收必须出于公共利益的目的并且受到程序条件的限制,但这些限制并未发挥效果。快速的大规模城市化使得这些法律规定实际上不是被忽视就是被放宽。例如,对于公共利益的要求很少妨碍中国的地方政府征收农村土地用以工业或商业开发。[3]

政府通过两种方式转让国有土地使用权:(在多种限制情况下)无偿划拨和出让,这两种方式共同构成了城市土地使用权的"一级市场"。历任非政府土地使用权人可在一定限制内进一步转让使用权。这些进一步的土地交易构成了城市土地使用权的"二级市场"。

(二)小产权:支权利的演变

如上所述,中国农村土地改革的关键议题是为非农业用途开发并出售农村土地的权利。而这只是物权的一支权利(或许是两支,取决于如何定义一支物权),且这并非是排他权。据中华人民共和国国土资源部公布,至 2007 年,中国农民已经违反禁止私主体开发和转让农村土地的法律规定,建造了超过 66 亿

[1] 《宪法》(2004)第 10 条。

[2] 《土地管理法》第 43 条。

[3] 参见 Shitong Qiao, *Chinese Small Property: The Co-Evolution of Law and Social Normsch*. 1(耶鲁大学尚未发表的 J. S. D. 论文)(本文作者提供的文件)。当然类似的美国宪法对于国家为公共使用而进行征收的限制也同样被广泛解读,例如参见 Kelo v. City of New London, 125 S. Ct. 2655(2005)。

平方米的房屋。这一结果展现了非法住宅的巨大市场。相较而言,2007 年合法住宅市场所卖出的住宅总建筑面积仅为 7.6 亿平方米。身处中国的人们将这些非法建筑称为"小产权房",因为它们的物权比城市合法住宅市场上、享有政府保护的"大"物权的住宅更"小"(脆弱)。[1]

深圳——紧挨着中国香港特别行政区北面、中国南方广东省的一个南部城市,已经成为了中国经济奇迹真正的和象征意义上的核心。[2]

深圳是小产权房占总建筑面积比例最高的城市,该比例高达 47.57%,而西安仅为 30%,北京只有 20%。这些非法建筑,集中在 320 个城中村内,没有法定权利,容纳了深圳 800 万外来务工人员中的大部分人员并成为超过 30 万当地村民的主要生计来源。[3]

小产权市场源自于村民、政府机构和其他相关主体间不断变化的经济、政治和社会关系。尤其是市场参与者网络从彼此具有紧密联系的行为主体开始,拓展至具有弱联系的行为主体,从有边界的网络发展至无边界的网络。一个村民或一组村民能够且会作出的物权安排取决于其在社会网络中的独特位置。这一物权安排的范围、内容和强度也会随着社会条件和关系的变化而不断改变。

这个市场象征着在政府、村社和个体村民间没有严重冲突的情况下,中国的土地权利演变。这可归因于关系物权结构,这一结构为利益相关者提供平台以使其行为适应变化的社会关系。

---

〔1〕 See e. g. ,Hernando De Soto,*The Mystery of Capital*:*Why Capitalism Triumphs in The West and Fails Everywhere Else*,2000,pp. 166 – 168;Hernando De Soto, *The Other Path*:*The Economic Answer to Terrorism*,1989,pp. 19 – 26;Shitong Qiao,"Planting Houses in Shenzhen:A Real Estate Market without Legal Titles", *Can. J. L. & Soc' Y* 29,2014,pp. 3 – 4,253.

〔2〕 See e. g. ,Howard W. French,"Chinese Success Story Chokes on Its Own Growth", *N. Y. Times*, 2006,available at http://www. nytimes. com/2006/12/19/world/asia/19shenzhen. html,last visited at Jan. 2, 2018.

〔3〕 See e. g. ,Hernando De Soto,*The Mystery of Capital*:*Why Capitalism Triumphs in The West and Fails Everywhere Else*,2000,pp. 166 – 168;Hernando De Soto, *The Other Path*:*The Economic Answer to Terrorism*,1989,pp. 19 – 26;Shitong Qiao,"Planting Houses in Shenzhen:A Real Estate Market Without Legal Titles", *Can. J. L. & Soc' Y* 29,2014,pp. 4,253.

1. 社会关系(而非法律)决定物权

在二十世纪八十年代初期,邓小平的“改革开放”[1]政策证明共产主义对土地流转的禁止将无法在市场经济中运行。这一不适应性在城市地区最为严重,在这一地区,城市建设和与外来投资者的合作将因土地开发和转让而获益。因此,1988 年,中国修改了《宪法》和《土地管理法》,规定国家所有和集体所有土地的使用权可“依照法律的规定转让”。[2] 1990 年 5 月 19 日,国务院颁布了规范政府对城市土地使用权的出让和土地使用权人之间权利转让的详细规定。[3]

这一城市土地使用改革不仅为中国的城市不动产市场提供了法律基础,也使得土地成为中国地方政府最重要的收入来源。地方政府以等同于土地农业价值的补偿费为代价征收农村土地,再将同一块土地在城市土地市场上以等于或高于五十倍成本的价格卖出。[4] 因此,城市不动产市场越发展,中央和地方政府就越不可能使农村土地开发和转让自由化,甚至部分的自由化都将危害政府对于土地的垄断。[5]

意料之中的是,中国政府从未颁布授权农村土地使用权流转的法律。相反,1998 年,中国政府对《土地管理法》进行全面修订,排除了转让农村土地使用权的可能性。1998 年的修订也明确规定合法的农村—城市土地转换仅可通过国家征收实现。[6]

---

[1] See e. g. , David Wall, “China’s Economic Reform and Opening-Up Process: The Role of the Special Economic Zones”, *Dev. Pol’y Rev* 11, 1993, pp. 239, 243 - 260.

[2] 《宪法》(1988)第 2 条(修订后的第 10 条)。

[3] 《中华人民共和国城镇国有土地使用权出让和转让暂行条例》(中华人民共和国国务院 1990 年 5 月 19 日颁布,1990 年 5 月 19 日起施行)。

[4] 被征收农村土地的补偿主要基于它的农业产出,但政府以城市土地市场价格将其转让。

[5] See e. g. , Hernando De Soto, *The Mystery of Capital: Why Capitalism Triumphs in The West and Fails Everywhere Else*, 2000, pp. 166 - 168; Hernando De Soto, *The Other Path: The Economic Answer to Terrorism*, 1989, pp. 19 - 26; Shitong Qiao, “Planting Houses in Shenzhen: A Real Estate Market without Legal Titles”, *Can. J. L. & Soc’Y* 29, 2014, pp. 45 - 46, 253.

[6] See e. g. , Hernando De Soto, *The Mystery of Capital: Why Capitalism Triumphs in The West and Fails Everywhere Else*, 2000, pp. 166 - 168; Hernando De Soto, *The Other Path: The Economic Answer to Terrorism*, 1989, pp. 19 - 26; Shitong Qiao, “Planting Houses in Shenzhen: A Real Estate Market without Legal Titles”, *Can. J. L. & Soc’Y* 29, 2014, pp. 47 - 51, 253.

尽管如此,社会关系的演变仍导致了物权的变化。合法组织和专业人士已经构建了一个网络以便利小产权在非熟人之间的交易,本质上来说就是将政府开发和出售农村土地的权利转移给农民和其他社会企业家。

深圳的每个村庄都有一个或多个所谓的工业园区,在该园区内建立工厂并从中国香港特别行政区和其他地区获取投资。大部分是所谓的合资企业,即村庄以工厂出资,而投资者以资金、技术和管理出资。这是深圳农村土地资本化的早期阶段。尽管当时的宪法禁止土地的流转,但深圳市政府鼓励对村庄投资并颁布农村土地资本化的规定,如土地出租费率准则。一旦投资到位,工厂就会建成,村庄也就变成了商业中心。数以百万的外来务工人员纷沓而至,主要都在这些工厂中工作。二十世纪八十年代,供应住房是地方政府的义务,但就算是仅满足其自身雇工住房需求的房屋,政府也根本无法建造……[1]

外来务工人员,作为深圳外商投资领域的主力军,因其并非这座城市的合法居民,甚至未被纳入深圳市政府的住房供应计划。[2] 对住房的大量需求使得农村土地开发和转让十分有利可图。但政府仍普遍禁止农村土地的开发和转让,仅允许村庄将土地出租给投资者以建造工厂。突破法律的禁止规定将是十分有利可图的改变。

但对法律的禁止规定的挑战是如何发生的?对村庄经济发展必不可少的成员网络率先点亮了农村土地非法开发和转让的路径。这些社会的"超节点"向其他社区传递信息和实践做法。[3] 最终,这种新的物权安排,虽未得到正式批准,改变了整个城市的社会关系,甚至导致了法律的改变。下述是从村民委员会主任、政府官员和其他参与者的采访中获取的代表性事件。

---

〔1〕 See e. g. ,Hernando De Soto,*The Mystery of Capital*:*Why Capitalism Triumphs in The West and Fails Everywhere Else*,2000,pp. 166 – 168;Hernando De Soto, *The Other Path*:*The Economic Answer to Terrorism*,1989,pp. 19 – 26;Shitong Qiao,"Planting Houses in Shenzhen:A Real Estate Market without Legal Titles", *Can. J. L. &Soc'Y* 29,2014,pp. 253,270 – 271.

〔2〕 See e. g. ,Weiping Wu,"Migrant Housing in Urban China:Choices and Constraints",*Urb. Aff. Rev* 38,2002,pp. 90,99. ("因户口登记和城市住房的关联维持不变,外来人员很大程度上被排除在主要住宅分配体系外。")

〔3〕 Lior Jacob Strahilevitz,"A Social Networks Theory of Privacy",*U. Chi. L. Rev* 72,2005,pp. 951 – 952.

一个香港特别行政区的投资者,在深圳村庄创业后,想要为自己的住房购买一块地。考虑到他一年须在村庄中呆超过200天,甚至有部分家庭成员在此地,这个需求是十分合理的。他将这一请求告知农村股份合作公司领导。因为与外来投资者共同建立合资公司是村庄的主要业务,该领导采取了一切行动来吸引和满足外来投资者。他也意识到了政府对于城市土地使用体系的改革,并且希望农村土地改革将是其下一步动作。因此,该领导批准了他的请求并卖了一块地给这位香港投资者——当时这属于违法行为。

社会企业家不仅包括香港投资者,也包括深圳农村工业化的其他主要参与者。负责批准投资和管理土地的政府机构,如土地管理局和投资促进局,已经观察到了上述所有动向,甚至研究了相关法律和政策议题。因此,他们认为对农村土地开发和转让的需求如此强烈,以至于这可能变成一种趋势。过去的政府住房分配系统已无法跟上人口的爆炸式增长。各局主任们可能正为如何为其雇员提供住房而烦恼。一次茶余饭后,一名村民委员会的成员,在聆听了投资促进局主任关于职工住房的抱怨后说:“嘿,兄弟,你为什么不在我的土地上为你的雇员造些公寓呢?”[1]

当一个开发商已经签完为村庄开发而择地的协议时,却在饭后被村主任告知没有钱可以支付给他,因此他获得了村庄的其他土地以代替货币。[2] 开发商虽更偏好现金,但在并无选择的情况下,获得土地是次优交易。此外,通过农村股份合作公司、政府官员和香港投资者的合同,如果他接受这笔交易,他就能够发展业务,因此他接受了这一条件。而这就是深圳一个豪华社区出现的方式。[3]

随后,上述土地交易激励了其他相关个人和机构买卖农村土地。相关个人包括一名村主任(已处理了和香港投资者及政府机构间的所有交易并想要开发和转让分配给他的部分多余土地)、一名投资促进局的官员(促进局未为他分配公寓但拥有一些资金)、其他政府工作人员(从土地管理局或投资促进局的朋友处听闻此类交易可作为解决其住房短缺的方式)和一名外来务工人员(拥有足

---

〔1〕 在中国广东省深圳市采访了一名村民委员会成员(2012年3月10日)。

〔2〕 在中国广东省深圳市采访了一名社区别墅所有权人(2012年3月10日)。

〔3〕 在中国广东省深圳市采访了一名社区别墅所有权人(2012年3月10日)。

够资金)。[1] 政府工作人员如此广泛地参与农村土地开发和转让,使得深圳市政府不得不在十九世纪八十年代采取特别措施以解决这一情况。[2]

在这群社会企业家迈出第一步后,他们的朋友和亲戚紧随其后。社会企业家在其社会网络中都是极具影响力的人,因此在对规范改变的影响中占有举足轻重的地位。进一步的交易鼓励着更多的交易,且这一循环一直持续至深圳小产权市场的形成……[3]

在随后的阶段中,随着作为市场中介的律师、不动产经纪人和地方银行的加入,小产权开发和交易变得更为专业化。[4] 正如本文作者在其他文献中所阐释的那样:

> 不同层级和部门的政府机构参与到小产权体系的网络中来。一些无视小产权的违法性,将其吸收进正式制度中以有效地解决诸如人口迁移监测和营业住所需求等问题。一些则试图执行土地法,与小产权作斗争。但因失去了其他层级和部门的地方政府的支持,执行法律的效果是有限的。此外,贿赂成为了市场参与主体用以减少被采取法律行动风险的武器。[5]

图 1 展现了一个典型的小产权网络。[6]

---

〔1〕 在中国广东省深圳市采访了一名退休的政府官员(2012 年 3 月 13 日)。

〔2〕 二十世纪八十年代,《深圳特区日报》的头版经常可见深圳市政府禁止其雇员参与农村土地开发的声明。例如,《违章建私房陈煌被撤职》,载《深圳特区日报》1981 年 9 月 8 日;《市政府办公厅宣布继续违章乱建私房一律没收》,载《深圳特区日报》1985 年 4 月 3 日。

〔3〕 Qiao, Small Property (Shitong Qiao, "Small Property, Big Market: A Focal Point Explanation", *Am. J. Comp. L.* 31, forthcoming 2015). See generally Timur Kuran, "Sparks and Prairie Fires: A Theory of Unanticipated Political Revolution", *Pub. Choice* 61, 1989, p. 41; Randal C. Picker, "Simple Games in a Complex World: A Generative Approach to the Adoption of Norms", *U. Chi. L. Rev* 64, 1997, p. 1225.

〔4〕 Shitong Qiao, "Planting Houses in Shenzhen: A Real Estate Market without Legal Titles", *Can. J. L. & Soc'y* 29, 2014, p. 263.

〔5〕 Shitong Qiao, "Planting Houses in Shenzhen: A Real Estate Market without Legal Titles", *Can. J. L. & Soc'y* 29, 2014, p. 269.

〔6〕 Shitong Qiao, "Planting Houses in Shenzhen: A Real Estate Market without Legal Titles", *Can. J. L. & Soc'y* 29, 2014, p. 269(该文提出了此图的先前版本).

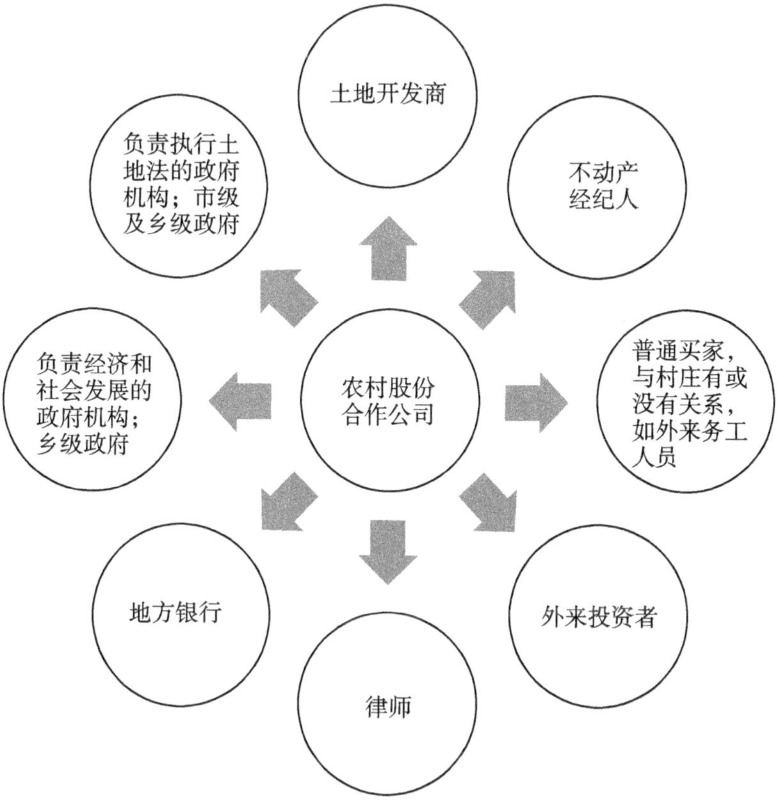

图1　小产权网络

这一扩大的网络进一步减少了政府撤销小产权的风险并通过地方政府机构和部门的参与增加了小产权交易的可信度。它为一个更大的、没有边界的网络提供了一个更强大的内核，通过这一网络，数百万彼此并不熟悉的个体可以参与小产权的交易。[1]

---

〔1〕 Shitong Qiao, "Planting Houses in Shenzhen: A Real Estate Market without Legal Titles", *Can. J. L. & Soc'y* 29, 2014, p. 270.

2. 同一市场,不同的物权关系

小产权市场的出现一直伴随着深圳自1978年开始的快速城市化进程。[1]虽然各个村庄面临着同样的市场需求和制度结构,但它们却有着不同的命运。有些村庄的成员成为了百万富翁甚至亿万富翁,即他们获得了市政府对其开发和出售土地的权利的认可,而这些权利通过村庄再开发项目得以兑现。一些村庄的农村土地开发则因市政府出于环境或其他因素的考虑而受到严格限制,也就是说,他们的土地开发权未被认可,因而村民仍处于贫困境地。一些村庄的小产权业务受到了政府的警告和罚款,甚至成为刑事诉讼针对的行为。此外,许多其他村庄仍在获取政府认可的开发和出售土地的权利的路上前进。[2]

有时甚至只是相隔一条小河,也会出现完全不同的景象。一边是充斥着小产权建筑的村庄,在那里村民毫不尊重法律对于农村土地开发和转让的禁止规定,并在每一块空地上"建造"了尽可能多的房屋。[3] 而在另一边的村庄里,农村股份合作公司限制了此类建筑,因为这些股份合作公司选择向地方政府申请开发和出售土地的合法权利。

在一个案例中,W村和该村领导因贿赂政府官员以掩盖其小产权业务而被起诉,村主任还被判参与以买卖小产权为主营业务的犯罪团伙。在另一个案例中,Z村股份合作公司在与政府和一对拒绝把"钉子户"交给农村股份合作公司进行再开发的夫妻就合法物权讨价还价的过程中时不时"以法律的名义"采取行动。[4]

从一个纯粹的经济或法律视角,不同的村庄间应在小产权发展中不存在差异。尽管可能在市场发展程度上有所差异,典型的德姆塞茨版本的故事应当

---

〔1〕 Shitong Qiao, "Small Property, Big Market: A Focal Point Explanation", *Am. J. Comp. L.* 63, forthcoming 2015(讨论了深圳小产权市场的出现和成长).

〔2〕 参见南方都市报:《未来没有城中村》,中国民主法制出版社2011年版。

〔3〕 Shitong Qiao, "Planting Houses in Shenzhen: A Real Estate Market without Legal Titles", *Can. J. L. & Soc'y* 29, 2014, p. 255.

〔4〕 中国"钉子户"的照片,参见"Stubborn as a Nail: China Residents Who Refuse to Move", *ABC NEWS*, availableat http://abcnews.go.com/International/photos/stubborn-nail-chinaresidents-refuse-move-19827908/image-19828396, last visited at Apr. 24, 2015。

是——为应对增加的住房需求，私人的土地权得以出现。[1] 然而这一故事却带来了为何村庄间会有黑与白截然相反的场景的疑问。[2] 原因无法仅从市场或法律体系中寻得，必须通过考察一个村庄内部的社会关系方能得出结论。尤其应当考察农村股份合作公司领导和其成员的关系及农村股份合作公司的外部社会关系，特别是与不同层级政府的关系。[3]

五、结　论

本文并不打算挑战对物物权的信息成本理论，也未主张排他权并不重要；而是主张对物物权理论低估了物权所处的社会关系。在中国，谁拥有土地的问题太难回答，因此我们决定另辟蹊径。我们发现关系物权的概念与中国农村土地改革和其他被法学和经济学所忽视的物权演变实例更为契合。鉴于政府、社会或市场的比较性制度能力并无一个简单而统一的答案，[4] 在我们决定应当且可以实行何种形式的物权前，综合评估一个特定环境中相关的制度和制度中的利益相关者更为妥当。这也是我们认为关系物权概念有所助益的原因所在。这一关系物权概念试图将法学和社会学学者所热衷的社会关系引入物权法的经济学分析的核心。我们所举的例子并不必然代表最高效的物权体系，但它们反映了社会现实，值得更多关注。

---

〔1〕 See generally Harold Demsetz, "Toward a Theory of Property Rights", *Am. Econ Rev* 57, 1967, pp. 256, 347.

〔2〕 中国人用颜色来标记组织和其活动的合法性。例如，黑色意味着不合法且经常涉及暴力或有组织犯罪；而白色则意味着合法和官方认可。在大多数情况下，小产权是"灰色"，即在黑白之间。

〔3〕 欲了解更多细节，参见 Shitong Qiao, *Chinese Small Property: The Co-Evolution of Law and Social Normsch*, Yale, *Y, L, Rev*, pp. 154 - 206。

〔4〕 See Neil K. Komesar, *Imperfect Alternatives: Choosing Institutions in Law, Economics, and Public Policy*, 1994, pp. 271 - 276.

现代中国征地权力的理论基础：多元传统与共同遗产

彭　錞*

一、问题的引出

多年来，征地拆迁是中国政治、法律和社会生活中饱受关注和争议的一个重大议题。然而，在既有研究中，它基本被视作一个当代问题。原因有二：第一，征地拆迁的宪法和法律基础一般被认为是1982年宪法和后续颁布的一系列法律，如《土地管理法》《物权法》；第二，征地拆迁的大规模发生往往被归咎于1994年分税制改革所导致的特定中央和地方分权关系，特别是随之而来的土地财政现象。但本文认为，征地权力在中国实际上具有极其深厚但基本为既有研究所忽略的历史背景。这一历史背景展开于十九世纪后半叶，并在二十世纪上半期达到高潮。这一时期也正是中国遭遇西方，走入现代的时刻。本文试图钩沉：征地权力在现代中国是如何奠基的？

首先，有必要对"征地权力"下定义。传统理解中，根据现行《宪法》第10条和《物权法》第42条，征地权力具有两种含义：一是所有权的永久性强制移转，即"征收"；二是使用权的暂时性强制移转，即"征用"。无论是征收还是征用，根据上述法律规定，都应依照法律的规定进行并给予补偿。本文所考察的"征地权力"与这种现行实定法上的界定不完全吻合，但并非缺乏实定法基础。事实上，五四宪法第13条所规定的征地权力范围就要大于现行法律："国家为了公共利益的需要，可以依照法律规定的条件，对城乡土地和其他生产资料实行

* 彭錞，北京大学法学院助理教授，牛津大学法学博士。感谢周小奇对本文的翻译。

征购、征用或者收归国有。”可见,在二十世纪五十年代,征地权力包括征购、征用和收归国有三种。众所周知,在二十世纪上半叶,中国共产党进行了大规模的土地国有化运动,如土改运动,这与今天理解的征地权力有很大不同。诚然,时至今日,这种国有化运动已成明日黄花,看似一种与现实无甚关联的陈迹。但本文除了考察现行法所规定的有补偿的征收权以外,还把土地国有化权力纳入视野,并将分析这两者作为现代中国的征地权力是如何在理论上奠基的。

本文余下内容分为三个部分。第一部分讨论土地国有化。在介绍国民党,特别是孙中山所倡导的土地国有化方案前,我们将首先审视土地国有化的社会主义传统。通过探索从经典马克思主义到苏俄的土地国有化理论和实践,本文指出:除了少数例外,中国共产党的土地国有化革命策略和它在革命胜利后建立起的土地制度,基本都遵循着社会主义传统。国民党的土地国有化方案则在理念和政策上均与这种传统有所不同。本文第二部分讨论附补偿的土地征收作为一个法律概念在现代中国的起源和变迁,重点突出从古典自由主义理论到财产权社会化理论的变化。本文最后一个部分得出结论:尽管存在彼此不同的多元传统,但现代中国征地权力的理论基础具有共享遗产,即把征地权力当作一种完成宏大社会变革目标的、系统性和常态化的工具。

二、土地国有化:两种传统

(一)社会主义传统

1. 经典马克思主义理论下的土地国有化

1921 年,中共一大通过的《中国共产党纲领》明确指出党的任务之一是:废除资本私有制,没收一切生产资料,如机器、土地、厂房、半成品等,归社会所有。其理论来源无疑是马克思主义。

在 1848 年发表的《共产党宣言》(以下简称《宣言》)中,马克思和恩格斯指出:“无产者只有废除自己的现存的占有方式,从而废除全部现存的占有方式,才能取得社会生产力。无产者没有什么自己的东西必须加以保护,他们必须摧毁至今保护和保障私有财产的一切。”换言之,消灭私有制,是人类社会摆脱阶级压迫,实现社会主义乃至共产主义的必由之路。这深深根植于马克思对人类历史的理解。《宣言》振聋发聩地点明:“至今一切社会的历史都是阶级斗争的历史。”根据马克思主义基本原理,划分阶级的标准是对生产资料的占有,如生产工具(机器等)和劳动对象(土地等)。在一个社会中,占有生产资料者就是统治阶级和剥削阶级,不占有生产资料且劳动力受他人支配者构成被统治和被剥削的阶级。两个阶级之间是对抗关系而非合作关系,而革命正是前者反抗后者的斗争。“革命是历史的火车头。”[1]正是在成功的阶级革命中,人类社会从原始社会、奴隶社会、封建社会一直到资本主义社会。和之前所有的社会形态一样,资本主义社会也以阶级对立为基本特征。当资产阶级剥削无产阶级到无法忍受的地步,无产阶级革命就会不可避免地爆发,并摧垮资本主义,由社会主义取代。然而,不同于之前的任何社会形态,进入社会主义社会之后,人类头一次不再有阶级差别,因为生产资料私有制被完全消灭。[2]

具体到土地,基于以下三点理由,经典马克思主义理论认为土地私有制应被也将被彻底消除。[3] 首先,马克思本人否认土地私有制是一种“自然权利”的主张。他视这种权利本位的辩解为一种伪饰,认为其不过是征服者用来掩盖征服的事实,是“利用他们硬性规定的法律”[4]将暴力掠夺合法化的手段。其次,马克思认为:“土地所有权的前提是,一些人垄断一定量的土地。”这种垄断在经济上通过向土地所有者缴纳的地租体现,所有者因此能“将他们没有参与劳动的社会生产的产物据为已有”。[5] 因此,正如利润是对剩余劳动价值的剥削,地租也是一种不应得的收入。同时,马克思也指出这是“合理农业的最大障碍之一”,因为“租地农场主避免进行一切不能期望在自己的租期内完全收回的改良和支出”。[6] 最后,同马克思对人类历史的理解一致,恩格斯认为人类社

[1] See Karl Marx, "The Class Struggles in France, 1848 to 1850", in *Marx and Engels Collected Works*, Moscow, Progress Publishers, 1969. 需要指出的是,虽然本文所参考的马克思主义经典文本均是英文版本,但翻译过程中尽量同相关文本的中文版做了对应。

[2] See Karl Marx and Fredirich Engles, "Communist Manifesto", in *Selected Works of Marx and Engels*, Moscow, Progress Publishers, 1969.

[3] See Karl Marx, "Rent of Land", in *Economic & Philosophic Manuscripts of* 1844, Moscow, Progress Publishers, 1959.

[4] Karl Marx, "The Nationalizationof the Land", in *International Herald*, 1872.

[5] Karl Marx, *Capital*, New York, International Publishers, 1959, p. 442.

[6] Karl Marx, *Capital*, New York, International Publishers, 1959, p. 442.

会进步必然要求废除土地私有制。原始社会土地公共所有，但这种公有制在农业的发展进程中变成生产的桎梏，因此被更能解放生产力的土地私有制所取代。但在资本主义社会中，从农业长远发展的角度来看，土地私有制又成了生产的桎梏，注定要转变成“一种高级得多、发达得多”[1]的公有制。在经典马克思主义那里，这种新的土地公有制就是土地国有化，这是一种不可阻挡的“社会必然”（social necessity）。[2]

为实现这个社会必然，《宣言》要求无产阶级“一步一步地夺取资产阶级的全部资本”，进而完成双重任务：“把一切生产工具集中在国家，即组织成为统治阶级的无产阶级手里”，“并且尽可能快地增加生产力的总量”。根据《宣言》，无产阶级革命胜利后，阶级差别将不复存在，“全部生产集中在联合起来的个人的手里”。

然而，尽管土地国有化最终目标非常明确，但经典马克思主义理论在如下两个问题上并未充分展开。一方面，如马克思和恩格斯自己承认的那样，上述双重任务内部存在一定张力，即在生产资料国有化带来的长远利益与其对社会经济生产将造成的短期破坏之间存在紧张关系。他们坦承，国有化一开始会“对所有权和资产阶级生产关系实行强制性的干涉”，这样做“在经济上似乎是不够充分的和没有力量的”，即对经济生产富有破坏性。但他们坚持认为长远来看，国有化“在运动进程中”“会越出本身”，“作为变革全部生产方式的手段是必不可少的”。[3] 但问题在于，他们并未详述能否或如何解决上述对立——如何保证在推行短期内破坏生产的国有化之同时，尽可能快地提高生产力？另一方面，就土地国有化之后应当采用何种管理方式，经典马克思主义更是没有提供具体的指导。这些理论上未能充分展开的问题有待于进一步解答。

2. 恩格斯的土地国有计划

马克思和恩格斯都认为小农生产必定会被资本主义生产替代。一旦农村

[1] Frederick Engels, *Anti-Dühring: Herr Eugen Dühring's Revolution in Science*, Moscow, Progress Publishers, 1947.

[2] Karl Marx, "The Nationalizationof the Land", in *International Herald*, 1872.

[3] Karl Marx and Fredirich Engles, "Communist Manifesto", in *Selected Works of Marx and Engels*, Moscow, Progress Publishers, 1969.

由资本主义支配，以土地国有化为目标的无产阶级革命条件便得以成熟。[1] 然而，他们并不认为农业的资本主义化能够自动发生。那么，在经济落后、小农占主体的国家中，无产阶级革命如何开端？这里的关键在于建立工农联盟。1870 年，马克思指出，"无产阶级将以政府的身份采取措施，直接改善农民的状况，从而把他们吸引到革命方面来"。[2] 1894 年，恩格斯进一步肯定法国社会党人争取小农支持的努力："违反小农的意志，任何持久的变革在法国都是不可能的。"[3] 事实上，他特别强调了建立工农联盟的紧迫性："我们使之免于真正沦为无产者，在还是农民时就能被我们争取过来的农民人数越多，社会改造的实现也就会越迅速和越容易。"[4]

然而，争取农民并不是容易的事情，因为农民在土地所有权问题上相当保守——为了保护土地私有制，他们不仅反对资本主义积累，也反对无产阶级的国有化。[5] 如何才能让农民接受社会主义的土地国有化纲领？在其去世的前一年(1894 年)，恩格斯在《法德农民问题》一文中率先提出了达成这一任务的计划。

恩格斯认为，农民根深蒂固的私有财产意识会妨碍他们走向革命，而革命须依靠对他们的动员。他赞同法国革命党人动员农民的构想，但他坚决反对为了达成目的而承诺保护农民小块土地的所有权，并指出这是"明知不能兑现的许诺"。恩格斯认为，社会党人首先应该做的，就是把小农的私人生产和私人占有变为合作社的生产和占有。[6] 但达成这个目标不能用暴力剥夺，而应"通过

---

[1] Karl Marx, "David Ricardo's eory of Rent", in *eories of Surplus-Value*, Moscow, Progress Publisher, 1968; Frederick Engels, "The Peasant Question in France and Germany", in *Selected Works of Marx and Engels*, Moscow, Progress Publishers, 1970.

[2] Karl Marx, "On Bakunin's Statism and Anarchy", in Jon Elster, *Making Sense of Marx*, Cambridge, Cambridge University Press, 1985, p. 442.

[3] Frederick Engels, "The Peasant Question in France and Germany", in *Selected Works of Marx and Engels*, Moscow, Progress Publishers, 1970.

[4] Frederick Engels, "The Peasant Question in France and Germany", in *Selected Works of Marx and Engels*, Moscow, Progress Publishers, 1970.

[5] See Karl Marx and Fredirich Engles, "Communist Manifesto", in *Selected Works of Marx and Engels*, Moscow, Progress Publishers, 1969.

[6] See Engels, "The Peasant Question in France and Germany", in *Selected Works of Marx and Engels*, Moscow, Progress Publishers, 1970.

示范和为此提供社会帮助”，从而使小农理解要挽救和保全他们的财产就必须将之变成“合作社的生产和占有”。具体办法是“把各个农户联合为合作社，以便在这种合作社内越来越多地消除对雇佣劳动的剥削，并把这些合作社逐渐变成一个全国大生产合作社的拥有同等权利和义务的组成部分”。“这些农业合作社的范例，将说服最后一些可能仍在反抗着的小块土地农民，而且也许还有某些大块土地农民相信大规模合作企业的优越性。”[1]

与对小农的态度相反，针对地主，恩格斯明确指出“我们的党一旦掌握了国家政权，就应该干脆地剥夺大土地占有者，就像剥夺工厂主一样”，且不予任何补偿。但需要指出的是，他并没有完全排除补偿的可能性。他说马克思曾经多次向他讲过：“假如我们能赎买下这整个匪帮，那对于我们最便宜不过了。”[2]至于“这一剥夺是否要用赎买来实行，这大半不取决于我们，而取决于我们取得政权时的情况，尤其是也取决于大土地占有者先生们自己的态度”。[3]

总之，在经典马克思主义理论中，尤其在恩格斯那里，作为社会主义目标的土地国有化不必通过保护小农的土地私有权这一看似务实的妥协来完成。针对小农的土地，应当走一条先集体化后国有化之路，农民也完全可以在最终国有化之前就自愿接受集体化。相反，对于大地主的土地，国家应该采取无偿没收，或在情况允许时买断。这些理论构想对后世的无产阶级革命产生了深远影响。众所周知，首先作出尝试的是俄国革命。

3. 俄国道路：从列宁到斯大林

如前所述，在经典马克思主义理论视野下，俄国革命面临双重任务：一是要在农业国俄罗斯发动指向土地国有化的社会主义革命，二是为土地国有制度设定规则和机构。列宁就前者提出了“两步走”主张，而斯大林则具体落实了土地国有制度的设计。

---

〔1〕 See Engels, "The Peasant Question in France and Germany", in *Selected Works of Marx and Engels*, Moscow, Progress Publishers, 1970.

〔2〕 See Engels, "The Peasant Question in France and Germany", in *Selected Works of Marx and Engels*, Moscow, Progress Publishers, 1970.

〔3〕 See Engels, "The Peasant Question in France and Germany", in *Selected Works of Marx and Engels*, Moscow, Progress Publishers, 1970.

在列宁的构想中,俄罗斯土地国有化应当分两步走。1894 年,就社会民主党(当时俄国的马克思主义者)提议的没收地主土地并将其归还给小农的观点,列宁承认这是一种资产阶级民主的要求,也赞同在加快废除地主土地私有和消除封建制度的限度内采纳上述提议。但他警告这个提议在本质上不是社会主义的,因为它保留和保护的是有益于资本主义而非社会主义的土地私有权。因此,革命最终必须发生转向。[1] 这表明列宁在坚持土地国有化目标的同时,就是否分配土地给农民的问题,与恩格斯的观点有所出入。具体而言,列宁认为俄国革命应当分成两个阶段,首先进行"耕者有其田"的资产阶级民主革命,继而再过渡到土地国有化的完全的社会主义革命。在第一个阶段,工人、农民和资产阶级结成联盟共同领导革命,通过没收和重新分配地主土地彻底消灭封建制度;在第二个阶段,工人阶级将联合小农共同打击资产阶级和推翻资本主义制度,消灭土地私有制,所有土地收归国有。[2]

列宁的两阶段革命论有三个特点。第一,他认为土地国有化的道路应始于无偿没收地主土地,而没有接受马克思赎买地主土地的构想。实际上,他强烈反对这一主张,认为赎买地主土地就是"背叛社会主义,就是向遭受战争苦难最深重的被剥削的劳动群众征收新贡赋"。[3] 第二,他主张可以暂时把没收的土地重新分配给小农,因为他认识到"耕者有其田"是俄国小农长期的普遍诉求,他们还未意识到土地国有化才真正符合他们的客观利益。为了动员保守的小农,列宁认为有必要"消除一切认为工人政党想不顾农民意志、不顾农民内部自主的运动而强迫农民接受什么改革方案的想法"。因此,革命党不应直接要求立即国有化,而应首先支持土地的重新分配。[4] 第三,列宁坚持革命最终一定要从第一阶段转向第二阶段:"我们无论如何不能绝对地摒弃土地国有。对这

[1] Vladimir Lenin, "What the 'Friends of the People' are and How They Fight the Social-Democrats", in *Lenin's Collected Works*, Moscow, Progress Publishers, 1972, pp. 290 – 291.

[2] Vladimir Lenin, "To the Rural Poor: An Explanation for the Peasants of What the Social-Democrats Want", in *Lenin's Collected Works*, Moscow, Progress Publishers, 1964.

[3] Vladimir Lenin, "Theses on the Agrarian Question", in *Second Congress of the Communist International: Minutes of the Proceedings*, New Park Publications, 1977.

[4] Vladimir Lenin, "Revision of the Agrarian Program of the Workers' Party", in *Lenin's Collected Works*, Moscow, Progress Publishers, 1972, pp. 194 – 195.

个要求只是必须附上一个条件，就是要十分确切地指出一定的政治制度，没有这种制度，土地国有对无产阶级和农民可能是有害的。"[1]在列宁的构想中，从第一阶段的资产阶级革命转向第二阶段的社会主义革命，将发生在"当前的革命取得决定性胜利后能完全保证人民专制，即建立起共和制度和充分民主的国家制度"之时。[2]

1917 年，在题为《四月提纲》的著名演讲中，列宁宣布："俄国当前形势的特点是从革命的第一阶段向革命的第二阶段过渡。第一阶段由于无产阶级的觉悟性和组织性不够，政权落到了资产阶级手中，第二阶段则应当使政权转移到无产阶级和贫苦农民手中。"[3]促使他做此判断的最重要原因在于他敏锐地察觉到当权的临时政府并未满足农民对土地改革的普遍诉求。[4] 列宁把这视作一个绝佳机会去通过满足小农要求来获取他们的支持。在这种情况下，他提出的社会主义革命下的土地纲领是：没收地主的全部土地，把国内一切土地收归国有，由当地雇农和农民代表苏维埃支配，并把各个大田庄建成示范农场，由雇农代表进行监督，由公家出资经营。[5]

随后，布尔什维克党《关于土地问题的报告》[6]和 1917 年的《土地法令》采纳了列宁所建议的没收土地实现国有化、土地利用由地方管理和集体化生产。由此，土地私有制被废除，所有土地都成为国家土地储备中的一部分。[7] 然而，在长期分散的土地利用制度下，俄国小农最现实的希望还是对土地享有更多掌

---

〔1〕 Vladimir Lenin, "Revision of the Agrarian Program of the Workers' Party", in *Lenin's Collected Works*, Moscow, Progress Publishers, 1972, p. 194.

〔2〕 Vladimir Lenin, "Revision of the Agrarian Program of the Workers' Party", in *Lenin's Collected Works*, Moscow, Progress Publishers, 1972, pp. 194 – 195.

〔3〕 Vladimir Lenin, "The Tasks of the Proletariat in the Present Revolution (The April Theses)", in *Lenin's Collected Works*, Moscow, Progress Publishers, 1964.

〔4〕 Jules Townshend, *The Politics of Marxism: The Critical Debates*, Leicester, Leicester University Press, 1996, pp. 67 – 68.

〔5〕 Vladimir Lenin, "The Tasks of the Proletariat in the Present Revolution (The April Theses)", in *Lenin's Collected Works*, Moscow, Progress Publishers, 1964.

〔6〕 Resolution on the Agrarian Question, paper represented at The Seventh (April) All-Russia Conference of the R. S. D. L. P. (B.), April 29, 1917.

〔7〕 其中第 1、6、8 条，关于农村农民的土地法令，在 1917 年 11 月 8 日，工人、士兵和农民代表的第二次代表大会上通过。

控。因此,尽管政策和法律都对集体化有明确规定,但事实上大部分的被没收土地仍然分配给了个体农户。[1] 这无疑与恩格斯和列宁所主张的把小农生产转变成集体生产的社会主义要求不完全吻合。1922 年土地法确认了村庄和其他乡村组织对土地的占有,也不再将任何形式的社会主义土地所有权强加在小农身上,而是赋予包括个人所有在内的一切土地所有权形式以平等地位。[2] 并不令人惊讶的是,大部分农民都选择了自耕(independent farming)。[3]

在理论上,上述政策可被视作苏俄对前文提及的革命之长期收益和短期内对经济生产破坏之间张力的一种回应。自二十世纪二十年代后,连年内战的俄国百般凋敝。在这种局势下,苏俄政府清醒地认识到至少暂时需要容忍小农生产,以提供国民经济所必需的农产品。然而,列宁自己也坦承允许小农生产是一种社会主义的战略退却。[4] 当斯大林于 1928 年掌权时,苏俄很快又回到了集体制。虽然列宁遵循恩格斯的想法,也主张通过说服和鼓励的手段引导农民走上渐进、和平的集体化道路,[5] 但众所周知的是,斯大林领导下的苏俄走向了激进、强制集体化。[6]

更值得我们关注的是,斯大林统治下的苏俄采取了一种独特的国有土地管理模式。如前所述,在这个问题上,经典马克思主义语焉不详,列宁也没有给出具体方案。在大规模集体化运动之后,在斯大林的领导下,苏俄的国有土地制度才最终建立,其主要特征如下:

首先,也是最重要的,国家是全部土地唯一、绝对的所有者。"唯一"是指只

---

〔1〕 Vladimir P. Timoshenko, "The Agrarian Policies of Russia and the Wars", in *Agricultural History*, 1943, p. 205.

〔2〕 Vladimir P. Timoshenko, "The Agrarian Policies of Russia and the Wars", in *Agricultural History*, 1943, p. 206.

〔3〕 Stanislaw J. Sawicki, *Soviet Land and Housing Law: A Historical and Comparative Study*, Praeger Publishers, 1977, p. 42.

〔4〕 Vladmir Lenin, "The New Economic Policy and The Tasks of The Political Education Departments", in *Lenin's Collected Works*, Moscow, Progress Publishers, 1965.

〔5〕 Dorothy Atkinson, *The End of the Russian Land Commune*, 1905 - 1930, Stanford, Stanford University Press, 1983, p. 214.

〔6〕 See J. V. Stalin, "Dizzy with Success: Concerning Questions of the Collective-Farm Movement", in *Collected Works of Stalin*, Korea, Foreign Languages Publishing House, 1955, pp. 197 - 205.

有国家能作为土地所有者。土地权利交易（包括买卖、租赁、赠与、抵押等）被严格禁止。“绝对”是指作为土地所有者的国家对土地拥有不受限制、无可争辩的权力。更确切地说，通过具体的政府主管部门，国家对土地使用实行计划安排，控制土地用途。[1]

其次，非国家主体可以土地使用，但这种权利来自国家授予，具有如下四个特征：其一，土地使用权既可以被分配给国家机关和国有企业，也可被分配给非国有的集体和个人。其二，土地使用权既可以是有期限的，也可能是永久的，但其分配可以根据国家需要随时变更。其三，土地用途被划分为六种，包括农用地、居住地、工业用地、林地、湿地和闲置土地，使用土地必须按照这六种事前规定好的用途。这意味着土地的使用权内含着土地使用的法律责任。比如一个集体农庄拥有一块用于农业生产的土地，除非获得政府的批准，否则这块土地不可用作他途。这里的目的在于保证社会主义计划经济下土地政策的实施，即根据经济计划，由政府决定和监督土地使用，以求达到最合理、高效使用土地的目标。其四，土地使用权受法律保护。但由于土地被视为经济资源，出于对其有效利用的考虑，对使用者权利的尊重要低于对社会利益的保护。[2]

苏联国有土地制度的第三个特点是土地管理完全由国家行政控制。确定、划分土地用途的权力从下至上分别属于村庄、城镇、区、省的苏维埃执行委员会以及中央委员会。土地使用是否合规由政府机构来监督和控制。[3]

最后，如果土地分配两年后依然没有被使用或未按规定用途使用，或者该土地被征收，那么政府会收回土地使用的授权。征收决定可出自中央委员会或省级、城镇苏维埃。征收土地是无偿的，因为土地使用权被视为国家免费提供的一项权利。但提高土地质量的支出以及土地上的作物、种子、房屋和建筑物

---

〔1〕 P. S. Romashkin ed. , *Fundamentals of Soviet Law*, Korea, Foreign Languages Publishing House, 1962, pp. 290 – 294.

〔2〕 F. J. M. Feldbrugge, et al. eds. , *Encyclopedia of Soviet Law*, Martinus, Martinus Nijho Publishers, 1985, pp. 435 – 437, 656 – 658; P. S. Romashkin ed. , *Fundamentals of Soviet Law*, Korean, Foreign Languages Publishing House, 1962, pp. 294 – 301; Stanislaw J. Sawicki, *Soviet Land and Housing Law: A Historical and Comparative Study*, Praeger Publishers, 1977, pp. 55 – 57.

〔3〕 F. J. M. Feldbrugge, et al. eds. , *Encyclopedia of Soviet Law*, Martinus, Martinus Nijho Publishers, 1985, pp. 435 – 439.

被征收时则需补偿。法院无权判断国家收回土地使用权的合法性。[1]

综上,正如一位苏联法学家所指出的,斯大林时期的国有土地制度是"关于由土地国有化带来的整个土地关系体制和发展一种更公平和高效的土地使用机制的规范的集合",其"目的是社会主义的利益和苏联的共产主义体系",而"国家是土地的唯一所有者"。[2]

4. 中国共产党的土地国有化之路

总体而言,直到改革开放前,中国共产党大致遵循了上文所述的土地国有化的社会主义传统。这种遵循不仅体现在中国共产党革命和建设过程中广泛采用土地国有化作为策略和手段,也体现于中华人民共和国成立以后奠定的土地制度。

首先,就革命策略而言,面对一个落后的农业国,中国共产党很早就认识到争取农民支持、建立工农联盟的重要性。因此,正如列宁的"两步走"战略,中国共产党并没有一开始就进行土地全盘国有化,而是选择没收并重新分配土地。毛泽东在 1939 年将中国革命分为两个阶段:第一阶段是资产阶级民主革命——或如他所命名的"新民主主义革命",第二阶段才是由无产阶级领导的社会主义革命。前者通过土地没收和重新分配推翻地主阶级,但不是社会主义革命,因为其目标是为资本主义发展扫清障碍,为社会主义铺路。完成新民主主义革命并将其转变为社会主义革命,是中国共产党的双重任务。[3]

然而,正如俄国革命并未严格按照马克思和恩格斯的理论预设,从中国革命的实际出发,中国共产党在三个方面对传统社会主义理论和实践做了突破。

第一,如前所述,恩格斯将土地国有化作为最终的且不可协商的革命目标。列宁也不主张分配土地所有权,而仅仅承认小农拥有土地使用权。与此相反,没收土地后,中国共产党不仅赋予了小农使用权,同时给予了他们所有权。[4]第二,众所周知,从 1937 年到 1946 年,中国共产党暂停了没收土地及再分配,

---

〔1〕 F. J. M. Feldbrugge, et al. eds. , *Encyclopedia of Soviet Law*, Martinus, Martinus Nijho Publishers, 1985, p. 438; William B. Simons ed. , *The Soviet Codes of Law*, Sijtho and Noordho, 1980, pp. 879 – 80.

〔2〕 P. S. Romashkin ed. , *Fundamentals of Soviet Law*, Korean, Foreign Languages Publishing House, 1962, p. 290.

〔3〕 毛泽东:《中国革命和中国共产党》,载《毛泽东选集》(第 2 卷),人民出版社 1991 年版。

〔4〕《中国土地法大纲》第 11 条;《土地改革法》第 10 条。

而是采取了更为温和的减租政策。第三，尽管马克思和恩格斯认为赎买地主土地是可接受的“最便宜不过了”的做法，列宁却将之视作“背叛社会主义”。但中国共产党在土地改革运动中仍然实行了对地主土地的赎买。下文详述这三点突破，并指出其并未背离社会主义传统。

1931 年，建党十年的中国共产党决定不仅给予小农土地使用权，同时给予他们土地所有权，这是其对土地国有化目标的第一次偏离。尽管 1921 年党纲就曾要求没收全部生产资料，但直到 1927 年，中国共产党从未真正全面开展土地国有化。在那之前，其土地政策没有超越减少地租〔1〕或只没收超过一定数额土地〔2〕的范畴。1927 年后，在国民党围剿下，中国共产党被迫进入偏远山区，这时才终于意识到广大农民是一支不可或缺的革命力量。随后，1928 年《井冈山土地法》、1929 年《兴国土地法》和 1930 年《中华苏维埃土地法》均明确要求没收土地，并将土地使用权重新分配给农民。但这些法律都不要求土地所有权的重新分配，而且支持社会主义的土地国有化，即将没收土地的所有权收归当地的苏维埃政府。1931 年，中国共产党终于改变立场，转向赋予农民土地所有权。这一变化的直接原因在于田无定分使农民认为在土地上的劳动具有高度不确定性。特别是 1931 年春天，红区许多农民不愿意动手耕田，由此带来了粮食产量的锐减。毛泽东指出：“现在春天到了，各地农民动手耕田的还很少，这件事值得我们注意。为什么农民动手耕的很少呢？有些固然是习惯上的原因，耕田时季素来推迟，但除了这个原因之外，据我们调查还有田没有分定。”〔3〕这表明尽管土地国有化是社会主义革命的长期目标，但在当时的情况下，国有化对革命发展是不利的，因为它直接破坏了革命地区的经济生产。因此，不久之后中央苏区发布《土地问题与反富农策略》，明确承认：“农民是小私有生产者，保守私有是他们的天性”；“他们热烈地起来参加土地革命，他们的目的，不仅要取得土地的使用权，主要的还要取得土地的所有权”。因此，此时“土

〔1〕 1922 年《中国共产党第二次全国代表大会宣言》；1923 年《中国共产党党纲草案》；1924 年《中国共产党对于时局之主张》；1926 年《农民运动议决案》。

〔2〕 1922 年《中国共产党对于目前实际问题之计划》；1925 年《中国共产党中国共产主义青年团宣言：告此次为民族自由奋斗的民众》。

〔3〕 毛泽东：《关于加强春耕工作的意见》，载《毛泽东文集》（第 1 卷），人民出版社 1993 年版。

地国有只是宣传口号,尚未到实行的阶段。必须使广大农民在革命中取得他们唯一热望的土地所有权,才能加强他们对于土地革命和争取全国苏维埃胜利的热烈情绪”。

中国共产党第二次偏离土地国有化发生在 1937 年到 1946 年,其原因在于此时国民党和共产党建立了抗日民族统一战线。为了缓和国内矛盾、支持抗战,1937 年《中共中央致中国国民党三中全会电》宣布“停止没收地主土地之政策,坚决执行抗日民族统一战线之共同纲领”。同年,毛泽东在中国共产党全国代表会议上做题为《中国共产党在抗日时期的任务》的报告,更是明确指出:“停止没收地主的土地。这些保证,是必需的和许可的。因为只有如此,才能根据民族矛盾和国内矛盾在政治比重上的变化而改变国内两个政权敌对的状态,团结一致,共同赴敌。这是一种有原则有条件的让步,实行这种让步是为了去换得全民族所需要的和平、民主和抗战。”

中国共产党第三次偏离土地国有化是在 1946 年到 1947 年土地改革运动时期,曾短暂地尝试从地主手中付代价地征购土地。它之所以接受这种在列宁看来是“背叛社会主义”的做法,并非因为马克思和恩格斯曾经给予肯定,而是和前面两个例子一样,同样出于实际考量。1946 年 7 月,党中央发出《为实现耕者有其田向各解放区政府的提议》,要求“凡属地主的土地超过一定数额者,其超额土地由政府发行土地债券,并以法令征购之”;限额以下剩余部分可保留不动。究其原因,根据 1946 年《中共中央关于向民盟人士说明我党土地政策给周恩来、董必武的指示》,这项政策是为了争取、巩固民主人士对中共的政治支持。与之类似,1947 年晋冀鲁豫革命根据地党委向党中央提交的《关于晋冀鲁豫区土地改革情况的报告》也指出:“颁布这样的法令(征购土地)亦无妨害,对解决干部家属及民主人士等的土地问题有好处。”很容易理解这项政策并没有持续太久。1947 年初国共内战全面爆发,中国共产党又回到了被证明更能动员广大小农的没收土地并重新分配的土地政策上。

中国共产党以上三次对土地国有化目标的偏离,并不能解读为对该目标的放弃,而只能理解为暂时的、基于实际考量的权变。事实上,其始终坚持土地国有的终极目标。比如 1931 年《土地问题与反富农策略》就明确指出,“土地问题的彻底解决是‘土地国有’”,只不过“土地国有的实现,只有在全国苏维埃胜利与全国工农专政的实现的条件下才有可能”。即便五四宪法第8条明确规定:“国家依照法律保护农民的土地所有权”,但承继了社会主义传统的中国共产党从来未打算也未承诺永久保留农民的土地私有权。相反,其反复公开强调土地私有制不能被长期留存,未来势必要走向土地集体化和国有化。如1947年,董必武在全国土地会议上做《关于土地改革后农村生产与负担问题》的报告,并指出:“现在我们进行的土地改革,只是把地主的私有土地,变为农民的私有土地,并没有取消土地私有制。因为今天农民希望分到土地,作为私有,就能永远保持使用土地,还没有觉悟到土地国有,才能真正保障他们对土地的使用权……农民只有在实际生活中慢慢觉悟到土地私有制的不利,那时他们才相信土地国有的办法是好的”;“在农业生产中”,“我们能很好地把小农经济组织起来,使农业经济由个体逐次地向着集体方向发展”。1948年,晋察冀中央局《关于土地改革后农村发展生产的指示》也明确表示:“农业生产力飞跃式提高的决定因素:第一,是实行土地改革,消灭封建;第二,是由群众自愿地组织合作互助。”从这个意义上讲,土地国有化作为一项革命策略,是随着具体情势的要求而时起时伏的。

与此不同,作为制度安排的土地国有化,从1949年直到改革开放,我国基本沿袭了前文提及的苏联模式。首先,土地被认为是一种重要的经济资源,国家根据计划管理土地,土地管理从属于经济管理。根据生产、建设需要,城市土地被无偿分配给政府和企事业单位。[1] 在农村,尽管集体化运动后土地归集体所有,但大多数情况下集体土地的使用和处置的最终决定权在政府。[2] 其次,二十世纪五十年代后,城乡土地市场关闭,土地交易被禁止。对于因计划变更而不再使用或使用后多余的城市土地,国家无偿收回,禁止转租或售卖。[3] 租

---

〔1〕 1954年中央人民政府政务院《关于对国营企业、机关、部队、学校等占用市郊土地征收土地使用费或租金问题的答复》;1954年《答复关于公营企业、公私合营企业及私营企业等征用私有土地及使用国有土地缴纳契税或租金的几个问题》;1954年内务部《关于执行国家建设征用土地办法中几个问题的综合答复》。

〔2〕 程雪阳:《农村土地是如何“被集体化”的?》,载中国乡村发现网:http://www.zgxcfx.com/Article/63660.html,最后访问日期:2018年4月24日。

〔3〕 1956年国务院《关于纠正与防止国家建设征用土地中浪费现象的通知》第3~4点。

赁和买卖农村土地也被明确禁止。[1] 最后,同苏联模式一样,自二十世纪五十年代起,我国的相关规范就规定收回国有土地使用权是无偿的,即便国家会补偿地上附着物,比如房屋。[2] 这种情况相当程度上持续至今。[3]

综上,尽管历史上中国共产党基于现实考量对社会主义的土地国有化传统有所偏离,但无论是革命目标还是革命后的土地管理体制,它都基本遵循了马列主义的传统。值得注意的是,在现代中国历史上,除了中国共产党主张土地国有化外,国民党也同样追求土地国有化。

(二)土地国有化的国民党传统

与马克思主义的立场相似,孙中山拒绝土地私有制。首先,他认为在人类出现以前土地已自然存在,人类消灭以后土地仍可长此存留,因此土地私有本身就是不公正的,土地应该平等地属于所有人。[4] 其次,受美国政论家亨利·乔治(Henry George)的影响,孙中山基于实际考虑激烈批评土地私有制。[5] 比如,乔治认为,社会生产包含土地、劳动力和资本三个元素,社会产品的总和也相应地由租金、工资和利息构成。在一定的生产力水平上,租金与工资、利息呈负相关关系。土地私有制下的土地垄断和投机活动,将通过提高租金来榨取劳动力工资和资本投资的利息。[6] 据此,孙中山认为:一方面,土地私有制会导致资本倒向土地投机,阻碍中国工商业的发展;[7]另一方面,孙中山从自己二十世

---

〔1〕 1962年《农村人民公社工作条例修正草案》第21条。

〔2〕 1950年《村镇建房用地管理条例》第13条;1953年《国家建设征用土地办法》第9条;1958年《国家建设征用土地办法》第18条。

〔3〕 2011年《国有土地上房屋征收与补偿条例》第17条规定补偿被征收房屋的价值。尽管房屋价值会一定程度上反映土地价值,但法律规范毕竟没有正面规定收回土地使用权须给予补偿。进一步分析可见彭錞:《八二宪法土地条款:一个原旨主义的解释》,载《法学研究》2016年第3期。

〔4〕 孙中山:《在上海中国社会党的演说》,载《孙中山全集》(第2卷),中华书局1982年版,第514页。

〔5〕 有关乔治对孙中山的影响,可参见Richard W Lindholm and Sein Lin, *Henry George and Sun Yat-sen: Application and Evolution of Their Land Use Doctrine*, Cambridge MA, Lincoln Institute, 1977; Sein Lin, "Sun Yat-sen and Henry George: The Essential Role of Land Policy in Their Doctrines", *The American Journal of Economics and Sociology* 2, 1974。

〔6〕 Henry George, *Progress and Poverty* 3, New York, Doubleday, 1912.

〔7〕 孙中山:《在广州报界欢迎会的演说》,载《孙中山全集》(第2卷),中华书局1982年版,第355页。

纪初游历欧美的经历中得出结论,西方社会贫富不均的根源就在于土地私有制。[1] 在他看来,问题的解决有赖于土地国有化,这样既可以促进中国的工业化进程,又能防止工业化带来的麻烦。

但这并不意味着孙中山所追求的土地国有就跟共产党一致。恰恰相反,无论是理念上还是政策上,国共两党的土地国有计划有着诸多区别。最重要的区别在于孙中山明确反对没收土地的做法,尽管他承认这是一种革命的方案。[2] 具体原因有三:第一,他认为没收土地会招来地主的强烈不满,这会摧毁新生的革命;[3] 第二,他认为当时的中国还没有准备好进行土地没收和国有化,就连俄国也因为经济上过于落后不得不采取还地于农的新经济政策,给土地私有制一定的空间,中国的经济情况并不比俄国好,因此也应该采取同样的做法;[4] 第三,在更深层上,孙中山对人类历史的认知与马克思主义不同,他并不认为阶级斗争或革命是历史的火车头,在他眼中,合作而非对抗才是人类发展的主要推动力。"社会之所以有进化,是由于社会上大多数的经济利益相调和,不是由于社会上大多数的经济利益有冲突。社会上大多数的经济利益相调和,就是为大多数谋利益。大多数有利益,社会才有进步。"[5] "阶级战争不是社会进化的原因,阶级战争是社会当进化的时候所发生的一种病症。""马克思只可说是一个社会病理家,不能说是一个社会生理家。"[6] 据此,同激进的土地没收政策相比,孙中山更愿意选择一条温和的道路实现土地国有化:他既强调国民党需要争取农民支持、同农民结盟,也认为要照顾到土地所有者的利益,追求一种双赢

[1] 孙中山:《在东京明报创刊周年庆祝大会的演说》,载《孙中山全集》(第1卷),中华书局1982年版,第327页。

[2] 孙中山:《在广东农民运动讲习所第一届毕业典礼的演说》,载《孙中山全集》(第10卷),中华书局1986年版,第556页。

[3] 孙中山:《在广东农民运动讲习所第一届毕业典礼的演说》,载《孙中山全集》(第10卷),中华书局1986年版,第557~558页。

[4] 孙中山:《三民主义·民生主义·第一讲》,载《孙中山全集》(第9卷),中华书局1986年版,第391~392页。

[5] 孙中山:《三民主义·民生主义·第一讲》,载《孙中山全集》(第9卷),中华书局1986年版。

[6] 孙中山:《三民主义·民生主义·第一讲》,载《孙中山全集》(第9卷),中华书局1986年版。

的解决方式。[1]

那么,孙中山追求的双赢解决方式具体是什么呢?首先,他建议中国采用亨利·乔治原创的单一土地税(single land tax)构想。乔治有这样一段著名论述:

我提议的不是收购私有土地,也不是充公私有土地。前者是不公正的;后者是不必要的。让现在拥有土地的人,倘若他们愿意,仍旧保有他们喜欢称作"他们的土地"的土地……让他们购入和出售或者赠送和遗赠土地。如果我们取得了核仁,可以让他们据有外壳。没有必要充公土地;只有必要充公地租……它就是把地租化作国家的税收。用这个方法,国家不必自称地主也不必承担一点新的职能,就成为全国唯一的地主。[2]

如何国有化地租?这里的关键问题是确定税基——地价。与乔治不同,孙中山提出了自己的见解,主张地价应该由土地所有者自己报告。但他自己也意识到,这样会增加低报的风险。因此,他的第二个建议是:"国家在地契之中,应批明国家当需地时,随时可照地契之价收买。"[3]在他看来,这样地主就会报告真实地价——不会太高,因为那样纳税负担太重;也不会太低,因为担心国家会以该价格买入土地。

孙中山提出的第三个土地国有化措施是"将来增加之地价,应归社会公有"。[4] 这有两方面的考虑:一方面,他认定地价的增值部分不应归因于土地所有者,而应归因于诸如由革命成功带来的城市发展等外部因素。因此,个人享有社会带来的果实是不公平的。另一方面,孙中山相信国有化带来的土地增值能为新生的革命政府提供公共行政和公共服务所急需的资金。[5] 至于如何

---

〔1〕 孙中山:《在广东农民运动讲习所第一届毕业典礼的演说》,载《孙中山全集》(第10卷),中华书局1986年版。

〔2〕 Henry George, *Progress and Poverty* 3, New York, Doubleday, 1912, Book Ⅲ, Chapter Ⅱ.

〔3〕 孙中山:《在南京同盟会会员饯别会的演说》,载《孙中山全集》(第2卷),中华书局1982年版,第321页。

〔4〕 孙中山:《在上海中国社会党的演说》,载《孙中山全集》(第2卷),中华书局1982年版,第522页。

〔5〕 孙中山:《三民主义·民生主义·第二讲》,载《孙中山全集》(第9卷),中华书局1986年版,第390页。

实现增值地价国有化,孙中山建议售卖土地应为国家专有之特权,国家按照原有报价强制收买土地是土地所有者与土地分离的唯一途径。这样即可保证所有增值地价都自动归于公有,确保土地所有者不会获得任何不应获得的额外收入。[1]

值得注意的是,孙中山晚年日趋意识到获得农民支持对中国革命的重要意义,也提出了"耕者有其田"的口号。[2] 由此,他更接近共产主义者。但他的土地国有政策仍然保持不同。[3] 最重要的是,对于孙中山和国民党而言,"耕者有其田"并不要求没收土地。相反,它只是要求将地租在地主和普通农民间重新分配,并给予农民更大的份额。[4] 因此,国民政府时期的土地政策核心在于减租。[5] 正如孙中山所言明的,其政策不是要颠覆原有的土地所有制结构,而仅仅是针对地租和增值部分进行再分配。用他自己的话说,他是要实现"未来的共有化",而不是像共产党那样追求"当下的共有化"。[6]

在这个意义上,尽管共产党和国民党都使用"土地国有化"这一术语,但其构想、目标和措施其实迥异。与社会主义传统要求土地全盘国有不同,孙中山坚持"惟地不必尽归国有,收取其需用之地,斯亦可矣"。[7] 什么是国家的"需用之地"呢?孙中山列举了三种情形。第一种是"若修路道,若辟市场"等公共项目建设。[8] 第二种是更宽泛意义上的地方发展:"公家将来必需用多地,以谋地方之发达,如省会欲谋推广,收地建设,为必有之事。"[9]具体而言,为了实

---

〔1〕 孙中山:《地方自治开始实行法》,载《孙中山选集》(第2卷),广东人民出版社2006年版。

〔2〕 孙中山:《在广东农民运动讲习所第一届毕业典礼的演说》,载《孙中山全集》(第10卷),中华书局1986年版。

〔3〕 徐永煐:《见孙中山先生记》,载《清华周刊》1924年第308期。转引自《近代史资料》,中国社会科学出版社1988年版,第183~184页。

〔4〕 孙中山:《三民主义·民生主义·第三讲》,载《孙中山全集》(第9卷),中华书局1986年版;孙中山:《在广东农民运动讲习所第一届毕业典礼的演说》,载《孙中山全集》(第10卷),中华书局1986年版,第558页。

〔5〕 值得一提的是,国民党许诺无地农民可以耕种国有土地,但国民政府时期,这一政策从未实施。

〔6〕 孙中山:《三民主义·民生主义·第二讲》,载《孙中山全集》(第9卷),中华书局1986年版。

〔7〕 孙中山:《在广州行辕对议员记者的演说》,载《孙中山全集》(第2卷),中华书局1982年版,第370~371页。

〔8〕 孙中山:《在广州报界欢迎会的演说》,载《孙中山全集》(第2卷),中华书局1982年版,第355页。

〔9〕 孙中山:《在广州行辕对议员记者的演说》,载《孙中山全集》(第2卷),中华书局1982年版,第370页。

现这一目标,孙中山区分了法律上(*de jure*)的土地国有化和事实上(*de facto*)的国有化。孙中山提出:为了把上海建设成为“东方纽约”,国家无须一开始就事实上国有化所需全部土地,并支付地价,而是可以首先在法律上宣布把所需土地国有化,此时无须支付补偿。直到国家具有支付补偿的能力并在事实上国有化土地之前,土地原所有者仍然可以使用土地,尽管其因为土地在法律上的国有化而失去了买卖土地的权利。那么,国家如何变得有能力支付事实上国有化的补偿呢?前文已述,国家强制收买私有土地,应按照原有报价给予补偿。这意味着国家起初仅需要强制购买一小部分土地,并发展该地区,等土地的价值增长。然后,通过按照原报价强制购买,国家就能够获得土地增值,再从中拿出一部分去强制购买更多土地。[1] 通过这种方式,国家最终能够国有化该地区所有土地,且不用担心没有支付对价的能力。孙中山设想的第三种土地国有化的情形是国家强制购买土地来抑制土地投机和垄断。在分析了内蒙古和新疆的发展前景后,孙中山在《建国方略》中指出当地的“土地应由国家买收”,而“国家所得土地,应均为农庄,长期贷诸移民”,其目的在于“以防专占投机之家置土地于无用,而遗毒害于社会”。

综上,以孙中山为代表的国民党人提出与社会主义传统非常不同的土地国有化方案。其目标不是通过没收和重新分配或全面建立土地国有制来彻底颠覆土地的私有产权制度,而是要通过诸如地价税、土地增值收归国有和潜在的强制购买等相较更为温和的手段,去缓解私有土地制带来的负面影响。众所周知,这种土地国有化政策从未被共产党所接受。但鲜为人知的是,在一定程度上,国民党的土地征收法律实际上对共产党的土地征收法律产生了影响。下文对此详述。

三、土地征收:起源与变迁

中国共产党最早发布土地征收的专门法规可追溯到1939年4月通过的

[1] 孙中山:《建国方略》,华夏出版社2002年版。

《陕甘宁边区土地条例》和《陕甘宁边区地权条例草案》。尽管使用了不同术语，[1]但它们都规定政府可以有偿征收私有土地，用于道路、军事用地、公共建筑、市政工程和其他公益事业。值得指出的是，抗日民族统一战线建立后，共产党承认南京国民政府是中国的唯一合法政府，并明确表示上述法规是根据南京国民政府颁布的土地法，即 1930 年《中华民国土地法》的基本原则而制定的。[2] 接下来的问题是，《中华民国土地法》中的"征收"概念从何而来？

（一）征收法律概念探源

土地征收作为一个法律概念是在十九世纪晚期初次进入中国。1888 年，官方委托翻译 1804 年《法国民法典》（拿破仑法典），其第 545 条被翻译为"个人财产的强制转移，唯有在对公共利益有巨大利好且个人根据财产价值可获得相应补还的情况下才可进行"。这并非精确的翻译，[3]但这是征收法律概念第一次进入中国，尽管当时使用的是"强制转移"一词。[4] 征收法律的专门术语被引入中文，要等到 20 年后的 1907 年，当时把 1900 年日本《土地收用法》翻译为中文，使用了"收用"一词。[5] 1915 年，北洋政府模仿日本法律，颁布《土地收用法》。这是现代中国历史上的第一部土地征收的专门法律。[6]

1915 年《土地收用法》首次系统规定了土地征收的目的、程序、补偿和争议

---

〔1〕 1939 年《陕甘宁边区土地条例》第 18～19 条使用的是"征收"，1944 年《陕甘宁边区地权条例草案》第 25 条使用的是"征用"。这种变动的原因尚不清楚，但二者表达的是同一个意思。

〔2〕 1939 年《陕甘宁边区地权条例草案》第 1 条规定："本条例根据国民政府颁布之土地法基本原则……制定之。"1939 年《陕甘宁边区土地条例》第 1 条规定："本条例为适应抗战建国之需要，根据国民政府颁布土地法之基本原则，与边区土地改革之实际情形而制定之。"

〔3〕 毕利干：《法国律例》，京师同文馆 1880 年版，"民律"部分。需要指出的是，法语原本的第 545 条为：Nul ne peut être contraint de céder sa propriété, si ce n'est pour cause d'utilité publique, et moyennant une juste et préalable indemnité。英文通常翻译为：No one can be compelled to give up his property, except for the public good, and for a just and previous indemnity. See The Code Napoleon, or, The French Civil Code, London, Thomas Davison, 1824, p. 150。但法语中的"préalable"不应翻译为"previous"（从前），而应为"prior"（事前），即要求征收前补偿。不知有心还是无意，这一点在当时的中文翻译里完全被遗漏了。

〔4〕 王瑞庆：《学术史视野下近代中国土地征收思想的演进》，载《华南农业大学学报》（社会科学版）2011 年第 4 期。

〔5〕 《新译日本法规大全》（第 6 卷），商务印书馆 2008 年版，第 86～109 页。

〔6〕 1913 年，国民政府交通部以日本《土地收用法》为蓝本颁布了《铁路收用土地暂行章程》。这是现代中国历史上第一部有关土地征收的政府规章。见朱家骅编：《土地法规》，浙江省民政厅 1930 年版，第 485～493 页。

解决办法。[1] 其第1条和第25条规定:为了公共利益而设的事业,经中华民国总统核准,政府可以收用土地。具体而言,与1900年日本《土地收用法》一致,1915年《土地收用法》第2条列举的公共利益事业包括国防军备设施,铁路、公路、码头等基础设施建设,教育、学术和慈善事业,官署建筑等。第7条规定的补偿标准为土地之市价和其上建筑及作物的市价。第17、18、21条规定补偿数额可以协商,由发起的政府部门和由本地行政官、绅董代表及建设项目主管单位组成的土地收用评价会来议定。第32条规定:一旦补偿和收用方案确定,收用方便可要求原业主在规定期限内完成土地产权转让,但在此期间亦必须全额支付补偿。根据第33条,若无正当理由未完成支付,则已签订的收用协议无效,业主有权要求收用方赔偿由此带来的损失。如对补偿金额产生争议,根据第19、20条规定,业主可以选择向政府提起行政诉愿;如对收用决定不服,业主可根据第36条直接向法院起诉。第35条规定:在就补偿数额进行的诉愿正式作出决定前,收用方可因工事之必要请求业主移交土地,但如果业主要求,则必须预付原定的补偿金额。

从上述规定观察,1915年《土地收用法》体现了古典自由主义的财产和征收观念,本质上是法律移植的结果。一方面,如前所述,经由翻译1804年拿破仑法典,附补偿的土地征收之法律概念才第一次进入中国,而《法国民法典》相关条文的来源又可追溯到1789年《人权宣言》,其第17条规定:"财产是不可侵犯与神圣的权利,除非合法认定的公共需要对它明白地提出要求,同时基于公正和预先补偿的条件,任何人的财产皆不可受到剥夺。"众所周知,无论是《法国民法典》还是《人权宣言》,都是古典自由主义的经典文本。另一方面,如上所述,现代中国的第一部土地征收专门法典移植于1900年日本的同名法典。事实上,后者也是法律移植的产物。1889年明治宪法第27条规定:"日本公民的财产权不可侵犯。为了公共利益而采取的必要措施由法律规定。"这其实是对1850年普鲁士帝国宪法第9条的模仿,后者规定:"财产不可侵犯。唯有考虑到公共福利,且采用法律规定的手段,并作为回报对其有所补偿时,才能占有或干

---

〔1〕《最新编订民国法律大全》,商务印书馆1924年版,第516~518页。

涉财产。”[1]显然，这种移植只是部分的，因为1889年明治宪法第27条遗漏了对征收补偿的要求。这在当时就被视为一个缺憾。十一年后，1900年日本《土地收用法》最终完成了全面的法律移植，明确要求征收补偿。[2] 在此意义上，现代中国历史上最早的土地征收概念，是对移植自德国法的日本法的再移植，其根基在于欧陆的古典自由主义传统。

基于公共目的，共同体强制取得私有土地并给予补偿，在历史上早已有之。但直到十七世纪，这种实践都缺乏精细的理论阐释。[3] 首次对征收进行理论分析的是荷兰法学家胡果·格劳秀斯（Hugo Grotius）。他不仅是“征收权”（eminent domain）概念的首创者，[4]更重要的，他也首次基于私有财产来源的理论提出征收的正当性原则。在格劳秀斯那里，在所谓“原始状态”（这一概念被后世的社会契约论者演绎为“自然状态”）下，人们只拥有土地使用权，因为土地是上帝赐予全人类的共同财产。[5] 尽管使用常常会导致用完（use up），即最初的使用者事实上能够排除其他人，[6]但这并非专有财产意义上的私有权。在格劳秀斯看来，只有当人类离开了田园诗般的、丰饶富裕的原始状态，作为专有财产的私有权才出现。这是因为面对日益严峻的资源短缺，人们逐渐认识到有必要把之前的共同资源视作私有财产，从而保障所有人都能稳定、和平地享受资源。这最终带来对私有权的正面法律认可。[7] 换言之，私有财产的诞生是为了促进公共利益。在此逻辑下，社会“对公民财产拥有比公民本人更高的权利”。因此，代表社会的国家对私有财产拥有比其所有者本身更高的权利，比如

---

[1] Wilhelm Röhl ed.,“History of Law in Japan Since 1868”, *Brill*, 2005, pp. 207 - 208.

[2] 江义雄：《日本法上公用征收补偿制度之探讨》，载《中正大学法学集刊》1998年第1期。

[3] Susan Reynolds, *Before Eminent Domain: Toward a History of Expropriation of Land for the Common Good*, North Carolina, University of North Carolina Press, 2010, p. 85.

[4] Susan Reynolds, *Before Eminent Domain: Toward a History of Expropriation of Land for the Common Good*, North Carolina, University of North Carolina Press, 2010, p. 95.

[5] Hugo Grotius, *On the Law of War and Peace* (originally published in 1625), London, 1814, Book 1, Chapter 1, Section 10.

[6] Buckle, Hugo Grotius, *On the Law of War and Peace* (originally published in 1625), Cambridge, Cambridge University Press 1, 1814, pp. 13 - 14.

[7] Hugo Grotius, *On the Law of War and Peace* (originally published in 1625), Cambridge, Cambridge University Press 2, 1814.

征收权。[1]

上述对征收权正当性基础的论证也内涵着征收权的限度。格劳秀斯认为国家基于公共利益有权收回私有财产,但必须用公共资金补偿原所有者的损失。[2] 这是因为一方面,公共利益是人们最初进入私有产权制度的唯一原因,故只有当“社会最初的制宪者认为私有财产应为公共利益让路”之时才能征收财产。另一方面,国家也必须补偿那些为了公共利益而拿出自己应得部分的人。[3]

格劳秀斯的理论为后世的欧洲理论家奠定了基础。[4] 其中,英国哲学家约翰 · 洛克(John Locke)最有影响力。1690 年,他提出:市民社会是为了对人们天然具有的财产权利提供保护才产生的。只有服务于公共利益时,政府才能合法地运用人民赋予的权威,没收一个人的财产。[5] 当然,关于什么是公共利益,不同的理论家有不同的解释。比如,格劳秀斯使用的术语是“公共利益”(public good),瑞士哲学家瓦特尔(Emer de Vattel)使用“公共安全”(public safety),德国法学家普芬道夫(Samuel Pufendorf)使用“国家必需”(public necessity),而荷兰理论家宾刻舒克(Cornelius van Bynkershoek)则采用“公共效用”(public utility)。不难想见,这些术语的含义并不统一,也不够清晰,在不同的情况下指代不同的事。[6] 但理论家们都赞同征收必须出于某种公共目的。至于为何需要给予补偿,各家观点也有分歧。其中有两种看法最具代表性。普芬道夫认为,“自然平等”(natural equality)要求每个人对公共利益承担相同的责任,任何

---

〔1〕 Hugo Grotius, *The Introduction to Dutch Jurisprudence* (originally published in 1631), Cambridge, Cambridge University Press, 1845, pp. 72 – 74.

〔2〕 Hugo Grotius, *On the Law of War and Peace* (originally published in 1625), Cambridge, Cambridge University Press 3, 1814.

〔3〕 Hugo Grotius, *On the Law of War and Peace* (originally published in 1625), Cambridge, Cambridge University Press, 1814.

〔4〕 William D. Mcnulty, “Eminent Domain in Continental Europe”, *Yale Law Journal*, 1912, p. 555.

〔5〕 John Locke, *Second Treatise of Government* (originally published in 1690), Indianapolis, Hackett Publishing Company, 1980.

〔6〕 William B. Stoebuck, “A General Eory of Eminent Domain”, *Washington Law Review*, 1972, p. 586.

超出应该承受范围的部分都应获得补偿。[1] 孟德斯鸠(Montesquieu)则认为:原则上,个人不应为了服务公共利益而牺牲个人财产,因为公共利益等于每个人都拥有自己的财产。如果必须进行征收,个人应被视作“社群整体”(as the whole community)并获得赔偿,因为“此时公众就相当于个人,正在与另一个个人做交易”。[2]

尽管有这样或那样的分歧,上述欧洲理论家在财产权和征收权问题上统合于古典自由主义,理由有三。首先,他们最关心的是对个人私有财产的保护,因为这既是人类进入市民社会的标志,也是政府和法律之正当性理据。其次,他们奉行个人主义和绝对主义的私有财产概念。举例而言,如前所述,孟德斯鸠主张将私有财产的个人所有者视作与整个社群同等,因为公共利益就是私人利益的总和,集合起来的整体并不比个人拥有优先权。对此,英国法学家布莱克斯通(William Blackstone)也有类似的表达,他认为在征收时,“公众应被视作一个个体,和另一个个体进行交易”。[3] 与此同时,私有财产被视作是绝对的(absolute)。这并不是指在任何情况下私有财产都不可侵犯,而是指私有财产并不负有任何先定的积极义务。私有财产免于来自外部尤其是国家的干预,被视为一种默认状态(default position),任何形式的外来干预都必须自证正当。最后,基于前两点理由,国家征收土地是各种严格限制条件下的一种例外。比如宾刻舒克就坚持认为公共效用是能够发起征收的唯一前提。[4] 格劳秀斯认为国家绝不能免于补偿义务,只要可能,任何时候都必须履行这种义务。[5]

这种古典自由主义的思潮主宰了十八九世纪欧洲的私有财产和征收权力的观念。1789 年《人权宣言》、1804 年《法国民法典》和 1850 年《普鲁士宪法》

---

〔1〕 Samuel Pufendorf, *De Jure Naturae et Gentium* (originally published in 1672), London, H. Milford, 1934, p. 584. See also Pufendorf, *De Offcio Hominis et Civis*, Tit. II, Chapter XV, Section 4, cited in Mcnulty, “Eminent Domain in Continental Europe”, p. 560.

〔2〕 Montesquieu, *The Spirit of Laws* (originally published in 1748), London, G. Bell & Sons, 1912.

〔3〕 William Blackstone, *Commentaries on the Laws of England in Four Books* (originally published in 1753), Philadelphia, J. B. Lippincott Co., 1893.

〔4〕 Cornelius Van Bynkershoek, *Questions of Public Law* (originally published in 1737), Oxford, Clarendon, 1930.

〔5〕 Hugo Grotius, *On the Law of War and Peace* (originally published in 1625), Cambridge, Cambridge University Press London, 1814.

是体现这种思潮的最有影响力的三个文本。如上所言,它们均以某种方式影响了二十世纪早期中国的土地征收观念和法律规定,前面分析过的1915年《土地收用法》就是典型例证。然而,不久之后,国民政府的征收立法就颠覆了这一传统。

(二)征地法律概念的变迁

如前所述,根据孙中山的土地国有化政策,为了建设公共事业、促进地方发展和打破土地垄断,国家可以按原有定价强制收购土地。1924年通过的《中国国民党第一次全国代表大会宣言》承诺,国民党的土地政策将体现于包括《土地征收法》在内的一系列土地法律。到1928年北伐战争结束时,要求占用私有土地建设基础设施的呼声日渐高涨,国民政府感到有必要进行土地征收立法。[1]国民政府法制局随即按照1915年北洋政府颁布的《土地收用法》准备了初稿,也沿袭了标题。然而,当提交到国民党中央请求批准时,这份初稿被系统性修改,导致1928年7月颁布的终稿背离了1915年的模版。具体变化如下:

第一,标题由"土地收用法"改为"土地征收法",以与1924年国民党一大宣言使用的术语保持一致。[2] 从此以后,"收用"一词退出历史舞台,征收成为两岸沿用至今的法律术语。第二,与1915年《土地收用法》相似,草案规定中华民国总统批准土地征收。但随着全国范围内要求国家征收私有土地以促进地方发展的呼声日益高涨,这样的规定变得不再实际。因此,法案终稿第8条规定内务部和省级政府均可批准土地征收。第三,关于土地征收的目的,除1915年法律已经列出的一系列公共利益事业外,1928年通过的法律增加了一项——"调剂土地之分配以发展农业和改良农民之生活状况"(第1条)。根据立法记录,这样扩充是为了确保法律所规定的征收土地目的同国民党的土地政策相一致。[3] 第四,1928年的法律调整了原有的补偿标准,从1915年法律规定的按土地市场价格变为国民党土地政策中的按原有报价补偿(第30条),同时还规定补偿主要以现金支付,除非征收目的是为了重新分配土地或城乡发展,那么可用政府债券支付一部分,限度为不超过补偿总额的1/3(第37条)。很容易理

[1] 涂义光:《土地征收之比较研究》,台北,成文出版社1981年版,第98页。
[2] 朱青骥:《对于土地收用法之意见》,载《银行周报》1928年第6期。
[3] 朱青骥:《对于土地收用法之意见》,载《银行周报》1928年第6期。

解,这样的补偿标准和补偿方式变化都是为了增强政府偿付能力。第五,1928年法律保留了被征收人可以提起行政请愿和提起诉讼的权利,但主要只能通过两种方式进行:其一,被征收人必须向特定机构提起诉讼(第44~45条);其二,土地征收不因诉愿或诉讼程序而中止(第46条)。

整体上,1915年到1928年土地征收立法的变化体现了土地征收权扩张和限制减少的趋势。究其原因,这里固然有国民党土地政策的影响,但我们不应当将此简单归结为“党大于法”的实例。事实上,从二十世纪初开始,一种不同于古典自由主义传统的、新的财产理论在欧洲兴起,并很快传入中国,同国民党土地国有政策一起,重塑了国民政府征收立法的基本面貌,对后世产生了深远影响。这种新理论就是财产权社会化理论。

1912年,法国法学家狄骥(Léon Duguit)发表著名论断——“财产不是权利,而是社会职能(social function)”,标志着西方世界财产权观念的重大改变。[1] 他从两个层面批评古典自由主义的财产观念。[2] 首先,他批评这种观念是形而上学的,因为私有财产是一种自然权利的结论无法通过观察世界获知,缺乏经验支撑。[3] 作为实证主义大师孔德(*Auguste Comte*)的信徒,狄骥认为这与科学的实证主义方法不符,是对已经从形而上学阶段迈入实证阶段的现代社会的一种败坏。[4] 其次,狄骥认为古典自由主义立场太过个人主义

---

〔1〕 Léon Duguit, *Les transformations générales du droit privé depuis le Code Napoléon*, Paris, F. Alcan, 1920, cited in M. C. Mirow, “The Social-Obligation Norm of Property: Duguit, Hayem, and Others”, Florida, *Florida Journal of International Law*, 2010.

〔2〕 需要指出的是,狄骥强调他批评的对象是“资本主义财产”(propriété capitaliste)而非消费品(objets de consummation)。他并不认为消费品的私有权在向“社会主义方向发展”(evolving in the socialist direction)。See Duguit, *Les transformations générales du droit privé depuis le Code Napoléon*, pp. 149 – 150.

〔3〕 Sheila Foster and Daniel Bonilla, “The Social Function of Property: A Comparative Law Perspective”, *Fordham Law Review* 80, 2011. 原文可见 Léon Duguit, *Les transformations générales du droit privé depuis le Code Napoléon*, Paris, F. Alcan, 1920, p. 17。

〔4〕 Léon Duguit, *Les transformations générales du droit privé depuis le Code Napoléon*, Paris, F. Alcan, 1920, pp. 17 – 18. See also Martin Loughlin, *Public Law and Political Thought*, Oxford, Oxford University Press, 1992, pp. 107 – 111.

(individualistic),因其假定个人能够各自独立存在。[1] 他认为这完全背离了社会现实(social reality)——个人从来不能完全完全独立存在。相反,人在本质上是一种社会动物,只能并且一直生活在社会中。[2] 社会现实的核心特征是人的相互依存,而非相互独立。[3] 在这里,狄骥深受其同事兼朋友——法国社会学家涂尔干(Emile Durkheim)的影响,后者因把社会联结(social solidarity)作为人类社会的核心本质而闻名。[4] 在狄骥看来,社会联结或者人类的相互依存是一种社会的"客观规律"(*droit objectif*)或"规范法则"(*la règle de droit*),它既是描述性的也是规范性的,应该指导和控制全体社会成员。[5]

由此,狄骥眼中的个人—国家关系和私有财产的本质与目的,就与古典自由主义理论产生了根本性分歧。狄骥认为,受到社会团结这一客观规律的限制,个人绝非独立地拥有自然权利和自由——自然权利和自由从来不是目的,而只是社会手段。作为"巨大的社会机器上的一个小小齿轮",每个个体对于社会运转而言都有其独特的存在价值。[6] 而只有当他们的需要与社会需要相一致时,个人的需求才能透过法律实现,他们也只能在这个意义上使用自己的私有财产。[7] 因此,狄骥宣称"财产不是拥有者的主观权利,它是财富掌控者的社会职能"。[8] 与此相应,国家存在的理由不是像古典自由主义理论家说的那

[1] Léon Duguit, *Les transformations générales du droit privé depuis le Code Napoléon*, Paris, F. Alcan,1920,p. 16.

[2] Léon Duguit, *Les transformations générales du droit privé depuis le Code Napoléon*, Paris, F. Alcan,1920,p. 18.

[3] Sheila Foster and Daniel Bonilla, "The Social Function of Property: A Comparative Law Perspective", *Fordham Law Review* 80,2011,p. 105.

[4] Emile Durkheim, *De la division du travail social* (originally published in 1893), Paris, F. Alcan, 1922, cited in Julius Stone, *Human Law and Human Justice*, Stanford, Stanford University Press, 1965, p. 161.

[5] Julius Stone, *Human Law and Human Justice*, Stanford, Stanford University Press, 1965, pp. 162 - 163.

[6] Léon Duguit, *Les transformations générales du droit privé depuis le Code Napoléon*, Paris, F. Alcan,1920,p. 157.

[7] Léon Duguit, *Les transformations générales du droit privé depuis le Code Napoléon*, Paris, F. Alcan,1920,p. 166.

[8] Léon Duguit, *Les transformations générales du droit privé depuis le Code Napoléon*, Paris, F. Alcan,1920,p. 158.

样是为了保护个人的自然权利。相反，它最重要的责任是维护更长久的社会团结。[1] 国家保护私有财产仅仅是为了实现私有财产的社会职能，继而增强社会团结。当相反的情况出现，即私有财产侵害社会团结，国家就可以禁止或限制私有财产，[2] 从法律上强制要求私人所有者用自己的财产满足公共需要。[3]

那么，私有财产的社会职能到底包括什么？除了认为能够强迫财产所有者上交财产避免浪费或囤积外，狄骥没有作出更多解释。[4] 然而，他的财产权社会化理论确实为二十世纪二十年代后期的国民党立法者提供了智识资源，使之得以放宽古典自由主义价值引导下的1915年《土地收用法》对征收权力的严格限制。诚然，狄骥1912年的上述著作是在1935年被完整译介至中国，这是在1928年《土地征收法》颁布八年之后。[5] 但在二十世纪十年代晚期到二十世纪二十年代中期，他的财产权社会化理论就已经为中国学界所知悉和引用。[6] 其中最有代表性的当属王世杰，他于1920年在巴黎大学取得法学博士学位。1923年，他写道："晚近以来列国法律对于财产权之规定，节节与夙昔异其态度，新进的法学巨子，遂从此种新近法律的基础上，建筑一个关于财产权本性之新解释。"他介绍给中国学界的"新解释"正是狄骥提出的所有权社会化理论，并详细阐述法国、美国和德国等国家都已在其法律中体现了这一社会化财产的新趋势。[7] 四年后的1927年，王世杰被任命为国民政府法制局局长，负责起草

---

〔1〕 Léon Duguit, "Law in the Modern State", *American Journal of Sociology*, 1970, cited in J. W. F. Allison, *A Continental Distinction in the Common Law: A Historical and Comparative Perspective on English Public Law*, Oxford, Oxford University Press, 2000, p. 62.

〔2〕 Léon Duguit, *Les transformations générales du droit privé depuis le Code Napoléon*, Paris, F. Alcan, 1920, p. 151.

〔3〕 Léon Duguit, *Les transformations générales du droit privé depuis le Code Napoléon*, Paris, F. Alcan, 1920, pp. 165 – 166.

〔4〕 Léon Duguit, *Les transformations générales du droit privé depuis le Code Napoléon*, Paris, F. Alcan, 1920, pp. 153 – 163.

〔5〕 [法]狄骥：《拿破仑法典以来私法的普通变迁》，徐砥平译，中国政法大学出版社2003年版。

〔6〕 张嘉禾：《所有权思想之变迁》，载《太平洋杂志》1918年第3期；许藻镕：《私权之物质化》，载《法学会杂志》1921年第7期；王世杰：《财产权性质之新义》，载《社会科学季刊》1923年第1期；陈霆锐：《自由权契约权财产权新论》，载《法学季刊》1923年第4～5期；张志让：《十九世纪中世界法律上新旧两大主义之嬗替》，载《法律周刊》1924年第35期；张志让：《法儒杜基之法律哲学》，载《法律周刊》1924年第44期；燕树棠：《财产观念之变迁》，载《社会科学季刊》1925年第3期。

〔7〕 王世杰：《财产权性质之新义》，载《社会科学季刊》1923年第1期。

1928年《土地征收法》。由于没有任何相关的档案资料,我们很难精确判定他个人对此次征收立法产生了何种影响。但显而易见的是,将国民党土地国有政策法律化的1928年《土地征收法》,与财产权社会化理论在很大程度上保持了一致。一方面,与马克思主义传统不同,两者都不要求全盘没收和重新分配土地。前面提到,孙中山相信合作而非对抗才是历史发展的主要推动力,这一观点也为狄骥、涂尔干所认同。另一方面,作为西方法学思想的新趋向,财产权社会化理论也适时地为国民政府通过立法扩大土地征收范围提供了支持依据。

1928年12月,胡汉民在《国民政府立法院开会辞》中指出:"总理又说:'个人无自由,唯团体才有自由。'个人要把他的自由纳在团体之中,而求团体之自由,斯为保持自由的力量与维持秩序的力量于平衡发展的最适当的途径……总理的主张,认定个人是没有所谓离乎社会的自由和权利的。所谓天赋的人权……是总理生平所认为不合历史的事实和社会的实际条件之一种空论。人如果是一个自然人,在社会没有责任,在人群间没有相互的义务,那便在法律上没有地位……民与民权,都是因社会的生活,民族的生存与国家的存在而确立的。这些要义,总和起来,便是三民主义的立法观念……欧美向来的立法是个人的;而我们现在三民主义的立法乃是社会的。"[1]由是观之,国民政府用财产权社会化理论取代古典自由主义理论作为1928年《土地征收法》的理论基础绝非偶然。

1930年的《中华民国土地法》有关土地征收的规定,基本延续了1928年《土地征收法》。前文已经提及,二十世纪三十年代末共产党最早的土地征收立法之依据为1930年国民政府土地法的基本原则。那么,这是否意味着共产党也接受了财产权社会化理论呢?从前述讨论看来,答案应该是否定的。毕竟,该理论并未要求彻底消除私有制。共产党当时之所以宣布愿意依循1930年《中华民国土地法》,主要还是基于巩固抗日民族统一战线的考虑,而非对所有权社会化理论的服膺。

〔1〕 胡汉民:《国民政府立法院开会辞》,民智书局1929年版,第1~12页。

四、小结:多元的传统,共同的遗产

本文介绍和讨论了十九世纪末二十世纪初,在中国出现或产生影响的多种有关征地权力的理论。首先,北洋政府通过的中国近代史上第一部土地征收专门立法是西方法律移植的结果,其思想根基在于古典自由主义传统,关注的核心在于对个人私有财产权的保护和对国家征地权力的严格限制。其次,中国共产党所践行的马克思主义传统则指向土地国有化,并把无偿的土地没收当作推翻封建和资本主义制度的革命手段。最后,以孙中山为代表的国民党借助乔治和狄骥等西方思想家的智识资源,主张用诸如征收地价税和强制购买等更温和的方式,在不颠覆私有产权制度的情况下减轻土地私有制的负面影响。

显然,国共两党的征地权力理论之间存在重大差异。第一,对共产党和国民党而言,“土地国有”内涵非常不同,以至于统一战线一旦崩溃,国共两党都拒绝承认对方土地政策的正当性。第二,就土地国有化和土地征收之间的关系,两党有着非常不同的界定。对国民党来说,附补偿的土地征收是其实现土地国有化的一种方式。相反,共产党则把没收和征收视作两种类型的权力,前者才指向国有化。

但在这种多元传统背后,存在更深层次的共同遗产——国共两党关于财产权和征地权力的理论想象,都站在古典自由主义传统的对立面。最重要的,对于私有财产是个人享有的自然权利且国家的最终目标就是保护这一权利的看法,马克思主义传统和财产权社会化理论都坚决反对。它们都认为,财产私有,特别是土地私有,如果不完全废除,也至少应该被限制和削弱。在这种情况下,国家征地不再如古典自由主义理论所认为的那样,被视为一种为了特别的公共事业建设等而采取的例外性的行动。恰恰相反,为了实现社会目的(不管是马列主义的还是所有权社会化的),征地权力被视为一种可以而且应当被常态化使用的工具,以实现更为宏大的计划,比如实现土地国有或促进地方发展。因此,征地不再是一个理应受到严格限制的例外,而是一个需要支持和维护的原则。这就是本文试图揭示的现代中国征地权力的理论基础。

财产的历史形态及其演进动力*

——读《财产故事》

陈贤凯**

一

财产是什么？这是一个既古老又历久弥新的问题。它是古老的：自古至今，关于财产本质的论著汗牛充栋，对该问题的讨论从来都是哲学、神学、法律话语的一个特征。[1] 其重要性不言而喻：财产权作为一个社会的基础性制度，构成了人类相互交往的基本游戏规则；[2] 它的存在形式决定着各个社会的性格，也是划分不同时代、不同社会形态的基础。[3] 因此，财产的本质始终被广泛地认为是社会与道德生活中的中心论题。[4] 另外，它也是历久弥新的。“财产是什么”并非仅是那些最具历史兴趣和哲学思辨精神的人们才关心的话题，相反，对它的思考，恰是回答当下许多亟待解决的问题所不可回避的。在科技、经济、社会日新月异、高速发展的今天，新的权利要求喷涌而出。人造生物、基因

---

* 本文受中央高校基本科研业务费专项资金资助（17JNQN019）。

** 陈贤凯，暨南大学法学院/知识产权学院讲师，法学博士。

〔1〕 参见［英］彼得·甘西：《反思财产——从古代到革命时代》，陈高华译，北京大学出版社2011年版，第1页。

〔2〕 参见［美］保罗·海恩等：《经济学的思维方式》（第13版），史晨译，机械工业出版社2015年版，第9～10页。

〔3〕 参见［日］加藤雅信：《“所有权”的诞生》，郑芙蓉译，法律出版社2012年版，“前言”第3～4页。

〔4〕 参见［英］彼得·甘西：《反思财产——从古代到革命时代》，陈高华译，北京大学出版社2011年版，第2页。

序列、商业模式、信息数据、人格符号、网络虚拟物品、游戏直播画面等能否成为财产权的客体？如果能，它们属于谁？这些财产权利在法律上应当如何构建？为了回答这些问题，"人们必须发展出一套关于'财产是什么'的观念，以及一套区分什么是财产、什么不是财产的方法，至少是一套默会的方法。反过来，为了做到这一点，人们需要一些关于'财产的本质'的观念（同样地，至少是默会的观念）：财产如何产生？它服务于何种目的？它的外部边界是什么？"〔1〕这些问题在困扰了人类心智两千多年之后，依然没有消逝。

班纳（Stuart Banner）的《财产故事》同样致力于回答上述问题。与同一主题的其他作品不同的是，本书关注的并非关于财产本质的哲学争论，其重点不在于考察关于财产起源、其取得和持有的合法性依据等终极问题的形而上的哲学论证，以及这些学说的源流与承继。它的志趣也不在于从经济学角度论述不同形态的财产权内部的契约结构，其所具有的功能及其经济合理性。作为一本由法学教授创作的著作，它又不拘泥于对不同时期法律文本的剖析和对经典判例的品评，更不局限于对各种财产法理论学说的细枝末节的介绍、对比与评说。相反，本书的主要贡献在于实现了对上述主题的历史化叙事（historicise）。〔2〕如果说对财产的哲学、经济和法律分析是拿着不同视角的显微镜细致观察财产权的机理，那么班纳的著作则试图从中抽离，站到高处，"放宽视界"，对过去两个世纪美国财产观念与制度的发展与演进做一个全景敞视式（panoramic）的观察。〔3〕

这样的尝试无疑是有益的。法律条文的具体规定，判决书的主流意见，对财产（权）的哲学论说与法律理论，无不是特定时代社会、经济、政治现实的产物。历史化的叙事还原了制度与观念发生的场景，使我们能够回到这些文本与器物得以产生的"现实"环境，从而对它们诞生与演化的缘由产生同情之理解。对财产演进的这种观察方式是有机的、综合的。它将法律文本、司法实践、经济

---

〔1〕［美］斯图尔特·班纳：《财产故事》，陈贤凯、许可译，中国政法大学出版社2017年版，第2页。

〔2〕 See Tom Cutterham, "Book Review of American Property: A History of How, Why, and What We Own", *Reviews in History*, available at http://www.history.ac.uk/reviews/review/1189, accessed May 14, 2018.

〔3〕 See Laura S. Underkuffler, "Book Review: American Property", *Journal of Legal Education* 61, 2012, p. 504.

环境、政治氛围、社会观念、技术条件、理论学说等组成元素,放置到一幅完整图画中的恰当位置,使我们更易于理解这些拼图板块之间的相互关系,以及它们在整幅社会图景和时间长卷中的地位与作用。它将散落于国会档案、裁判文书、新闻报道、期刊杂志、学术专著中的零散信息进行重新编排,让文献相互对话,将这些丰富的信息编码化、序列化、故事化,让枯燥的文字记录重新获得生命,使我们仿佛看到那个时代形形色色的人们为各自利益而相互争辩的生动画面。通过将理论学说放回产生它们的社会土壤中,也使理论的"骨架"获得了现实的"血肉",将原本晦涩的命题,还原成易于理解的、回应现实需求的主张。正如哈里斯教授(Douglas C. Harris)指出的:"班纳的分析恰是一个绝佳例证,证明了他擅长游走于法律理论、关于财产的更广泛的思想以及社会与制度背景之间,以解释人们拥有财产方式的转变的能力。"〔1〕

这种历史化的处理也决定了这部著作必须覆盖不同学科的主题。本书的话题无疑是历史的、经济的、商业的、技术的,也是法律的。在法律的内部,它又涉及法理(权利束理论、自然法与实证法之争)、宪法(征收条款与正当程序条款)、民法(不动产物权、肖像权、身体权)、知识产权法(新闻与音乐著作权、公开权、微生物与基因专利权、植物品种权)、经济法(电信管理)、行政法(城市规划、政府供给)、环境法(污染权)等多个领域。因此,它应该能够引起不同学科同仁的兴趣:学科的划分使我们采用不同的视角和分析方法观察社会,但也不可避免地造成相互之间的割裂与隔阂;然而,现实是有机的,班纳揭示了在财产这个大主题下,各个领域之间如何有趣地发生着联系。米姆教授(Stephen Mihm)评价道:"《财产故事》是学术综合的模范之作。"〔2〕哈里斯教授则预测:"班纳的作品不仅将引起美国法律史学家们的共鸣,也将引起那些对财产观念变迁及法律与技术和社会变革之间的相互关系感兴趣的人们的共鸣。"〔3〕韦斯特教授(Victoria Saker Woeste)称赞说:"本书是一部雄心勃勃的综述,描绘了大

---

〔1〕 Douglas C. Harris, "Book Review of American Property: A History of How, Why, and What We Own", *Osgoode Hall Law Journal* 50, 2012, p. 468.

〔2〕 Stephen Mihm, "Book Review of American Property: A History of How, Why, and What We Own", *The Journal of American History* 99, 2012, p. 561.

〔3〕 Douglas C. Harris, "Book Review of American Property: A History of How, Why, and What We Own", *Osgoode Hall Law Journal* 50, 2012, p. 469.

量事物与概念如何在十九世纪到二十世纪之间获得了所有权的法律属性,这是一个内在地与美国商业和经济发展史紧密相连的故事。"[1]这些评论无疑是中肯的。

二

本书的主要内容是展示美国人回答什么是财产、它如何产生、服务于何种目的、其外部边界在何处等一系列问题的方式如何随着时代的变迁而变化。班纳采取两条考察进路,一是"仔细观察新财产形式因应技术和文化变革而出现的历史过程";二是考察人们关于政府对财产进行规制的合理界限的观念如何因时而变——毕竟,财产权的边界与强度,在它与公权力的"对抗"过程中能够得到最集中的展现。[2] 本书由十四个相对独立的主题组成,其中将近一半的内容讨论以土地和房产为代表的有体财产权,其余部分讨论以知识产权为典型(但不限于此)的无体财产权。书中的一些章节侧重从第一条进路展开叙述,另一些章节则侧重于第二条,但这种区分不是绝对的,尽管侧重点不同,两种进路的分析可能共同渗透于同一个主题。

第一章"消逝的财产"着重于第一条进路的考察,但与其说它"仔细观察"了"新财产形式因应技术和文化变革而出现的历史",不如说它描述了旧财产形式如何因应文化变革而消亡的历史。本章描述从殖民时期到十九世纪中叶,原本继承自英国的各项封建土地财产权如何因美国实际的经济境况及流行的民主共和政治文化而逐步式微的过程。旧财产的消亡为建立"一套独特且独立的美国财产法体系"[3]铺平了道路。第二章"知识产权的兴起"描述了大致同一时期专利、著作权、商标与商誉以及商业秘密这几类典型的知识产权兴起的过程,展示了专利与著作权保护强度的日渐增强以及商标、商誉和商业秘密从原

---

〔1〕 Victoria S. Woeste,"Book Review of American Property:A History of How,Why,and What We Own",*The Business History Review* 86,2012,p. 362.

〔2〕 [美]斯图尔特·班纳:《财产故事》,陈贤凯、许可译,中国政法大学出版社 2017 年版,第 3 页。

〔3〕 [美]斯图尔特·班纳:《财产故事》,陈贤凯、许可译,中国政法大学出版社 2017 年版,第 30 页。

本旨在维护某种竞争秩序的法律制度逐步演化成“绝对财产权”的过程。第四章“新闻的财产权”、第六章“声音的财产权”、第七章“名气的财产权”以及第十二章“生命的财产权”的部分内容都是谈论知识产权项下的一个具体问题。它们描述了新技术变革对新闻、音乐、广告(或更广泛的娱乐业)与动植物培育和生物科技产业所带来的冲击,以及相应的新型财产权的诞生及这一过程中利益相关方的激烈博弈。第十四章“财产权的终结”的大部分内容也是知识产权的,它先使我们相信,在互联网的冲击下,著作权制度似乎变得岌岌可危,但后续的发展又并不如人们所预料的那样,财产权非但没有在计算机和网络技术的冲击下土崩瓦解,相反,一系列立法和判例表明,著作权的保护范围和强度很可能达到了史无前例的水平。“在数字时代,财产权最终在某些方面变得更强了,而在某些方面则有所减弱。但网络共产主义却从未到来。”〔1〕

因技术变革带来的新无体财产形式并非局限于知识产权,另一种因技术变革诞生的无体财产权是对广播频段的财产权利。第十章“波段的财产权”讲述了这一权利的成长故事。无线电技术的成熟使商业电台逐渐兴起,然而波段是一种稀缺资源,鉴于其潜在的商业价值,人们很快就提出了对电磁频谱的财产权主张。尽管如此,建立波段财产权的过程并不顺利,将电波视为“最重要的、几乎未被触及的国家自然资源”的观念以及对“广播有被少数大公司统治的危险”的担忧,使立法上一直拒绝将无线电频谱作为一种财产类型。〔2〕不过,电波频道的财产地位在法律上得不到承认这一事实,并不阻碍人们通过一套“事实上的财产权制度”来调整其分配和市场交易。

技术变革不是新财产类型产生的唯一动力,经济境况和政治氛围的变化也将推进财产制度的创新与演化。古今中外,一个安定的居所始终都是人们生存的基本需求——毕竟,“安居”方能“乐业”。随着人口的稳步增长和贫富分化的日益加剧,美国的中低收入人群越来越难以负担其生活所必需的住房。底层人民和工人阶级只能住进提供膳食的寄宿公寓(boarding house)或者不提供膳

〔1〕 [美]斯图尔特 · 班纳:《财产故事》,陈贤凯、许可译,中国政法大学出版社 2017 年版,第 442 页。

〔2〕 [美]斯图尔特 · 班纳:《财产故事》,陈贤凯、许可译,中国政法大学出版社 2017 年版,第 320 页。

食的宿舍(lodging house),或者人口密度极高、管理混乱、生活条件极其恶劣的租屋(tenement house),“像寄居蟹一样居住在其他生物的壳里”[1]。而中产阶级同样面临着住房的压力,公寓大楼(apartment building)的出现提供了一种解决方案。与租屋一样,公寓大楼也是一种出租屋,区别在于后者代表了一种相对舒适、时髦和体面的生活方式。此外,中产阶级们还探索着通过合作制住宅(cooperative)和共有公寓(condominium)等新的财产组织形式来实现安居梦想。第八章“从租屋到共有公寓”讲述了人们因应住房压力而寻求房产制度变革的过程。第十一章“新财产”描述了在政府福利越来越成为人们主要收入来源的经济背景下,政府供给越来越被视为一种“新财产”的过程。这一发展的“主要原因是政治的:希望帮助穷人对抗冷酷无情又易于犯错的官僚机构”。[2]

余下的章节则侧重从第二条进路考察美国人财产观念的变化。第三章“权利束”集中讨论了“权利束”理论对征收条款的影响。如果将财产理解为权利人所控制的物,那么只要政府规制没有实际征收财产权人的财产(如土地),政府就不需要为权利人的财产损失提供任何公正补偿。这样的理解有其正当性基础,但它也带来一些非常不合理的结果。例如,政府的某些决策导致水流淹没财产权人的土地,从字面意义上看,政府确实没有“取走”土地,但对于土地所有者而言,这块土地已变得一文不值。如果将财产理解成所有者对土地所享有的一束权利,而非土地本身,那么政府的决策显然剥夺了所有者对土地的收益、使用等重要权能,因此构成必须给予公正补偿的征收行为。由此看来,权利束观念流行的最初原因,是为了加强财产权保护,以对抗公权力的恣意侵入。第五章“是人,而非物”指出了人们对财产态度的转变。当人们把财产视为自然法上的权利时,财产倾向于被认为是神圣不可侵犯的;当人们越来越将财产视为制定法的创造物时,人们便越容易接受政府出于公共目的而对它作出的规制:“社会所给予的,社会也能取走”[3]。当人们将财产视为人与人之间的关系时,那

---

〔1〕 [美]斯图尔特·班纳:《财产故事》,陈贤凯、许可译,中国政法大学出版社 2017 年版,第 252 页。

〔2〕 [美]斯图尔特·班纳:《财产故事》,陈贤凯、许可译,中国政法大学出版社 2017 年版,第 445 页。

〔3〕 [美]斯图尔特·班纳:《财产故事》,陈贤凯、许可译,中国政法大学出版社 2017 年版,第 151 页。

么“财产所有者对他人行使的权力与政府官员行使的权力并无二致;在这两种情形中,法律都授予个人强制他人为或不为特定行为的权力。因此,所有者攫取的收入并不比政府官员的工资更神圣。它们都不具有值得宪法保护的自然价值。”[1] 在规制国家兴起的时代,对财产的这一重新定义“为人们接受对财产使用和价值施以更多的规制性限制铺平了道路。”[2]

第九章“土地法”描述了城市规划如何从一个零敲碎打式的、事后调节的制度逐渐发展成一个综合性的、事前规划的分区制(zoning)的过程。除分区制的限制外,房屋的建设及用途也越来越受到私人间的限制规约(restrictive covenants)及政府对房东所课加的法律责任的限制。随着城市的发展与人口的日益密集,土地和房屋的财产权人受到越来越多的限制,但为了更美好的生活秩序,他们似乎非常乐意以这些限制来换取对邻人的相同制约。如前所述,第十一章“新财产”讲述了“新财产”观念的兴起,并探讨了当政府福利日益被视为公民享有的一项财产权时,政府在停止供给时所应遵循的正当程序。第十三章“财产的复兴”描述了二十世纪末财产权保护的复兴:人们将财产观念运用于治理污染;里根政府积极推动对私有财产权的保护,对政府征收、征用行为施加更多监管和成本;最高法院在一系列案件中表现出维护财产所有人免受政府城市改造计划侵害的倾向,以及各州限制政府征收权力的相关立法。这一进路的考察,实际上关涉的都是政府的“有效治理与财产保护之间的紧张关系”,而这恰恰也是“美国宪法的核心问题之一”。[3]

这些相对独立但又彼此关联的故事从不同角度共同呼应着作者提出的中心命题:“我们关于财产的观念总是充满争议的,并且总是处于流变之中的。财产权作为一项人类制度,是为了服务广泛的目的而存在的。这些目的因时而变,而随着它们的改变,关于‘财产实际上是什么’的一般观点也将随之变化。随着围绕于特定目标的新联盟的形成,它们推动着对财产的一般理解朝这个或

---

〔1〕 [美]斯图尔特 · 班纳:《财产故事》,陈贤凯、许可译,中国政法大学出版社 2017 年版,第 159 页。

〔2〕 [美]斯图尔特 · 班纳:《财产故事》,陈贤凯、许可译,中国政法大学出版社 2017 年版,第 161 页。

〔3〕 [美]斯图尔特 · 班纳:《财产故事》,陈贤凯、许可译,中国政法大学出版社 2017 年版,第 72 页。

那个方向发展。”[1]

三

《财产故事》从经验层面为我们展示了形塑财产的各种力量及其相互之间的复杂关系。新制度经济学认为,财产权的分配功能主要在于实现有益或有害效果的内部化,“当内部化的收益大于内部化的成本时,财产权就会发展起来,以实现外部效应的内部化”。[2] 换言之,当因某些变量导致一些新的、显著的收益出现,而旧有的财产权又未能对之加以界定,从而使这些收益游离于“外部”时,人们就有了将这些收益“内部化”——清楚界定这些收益应当属于谁——的动力。与之相应,内部化成本的降低也将激发内部化的行动。本书向我们生动展示了技术变革、经济境况、政治氛围、理论学说、社会观念、制度框架的变化如何对内部化的收益和成本产生影响,进而形塑着财产权的形态。

财产权制度变迁的重要力量之一,无疑是技术变革。新闻的财产权源于电报技术与报业网络(通讯社)的兴起,声音财产权的变迁取决于录音技术的诞生与迭代,名气的财产权源自照相机对机器两端主体利益关系的改变,波段的财产权来自无线电技术的革新与成熟,生命的财产权实由医疗、育种与生化科技的不断发展所驱动。一部财产变迁史,也是一部技术变革史。新技术一方面创造了新的收入流,使得产业链条中的参与者都希望参与到这股收入流的分配,成为其权利主体。毕竟,技术创新往往涉及对生产资料的资本投入——新闻、[3]声音、[4]波段、[5]生命财产权[6]的主张者都强调这一点,而加藤雅信的研究表明,越是需要资本投入的生产资料,人们就越容易产生对它的所有权主

---

〔1〕 [美]斯图尔特·班纳:《财产故事》,陈贤凯、许可译,中国政法大学出版社 2017 年版,第 4 页。

〔2〕 Harold Demsetz,“Toward a Theory of Property Rights”, *The American Economic Review* 57, 1967, p. 350.

〔3〕 [美]斯图尔特·班纳:《财产故事》,陈贤凯、许可译,中国政法大学出版社 2017 年版,第 115 页。

〔4〕 [美]斯图尔特·班纳:《财产故事》,陈贤凯、许可译,中国政法大学出版社 2017 年版,第 175 页。

〔5〕 [美]斯图尔特·班纳:《财产故事》,陈贤凯、许可译,中国政法大学出版社 2017 年版,第 315 页。

〔6〕 [美]斯图尔特·班纳:《财产故事》,陈贤凯、许可译,中国政法大学出版社 2017 年版,第 383 页。

张。[1] 另一方面技术变革将可能损害旧有商业模式,减损原有的收入流,于是原来的受益者不得不坚决捍卫既得的利益。

经济境况的变化推动了财产权的消亡或兴起。老采光权(ancient light)曾经是住宅所有者享有的权利,因为"十九世纪初的美国显然不是一个城市化的国家。大多数地方都有着充足的空间,来修建不妨害邻居老采光权的房屋"。[2] 时过境迁,当城市化进程加快,老采光权逐渐变得不合时宜,它"全然不适应于美国,这里新的、更高大的建筑每天都在拔地而起……老采光权无法适用于这个国家发展中的城市和村庄,否则将造成最恶劣的后果"。[3] 城市化的高速发展也使特定化的、后视性的、零敲碎打式的城市规划变得捉襟见肘,因此呼唤全面的、事前的、综合性的分区制改革,从而一方面使工商业用地拥有者能预先判断土地的使用计划是否构成妨害,另一方面也使居民能预先阻止令人厌恶的企业搬进社区。[4] 整部《财产故事》中充斥着财产权随经济境况的变迁而兴衰的故事。

在内部化的成本一端,政治氛围扮演着重要的角色。民主共和的政治文化加速了土地保有权、圣职推荐权、什一税、尊贵头衔、皇室教仆必需品、公职等封建财产权的衰落,人们质问道:"为什么年轻的共和国要受一套特别为君主制政府所设计的法律统治?"[5] 权利束观念之所以被十九世纪末的法官们所接受并借此加强财产权保护,主要在于时人对"国家将滑向社会主义"的担忧。关于权利束的论述早已有之,却恰巧在这个时间点大行其道,"周遭的政治氛围"是这一现象的真正原因。二十世纪初,当支持规制的进步主义成为政治的主流时,

---

[1] 参见[日]加藤雅信:《"所有权"的诞生》,郑芙蓉译,法律出版社2012年版,第145页。

[2] [美]斯图尔特·班纳:《财产故事》,陈贤凯、许可译,中国政法大学出版社2017年版,第26页。

[3] [美]斯图尔特·班纳:《财产故事》,陈贤凯、许可译,中国政法大学出版社2017年版,第27页。

[4] [美]斯图尔特·班纳:《财产故事》,陈贤凯、许可译,中国政法大学出版社2017年版,第282页。

[5] [美]斯图尔特·班纳:《财产故事》,陈贤凯、许可译,中国政法大学出版社2017年版,第31页。

相同的理论"恰恰被运用在相反的目的上"。[1] "新财产"兴起的原因也是政治的,二十世纪六十年代中期弥漫着这样的政治文化,它"超乎寻常地乐于接受代表边缘群体的创新性宪法论证"。[2] 人们对依赖于政府供给的贫苦群众充满同情,而对低效而专断的官僚机构感到普遍不满。

理论学说形塑着人们对财产的理解,从而促进或阻碍财产权的变化与发展。如前所述,权利束和自然法的理论帮助人们加强对财产权的保护,而将财产权理解为"针对人的权力"[3]则使得它不那么神圣,因此为政府的规制提供了正当性基础。沃伦(Warren)和布兰代斯(Brandeis)的《论隐私权》与莱西(Lessey)的《新财产》无疑对这两项新权利的兴起起到推波助澜的作用。而经济学家们对公有资源过度使用及外部性问题的研究推动了将财产权作为环境保护手段的思想,从此,保护环境与财产保护之间不再是敌对关系,一系列制度相继建立起来,它们旨在通过配置自然资源和环境污染的财产权,从而借助市场力量实现自然资源的优化利用和环境污染的低成本防治。

诺斯(North)指出,意识形态是"使经济系统切实可行的社会稳定的基石",[4]并系统分析意识形态在经济结构和变迁中扮演的角色。从本书中,我们同样可以观察到,社会观念是财产权演进的重要制约因素。这一点在生命财产权的发展过程中得到最集中的体现。人体发肤、血液、器官和尸体能否成为财产权的客体?"这个问题之所以难解,是因为本能与理性给出了相反的答案。"[5]不论是否具有生命体征,人体及其组成部分总被我们视为是神圣的,因此将之作为财产看待,显然亵渎了人之为人的观念与情感。另外,不将它们视为可受法律保护的财产,又可能带来一些荒谬的结果。例如,死者的家属可就

---

〔1〕 [美]斯图尔特·班纳:《财产故事》,陈贤凯、许可译,中国政法大学出版社 2017 年版,第 110 页。

〔2〕 [美]斯图尔特·班纳:《财产故事》,陈贤凯、许可译,中国政法大学出版社 2017 年版,第 348 页。

〔3〕 [美]斯图尔特·班纳:《财产故事》,陈贤凯、许可译,中国政法大学出版社 2017 年版,第 154 页。

〔4〕 Douglas C. North, Structure and Change in Economic History, New York, W. W. Norton & Company, 1981, p. 47.

〔5〕 [美]斯图尔特·班纳:《财产故事》,陈贤凯、许可译,中国政法大学出版社 2017 年版,第 366 页。

死者的衣物与手表的损害主张赔偿,却无法就死者身体受火车碾压所带来的损害主张赔偿。[1] 而随着医学技术的发展,人体部位越来越成为一种有价值的稀缺资源,如果没有财产制度的激励,病人需要的血液、医学院教研所需的尸体等将得不到有效供给;更可怕的是当不存在合法规范的市场时,人体器官的黑市正在悄然进行。然而,人体的神圣性和人体部位交易对穷人的剥削意象,使得人体部位的财产权成为一个不可能的选项。值得注意的是,社会的流行观念有时缺乏逻辑上的一致性,"我们在承认对人体可见部分的财产权时所表现的谨小慎微,并未扩展到只有科学家才能看到的那些部位,也并未扩展到非人类的生命形式"。[2] 尽管少数哲人指出对后者的财产权同样具有道德上的责难性,但大众的观念似乎还是受到直观感知的左右,对于动植物、微生物及基因组等客体,"法律更快速且更坚定地朝着承认对生命体财产权的方向发展"。[3]

制度系统是由复数的单项制度所组成的,因此,当单项制度需要变革时,其所嵌入的整体制度框架就可能成为其障碍或便利。[4] 制度框架的力量在共有公寓的兴起过程中最为显著。将公寓大楼建筑物分割为一个个单元房,每一单元房都由其居住者所有,这将使更多的人可以负担得起属于自己的住宅,在经济上显然是一个好点子。然而共有公寓却迟迟未能在美国流行起来,原因在于:"做建筑物贷款生意的抵押贷款人,因贷款可能让他们只能在建筑物内的单元房上终止回赎权,而不敢放贷。而在行使终止回赎权之后,留给他们的是一些公寓,可它们并没有成熟的市场。产权保险人不愿意为从未获得政府法律承认的不动产形式提供保险。财产税必须对每一单元房独立征收,但没有地方政府能够胜任。房地产律师困惑于如何在契据中描述共有公寓的单元。"于是,"这些障碍没有一个是不可逾越的,但结合在一起,它们就形成了一道实质的惰

---

[1] [美]斯图尔特·班纳:《财产故事》,陈贤凯、许可译,中国政法大学出版社2017年版,第367页。

[2] [美]斯图尔特·班纳:《财产故事》,陈贤凯、许可译,中国政法大学出版社2017年版,第392页。

[3] [美]斯图尔特·班纳:《财产故事》,陈贤凯、许可译,中国政法大学出版社2017年版,第381页。

[4] [德]柯武刚、史漫飞:《制度经济学——社会秩序与公共政策》,韩朝华译,商务印书馆2008年版,第162页。

性之墙”。[1] 当这些相关的单项制度被一个个解决后,共有公寓才终于“在全国涌现”。[2]

当所有这些力量为财产权的变革铺设好舞台后,这些变革并“不会自己发生,而是‘人’促使它们发生的”。班纳在本书中讲述的便是这样一个不同人群在“响应(上述力量所创造的)获利机会时自发倡导、组织和实行”[3]的诱致性制度变迁的故事。“在财产法大多是通过法官在审理案件的过程中塑造的时代,法官也许发挥着最重要的作用,但这一工作的很大一部分同样由律师、客户、立法者和各种各样的民众共同完成。其中,律师们组织论证,激励法官作出变革;客户坚持他们从变革中得到的利益;立法者制定成文法,以改变普通法;民众期待着从这些成文法中获益,因而敦促立法机关朝这个方向努力。在晚近的时代,向政府官员施压、要求修改法律的工作常常由组织程度高低不同的利益集团承担,他们的努力显而易见。”[4]当然,公益组织也是一股不应忽视的力量:全国有色人种进步协会(National Association for the Advancement of Colored People)始终是挑战种族分区制和限制规约的重要力量;青少年动员组织(MFY)帮助贫苦民众获得对政府福利的新财产权;太平洋法律基金会(Pacific Legal Foundation)和正义研究院(Institute for Justice)为房产受到政府不当征收的业主们提供法律上的援助。“通过法院来改变法律,这要求有一个由律师组成的支持结构,这些律师愿意而且能够针对一个问题反复进行诉讼。”幸运的是,“美国历史上首次出现足够多的法律援助律师,足以作出一些改变”。[5]

这些不同的主体在追求自己的利益目标时,巧妙地运用着修辞策略。知识

---

〔1〕 [美]斯图尔特·班纳:《财产故事》,陈贤凯、许可译,中国政法大学出版社2017年版,第271~272页。

〔2〕 [美]斯图尔特·班纳:《财产故事》,陈贤凯、许可译,中国政法大学出版社2017年版,第275页。

〔3〕 林毅夫:《关于制度变迁的经济学理论:诱致性变迁与强制性变迁》,载[美]罗纳德·科斯等:《财产权利与制度变迁:产权学派与新制度学派译文集》,刘守英等译,格致出版社等2014年版,第269页。

〔4〕 [美]斯图尔特·班纳:《财产故事》,陈贤凯、许可译,中国政法大学出版社2017年版,第32页。

〔5〕 [美]斯图尔特·班纳:《财产故事》,陈贤凯、许可译,中国政法大学出版社2017年版,第349页。

产品的所有者"将自己描述为财产权利的持有者,而将未经授权的使用者描述为海盗或窃贼"。这种修辞技巧的成功是明显的:"当立法者被要求在财产所有者和窃贼之间做选择时,窃贼很少能够取得胜利。"〔1〕人们在修辞中常常声称它们的改革主张是普惠的,然而事实往往不是如此。作曲家们主张他们应该获得"固化音乐"的财产权,因为这样可以鼓励更多的作品创作,从而惠及所有的听众;唱片公司则主张赋予作曲家这样的权利无异于"对人们的欢愉征税,这不是符合现代精神的做法"。〔2〕然而在这些"公共利益"的修辞背后,无论是作曲家还是唱片公司,显然更关心的是自己的私人利益。时任商务部长赫伯特·胡佛(Herbert Hoover)也许真诚地相信"以太路"(ether road)是一种像萨克拉门托河一样不应被私人垄断的国家自然资源,〔3〕但"国会和行政机关的政府官员无疑具有他们自己的动机","在没有财产制度的情况下,潜在的广播者必须逐次提出对频率的申请,而政府官员对每一次分配都享有可观的自由裁量权。电磁频谱因此成为新建立的联邦无线电委员会及负责监管这一机构的国会议员们的一个政治权力来源"。〔4〕有论者点评道:"《财产故事》为解释法律、政治与修辞之间错综复杂的关系贡献了非常有力的例子。"〔5〕

综上所述,班纳讲述了一个"人之行动而非设计"、一个经验主义式的、更接近于自生自发的制度变迁故事。"改革的努力是零星分散的,在人们感知到法律变革的利益之处,以个案的方式呈现。……只要足够多的人持这一立场,并以推动法律改革的论证打动足够多的法官和立法者,法律终将改变。"〔6〕"这些

〔1〕[美]斯图尔特·班纳:《财产故事》,陈贤凯、许可译,中国政法大学出版社2017年版,第43页。

〔2〕[美]斯图尔特·班纳:《财产故事》,陈贤凯、许可译,中国政法大学出版社2017年版,第176页。

〔3〕[美]斯图尔特·班纳:《财产故事》,陈贤凯、许可译,中国政法大学出版社2017年版,第319页。

〔4〕[美]斯图尔特·班纳:《财产故事》,陈贤凯、许可译,中国政法大学出版社2017年版,第323页。

〔5〕Tom Cutterham, "Book Review of American Property: A History of How, Why, and What We Own", *Reviews in History*, available at http://www.history.ac.uk/reviews/review/1189, accessed May 14, 2018.

〔6〕[美]斯图尔特·班纳:《财产故事》,陈贤凯、许可译,中国政法大学出版社2017年版,第33页。

法律并不是由远在天边的暴君强加给不情不愿的民众的。它是地方民主的产物……"[1]班纳讲述的还是一个"小决策决定大后果"的故事。[2] 历史充满了偶然性,假若伊奥里恩公司没有尝试垄断全美主要作曲家的作品,法定许可制度也许不会成为今天美国著作权法中的固有部分;假若国际新闻服务社能够善待其驻克利夫兰办公室的电报员,也许美联社诉国际新闻服务社这一对新闻财产权产生重大影响的案件就不会发生,或者至少没有那么快发生。财产制度的演进并非来自于人类理性的顶层设计,因此某种程度上存在着偶然性与不确定性。然而,恰是这种自发与试错的过程,确保了财产制度在应对新经济环境时所必需的适应性与灵活性。"美国的联邦制度使不同司法辖区在长时间内得以进行不同的试验,提供丰富的变异,而这一过程仍在继续。"[3]

四

与其他优秀作品一样,《财产故事》也不乏尖锐的批评者。纽约大学法学院理查德·丘塞德教授(Richard Chused)批评道:"如果本书的目标是为法律史文献提供显著的贡献,那么本书中大部分内容是不合格的。"[4]另一位评论者批评班纳"没有为他的洞见提供理论或分析的框架……四页长的导论与三页长的结论明显与本书主要章节中令人印象深刻的学术水平不相匹配"。[5] 这些批评的共同特点是指责该书未能提供一个分析财产及其本质的更为全面的理论与分析框架,这显然是对本书提出了更高的理论要求。其他温和的批评观点看

---

〔1〕 [美]斯图尔特·班纳:《财产故事》,陈贤凯、许可译,中国政法大学出版社 2017 年版,第 309 页。

〔2〕 [美]斯图尔特·班纳:《财产故事》,陈贤凯、许可译,中国政法大学出版社 2017 年版,第 182 页。

〔3〕 Gary D. Libecap, "Book Review of American Property: A History of How, Why, and What We Own", *The Journal of Economic History* 72, 2012, p. 847.

〔4〕 Richard Chused, "Book Review of American Property: A History of How, Why, and What We Own", *The American Historical Review* 116, 2011, p. 1480.

〔5〕 Tom Cutterham, "Book Review of American Property: A History of How, Why, and What We Own", *Reviews in History*, available at http://www.history.ac.uk/reviews/review/1189, accessed May 14, 2018.

起来也许更加公允。哈里斯教授认为:“尽管班纳还可以思考私有财产、共有财产及国有财产之间的相互关系,或者像其他历史学家那样明确地尝试发展出一套更大的解释框架,但缺少这些或其他分析,与其说是缺点,不如说它们仅仅反映了本项目计划自身的界限。”[1]莱特教授(Robert E. Wright)则认为:“大部分的省略源自于作者的研究旨趣,而非他的困惑或无知。”[2]

笔者认为,尽管班纳未就财产本质的理论论述花费更多笔墨,但他仍以历史叙事的方式清楚地阐明了如下命题:“财产并不是那种有真正本质的东西。[3] 它只是一项为实现多种目的而存在的人类制度。”[4]从这些历史叙事中,我们甚至能在一些场景中感受到,“财产的本质是什么”这一根本性的哲学问题其实并不重要,重要的是如何运用关于它的修辞来维持自身在产业中的生存地位。关于财产本质的争论,实则是一场权力的斗争。正如安德库夫勒教授(Laura S. Underkuffler)所指出的:“不管对特定财产规则能提出什么样的抽象理论,不可否认的是,对这些规则的法律实施的解释都是一个政治与法律权力的故事。”[5]

历史化的叙事使我们得以重新审视过去习以为常的通说。通说认为权利束的观念主要得益于二十世纪初无形财产权的兴起。但历史的考察告诉我们,十八世纪甚至更早的人们对无形财产权并不陌生,“变迁并不是从有形财产向无形财产的转变,而是从一组无形财产权利向另一组无形财产的转变”。[6] 通说认为权利束理论由进步主义法学家所提出,旨在推进更多的政府规制,削弱财产的宪法保障。历史的考察告诉我们这一观念最初流行时恰恰被运用于完

[1] Douglas C. Harris, “Book Review of American Property: A History of How, Why, and What We Own”, *Osgoode Hall Law Journal* 50, 2012, p. 469.

[2] Robert E. Wright, “Book Review of American Property: A History of How, Why, and What We Own”, *The Register of the Kentucky Historical Society* 109, 2012, p. 275.

[3] 作者注:着重号为原文所加。

[4] [美]斯图尔特 · 班纳:《财产故事》,陈贤凯、许可译,中国政法大学出版社 2017 年版,第 444 页。

[5] Laura Underkuffler, “Book Review: American Property”, *Journal of Legal Education* 61, 2012, p. 507.

[6] [美]斯图尔特 · 班纳:《财产故事》,陈贤凯、许可译,中国政法大学出版社 2017 年版,第 20 页。

全相反的目的。通说将海伦实验室诉托普斯口香糖案视为“公开权”(right of publicity)的起源。历史的考察告诉我们这仅在语义学意义上是正确的,实质意义上的公开权早在很久之前就已得到法院的承认。通说认为1916年纽约市制定的分区条例是美国最早的分区条例。历史的考察告诉我们,这仅仅在最严格的意义上是正确的。分区制度的变革“并不是从放任自流到规制的变化,而是从零敲碎打式的规制向综合式的、全城范围内规制方案的变化”。而且,第一个这么做的,实际上是1908年的洛杉矶市。[1] 通说认为,租金控制是“一种帮助穷人提高生活水平的极无效率的方法”,是“除了轰炸之外,毁灭一个城市的最好办法”。因此,为了实现住房资源的高效配置,必须取消对房租的管控。[2] 历史的考察也许使我们更接近现实:“实际上,任何法律变革都有赢家和输家,但在很多情况下,不可能把所有得失加总计算。”[3] 关键的因素在于:你希望通过财产制度保护谁的利益。也许正因为本书的这些洞见,评论者们才将之称为“对财产和经济史文献的了不起的增量”,[4] 是对“财产文献的重大贡献”。[5] 而无论如何,不可否认的一点是,本书组织材料的方式是高明的、有趣的、简明易懂的。即使是对本书提出严厉批评的丘塞德教授也不得不承认:“本书对外行读者而言是一部简易而实用的读物,也是对那些研习法律的人们很有帮助的著作。”[6]

《财产故事》原名为《美国财产:一部关于我们拥有什么、如何拥有以及为何拥有的历史》。虽然它所讲述的是美国的故事,但它对形塑财产的力量及其相互关系的描述,却具有某种程度上的普适性;虽然它所讲述的是过去的往事,但

---

〔1〕 [美]斯图尔特·班纳:《财产故事》,陈贤凯、许可译,中国政法大学出版社2017年版,第284页。

〔2〕 参见[美]N.格里高利·曼昆:《经济学原理》(上册),梁小民译,机械工业出版社2005年版,第100~101页。

〔3〕 [美]斯图尔特·班纳:《财产故事》,陈贤凯、许可译,中国政法大学出版社2017年版,第33页。

〔4〕 Gary D. Libecap, "Book Review of American Property: A History of How, Why, and What We Own", *The Journal of Economic History* 72, 2012, p. 847.

〔5〕 James W. Ely, Jr., "The Nature of Property", *Reviews in American History* 40, 2012, p. 407.

〔6〕 Richard Chused, "Book Review of American Property: A History of How, Why, and What We Own", *The American Historical Review* 116, 2011, p. 1480.

不可否认,它具有许多足以“由古知今”[1]的启示意义。也许,本书也可以成为吾辈研究方法上学习的榜样——毕竟,中国财产权的制度变迁无疑更是一座取之不尽的学术富矿,值得我们上下求索,孜孜矻矻,以求书写属于我们自己的、财产的中国故事。诚如班纳所言:“财产的完整历史范围极广,无法尽收于一书,值得书写的内容还有很多很多。”[2]

〔1〕 参见[法]马克·布洛克:《历史学家的技艺》,张和声译,北京师范大学出版社2014年版,第48页。

〔2〕 [美]斯图尔特·班纳:《财产故事》,陈贤凯、许可译,中国政法大学出版社2017年版,第4页。

专题研讨（二）

如何开展营商环境评估：域外实践与经验

编者按：自马克斯·韦伯提出“理性的法律制度”是资本主义萌芽的前提条件这一著名论断后，制度对经济发展所发挥的作用一直是社会科学关注的主要问题。二十世纪五十年代，道格拉斯·诺斯提出，将经济发达国家与经济欠发达国家区分开来的是各国制度质量水平。在诺斯的理论中，一些国家依靠低成本且有效的制度，通过保护产权和确保合约履行，为市场主体营造了良好的交易环境，从而获得经济增长；而另一些国家则因缺乏培育市场的制度安排，无法获得经济发展上的突破。由于制度变迁存在路径依赖，制度就与自然资源一样，成为禀赋资源，影响一国的经济发展。至二十世纪八十年代，制度的禀赋视角启发了一系列营商环境评估实践。面对日益频繁的跨国贸易和迅速发展的全球经济，国际组织、各国政府、研究机构、咨询公司相继从不同角度，对各国市场主体经营环境进行调研，向世界范围内的经济活动参与者提供数据。这些数据也促进研究者在多领域的实证研究，进而帮助人们加深对法律制度与经济发展关系的认识。营商环境评估还为各国政府进行经济领域的改革提供依据，据世界银行统计，至2017年已有60多个经济体运用世界银行报告指标进行营商环境改革，而已进行的3180项营商政策改革中，920项由世界银行营商环境评估所促成。

当下，“引进来”与“留得住”的双重压力促使我国政府重新审视营商环境中的问题，并推行一系列改革政策。而系统性的营商环境优化离不开营商环境评价的技术支撑。建立一套切实有效的评价机制，成为我国营商环境优化工作的应有之义。在本期专题“如何开展营商环境评估：域外实践与经验”中，华东师范大学法学院、企业合规研究中心“中国营商环境评价指数研究”课题组的研究人员分别对主要国际组织、瑞士、德国、法国、印度、日本的营商环境评估实践和经验进行了分析、总结，以期对我国构建营商环境评价机制有所助益。

营商环境评估：国际实践及其中国启示

王美舒*

一、“营商环境”语词的国际认识

营商环境是影响企业从开办、运行到结束全过程活动之效率、质量的要素综合。从最为宽泛的层面讲,营商环境是与企业盈利活动有关的一切要素综合而成的动态体系,涵盖了影响企业活动的经济、政治、文化、社会乃至环境质量等各方面要素。其中既包括与企业活动直接相关的,如企业注册最低实缴金额要求、贷款抵押要求、税率、合同执行情况等因素;也包括与企业活动间接相关的,如 GDP 增长率、国民平均年收入、人口受教育程度等因素。因此,广义的营商环境等同于一国的竞争力。

各国际组织、各国政府及跨国企业已经展开的营商环境评估,是以待评估环境中企业是否进行对外直接投资(Foreign Direct Investment,FDI)为标准,对“营商环境”一词进行意义限缩,从而形成两个层面的狭义“营商环境”。其一,待评估环境中的企业均不进行对外直接投资。此时,营商环境即为影响本国企业在本国境内经营活动之效率、质量的要素总和,与日常语言中的投资环境相区别。其二,待评估环境中的企业均进行对外直接投资。此时,营商环境即为影响从事对外直接投资企业经营活动之效率、质量的要素总和,与日常语言中的投资环境等同。

不同定义方式没有优劣之分,皆为实现各自评估目的有效手段。但从影响力看,将营商环境与投资环境区分,聚焦国内企业经营环境的世界银行《营商环

* 王美舒,华东师范大学法学院晨晖学者,法学博士。

境报告》影响力最大。目前,世界银行《营商环境报告》、世界经济论坛《全球促进贸易报告》和《全球竞争力报告》的数据被各国、各跨国企业援引,用以描述本国和其他国家的营商环境;美国国务院《投资环境报告》也被其他国家作为参照。而这四个报告中,世界经济论坛《全球促进贸易报告》和美国国务院《投资环境报告》又都使用了世界银行《营商环境报告》的数据。同时,世界银行《营商环境报告》还被数个发展中国家借鉴,形成本国的营商环境报告。印度工业政策促进部(Department of Industrial Policy and Promotion,DIPP)即以世界银行《营商环境报告》为蓝本,形成《印度营商便利度报告》。

按照定义本身的分类,以上描述性定义只能对不同围绕"营商环境"所展开的认识,进行大致区分,想要深入、科学了解"营商环境",还应从可操作性定义入手。下面根据不同定义方式下的"营商环境"操作化定义进行介绍:

(一)"营商环境=竞争力"的评估报告及其操作化定义

在世界经济论坛(World Economic Forum,WEF)《全球竞争力报告》(*The Global Competitiveness Report*)中,营商环境等同于竞争力。该报告以是否影响国家生产力水平为标准,将营商环境/竞争力操作化为制度、基础设施、宏观经济环境、健康与基础教育、高等教育与职业教育、商品市场效率、劳动力市场效率、金融市场发展、技术就绪程度、市场规模、商业成熟度、创新,共12个方面。《全球竞争力报告》更多在宏观层面对营商环境进行操作化定义,由此形成的指标内容也与直接影响企业经营活动的因素相距较远。但从评估的三级指标看,该报告在制度、基础设施、金融市场发展涉及与企业开办、设址、运输、金融获得直接相关的指标。

(二)"营商环境≠投资环境"的评估报告及其操作化定义

世界银行《营商环境报告》(*Doing Business*)、印度工业政策促进部《印度营商便利度报告》(*Ease of Doing Business*)和印度转型国家研究院(The National Institution for Transforming India,NITI Aayog)《印度营商便利度:基于企业视角的调查报告》(*Ease of Doing Business:An Enterprise Survey of Indian States*),均将营商环境界定为影响国内企业在一国境内展开经营活动的要素总和。

1. 世界银行《营商环境报告》将营商环境操作化定义为,影响国内中小型企业在本国内设立、选址、融资、日常经营等11个方面,具体为开办企业、办理施工许可证、获得电力供应、登记财产、获得信贷、保护少数投资者、纳税、进行跨国界贸易、执行合同、办理破产、劳动力市场监管。为了聚焦于国内中小型企业在最为普通环境中的经营活动,世界银行工作组将测算案例中的企业限定为 10 位个人所有人(排除法律实体作为所有人的情况)所有的 50 人公司,在取样时也排除了国内的特别经济区、享受特殊招商引资政策区域的情况。

2. DIPP 和 NITI Aayog 都将营商环境操作化定义为,影响各类规模国内企业经营活动的 9 个方面,即设立企业、土地与建设活动、环境监管、劳动力、基础设施、税收、法律事项、获得金融、退出经营。印度 DIPP 报告主要为印度政府 2015 年开展的"营商改革行动计划"(Business Reforms Action Plan)所服务,意在评估印度各州对该计划的推进情况。因此,印度 DIPP 将世界银行《营商环境报告》中的评估方面作为蓝本,结合本国改革情况,将营商环境操作化定义进行了本土化处理。NITI Aayog 作为印度政府的官方智库机构,则从企业感知的角度评估印度"营商改革行动计划"的实施效果,故直接借用印度 DIPP 本土化后的定义,而没有另外进行操作化定义。

(三)"营商环境 = 投资环境"的评估报告及其操作化定义

除了上述报告,其他评估报告则将营商环境等同于投资环境,侧重评估各国、各地区为进行直接投资的外国企业所营造的经营环境。基于不同目的,这一层面的营商环境评估又分三个方向展开:

1. 基于促进全球跨境贸易和对外直接投资的目的,对各国投资政策进行监测,向各国政府和企业提供最新的投资政策与投资环境趋势的营商环境评估。

这一方向的典型报告为世界银行和国际金融公司(International Finance Corporation,IFC)联合发布的《全球投资竞争力报告》(Global Investment Competitiveness Report)、世界经济论坛发布的《全球促进贸易报告》(The Global Enabling Trade Report),以及联合国贸易和发展会议(United Nations Conference on Trade and Development,UNCTAD)发布的全球年度报告《世界投资报告》(World Investment Report)、全球季度报告《UNCTAD 投资政策监测报告》(UNCTAD Investment Policy Monitor)、地区年度报告《东南亚国家联盟投资报告》(ASEAN Investment Report)和地区半年期报告《G20 贸易和投资措施报告》(Reports on G20 Trade and Investment Measures)。

其中,《全球投资竞争力报告》将“营商环境”操作化为政治稳定性和安全性、法律和监管环境、国内市场规模、宏观经济稳定性和最佳汇率、人才可得性与劳动力技术水平、劳动力成本、基础设施水平、税率、土地与房产的可获得性、国内市场的融资环境,共10个方面。WEF将“营商环境”操作化为财产权、财产保护、知识产权、公共机构的效率与问责制、合同执行、公共基金转移、政府监管的负担、获得金融、金融满足商业需要的程度、金融服务的可购性、获得贷款的便利度、对外国参与者的开放度、雇佣外国劳动力的便利度、对外直接投资规则的商业影响、跨国贸易规则的开放度、人身安全、警务可靠性、犯罪与暴力行为的商业成本、恐怖活动的商业成本、杀人罪的犯罪率、恐怖活动发生率,共21个方面。而UNCTAD则仅围绕《国际投资协定》(International Investment Agreements,IIA)和《投资政策改革路线图》所涉及的内容,对各国出台的投资政策进行监测和评估。

除UNCTAD系列报告仅将考察范围局限于跨国投资的法律、法规与政策上,其他报告虽以促进国际贸易为评估目标,但都涉及与本土企业经营活动相关的内容。《全球投资竞争力报告》在法律和监管环境、税率、土地与房产的可获得性方面涉及与企业设址、税收、纠纷解决有关的内容;《全球促进贸易报告》则涉及与企业设立、财产权保护、信贷获取、合同执行、纠纷解决有关的内容。

2.基于吸引投资的目的,将本国作为投资接收地,向投资者提供在当地经营状况信息的营商环境评估。

这一方向的典型报告为澳大利亚贸易与投资委员会(Australian Trade and Investment Commission,Austrade)发布的《为什么选择澳大利亚:基准报告》(Why Australia:Benchmark Report)和德国贸易投资促进署(Germany Trade Investment,GTAI)《德国投资指南》(The Investment Guide to Germany)。其中,Austrade将营商环境操作化为宏观经济状况、行业与技术发展情况、劳动力市场、高等教育质量以及全球联系共5部分宏观层面的内容;而GTAI则将营商环境操作化为创建公司、投资激励计划、税收计划、劳动力市场和法律框架5部分微观层面的内容。Austrade的评估内容中没有与本国企业经营活动直接相关的方面,而GTAI除投资优惠政策、税收优惠政策与跨国贸易有关,其他几方面都围绕本国企业经营所涉及的开办、税收雇佣劳动力展开。

3. 基于为本国企业提供指引,帮助本国企业选择适宜投资地,保护其在国外利益的目的,向企业提供其他国家围绕投资所营造环境的营商环境评估。

这一方向的典型报告为美国国务院发布的《投资环境报告》(Investment Climate Statements)、美国商务服务局发布的《美国企业营商国别指南》(Doing Business Country Guide)、英国政府发布的《营商环境国别报告》(Doing Business Country Report)和《海外商业风险国别指南》(Overseas Business Risk Country Report)。其中,美国商务服务局的《美国企业营商国别指南》是在美国《投资环境报告》基础上,按照国别分类整理而成。二者皆将营商环境操作化为对投资的开放度、法律法规体系、纠纷解决机制、知识产权保护制度、政府信息透明度、企业绩效要求、国企角色、负责任的企业行为、政治和安全环境、劳工政策、与美国经贸关系,共11个方面的内容。而英国政府则将营商环境操作化为商业机遇、政治环境、经济环境、贸易/法律争端、旅游限制、商业权利、知识产权与数据保护、贪污与腐败情况、有组织犯罪及恐怖袭击、融资便利度,共10个方面的内容。虽然是以引导本国企业对外投资为目标,但以上报告都涉及了影响本土企业经营效率的纠纷解决、知识产权保护(产权保护)、信息公开等方面的内容。

此外,跨国企业也在"营商环境 = 投资环境"这一层面下,对各国营商环境进行评估。毕马威(KPMG)、德勤(Deloitte)、普华永道(PwC)等国际会计师事务所,贝克·麦坚时(Baker Makenzie)等国际律师事务所都在为自己的客户提供营商环境国别报告。其中,毕马威(KMPG)对世界上10个国家的100个城市的营商成本进行测算,发布年度报告《优中选优》(Competitive Alternatives),为其客户选择适宜投资地提供数据。普华永道(PwC)则致力于同跨国公司、各国际组织合作,提供跨国公司进行投资过程中的税费成本信息。

综上,各营商环境评估报告分别从三个层面展开"营商环境":在第一个层面,营商环境等同于一国竞争力,涵盖直接或间接影响企业活动的经济、政治、文化、社会乃至环境质量的各方面要素,操作化的方面侧重宏观经济环境、基础设施情况、劳动力受教育情况等宏观内容;在第二个层面,营商环境即为投资环境,包括影响企业直接对外投资活动的因素,操作化的方面侧重市场开放度(特别是对投资的开放度)、投资规则与政策、政治稳定性、宏观经济稳定性、治安状况等与跨国贸易相关的内容;在第三个层面,营商环境是直接影响国内企业在本国/本地经营效率与质量的要素综合,操作化的方面侧重开办企业、办理施工许可证、登记财产、纳税等与企业经营直接相关的微观内容。但无论从哪个层面进行操作化,各营商环境评估都会涉及财产权登记与保护、金融获得、纳税、纠纷解决、劳动力市场监管等与企业经营直接相关的内容。

二、营商环境评估的国际实践

围绕各自对"营商环境"的定义,各国家、国际组织在评估过程中采用了不同的评估方法、指标体系、样本群、数据收集及计算方法。

(一)评估方法

目前,国际上进行营商评估的方法有定量分析法和定性描述法两种。

1. 定量分析法。世界银行《营商环境报告》、印度 DIPP《印度营商便利度报告》、世界经济论坛《全球竞争力报告》和《全球促进贸易报告》侧重运用定量分析方法,即对照指标对评估对象的情况评分,再将各项分数进行简单平均或加权平均,得出评估对象总分数。在定量分析的基础上,这 4 个报告又进行评估对象的总分排名和单项排名,发布排行榜。印度 NITI Aayog《印度营商便利度:基于企业视角的调查报告》也同样采取定量分析方法,但为了避免遗漏数据背后所反映的实际问题,印度 NITI Aayog 没有进行排名。

由于各指标测量内容的单位不同,在运用定量分析方法时,各评估报告采取了不同的归一化处理方式。其中,世界银行《营商环境报告》采取前沿距离分数(Distance to Frontier,DTF)对各指标进行归一化处理,即从 2005 年开始测算的数据(或自某一指标开始测算的第 3 年起的数据)中选取最佳表现和最差表现,按照(最差表现 - y)/(最差表现 - 最佳表现)的公式计算分数。以企业开办的天数为例,最佳表现为 0.5 天,最差表现为 100 天,被测算国家企业开办需 y 天,该国家在企业开办天数的得分为(100 - y)/(100 - 0.5)。其他报告则直接通过评分的形式来完成归一化处理,如《全球竞争力报告》和《全球促进贸易报告》采取对照指标,以(1,7)为区间的打分方式进行归一化处理。

采用定量分析法的报告,也采取了不同的计算方法。其中,世界银行《营商环境报告》采用的是各指标得分简单平均的方法,指标之间没有权重区分。各国如果想在营商环境便利度排名上取得较好的名次,就需对指标涉及的各方面内容进行全方位提高。而《全球竞争力报告》《全球促进贸易报告》《印度营商便利度报告》则采用加权平均的计算方法。其中,《全球竞争力报告》采取发展阶段(Stages of Development)区分法,对各经济体进行区分,以此赋予不同指标权重。各经济体按照不同发展阶段区分为"要素驱动型"、"效率驱动型"和"创新驱动型"。"要素驱动型"经济体在被测算时,"要素驱动型"(包括制度指标、基础设施建设指标、宏观经济环境指标、健康和初级教育指标)被赋予40% ~60%的权重,"效率驱动型"(包括高等教育与职业培训指标、商品市场效率指标、劳动力市场效率指标、金融市场发展指标、技术就绪度指标、市场规模指标)被赋予35% ~50%的权重,"创新驱动型"(包括贸易成熟度、研发创新度指标)被赋予5% ~10%的权重。在"效率驱动型"经济体被测算时,"要素驱动型"被赋予20% ~40%的权重,"效率驱动型"被赋予50%的权重,"创新驱动型"被赋予10% ~30%的权重。"创新驱动型"经济体被测算时,"要素驱动型"被赋予20%的权重,"效率驱动型"被赋予50%的权重,"创新驱动型"被赋予30%的权重。

2. 定性描述法。除了前述5个报告,其他营商环境评估报告则主要运用定性描述法,围绕各自对营商环境的操作化定义,以报告发布者的视角,对各方面内容进行概括、阐释。

各报告虽然会侧重某一种评估方法,但仍会兼顾。如世界银行《营商环境报告》,除了运用定量方法进行测算,还会挑选出典型案例,按照营商环境操作化定义的各个方面进行分类,进行案例分析,总结营商环境改善中的最佳做法。美国国务院《投资环境报告》在撰写过程中也会兼顾客观数据,通过美国商务部对进行投资的美国企业进行问卷调查,并作出简单统计。《投资环境报告》也参考各项官方统计数据,如GDP、GNI、美国对外投资官方统计数据。此外,《投资环境报告》还会参照"透明国际清廉指数"、世界银行"营商便利度排名"、"全球创新指数"等世界组织发布的定量分析结果。

(二)评估指标

从评估指标涉及的领域看,广义的营商环境在进行操作化定义时,更多从影响市场效率硬性条件的角度展开,因而侧重对诸如基础设施建设、市场规模、劳动力市场效率等“硬环境”指标的评估。而狭义的营商环境在进行操作化定义时,更注重各项“软环境”指标的评估,特别是与企业经营有关的法治环境的评估。其中,企业开办、纳税、获得金融、执行合同、信息透明度、纠纷解决机制,是各狭义营商环境评估都关注的方面,又都是对企业经营法治环境的关切。

以世界银行《营商环境报告》中的“执行合同”评估为例。报告以情景案例限制评估对象为当地初级法院解决一起商业纠纷所耗费的时间、成本,并以时间、成本和司法程序质量指标作为二级指标。其中,二级指标“解决纠纷的时间”对提起诉讼的时间、审判时间、执行时间,共三个方面进行评估;二级指标“解决纠纷的时间”对平均律师费、法院诉讼费用、执行费用,共三个方面进行评估。二级指标“司法程序质量指标”则细分为法院结构和诉讼程序指标、案件管理指标、法院自动化指标、替代性纠纷解决指标,共 4 个三级指标。三级指标“法院结构和诉讼程序”对特别商事法庭的可得性、简易程序的可得性、审前程序的可得性、案件分配准则、女性证词的重要性进行评估;三级指标“案件管理指标”对法律法规是否规定法庭关键程序的时间标准、法律法规允许休庭或诉讼延期的最大次数、法院绩效评估报告的可得性、庭前会议的可得性、电子案件管理系统(法官用)的可得性、电子案件管理系统(律师用)的可得性进行评估;三级指标“法院自动化”对诉状提交电子化、诉讼费用支付电子化、判决书公布的电子化进行评估;三级指标“替代性纠纷解决”对仲裁和调解两种方式的文本规定和实现条件(如激励性)进行打分。可以说,仅“执行合同”一项就对一地区的司法环境进行了详细评估。世界银行《营商环境报告》的其他评估方面,特别是开办企业、登记财产、保护少数投资者、纳税、执行合同、办理破产这 6 个方面,也以同样的方法对企业经营过程所涉及的法治环境进行了详细测量。

(三)样本

目前各类营商环境评估报告关注三个样本群:企业、政府、从事与企业经营有关的专业人士(如企业律师、会计、公证人员、法官)。

以企业作为样本群的评估报告,关注的是企业对营商环境的感受,主要以问卷调查的方式展开。世界银行《全球投资竞争力报告》、世界经济论坛《全球促进贸易报告》、美国国务院《投资环境报告》、英国政府《营商环境国别报告》皆以企业作为样本群。其中,世界银行《全球投资竞争力报告》对 750 位跨国投资者和跨国公司高管展开问卷调查,对跨国公司所关注的营商环境方面进行评价。世界经济论坛《全球促进贸易报告》则一直开展“企业执行官意见调查”(Executive Opinion Survey),关注企业对合同执行、财产保护、获得金融等方面的评价。美国国务院和英国政府都对本国对外投资企业发放问卷,调查企业对投资地的感受。

联合国贸易和发展会议的一系列投资政策报告,是以政府作为样本,即对各国政府出台的投资政策进行监测,并定期发布评估报告。世界银行《营商环境报告》在对专业人士进行问卷调查的同时,也会向政府相关部门发放问卷,以核实法律法规出台情况。

世界银行《营商环境报告》是唯一以专业人士作为样本群的报告。该报告认为相较于企业管理人员,专业人士对某一领域工作反复操作,对相关知识最为熟知。以企业开办为例,企业管理人员在整个企业生命周期只经历一次企业开办过程,而以办理企业注册为主业的律师会在一年中多次经历企业开办过程,从熟悉度和客观度考量,相关领域的专业人士更适合作为世界银行企业调查(World Bank Enterprise Surveys)的样本。但以专业认识作为样本群,也存在一定问题。《营商环境报告》指出,将专业人士作为调查对象会忽视企业知识储备量上的多样性。而印度 NITI Aayog 则指出,以专业人士作为调查对象,会忽视企业对营商环境的感知情况。

值得关注的是印度 DIPP 发布的《印度营商便利度报告》和印度 NITI Aayog 发布的《印度营商便利度:基于企业视角的调查报告》。二者均为印度政府正在进行的“营商改革行动计划”所服务,因此采用了同一张问卷。但印度 DIPP 意在调查各州对行动计划的推进情况,问卷发放对象仅限于各州政府;而印度 NITI Aayog 则将问卷发放给各类印度企业,从企业感知角度评估行动计划的实施效果。从两个报告的评估结果看,各州政府推进计划的情况,与企业感知存在明显差异。

(四)数据收集

在数据收集方面,各报告主要采取两种方式,一种是通过样本群问卷调查来获取数据,另一种是直接运用官方统计数据。

世界银行《营商环境报告》《全球投资竞争力报告》、印度 DIPP 和 NITI

Aayog 分别发布的《印度营商便利度报告》、英国政府《营商环境国别报告》,都主要通过问卷调查的方式进行数据收集。其中,世界银行《营商环境报告》在问卷中又通过标准情景案例(standard case scenarios),限定评估所涉情况。这一做法使得评估方法更为透明,收集上来的数据也更具可比性;但也缩减了数据收集范围,各国在营商环境方面的改革仅能在测算领域内得到持续跟踪。世界经济论坛《全球竞争力报告》《全球贸易促进报告》则主要运用官方统计数据进行评估。其数据除了来自各经济体的统计部门,还主要来自国际贸易中心、世界银行、联合国贸易与发展会议、国际航空运输协会、国际电信联盟、全球快递联盟。美国国务院《投资环境报告》则将两种方法同时使用,在兼顾企业主观感受的同时,也尽量使用官方数据对客观情况形成全面认识。

三、营商环境评估的中国启示

(一)中国营商环境评估现状

如果将营商环境界定为直接或间接影响企业对外直接投资的要素综合,即将营商环境等同于投资环境,我国在改革开放后一直有进行营商环境评估的传统。二十一世纪初,随着全国招商引资热潮的兴起,各省市为吸引投资,纷纷出台投资环境白皮书、投资环境评估报告。这类向投资者提供当地营商状况的报告,可被视为我国营商环境评估的最初实践。随着 2017 年营商环境优化工作的推进,若干省市就立刻将一直发布的“投资环境评估”更名为“营商环境评估”。中国贸易促进委员会发布的《中国投资环境评价报告》是此类报告中的典型。其将营商环境分为软环境和硬环境 2 个二级指标,并将二级指标分为交通运输、网络通信、水电气供应、城市规划和建设、生活、经济、金融财税、社会中介、社会信用体系共 14 个三级指标。其中,交通、网络通信、水电气供应、城市规划和建设为硬指标;生活、经济、金融财税、社会中介、征信体系为软指标。虽然对 14 个指标进行分类,强调了软环境的重要位置,但这份报告所关注的内容仍偏宏观层面,而较少涉及与企业经营直接相关的方面。

随着“一带一路”倡议的提出,中国企业开始频繁“走出去”。为帮助中国企业选择适宜投资地,保护其在国外营商的利益,我国相继出现了以其他国家作为评估对象的营商环境评估,其中以商务部《中国对外投资合作发展报告》与社科院世界经济与政治研究所《中国海外投资国家风险评级报告》为典型。商务部《中国对外投资合作发展报告》对其他国家与我国的贸易关系、贸易政策进行了定性描述,并对我国企业在海外经营所面临的风险进行了宏观评估。同时,该报告还对各省市促进企业“走出去”的经验进行总结。社科院《中国海外投资国家风险评级报告》则主要从经济基础、偿债能力、社会弹性、政治风险、对华关系,共5个方面进行评估,采用定性描述为主、定量分析为辅的方法。这两份报告都从宏观层面对别国营商环境进行评估,主要采用的影响企业经营效率的间接指标,没有涉及与企业经营直接相关的方面。

国务院提出优化营商环境的要求后,国内数家研究机构迅速发布营商环境评估报告。从其评估内容看,这些报告或将营商环境等同于国家竞争力,或将“营商环境”进行更为泛化的处理,把所能使用的指标都囊括进营商环境评估。以零点咨询公司发布的《2018年中国营商环境升维指数研究》为例,该报告将“营商环境”操作化为城市功能发育度、城市商业活力度、城市政府服务能力度、城市生活美好度、城市人文性格度,共5个方面。城市生活美好度则从生理需求、保障需求、社交需求、尊重需求、自我实现需求5个方面分别展开,将诸如肯德基/麦当劳数量、药店数量、公园数量、购物中心数量等极为间接的影响因素都纳入到营商环境评估中。该报告虽然从微观层面展开营商环境评估,但所采用指标大部分距离企业实际经营环节过远,过于泛化评估范围。

(二)国际营商环境评估实践对我国的启示

对照国际营商环境实践的经验,梳理现有国内实践,我国在营商环境评估方面可以获得如下启示:

1.我国营商环境评估不应只停留在营商环境就是投资环境的认识上,而应更新理念,将评估重心转向直接影响本国/本地企业经营活动的方面。与以往强调“引进来”的投资环境建设不同,此次营商环境优化的目标不仅在于吸引投资,更在于激发本土营商力量,并以优质软环境(特别是优质法治环境)留下外来企业和当地企业。此时,侧重投资政策、优惠条件、特别经济区推介的投资环境评估报告,已经无法满足既要“引进来”又要“留得下”的新营商环境优化目标。同时,国际经验也告诉我们,无论从那一层面展开营商环境评估,都应涉及与企业经营直接相关的内容。我国营商环境评估应及时更新理念,形成新营商环境评估机制。

2. 我国营商环境评估应解决指标泛化问题,形成合理、有效的评估指标体系。无论采用哪种“营商环境”定义方法,我国现有营商环境评估都囊括过多“无关”(与营商环境距离较远的)指标,使得评估结果与实际营商环境状况相差甚远,无法为下一步的优化工作提供有效建议。因此,我国营商环境评估应以企业实际经营活动的环节为中心,围绕营商环境优化的工作目标与规划,限缩指标选取范围,形成数量适中但科学有效的指标体系。

3. 我国营商环境评估应精细评估方法,形成科学的营商环境评估方法。方法的优劣对评估效果的好坏产生直接影响。与国际已有营商环境评估实践相比,我国目前营商环境评估方法都略微粗糙。运用定量分析法的评估报告在分数计算、归一化处理、样本选择上都没有进行科学论证;运用定性描述法的评估报告在指标分析过程中,也存在任意性大、客观性不足的问题。这些问题都需通过一套科学、缜密的评估方法体系来解决。

世界银行《营商环境报告》述评

王美舒*

世界银行《营商环境报告》(Doing Business)在我国营商环境优化工作中备受关注。2017年6月的“放管服”会议上,李克强总理曾表扬逐一对照世界银行《营商环境报告》指标的省份。随后,上海市和北京市分别发布了优化营商环境的工作方案。从公布的信息看,两市工作方案的诸多内容,是对照世界银行报告评估指标而制定:《上海市着力优化营商环境加快构建开放型经济新体制行动方案》对开办企业、获得电力、办理施工许可、登记财产、跨境贸易、纳税,共9个方面提出了改革方案;而“优化营商环境北京在行动”“一揽子”新政中,则对开办企业、获得电力、办理施工许可、登记财产、跨境贸易中与程序步骤、时间、成本有关的改革进行了规划。

在其发布的15年间,世界银行《营商环境报告》虽然受到过一些批评,但其影响力未曾减弱,也未曾出现能够全面替代该报告的国际评估报告。至2018年,已有60多个经济体运用世界银行指标进行改革。各地政府进行的3180项监管改革中,有920项改革皆由该报告所促进。该报告数据还同时被诸多同类报告引用,如世界经济论坛《全球促进贸易报告》,在财产保护、合同执行、获得贷款便利度等指标中,直接引用该报告的数据。世界银行报告还引发各国对本国营商环境进行评估,印度莫迪政府以该报告为蓝本,由工业政策促进部(DIPP)开展“印度营商便利度评估”,并由印度官方智库机构印度转型国家研究院(NITI Aayog)使用同一份问卷,发布企业视角的印度营商便利度报告。而法国则在对《营商环境报告》批判基础上,形成《法国吸引力报告》。

---

* 王美舒,华东师范大学法学院晨晖学者,法学博士。

一、世界银行《营商环境报告》(Doing Business)的源起与发展

二十世纪七十年代,私营经济开始在全球经济发展中发挥重要作用。为繁荣经济,特别是刺激私营部门的发展,各国政府在宏观经济稳定、价格自由化、私有化和减少贸易壁垒等宏观政策方面进行诸多努力。在这一过程中,各国私营部门发展及其商业活动仍呈现巨大差异,有的国家虽然推行了一系列宏观政策改革,但企业活动受到限制,增长受阻;而另一些国家虽然没有进行普遍的宏观改革,其企业活动仍然表现良好。其中原因引起了世界银行的关注。与此同时,世界银行在向发展中国家进行国际援助时,也发现当来自私营部门的对外直接投资额度,超过国际社会提供的公共援助额度时,如何在不另外提供特殊优惠政策或政策保证的同时,最大可能地吸引和留住投资,成为发展中国家亟须解决的问题。

自二十世纪八十年代起,世界银行为促进全球私营经济的发展,也为促进对发展中国家直接投资的增长,将目光投向各国的制度改革,特别是法律制度的改革。世界银行逐渐认识到,虽然宏观政策在营商决策中发挥着重要作用,但商事法律法规的制定情况,以及相关行政机关对法律的实施情况,在繁荣商业活动中也发挥着同样重要的作用。借鉴国际社会经验,特别是联合国人类发展指数(human development index)在促进全球健康和教育发展上所发挥的作用,世界银行开始筹备对各国私营部门发展环境进行评估,以期在各国树立营商环境标杆,推动各国监管改革,为全球私营经济的发展营造良好环境。

在世界银行之前,自由之家(Freedom House)、传统基金会(Heritage Foundation),以及世界经济论坛(World Economic Forum)也对营商环境进行过评估,并主要以国家风险、经济自由、国际竞争力等宏观环境为内容。这些评估虽然帮助各国政府识别出了一些改革内容,但存在三个问题。

其一,相关评估仅针对国外投资者,而并未关注当地企业的需求。而在发展中国家,国内企业在经济发展中发挥了更重要的作用。

其二,相关评估主要依赖于受评估者的直观感受,评估偏差频繁出现,各国

之间的情况也无法得到有效比较。世界银行《营商环境报告》曾举例,在世界经济论坛的“企业执行官意见调查”(Executive Opinion Survey)中,乌兹别克斯坦和白俄罗斯对政府效率的满意度,排在法国、德国和瑞士之前;而西班牙相邻两年的问卷调查结果,竟然造成该国两年排名相差30余名。

其三,相关报告将评估集中在宏观指标,没有指标涉及营商活动中的某一法规范,无法针对法律修改、制度完善,为各国提供详细且有效的营商环境改革方案。

在这样的背景下,世界银行提出以影响中小企业经营活动的经济领域法律法规与行政效率为主要内容,进行营商环境评估。世界银行认为,经济活动能够从清晰、条理的法律规范中获益。通过为各国政府提供客观数据,世界银行相信营商环境评估能够帮助各国政府实现改革目标,促进私营部门发展。在这一理念下,世界银行《营商环境报告》形成了如下鲜明特色:

1. 在标准化的宏观经济指标之外,形成一套系统的微观制度指标,从微观方面对营商环境进行评估;

2. 仅关注与企业经营相关,特别是中小企业经营相关的法律法规和监管情况;

3. 不进行主观评价,仅依据法律规范文本和行政手续的实际流程进行客观评价。

围绕这三个特点,世界银行在评估方法上也形成了其特色:

1. 在问卷调查中,运用标准情景案例(standardized case scenarios);

2. 将样本聚焦于各国大型商业城市(2013年人口达到1亿的商业城市);

3. 聚焦于国内正式领域,对非正规经济领域的情况不进行评估;

4. 数据来源依赖于相关领域的专业人士回应,即律师、法官、公证员、会计、建筑师等专业从业人员对问卷的回答。

特点	优势	劣势
聚焦于法律法规的文本信息	指标能够指向具体法律规范，是政策制定者有能力进行改革、完善的内容	没有关注法律的系统适用、实施；法律法规变化并不能达到理想效果
运用标准情景案例	数据可比、方法透明	数据范围减少、监管领域的改革仅在测算领域内得到持续跟踪
聚焦于大型商业城市	数据收集可操作、数据可比	如果被测量经济体内各地有明显不同，数据代表性相应降低
聚焦于国内正式领域	法律法规与这一领域密切相关，这一领域的企业也最具生产力	对非正式领域或对跨国企业有不同限制条件的情况，无法考虑
依赖于专业人士对问卷的回答	估算了对交易领域知识最为熟知的群体	无法反映企业中相关知识拥有量的多样性

二、世界银行《营商环境报告》的评估指标

世界银行报告评估指标的设定在15年中几经变化。目前我们看到的评估内容分为11个方面，包括开办企业、办理施工许可证、获得电力、登记财产、获得信贷、保护中小投资者、跨境贸易、纳税、执行合同、办理破产，以及劳动力市场监管，其中，劳动力市场监管不计入分数。具体评估内容如下：

评估方面	评估内容
开办企业	程序步骤
	时间
	成本
	最低实缴资本

续表

评估方面	评估内容
办理建筑许可证	程序步骤
	时间
	成本
	建筑质量控制指数
获得电力供应	程序步骤
	天数/时间
	获得电力连接的成本(以占人均收入百分比计算)
	供电可靠性与电费透明度指数
登记财产	程序步骤
	时间
	成本
	土地管理质量指数
获得信贷	法律权利强度指数
	信贷信息深度指数
	征信覆盖率
	信用登记覆盖率
保护少数投资者	信息披露范围指数
	执行官责任范围指数
	股东诉讼便利度指数
	股东权利范围指数
	所有权和管理控制范围指数
	公司透明度指数

续表

评估方面	评估内容
纳税	时间
	税费总额
	税费占商业利润比
	报税后程序指数
进行跨国界贸易	出口业务时间
	出口业务成本
	进口业务时间
	进口业务成本
执行合同	时间
	成本
	司法程序质量指数
办理破产	时间
	成本
	破产债务追偿指数
	破产框架力度指数
劳动力市场监管	雇佣
	工作时长
	裁员
	工作质量

此前,2004 年报告中,仅对 5 个评估方面进行评估,包括开办企业、雇用和解雇工人、执行合同、获得信贷、关闭企业。具体评估内容如下:

评估方面	评估内容
开办企业	程序步骤
	时间
	成本
	最低实缴资本
雇用和解雇工人	雇用灵活度指数
	雇用条件指数
	解雇灵活度指数
	劳动法规范指数
执行合同	程序步骤
	时间
	成本
	程序复杂度指数
获得信贷	公共信贷登记处数量
	公共信贷覆盖率
	公共登记指数
	私人信贷信息登记处数量
	债权人权利指数
关闭企业	破产程序时间
	破产程序成本
	绝对优先权保护
	有效结果达成指数
	破产目标指数
	法院执行力指数

随后,2005 年的评估内容增加为 7 个方面,为开办企业、雇用和解雇工人、登记财产、获得信贷、保护投资者、执行合同、关闭企业;2006 年报告则增加为

10个方面，即开办企业、办理许可证、雇用和解雇工人、登记财产、获得信贷、保护投资者、纳税、跨国贸易、执行合同、关闭企业。2006年至2011年，评估内容一直稳定在这10个方面。

评估方面	评估内容
开办企业	程序步骤
	时间
	成本
	最低实缴资本
办理许可证	程序步骤
	时间
	成本
雇用和解雇工人	雇用困难度指数
	工作时间刚性指数
	解雇困难度指数
	雇用刚性指数
	雇用成本
	解雇成本
财产登记	程序步骤
	时间
	成本
获得信贷	法律权利强度指数
	信贷信息深度指数
	公共登记覆盖率指数
	私人信贷信息登记处数量

续表

评估方面	评估内容
保护投资者	信息披露范围指数
	执行官责任范围指数
	股东诉讼便利度指数
	投资者保护强度指数
纳税	纳税数额
	时间
	纳税占商业利润比
跨境贸易	出口程序文件
	出口程序需签署数量
	出口时间
	进口程序文件
	进口程序需签署数量
	进口时间
执行合同	程序步骤
	时间
	成本
关闭企业	时间
	成本
	破产重整率

2012 年报告中,评估方面又出现了变化,增加了获得电力一项,将关闭企业一项更名为处理破产,劳动力监管一项则不再进入分数计算,由此演变为目前的 11 个评估方面,即开办企业、获得建筑许可证、获得电力、财产登记、获得信贷、保护投资者、纳税、跨境贸易、合同执行和处理破产。同时还调整了多项评估内容,如去掉了跨境贸易中的两项内容。2015 年,世界银行报告评估内容又进行了调整,将保护投资者更替为保护少数投资者,评估内容也相应作出调整,

如保护少数投资者中主要评估利益冲突规制指数、股东治理指数、少数投资者保护强度指数三项内容。

如前所述，由于世界银行报告意在对企业经营的微观环境进行描述，因此不对经济体宏观商业环境或国家竞争力进行评估，诸如宏观经济稳定性、金融系统发展程度、劳动力质量、贿赂和腐败发生率、市场规模、社会安全度等都未考虑进评估内容中。评估主要涉及规制结果，例如，符合监管要求所需要的时间、成本，以及具体的规制手段，如劳动法的严格程度以及执行合同的具体步骤。

表面上看，世界银行报告指标的选择主要依赖于对企业经营全流程的经验总结。世界银行报告曾将 10 个评估方面归入到企业经营的 5 个环节，即企业的设立、设址、获得金融、处理日常事项、在安全营商环境下运行，以展示其评估对企业经营流程的全面关注。但实际上，世界银行报告评估方面和评估内容的确定主要以法经济学研究作为支撑。除了以科斯定理作为主要理论基础，早期世界银行报告中还留有 LLSV 理论[1]的影子。2004 年世界银行报告的国别表格中，除了列明一国的人均国民收入（GNI per capita）和人口，非正规经济占收入比和其所属法系（legal origin）也被单独列明。此外，秘鲁经济学家德·索托（Hernando De Soto）所做的实证研究也给世界银行的评估工作带来诸多启发。1983 年，德·索托带领团队在秘鲁首都利马开办服装厂，对设厂所需行政手续进行实证研究，测量了法律规范失当给商业活动带来的影响，提出过于冗杂繁复的法律规范会将穷人"困于"非正规经济，阻碍穷人获得更多信贷，使他们无法将资本用于正规经济的再生产，进而导致整个社会的福利损失。

三、世界银行《营商环境报告》的评估方法

1. 评估样本

世界银行报告样本主要为各国第一大商业城市，2015 年又增加了 11 个国

---

〔1〕 二十世纪九十年代中后期，拉波塔（La Porta）、洛配兹·西拉内斯（Lopezde-Silanes）、施莱弗（Shleifer）和维什尼（Vishny）四位学者通过整理多国的政治、法律、宗教、文化和经济等方方面面的量化数据，第一次明确将法律因素引入到解释金融发展和经济增长的具体研究中。由于他们经常一起署名发表文章，学界简称 LLSV 组合，其理论被称为 LLSV 理论。

家的第二大商业城市。在我国,该报告最初只对上海进行评估,后又增加了北京的数据,并按照两个城市的人口进行赋值。其中,上海分数占我国分数的55%,而北京分数占45%。此外,为保证数据反映的是最为一般的营商环境,该报告还在标准情景案例中对样本范围进行限定,对享受特殊招商引资政策的区域不进行评估,我国语境下的自贸区、高新开发区、特别经济区严格意义上不进入该报告的评估视野。

2. 数据来源

世界银行报告的数据主要来源于各国商事法律、法规文本,世界银行企业调查(World Bank Enterprise Surveys)数据库、经济体所在地政府,以及世界银行地区员工。在设计世界银行企业调查数据库构成时,世界银行对比了行业内研究者、行业内专业人士、企业管理人员等不同数据来源主体带来的影响,最后将数据来源主体确定为法律工作者,包括律师、法官、公证员,其他主体如信贷机构官员、会计、建筑师、工程师、机动车驾驶员也会在相关领域被列为数据来源主体。

按照世界银行的工作流程,这些数据来源在不同阶段发挥着不同作用。在第一阶段,世界银行向专业人士发放问卷,以获得对各国营商环境的全面数据。在第二阶段,世界银行向本机构员工和执行官收集各国营商环境改革情况,查阅各国法律数据库,以确定各国在评估范围内完成的改革事项,形成各国"备忘录"(reform update memos),并由各国政府和世界银行地区小组进行复核。在这一阶段,世界银行营商环境工作组将访问近30个经济体,与政府官员和企业主进行电话会议。有时,世界银行也会邀请政府或世界银行地区小组提交相关法律法规的改革报告。第三阶段,则由世界银行完成并发布报告。各国在世界银行"营商环境便利度排名"上的分数由各国专业人士的问卷调查结果决定;世界银行地区小组和各国政府只能在当年改革项目上提供初步信息,其最终是否能视作有效改革,仍由问卷调查结果决定。

3. 问卷方式

既然由专业人士的问卷调查结果决定得分和排名,那么世界银行报告的问卷就成为关注的焦点。一般观念中,问卷调查测量的是被调查者的主观感受与评价。为了避免主观调查带来的偏见与信息模糊的情况,世界银行问卷中去除了主观问题,而仅对法律法规的文本信息和实际的行政程序进行测量。为了进一步限制答题范围,该问卷在每一个评估方面下都设定标准情景案例,并对关键术语进行定义。

表面上看,世界银行问卷更像是给各国专业人士的“考卷”,即以具体案例来“考察”相关人士的知识储备量。因此有观点认为,有些法律法规已经颁布,而被调查者并不知晓,应加强“普法”,以此提高得分。但进一步分析,该问卷的发放对象是经常接触专业业务的人士,对法律规范及其适用更为熟悉,对业务处理中的法律适用变化也更为关注。标准情景案例中涉及的法律法规,虽在文本上有所规定,但如果出现在实际情况中,则极少适用,从而导致专业人士不知晓的情况,实际上就反映了相关法律法规只是“一纸空文”。世界银行虽然在报告中声明其只评估法律的制定问题,不评估法律实施情况,但只要没有过多的人为干预,这种问卷方式可以反映经济领域中实际运行的法律规范情况。

4. 计算方法

世界银行报告在进行评估时,采用 DTF(Distance to Frontier)前沿距离分数的方法进行计算,用以衡量被评估经济体与最佳表现之间的差距。其中,前沿者是指自 2005 年后或用于指标计算的数据收集之后第三年以来,所有经济体中该指标的最佳表现。

DTF 方法主要解决的是数据归一化处理问题。41 个具体指标 y(除了总税收和贡献率之外)皆采用线性变换法进行归一化处理,即(最差实践情况 - y)/(最差实践情况 - 最前沿实践情况)。在此公式中,最好实践情况和最差实践情况皆每五年更新一次。更新后无论中期数据如何变化,后续五年保持在相同水平。为了剔除极端情况对数据分布的影响(例如,极个别经济体需要 700 天完成新公司注册,而大部分经济体需要的时间在 9 天左右),评估最差实践情况前首先去除异常值。异常值的定义取决于每个指标的具体数据分布情况,为了简便制定两项规则:对于大部分分散分布的指标,采用 95% 的置信区间;对于程序步骤数等指标,采用 99% 的置信区间。对于与定义或者建筑相关的指标,不需要进行异常值去除处理,如法律指标得分(如信贷信息深度指数、披露程度指数和破产框架力度指数)。在获得归一化处理的数据后,世界银行对各项指标下(1,100)的得分进行加权平均。除在获得金融方面,其他都采取简单平均的方式获得各项得分。

世界银行报告的计算方法虽然解决了各指标原始数据单位不统一的问题,但同样也带来了问题。最佳/最差水平并不等于最好的参照点,当原始数据中存在显著异常值时,会出现分布不均匀的处理结果,大部分国家的分数集中在很小的区间内,无法进行有效区分。为解决这一问题,世界银行报告将原始数据中的异常值去除,并规定置信区间为95%~99%。但这依然没有解决各国得分难以区分的问题。

瑞士营商环境评估的实践与经验

李建星*

一、瑞士营商环境评估概述

(一)瑞士的概况

世界经济论坛发布的全球竞争力报告显示瑞士为世界竞争力最强的国家,欧盟报告显示瑞士的创新力表现为欧洲最佳。瑞士人均国内生产总值长期居欧洲前列。在2005年,瑞士家庭收入中位数为96,500瑞士法郎,瑞士经常收支占国内生产总值比例亦居世界前列。

瑞士在世界银行发布的《2018年营商环境报告》中,排名第33位,得分是75.92,低于经合组织高收入国家的平均得分77.46。

(二)瑞士对营商环境的评估

瑞士对营商环境的评估,体现出以下几个特点:

1.在资料收集的范围内,没有发现瑞士官方对其他国家营商环境出具评估指数或者评估报告,也没有发现瑞士官方对本国境内各州出具评估指数或评估报告。由此可见,瑞士官方对营商环境问题的关注度不足,原因可能在于瑞士处于永久中立国地位,其银行系统在全世界享有盛名,具备较为稳固的竞争力。

2.瑞士没有以联邦政府名义出具过本国的营商环境评估指数或评估报告。但是,瑞士联邦经济、教育和研究部委托洛桑联邦理工学院向全球发布《瑞士投资指南——瑞士商业驻地》(Switzerland Global Enterprise: Enabling New

* 李建星,华东师范大学法学院晨晖学者,法学博士。

Business)(包括中文版本)。该指南涉及瑞士对本国的营商环境进行的陈述与评估。另外,日内瓦州与楚格州均通过本州《投资指南》的方式陈述与评估本国的营商环境。由此类官方或半官方的投资指南可看出瑞士对营商环境的哪些因素较为关注,进而可以提取当中的有益成分。

3. 诸多商业机构有专门出具针对瑞士的投资指南,内容涉及对瑞士营商环境的陈述与评估。由这些商业机构的陈述与评估可以获知商业机构对哪些营商环境的指标较为关注。

4. 洛桑联邦理工学院的《瑞士投资指南》与日内瓦州、楚格州的本州《投资指南》只是陈述与评估投资环境的内容,并没有严格区分"营商环境"、"竞争力"、"投资环境"、"国内企业经营环境"等名词内容。但是,各商业机构出具的报告都是使用了世界银行《营商环境报告》(Doing business)的表述,指向营商环境。

二、评估指标的内容

(一)素材来源

	出具主体	报告名称
官方或半官方	瑞士联邦经济、教育和研究部委托洛桑联邦理工学院	《瑞士投资指南——瑞士商业驻地》
	日内瓦州	《在日内瓦州开始商业的指南》(2015)(Guide To Starting a Business In The Canton of Geneva 2015)
	楚格州	《楚格州:营商》(Zug:Doing Business)

续表

	出具主体	报告名称
商业机构	穆迪投资	《在瑞士营商》(2016)(Doing Business in Switzerland 2016)
	马施云会计师事务所咨询公司报告	《在瑞士营商》(2017)(Doing Business in Switzerland 2017)
	PKF 咨询公司	《在瑞士营商》(2017)(Doing Business in Switzerland 2017)
	VISCHER 有限公司	《在瑞士营商》(2017)(Doing Business in Switzerland 2017)
	德勤公司	《在瑞士的税务与投资》(2015)
	天职会计师事务所	《在瑞士营商》(2013)(Doing Business in Switzerland 2013)

(二)指标比较

在瑞士的营商环境陈述中,最为详尽的、最具有瑞士联邦官方色彩的评估指标体现为《瑞士投资指南——瑞士商业驻地》。其指标体系如下:

1 政治体制

2 经济体制

2.1 国内生产总值和产业结构

2.2 国际融合

2.2.1 商品与服务贸易

2.2.2 直接投资

2.3 主要产业集群

2.3.1 生命科学:化学/制药,生物技术和医疗技术

2.3.2 机械、电气工程和金属行业

2.3.3 信息和通信技术

2.3.4 清洁技术

2.3.5 总部功能

2.3.6 金融服务

2.3.7 贸易和原材料
3 经济框架
3.1 商品和服务的国际性流通
3.1.1 自由贸易协议、世贸组织(WTO)和解除贸易限制
3.1.2 海关和关税
3.1.3 原产地条例
3.2 对自由竞争的保护
3.3 对知识产权的保护
3.3.1 专利
3.3.2 商标
3.3.3 外观设计
3.3.4 版权
3.4 产品规定和产品责任
3.4.1 食品
3.4.2 药品
3.4.3 医疗产品
3.5 土地使用规划和环境保护
3.5.1 建筑和规划
3.5.2 环境
4 瑞士和欧洲
4.1 贸易和直接投资
4.2 政治和经济合作
4.2.1 人员自由流动
4.2.2 申根协议
4.2.3 贸易技术壁垒的消除
4.2.4 研究
4.2.5 铁路、公路和航空运输
4.2.6 公共采购
4.2.7 农产品贸易

4.2.8 储蓄收入的税收
4.3 欧元
5 公司的成立和管理
5.1 公司形式
5.1.1 股份公司(AG)
5.1.2 有限责任公司(GmbH)
5.1.3 分支机构
5.1.4 集体投资有限合伙(KkK)
5.1.5 个体公司
5.1.6 一般合伙
5.1.7 合资
5.1.8 普通合伙
5.2 会计
5.3 审计
5.4 成立公司
5.4.1 程序
5.4.2 进行商业注册
5.4.3 成立费用
6 签证、居住和工作许可证
6.1 入境与签证
6.1.1 签证条例
6.1.2 签证申请程序
6.2 在瑞士居住
6.2.1 家人团聚
6.3 在瑞士居住但并无有偿工作
6.3.1 不超过3个月的停留期
6.3.2 更长停留期
6.3.3 特殊情况:学生
6.4 在瑞士居住并获得有偿工作

6.4.1 外国文凭的认可
6.4.2 欧盟/EFTA 成员国公民的居住和就业
6.4.3 非欧盟/EFTA 成员国公民的居住和就业
6.4.4 培训生/实习生
6.5 移民
7 房地产
7.1 寻觅合适房源
7.1.1 住宅地产和商业地产
7.1.2 临时居所和带家具公寓
7.2 商业地产
7.2.1 租赁
7.2.2 购买
7.3 住宅地产
7.3.1 租赁
7.3.2 购买
7.4 法律调查:建筑许可证
7.5 法律调查:海外人士购买房地产
7.5.1 无许可证要求
7.5.2 有许可证要求
7.5.3 申请许可证的理由
7.5.4 执行
8 劳动力市场和劳动法
8.1 就业与失业
8.2 劳动力成本
8.2.1 工资
8.2.2 非工资性劳动力成本
8.2.3 生产力
8.3 劳动合同及雇员代表
8.3.1 个人雇佣合同

8.3.2 集体劳资协议
8.3.3 雇员参与和雇员代表制
8.4 工作时数和休假
8.4.1 正常工作时数、最长工作时数和工作时间模式
8.4.2 加班和额外工作
8.4.3 日间工作和晚间工作
8.4.4 夜间工作、周日和节假日工作
8.4.5 节假日和公众假期
8.5 解约和缩时工作
8.5.1 通知期限和解约保护
8.5.2 缩时工作和大规模裁员
8.6 社会保险
8.6.1 养老和遗属保险(OASI)
8.6.2 伤残保险(DI)
8.6.3 意外险(AI)
8.6.4 健康保险和病休津贴
8.6.5 收入补偿和生育津贴
8.6.6 失业保险
8.6.7 职业养老金计划
8.6.8 家庭津贴
8.7 招聘
8.7.1 公共就业服务
8.7.2 就业代理机构
8.7.3 猎头
8.7.4 员工租赁/临时性就业代理机构
9 金融中心和资本市场
9.1 银行
9.1.1 组织结构和一般情况
9.1.2 监管

9.1.3　服务
9.1.4　存款保障
9.2　瑞士股市:瑞士证券交易所
9.3　商业贷款和不动产融资
9.3.1　当前业务活动的融资
9.3.2　抵押贷款
9.4　风险资本
9.4.1　风险投资
9.4.2　天使投资人
9.4.3　国家支持
9.5　资金成本和利息
9.6　通胀
10　瑞士税收体系概述
10.1　公司纳税人的税收
10.1.1　企业所得税(联邦政府)
10.1.2　企业所得税(州和市镇)
10.1.3　资本税
10.1.4　税收优惠措施
10.2　税务负担的国际比较
10.3　个人纳税人的税收
10.3.1　个人所得税
10.3.2　财产税
10.3.3　外派人员
10.3.4　频繁过境人员
10.3.5　一次性纳税
10.3.6　遗产税和赠与税
10.4　预提税
10.4.1　国内税率
10.4.2　协定税率

10.4.3 瑞士与欧盟的双边协议
10.5 增值税
10.5.1 应税个体
10.5.2 应税商品及服务的供应
10.5.3 应税金额
10.5.4 税率
10.5.5 免税
10.5.6 进项税扣除
10.5.7 出口
10.5.8 国际业务活动
10.5.9 非居民企业
10.6 其他税种
10.6.1 印花税
10.6.2 房地产税
10.7 双重征税协议
10.8 第三次企业税收政策改革
10.9 转移定价规则
11 基础设施
11.1 交通
11.1.1 公路网
11.1.2 铁路
11.1.3 水运
11.1.4 航空
11.2 通讯
11.3 能源
11.4 供水
11.4.1 饮用水
11.4.2 废水处理和水污染控制
11.5 邮政服务

11.6　卫生保健

11.6.1　医疗护理

11.6.2　健康保险

12　教育和研究

12.1　学校教育和职业培训

12.1.1　基础教育和继续教育

12.1.2　职业培训

12.2　继续教育

12.3　大学和学院

12.3.1　大学和技术学院

12.3.2　高等专业学院

12.3.3　高级工商管理硕士项目(EMBA)

12.4　国际私立学校和寄宿学校

12.5　研究和开发

12.5.1　瑞士科研产业

12.5.2　国际合作研发

12.6　瑞士创新

12.6.1　创新重点

12.6.2　瑞士创新园区

12.6.3　目标群体

12.6.4　服务

13　瑞士生活问答

13.1　安全和生活质量

13.2　移居和融合

13.2.1　移居

13.2.2　语言课程

13.3　租住公寓

13.3.1　押金和租赁协议

13.3.2　租房规则与房屋维护

13.4 电话、网络和电视
13.5 保险
13.6 公共交通
13.7 休闲活动
13.7.1 休闲和文化活动
13.7.2 社团和义工
13.8 收入和生活成本
14 促进对瑞士的投资
14.1 责任和服务
14.2 促进政策和方法
14.2.1 州政府的促进措施
14.2.2 将税收减免作为地区政策的一部分
14.2.3 瑞士创新园区
14.2.4 技术和创新委员会(CTI)
14.2.5 科技园区和孵化中心

若干重要报告的评估指标比较:

世界银行	PKF	洛桑联邦理工学院	日内瓦州的官方投资指南
开办企业	可以选择的企业组织方式	可以选择的企业组织方式	可以选择的企业组织方式以及设立企业的成本
办理施工许可证			
获得电力	获得各种资源	基础设施	
登记财产	√	如何获得房地产	
获得信贷	银行体系	金融中心和资本市场	
保护少数投资者			
纳税	√	√	√

续表

世界银行	PKF	洛桑联邦理工学院	日内瓦州的官方投资指南
跨境贸易	√		
执行合同			
办理破产			
世界银行 未涉及的标准	社会保险 生活舒适度	签证、居住和 工作许可证	外国人的居住条件
		劳动力市场 与劳动法	社会保险与劳动法 (工作时间与休假时间)
		教育和研究能力	政府廉洁

(三)指标比较的总结

1. 瑞士官方对于营商因素的评估,涵盖面较广,几乎涉及了营商环境方方面面,包括政治体制、经济体制等。此类指标在进行国际横向比较时存在一定意义,但是在一国内,尤其是在中国内地进行营商环境的评估,政治体制、经济体制在各地之间并没有主要不同,可以直接视为既定因素,不进行评估。同时,个别指标,如企业设立模式等内容,同样在一国内属于既定因素,不进行评估。

2. 通过比较可知,世界银行的个别指标对瑞士的评估无影响力,如少数投资者保护。首先,过于注重对少数投资者的保护并不一定是有利于营商环境的,因为这对主要出资者而言,可能会加重其经济承担。其次,保护少数投资者的规定主要是由一国的国内基本法律,如公司法、证券法等发挥作用。此类指标在进行国内评估时,尤其是在中国内地进行营商环境评估时,也可以直接视为既定因素,不进行评估。

3. 世界银行的个别指标对瑞士的评估涵盖面不够强,如获得信贷度。由于瑞士本身的银行等金融体系极为发达,其可以为经营者提供诸多金融融资渠道。而世界银行的指标涉及面显然较窄。因此,瑞士在陈述本国的营商环境时,花费了较多笔墨陈述本国的金融体系的健全性,以及融资渠道的广阔性。这就说明,在评估中国内地的营商环境时,可以对世界银行的指标进行部分增加,以体现中国内地在促进营商环境的发展方面所作出的努力。

4. 由于瑞士是对营商环境进行陈述,并没有对不同指标的权重进行赋值,也没有对指标的重要性进行区分,因此,指标体系呈现出一致性的问题。实际上,一个经营者对营商环境的评估涉及的因素有诸多方面,但并不是所有的指标对经营者而言都是同等重要的。因此,这就提示我们在涉及评估指标时,必须对指标进行不同赋值,以体现出经营者真正关注的重点,以实现更加有针对性的营商环境。

三、评 估 方 法

(一)评估方法

对瑞士营商环境的评估方法体现出以下几个特点:

1. 无论是官方、半官方的评估还是商业机构的评估都是采取定性的方法来评估瑞士的营商环境,主要是对瑞士涉及营商环境的各项要素进行描述,而且主要是进行事实的客观陈述,极少会有评价。

2. 由于评估一般没有进行赋值,因此,没有办法进行归一化处理或者对各项指标不同的权重进行赋值。

3. 在对瑞士进行评估时,没有进行横向比较,例如,与相关的欧盟国家进行比较。

(二)评估数据来源

对瑞士营商环境的评估数据来源体现出以下几个特点:

1. 数据来源于正式报告数据。例如,评估劳动者的积极性,就采取了瑞士洛桑国际管理学院的《国际竞争力年鉴2016》。这提示在进行国内营商环境评估时,可以积极引用官方数据与资料。一方面增加报告的权威性,另一方面也可降低数据收集的难度。

2. 对情况的描述依赖正式文件。例如,成立公司的程序引证的就是各州经济发展部门提供的文件。

3. 评估一般没有采取调查问卷的方式,自然也不需要被调查者提供主观判断。

4. 为增加可读性,对情况的描述通常以表格的形式展开。

德国营商环境评估的实践与经验

周万里*

一、评估概述

德国两个有代表性的营商环境评估研究报告。一个是德国经济研究所受“新社会市场经济动议”(INSM)和著名财经类杂志《经济周刊》委托所做的报告《各州经济比较》,最新的是2012年版本;另一个是德国经济研究所受“拜仁经济协会”(VBW)委托所做的《国际比较视野下的工业地拜仁州——水平排名》,最新的是2017年版本。

截至2012年,德国经济研究所已经作了十次《各州经济比较》报告,主要用来研究和比较联邦各州2008年至2011年的经济绩效,预测未来的经济发展趋势。在这些报告中主要是回答德国的哪些州的发展最有活力,哪些州的生活水平最高等方面的问题。同样由德国经济研究所所做的《国际比较视野下的工业地拜仁州——水平排名》(第5次)报告,主要是从投资者的角度研究投资环境。德国拜仁州是工业强州,宝马、西门子、奥迪等总部所在地,该报告直接就将拜仁州与瑞士、美国、德国、瑞典、丹麦、日本等45个最重要的工业国进行比较。

《各州经济比较》报告对德国各州进行了排名,包括劳动市场、生活水平、位置和结构四个大方面,从宏观上评价各州经济发展水平和发展潜力,其中的一部分指标反映了各州的竞争能力或潜力。《国际比较视野下的工业地拜仁州——水平排名》是从投资者角度看待营商环境,考察各国给企业经营提供的经营环境如何。

---

* 周万里,华东师范大学法学院晨晖学者,法学博士。

二、评估内容

(一)《各州经济比较》

《各州经济比较》报告采用的是定量比较的方法,对所有的指标进行计算,然后对各州的得分进行排名。总指标由“目标大小”和“影响大小”两部分组成。目标大小决定着各州的成功,其指标源自生活水平(国民生产总值、收入、购买力)和劳动市场(失业率、就业辅助和从业人员)。影响大小的部分由所在地和结构两部分组成。排名分为“现状排名”和“动态排名”两类,现状排名由49个指标决定,动态排名由47个指标组成。这些指标的数据主要来源于各州公开的机构,比如联邦统计局、各州统计局、劳动部以及其他的研究机构和数据收集和调查公司。

具体来说,总指标下的影响因素和目标因素各占50%权重。影响因素由所在地和结构组成,分别占40%和60%的权重。所在地指标由成本或生产效率(30%)、基础设施(25%)、人力资本(18%)、休闲时间价值(14%)、公共机构办事(13%)组成。结构的指标由人口(15%)、经济(25%)、国家(10%)和社会文化(50%)组成。

目标大小由生活水平(50%)和劳动市场(50%)组成。其中的生活水平由个人纳税能力(25%)、收入(25%)、国民生产总值(25%)、购买力(25%)组成,而劳动市场有失业率(50%)和工作岗位密度(50%)两项指标组成。

(二)《国际比较视野下的工业地拜仁州——水平排名》

在《国际比较视野下的工业地拜仁州——水平排名》中共有61个指标去衡量企业所在地的吸引力,也就是说,这些指标决定着企业是否在一个地方从事经营活动或投资。报告中“投资地质量指数”涵盖国家、基础设施、知识、资源、成本和市场六大领域。这些领域下面分为14个大类别,然后继续细分为61个单项指标。比如在国家这一领域中有制度框架、监管、公职机关办事三大类,其下面又包括了监管的效率、垄断控制、腐败控制和劳动市场监管等方面。在知识这一领域中有人力资本、创新领域和劳动关系三大类,其下面包括了教育程度、专业人士、研究预案、创新和专利登记等指标。

三、评估方法

(一)《各州经济比较》

在对各个指标设置权重时,德国经济研究所采用"计量经济学评估附加专家问卷"的方法。计量经济学评估只起到指引的作用,并不能说明各个指标之间的关系。对超过100名的经济学家进行问卷调查,确定"所在地"指标下的权重。对更加深入的层次,指标的权重多数是相同的。

(二)《国际比较视野下的工业地拜仁州——水平排名》

德国经济研究所在做这份报告时选取61项单项指标的标准如下:(1)内容方面的说服力,主要是指某项指标有理论基础并且有助于解释工业的竞争能力。(2)指标在实证上的重要性,的确对国家的工业产生重大影响。(3)数据的质量,能够从公共的渠道获得这些数据,并且尽可能是最新的。(4)数据来源。使用的数据主要来自比较权威的机构,包括普华永道会计师事务所、经济合作与发展组织、官方统计机构、世界银行、世界经济论坛。(5)权重。14大类别的权重主要由被采访的企业确定。以"国家"这个领域为例,下属的指标包括有效的监管(世界银行,权重是1.96%,针对拜仁州采用调查问卷)、当地的竞争程度(世界经济论坛,权重是1.96%,采用德国的数值)、反垄断政策力度(世界经济论坛,权重是1.96%,采用德国的数值)、经济自由度(传统基金会,权重是1.96%,官方数据)、法律确定性(世界银行,权重是1.96%,采用德国的数值)、腐败控制度(世界银行,权重是1.96%,采用德国的数值)、劳动市场监管(弗雷泽研究所,权重是0.31%,采用德国的数值)、一般性的监管(弗雷泽研究所,权重是0.31%,采用德国的数值)、监管的质量(世界银行,权重是0.31%,采用德国的数值)、产品市场监管(经济合作与发展组织,权重是0.31%,采用德国的数值)、经营自由(传统基金会,权重是1.62%,官方数据)、设立企业(弗雷泽研究所,权重是1.62%,采用德国的数值)、监管企业(弗雷泽研究所,权重是1.62%,采用德国的数值)、税收数目(普华永道会计师事务所,0.81%,采用德国的数值)、纳税耗费的时间(普华永道会计事务所,0.81%,采用德国的数值)。

法国营商环境评估的实践与经验

李颖轶*

一、《法国吸引力报告》的生成背景

近年来,在世界银行发布的《营商环境报告》(以下简称世界银行报告)中,法国作为世界第六大经济体,排名中位数约为第30位,2018年为第31位。根据世界银行报告指出的不足,法国进行了积极的改革,针对各项具体测评指标,发布针对性的改善措施。例如,世界银行报告长期将法国营商环境中高昂的人力成本与税费支出列为减分项。因此,自奥朗德总统时代开始的"竞争力与就业税额抵免"(Crédit d'Impôt pour la Compétitivité et l'Emploi,CICE)以及"责任与团结公约"(Pacte de Responsabilité et de Solidarité)等措施,都致力于改善法国的税务环境,降低雇主的工资与培训成本,同时也创造了更多的就业岗位,大大刺激了法国的经济活力。[1] 同时,2017年马克龙当选总统后,进一步深化始于2015年其经济部长任上的劳动法改革。政府顶住了工会与社会传统的巨大压力,逐步将原本周日与夜晚商店不得营业的禁令解锁到"国际旅游区域例外",并逐步增加"国际旅游区域"的认定。[2] 此外,在税务缴纳、公司注册方

---

* 李颖轶,华东师范大学法学院晨晖学者,法学博士。

〔1〕 Yaëlle Gorin et Catherine Renne, *Comment les entreprises comptent utiliser le CICE*, INSEE(法国国家统计与经济研究所)评论文章,载 https://www.insee.fr/fr/statistiques/1379749,最后访问日期:2018年3月8日。

〔2〕 随着2015马克龙法案(Loi de Macron, soit Loi n° 2015-990 du 6 août 2015 pour la croissance, l'activité et l'égalité des chances économiques)的推进,法国劳动法典经历重大改革,建立"基于工作地点的周休例外"(Dérogation sur un fondement géographique)制度(Code du travail, art. L. 3132-24 à L 13132-25-6),商务区、国际旅游区、火车站等周休例外区域仍在不断通过法案增加。

面,法国的行政程序规则也在进一步改革、简化,大力推广网上办公、收取材料电子版等。[1] 法国经济的竞争力和吸引力正在稳步上升。2018 世界银行报告也对法国在“保护少数投资者”与“纳税”两个大类指标方面取得的改革成效给予了特别肯定。

但是,15 年来,国际社会对世界银行报告的质疑声音从未间断,主要集中在方法论、数据采集、排名的科学性等问题上。就方法论来说,除了各个指标具体的测算涵盖范围、排除范围比较模糊之外,“劳动力市场监管”与“纳税”等指标及其算法备受争议。

在“劳动力市场监管”指标下,世界银行报告主要分别考量了劳动时限、最低薪酬、解雇通知、解雇赔偿和相关其他规则。因为纯粹以营商为导向,这样测算出的结果是,那些规制较少的经济体获得了较高的分值,而那些福利较高、劳动保障较为全面的经济体反而排名靠后,如德国、法国、荷兰和北欧三国。这样的结果必然与包括法国在内的欧洲福利国家的价值观相悖。

同时,世界银行报告的“纳税”指标算法也受到指责。纳税指标的测评由世界银行团队与普华永道(PwC)会计师事务所合作完成,后者自 2005 年开始每年另行发布《纳税报告》(Paying Taxes Report)。[2] 它包含十分琐碎的具体指标,采取非常复杂的计算方法,因而广受诟病。虽然,如前所述,近年来法国针对世界银行“纳税”指标进行了大刀阔斧的改革,并取得了良好的成绩而获得了世界银行最新报告的格外肯定。但是一国或一经济体的税收是由各国(或地区)的具体国情决定的,而且也与各自所处的税务联盟有关。身为欧盟旗舰的法国,自然不希望在如此关键的议题上流失话语权。

此外,世界银行报告还曾陷入利用算法漏洞进行人为干预的丑闻,公信力受到质疑。例如,智利排名下滑,极可能与世界银行报告组团队个别人员出于

---

〔1〕 从 2001 年开始,法国公共采购领域逐步推行材料无纸化,并于 2012 年如期实现。自此法国政府明确提出“2012 ~ 2020 数字法兰西计划(le Plan Francenumérique 2012 – 2020)”,计划从 2012 年到 2020 年逐步、全面实现法国行政无纸化,由时任萨科齐政府工业、能源与数字经济部长埃里克·贝松(Eric Besson)负责并发布官方报告:Eric Besson, Plan France numérique 2012 – 2020: bilan et perspectives, 2001。

〔2〕 普华永道会计师事务所:《纳税报告》(2018),载 https://www.pwc.com/gx/en/paying-taxes/pdf/pwc_paying_taxes_2018_full_report.pdf? WT.mc_id = CT13 – PL1300 – DM2 – TR2 – LS1 – ND30 – TTA4 – CN_payingtaxes – 2018 – intro-pdf-button,最后访问日期:2018 年 3 月 7 日。

政治目的的人为操作有关。[1] 以致世界银行集团前首席经济学家保罗·罗默(Paul Romer)在2018年年初辞职前公开表示,世界银行报告的计算方法“不公平、具有误导性”。[2]

鉴于世界银行报告存在的各种问题,近年来,全球主要商业金融服务机构都陆续发布了自己的营商环境报告,针对不同对象,重新设计指标和算法,成为世界营商体系的重要参考。[3] 与此同时,各经济体也从自身价值观和实际情况出发,开始着手研发自己的营商环境评估办法。其中,法国又一次走在了世界前列。

一方面,法国政府积极对标世界银行报告,努力提升营商环境排名。另一方面,从官方文件的披露看,法国认为,在形式上,世界银行排名建立在与竞争力相关的各项指标的估算评分与意见调查之上,往往导致了过于零散的分析和过于主观的判断,因而会偏离一国的事实情况;[4] 在内容上,世界银行报告低估了法国的竞争力与商业环境,它没有考虑法国市场上的劳动者水平与法国国内持续稳定的各项服务。[5] 而且,尤为重要的是,世界银行报告所选取的指标不一定都符合法国社会主流价值,如创新、环保、平等。法国国家铁路公司(SNCF)大罢工以一种极端的形式表明,法国政府近年来采取的旨在刺激经济的改革措施,尤其是其大量采取绕过国民大会立法、要求国会授权政府立法的政策迅速出台的方式,在法国社会还是引起了诸多不满。因此,在对标世界银行

---

〔1〕 路透社2018年1月15日,载 https://www.reuters.com/article/us-worldbank-economist-romer/world-bank-economist-paul-romer-quits-after-chile-comments-idUSKBN1FD38,最后访问日期:2018年3月7日。

〔2〕 法国《世界报》2018年1月15日,载 http://www.lemonde.fr/economie/article/2018/01/15/imbroglio-entre-le-chili-et-la-banque-mondiale_5242097_3234.html,最后访问日期:2018年3月7日。

〔3〕 如安永(EY)联合城市土地研究院(Urban Land Institute,ULI)发布的《全球商务中心吸引力晴雨表》(Baromètre d'attractivité des quartiers d'affaires mondiaux),就只针对法国拉德芳斯、伦敦金融城、纽约中城区、香港中环、上海陆家嘴等全球17大商务中心的营商便利度进行各个指标的量化比较。安永会计师事务所:http://www.ey.com/Publication/vwLUAssets/ey - 1er-barometre-d-attractivite-des - 17 - grands-quartiers-d-affaires-mondiaux/ $ File/ey - 1er-barometre-d-attractivite-des - 17 - grands-quartiers-d-affaires-mondiaux.pdf,最后访问日期:2018年3月8日。

〔4〕 法国商务投资署:https://www.businessfrance.fr/decouvrir-la-france/son-attractivite-comparee,最后访问日期:2018年3月6日。

〔5〕 法国政府网:http://www.gouvernement.fr/argumentaire/attractivite,最后访问日期:2018年3月8日。

的同时,也十分有必要推出既符合自己价值观、又具有公信力的营商环境报告。

二、《法国吸引力报告》的内容与特色

自2009年开始,原法国国际投资署(AFII)每年负责组织智库发布法国营商年度报告。2015年,法国商务投资署(Business France)[1]成立以后,继续负责每年组织发布《法国吸引力报告》(Tableau de Bord de l' Attractivité de la France)(以下简称法国报告)。以最新的2017年报告[2]为例,这份法国官方发布的营商环境报告选取了三大类、14大项、超过120个充分体现法国社会价值观的营商吸引力指标,将法国纳入经合组织中14个高收入国家进行对比分析。

表1 《2017法国吸引力报告》主要指标统计[3]

大类	主要指标	次级指标(直采权威机构数据制图呈现)
结果指数	外国直接投资	各国外资流入与行业分布,各国对外投资情况,外资创造就业比率等
	国际化与经济开放	外国公司在东道国的分支机构设立情况,创造的附加值、就业岗位、研发投入等
	战略活动	外国公司在东道国设立研发总部,在生物科技、电子元件、软件IT、咨询、金融服务等领域的投资的分布情况等
	国际人才竞争	留学生数量、高等教育留学生比率、高端研究项目留学生比例等

[1] 根据2014-1571号政令(Décret no 2014-1571 du 22 décembre 2014 relatif à l' agence Business France),2015年1月1日起,原法国国际投资署(AFII)与原法国企业国际发展局(UB IFrance)合并成立新的法国商务投资署,受法国经济财政部、外交与国际发展部等政府部门综合领导。

[2] 与世界银行每年第四季度发布来年报告并以来年命名的方式不同,法国每年第四季度发布当年报告并以当年命名,且改称"吸引力"。如世界银行2017年年末发布2018年报告,法国2017年年末发布2017年报告。

[3] 《法国吸引力报告》尚未有中文版本,本表各项指标术语由笔者根据法文版参照英文版自行翻译。Business France,Tableau de Bord de l'Attractivité de la France Édition 2017,2017,BusinessFrance.fr.

续表

大类	主要指标	次级指标(直采权威机构数据制图呈现)
吸引力标准	市场规模与活力	人均 GDP,全球财富分布、欧盟 27 国市场进入情况、最终消费支出、生育率、货物出口、服务出口等
	教育与人力资本	年度教育总支出、人均教育获得、高等教育毕业生比率、科技领域的人力资源投入、研发人员数量、人均生产率、小时劳动率等
	科研与创新	国内研发支出总值、研发占 GDP 比重、政府研发资助总值、各规模公司创新战略比重、专利申请、商标申请、工业设计与模型申请、已披露技术优势申请等
	基础建设	公共服务的交通基建支出、陆运基础设施密度、商品的公路/铁路/里程数、商品海路运输毛重、主要机场的客运/货运情况、宽带接入率、每月网费、平均下载速度、10M 以上固定宽带用户率、工业用户电费、工业用电梯级收费等
	行政与规制环境	合同执行便利度、开设企业便利度、登记财产便利度、网上行政发展指数、企业与个人利用网络与公共机关互动比率、政府采购估值与招标量、企业新设率、企业净增长等
	金融环境	贷款获得便利度、欧元区非金融企业获得信贷额、企业债券和银行借款的条件,十大证交所市场资本化、欧洲投资基金市场份额、风险资本投资等
	成本与税收	经营成本、激励后科研人员平均雇佣成本、每个雇员工资支出、时薪变化,单位劳动成本变化、时工作生产率变化、竞争力成本变化、劳动成本指数、税收结构比例、税收占 GDP 比例、平均税楔、企业税收占 GDP 比例,企业税最高边际率、对企业研发的公共注资与税收激励等
	生活质量	人均直接健保支出,健保支出占 GDP 比例,教育支出占 GDP 比例,社会保障中公共支出占 GDP 比例,文化、娱乐、宗教事务的公共支出占 GDP 比例、收入不平等系数、比较价格水平等
	绿色增长	可再生能源占实际消费总能源比重、主要发电能源比重、主要可再生能源发电比重、二氧化碳的碳密度、燃烧产生的二氧化碳排放量、核能对 GDP 的影响、可再生能源部门的就业人数、营业额等
补充	外资与国内就业增加	法国各地区的外国直接投资分布、地区帮扶市镇的外资分布、行业分布、大城市外资分布等

通过表 1,综合官方披露的文件来看,此项报告再次说明,法国是欧洲理想的投资东道国,理由如下:(1)地缘政治和经济实力上,法国市场处在欧洲中心的地位,方便“盟外企业”走进来,也方便“盟内企业”走出去;(2)法国鼓励创新,无论公共政策上还是社会风气上,法国都具有非常利于创新的环境;(3)商业创设和经营方面都是欧洲最便利的国家,条件简单、程序简便;(4)法国是欧洲劳动力最充足的国家之一,而且,得益于其全球领先的教育体制,法国劳动力非常优质;(5)不动产、交通、基础设施、高效能源、税收优惠方面都是欧洲商业入驻成本最低的国家之一。[1] 事实上,2017 年法国吸引外资创 10 年新高,成为继德国之后的欧洲第二大最具外资吸引力的经济体。[2]

具体来看,与世界银行报告相比,法国报告的特色主要体现在参照范围、资料来源、分析方法、指标选择等四大方面:

1. 参照范围上,与世界银行报告的 190 个经济体不同,法国主要选择了经合组织中的部分高收入国家进行比较,范围较小且相对合理。在选定的包括法国在内的 14 个经合组织高收入国家中,虽然法国并非各项指标都名列前茅,却也清晰地表现出了法国在发达国家之间的营商环境的比较优势,而且也一定程度上说明了报告的客观性,还是具有较高的公信力与参考价值。

2. 数据来源上,法国报告的每个指标普遍利用全球权威机构已发布的相关数据,比如联合国贸易和发展会议、经合组织、法国国家统计与经济研究所、四大会计师事务所等已发布的统计结果,重新分别制作图表呈现,因此区别于世界银行营商环境项目组自行设计调查问卷、向专业人士采集一手数据和意见的做法。有趣的是,如表 1 所示,“行政与规制环境”项下包含“执行合同便利度”、“新设企业便利度”、“财产登记便利度”等指标,而这几项法国在世界银行报告中的排名都比较靠前,法国报告便直接采用了世界银行报告的数据制表分析。[3]

3. 分析方法上,法国报告虽然也采取了定量分析、描述性统计的研究方法,但它没有像世界银行报告那样对各项具体指标进行测算、赋值,并以此分别进

---

〔1〕 评价散见于前述法国国际投资署与法国政府网等相关评论文章,此五点为笔者总结。

〔2〕 法国商务投资署:https://www.businessfrance.fr/decouvrir-la-france-article-les-investissements-etrangers-au-plus-haut-depuis-dix-ans,最后访问日期:2018 年 4 月 3 日。

〔3〕 Business France, Tableau de Bord de l'Attractivité de la France Édition 2017, pp. 50 – 51, 53 – 55.

行单项与综合排名。由于法国报告只选取了14个经合组织高收入国家,又直接引用了权威机构已发布的数据,所以其主要以柱状图、曲线图、饼状图、地图标识等图表方式直观呈现。虽然没有设计算法进行排名,它仍旧简洁明了地凸显了在多个指标项下,在发达国家之间,法国的营商环境还是占有大量的比较优势。此外,由于它未像世界银行报告一样设计调查问卷、设计算法模型,因此也未像世界银行报告那样引起方法论上的质疑。

4. 指标选择上,法国报告在大类指标的选择上就开始有所侧重。它没有像世界银行报告那样微观到评估某项营商相关活动需要的时间、步骤、文件材料等指标,而是重新选取了相对宏观的、符合法国价值观与国家利益的指标。如表1所示,除了市场规模等常规经济数据以外,它特别强调了法国的创新环境、劳动者技能、生活质量,甚至还包含了绿色增长这一环保议题。与世界银行报告指标选择单纯以追求投资利益最大化为导向不同,法国报告的指标选择更注重社会和谐与可持续发展:资本不仅可以逐利,还可以实现双赢。例如,世界银行以往的报告认为,劳动市场上雇佣(包括解雇)成本低、工时长、产出高是营商环境的加分项。而法国报告则强调,与良好的工资福利、工作条件相匹配的是法国高水平、高效率的劳动者;和谐对话的劳资关系,生活质量高、生态环境好的社会环境,才是国家经济吸引力强、外资可持续发展的有力保障。

三、结　　语

改革开放三十多年来,我国从几乎没有外资到2017年实际使用外资位居全球第二,如果用世界银行报告指标来看,我国营商环境可圈可点。但从行业分布来看,过去外资更侧重于第二产业,多因劳动力廉价、环保要求低而造成投资者经济效益与投资地社会效益不匹配的无奈结果。从法国应对世界银行报告的经验来看,我们一方面要继续对标世界银行、推进我国排名,同时也要综合考量我们推崇的价值体系与营商地实际的社会效益。一套评估体系的指标遴选和算法设计不可避免地会涉及既定社会的价值取向。这也是我们在建立中国特色营商环境评估体系时,必须特别考量的因素。简言之,“对标世界银行、符合国情”应该双轨并重。

印度营商环境评估述评

李　帅*

一、印度营商环境评估概述

（一）评估背景

在世界银行开展的营商环境评估中，印度的表现并不理想。例如，2015 年印度在 189 个国家中排名 142，除了两个参数（获得信贷和保护少数投资者）之外，印度在其余参数中均没有进入前 100 名。在“建筑许可”和“合同执行”的参数方面，印度在 10 个经济体中排名垫底。印度的整体排名和各项指标的排名清楚地显示，印度迫切需要改革，以释放该国巨大的经济潜力。因此，改革需要在印度的中央、州和地方各级政府的各个层面展开，在各个领域进行大胆而必要的改革，可能预示着一个高价值投资、基础设施建设、就业创造、技能发展和经济繁荣的时代。

由于印度是一个联邦结构的国家，各州在促进投资者信心方面发挥着至关重要的作用。在某州内做生意的容易或困难程度（ease of doing business），是与各州实施的规范结构/框架功能相关的。为此印度产业政策促进部（Department of Industrial Policy and Promotion，DIPP）参照世界银行营商评估标准进行了本土化，开展了印度的营商环境评估。进行营商环境评估是 DIPP 每年都进行的一项活动，目的是评估各州是否能够轻松开展经营活动。DIPP 努力在本年度的评估中囊括与营商有关的大部分方面，且该框架草案会分发给各州，以便获得反馈和建议，并每年进行调整、修改。

---

* 李帅，华东师范大学法学院晨晖学者，法学博士。

（二）评估目标

印度营商环境评估的主要目标包括：

1. 评估各种要素的实施情况，使企业在一个州的营商更加便利；

2. 对各州的实施情况进行比较研究。

发展评估框架的主要原则包括：

1. 可测量性：应该以能够测量实现状态的方式来定义支持简化业务的因素。

2. 跨州的可比性：在各个州，为使营商便利而确定的因素应该具有可比性。如果某一特定因素与该州的执行情况不相关，则不考虑对该州执行情况的评估，评估问卷上的回答将为“不适用”，且“不适用”的问题并不计算在该范围问题的分母数中。

二、评估指标的内容

印度营商环境评估指标内容比较详细，以 2015 年 DIPP 的评估问卷为例，其指标共分 8 个大项，285 个小项，全部都是以“是”或者“否”（特定情况下为了保证跨州的可比性，也有部分答案为“不适用”）的问卷形式进行的，在任何一个无法完全满足“是”的标准的选项其答案反馈均为“否”，只是每部分的分值有所区别。具体而言，DIPP 评估指标分为以下大项，其各大项权重比例如表 2。

表 2　DIPP 评估指标

	领域	权重
1	开展业务	31.68%
2	分配土地和取得建筑许可证	85.45%
3	遵守环境程序	48.21%
4	遵守劳动法规	69.84%
5	获得基础设施相关的公共产品	68.75%
6	登记并遵循税务程序	78.57%
7	检查实施	59.31%
8	合同执行	66.67%

三、评估方法

(一)评估方法概述

印度营商环境评估采用了定性转定量的方式,通过调查问卷的方法对有关营商环境的因素进行定性,即采用“是”、“否”以及某些情况下“不适用”的回答对于问卷问题进行回应,再根据其中的具体问题权重进行量化。

例如,在问卷第六部分税务程序中,又分为税务一般程序(20 题)和具体注册程序(24 题),每部分分值 = 回答“是”的问题的数量/[(该领域的问题总数) - (该领域的回答为“不适用”的问题数量)] ×100%。

(二)调查对象

根据 2017 年 DIPP 进行营商环境评估的规定,问卷调查的数据来源或曰调研对象主要源于以下目标或人群:

1. 新业务主体:包括在过去一年中申请预建制和预运营执照的大型或中小型规模企业。

2. 既有业务主体:包括在过去 5 年运营的大型、中型和小型企业。

3. 建筑师:在过去的一年里,在大城市中注册的、已经申请了建筑计划的批准或入住证的建筑师。

4. 电气承建商:过去一年内已向经销公司申请商业及工业用途电气连接的电气承建商。各州需要分享这些承包商的联系方式。

5. 律师:来自印度各州律师协会和印度律师协会的律师。

(三)具体评估流程

1. 抓取

问卷将会有“是”、“否”以及某些情况下“不适用”的回答。“是”的回应将意味着相关的授权因素已经在该地得到实施。“不”的回答将意味着在该州还没有实施有利因素。“不适用”的回应将意味着启用因素与该州的实施无关。

2. 评估

这一步骤涉及评估该领域的执行情况。执行情况(将反映在州内开展业务便利的因素的百分比),应计算为:

（在该领域，回答“是”的问题的数量）/［（该领域的问题总数）-（该领域的回答为“不适用”的问题数量）］×100%。

3. 核对

这个步骤涉及对状态的总体实现状态的排序。执行状态（将反映在州内开展业务便利的因素的百分比），计算为：

（在所有领域，回答“是”的问题的数量）/［（所有领域的问题总数）-（该领域的回答为“不适用”的问题数量）］×100%。

以此为各地区的各个领域提供实现状态的说明。

4. 数据分享

印度营商环境评估的数据分享即在各州间的执行情况比较的基础上分享结果。

总体上：比较各个州的整体执行情况。

对于不同的领域：不同州的实施情况分别比较，具体到每个领域。

四、印度营商环境评估对我国的启示

（一）营商环境评估应该更关注商事主体的主观感受

营商环境的评估不仅仅是对配套规则、硬件设施等客观内容的评估，更重要的是对商事主体主观感受的评估，即使某地对营商的配套规定、硬件设施再完善，如果无法让商事主体感受到营商的便利性，那么该地的营商环境也不能被认为是优良。鉴于此，我国要建立自己的营商环境评估体系，也应该更关注商事主体的主观感受评价，不能把营商的指标或者评估的结果变成公权力机关的自说自话，指标体系的建设应该更广泛地听取商主体的意见和建议，对某地营商环境的评估也应该以问卷的形式由商事主体进行评判。

（二）营商环境评估应当侧重具体规则的落实

徒法不足以自行，保障营商环境的规范光是颁布、停留在纸面上是不够的，还必须行动起来、成为经济活动中的“活法”。印度在这方面给予了特别关注，最典型的体现是“信息的可用性/可获取性”、“是否有获取申请的时限”、“是否可以脱离物理接触点而通过网上进行申请和支付”、“批准证书是否可以从网上下载并验证”这四项检验某一规则是否得到落实的具体标准,在DIPP颁布的2015年版营商评估调查问卷中重复出现了近30次,分别针对环境、税收、执行等不同的领域,以防止某些规定只停留在纸面上或者由于执行和实施的原因难以落实。

在构建我国营商环境指标体系时,应当注意以下几方面:(1)指标的选取不能只考虑规则或者设施“有没有”,还应当考虑这些因素的落实情况。在考察落实情况时,不应该由公权力主体自我评断,而是应当由营商主体基于自身的感受作出反馈。(2)营商评估指标应当尽可能细化。印度2015年版DIPP营商评估问卷有285项二级指标,每项二级指标下还有对应的说明和细则,可以最大限度地保障各项措施落实到实处。我国在构建自己的营商环境指标体系时,也应该以细化的指标来考察各项规则的落实,减少受访对象针对特定问题模棱两可或者需要裁量的情况。(3)对于不同规则之考察可能会用到的重复性标准,可以像印度那样建立一个可以重复使用的指标群,将该指标群分别用于考察税收、环境、土地等各项政策、法规的落实。(4)相关的评估指标应该随时更新,以适应经济发展所带来的不同需求。

(三)政府的诚信度也应当列为被评估的对象

印度DIPP营商环境评估指标在世界银行指标的基础上进行了本土化改造,以适应本国国情,我国亦应如此,在评估指标选取和评估对象选择上,应当将政府的诚信程度也一并纳入。近年来,我国各地政府债务违约或者拒不执行法院生效判决的情况时有发生,甚至个别地方政府因为拖欠工程款而被人民法院列入失信被执行名单成为了“老赖”,在政府不讲诚信的情况下,一切合理的规则、指标都有可能被束之高阁。因此,我国营商环境的评估也应当包括对当地政府诚信情况的评估,具体的指标包括但不限于政府是否有债务违约现象、是否有拒不执行生效法律文书情况、是否作出过违背法律法规规定的招商引资优惠承诺以及以往的招商引资承诺是否落实等内容。

日本营商环境评估的实践与经验

缪　怡*

一、日本营商环境评估概述

（一）日本的概况

日本是经济合作与发展组织（OECD）（以下简称经合组织）高收入国家之一，拥有1200多万人口，人均收入38,000美元，在2018年世界银行营商环境排名中位列第34位，与上年处于同一水平，得分是75.68分，在经合组织各国中位列第24位。[1]

（二）日本营商环境的分析

1. 日本营商环境的整体分析

日本的政府和企业多年以来比较注重向海外投资，鼓励企业积极"走出去"。但对于吸引外国企业来日本投资的积极性相对不高。这一态度最近几年才有所转变，但关于日本国内营商环境的评估、数据和研究也还在起步阶段。

日本将"doing business"定义为"企业开展商业活动的容易程度"，[2]因政府改善本国营商环境或者说投资环境，是为了吸引海外的优秀企业进驻日本，从而增加国内就业机会，创造经济收入，因此营商环境也被解释为"吸引外资的魅力度"。[3]

---

* 缪怡，华东师范大学法学院《企业合规论丛》编辑。

〔1〕 Doing Business 2018 Japan，World Bank Group.

〔2〕 ビジネス関連規則に焦点を当てた189か国での「ビジネスのやり易さ」の比較～世界銀行『Doing Business 2004』報告書，2013年11月8日，集広舎。

〔3〕 欧米アジアの外国企業の対日投資関心度調査報告書，平成28年2月，PwCあらた監査。

2. 日本营商环境的优势

外企在日本开展商业活动的优势如下：

(1)开办企业成本下降

近年日本股价、地价均有所下降，工资水平也面临下降压力，日元与美元汇率与二十世纪九十年代中期相比下降不少。日本中央银行实行低利率政策也有利于外企在日筹措资金。因此，外企在投资成本方面压力有所舒缓。[1]

(2)人才招聘环境的改善

当终身就职的铁饭碗在就业市场逐步淡化时，人才的流动性逐步增强，日本员工对外企的包容性和接纳度日益改善，外企可以更加容易地获得本国人才。

(3)日本市场的变化，本土企业和外企合作模式的推广

近年来，越来越多的日本企业选择和外企联合，进行技术开发、管理经验、市场资源等方面的交流沟通与资源共享。外企在日本开展商业环境的舞台进一步拓宽。[2]

(4)政府放宽对外企的限制

日本政府为了吸引外资，出台了一系列放宽限制的措施，包括税制改革(重新评估对国外财产的继承税、赠与税的纳税义务的范围)，[3]削减行政手续成本，推行行政手续电子化，提高行政手续办理效率，削减了外企在日本开展商业活动的各项费用，间接地优化了日本的投资环境。

(5)政府为改善投资环境，对外企提供更好的服务

日本政府支持高层次外国人在日发展，政府设立了外国企业个人顾问制度，以更快捷地有针对性地解决外企开展业务时碰到的问题。日本贸易振兴机构，不仅从语言上解决外国企业入驻日本面临的问题，还召集产业领域内、法律，会计等领域专家联合应对问题，为外企在日本开展业务保驾护航。

3. 营商环境的劣势

除文化、政治等基本国情因素外，日本投资环境的劣势主要有以下方面：

---

〔1〕 ジェトロ对日投資報告 2017，JETRO(Japan External Trade Organization)。

〔2〕 平成29 年度欧米アジアの外国企業の対日投資関心度調査報告書，平成30 年2 月，株式会社野村総合研究所。

〔3〕 ジェトロ对日投資報告 2017，JETRO(Japan External Trade Organization)。

(1)政府虽致力于降低运营成果,但仍处世界较高水平

根据日本贸易振兴机构测算,在日本投资成本约为法国的11倍、美国的7倍、德国的5倍、英国的4倍。其中,尤以人力资源的成本最为突出,这与日本老龄化社会的特征,年轻劳动力的缺失有密切的关系。[1]

(2)行政手续复杂且条目众多

在开办企业环节,日本在企业设立上手续较多,包含企业印章制作、章程制作与认证、开业申报手续,同时外企的法人代表在日本开设银行账户也比较困难。[2] 在纳税环节,纳税所需项目比较多,保险、医疗、雇佣等各项纳税手续虽然开通了网上申报渠道,但不能统一在一次内办理,也增加了办理纳税手续所需的时间。此外,与其他国家相比,日本还有特定的税收,如注册执照税,这也增加了投资者在纳税方便的负担。[3] 在登记财产环节,日本对于土地用途有《国土利用计划法》《都市计划法》等多种法律进行重重限制。即使已经批准土地用于商业目的,也需要按复杂的规定进行多次开发许可申请,导致外国企业选定业务用地的事前决策、开发计划制定、成本核算均很困难。在保护投资者环节,日本在纠纷解决方面也耗时较多,原因是日本缺乏专门的商事法院,电子化诉讼管理和法院业务的自动化进程也较弱。[4][5]

(3)外资优惠政策的缺失

相比其他国家,日本对外企提供的优惠政策显得不足。根据日本贸易振兴机构的调查结果,在吸引外资的各项因素中,优惠政策排名较靠后,为第12位。这与日本注重保护本国产业有一定的联系。

---

〔1〕 平成29年度欧米アジアの外国企業の対日投資関心度調査報告書,平成30年2月,株式会社野村総合研究所。

〔2〕 ジェトロ対日投資報告2017,JETRO(Japan External Trade Organization 日本貿易振興機構)。

〔3〕 経済構造レポート「日本のビジネス環境ランキングを上げるには何をすべきか」,2016年12月27日,大和総研。

〔4〕 外国企業にとっての貿易・投資に係わる制度・行政手続きの問題点~規則・行政手続き上負担と感じている点~,2016年11月21日,JETRO(Japan External Trade Organization 日本貿易振興機構)。

〔5〕 経済構造レポート「日本のビジネス環境ランキングを上げるには何をすべきか」,2016年12月27日,大和総研。

(4)对外企开展商业活动的各类限制

首先对来日工作外籍人员的资格审查限制。对于外资企业,要求必须雇用 2 名以上日本全职雇员才向外方人员发放签证。对于外方派遣来日的技术人员,要求具有大学毕业以上学历并有 10 年以上实际工作经验。诸如此类限制条件,使得日本和欧美、其他亚洲各国相比,外籍人员来日工作的可能性较低。

其次是筹集资金的限制,在日本发行股票所有的文件都需以日文书写,并依日本的会计基准制作,又缺乏可让律师或会计师协助上市的机制,从而增加了外企筹集资金的压力。此外,日本金融机构惜贷问题严重,也增大了外企在日筹资难度。[1]

二、与日本营商环境相关的各类评估比较

(一)评估报告的素材来源

与日本投资、经营、营商环境有关的报告除了世界银行发布的营商环境评估报告,其他主要有:大和综研(Daiwa Institute of Research)在 2016 年 12 月发布的经济社会构造分析报告。日本贸易振兴机构(Japan External Trade Organization,JETRO)在 2016 年 11 月发布的“外国企业在贸易投资的规制,行政手续上感到困难的问题调研报告”。日本经济研究中心在 2011 年 3 月发布的对世界 50 个国家和地区潜在竞争力的调查报告书。野村综合研究所在 2018 年 2 月发布的欧美亚洲的外国企业对日投资关心度调查报告,以及东京工商会议所中小企业委员会在 2017 年 3 月发布的中小企业经营课题的调查结果报告。

(二)评估报告的比较

1. JETRO 发布的“关于日本投资环境的调查报告”

报告名称:关于日本投资环境的调查报告

调查方式(数据收集):问卷

调查对象:1600 家在日投资的企业,其中 260 家企业提供了有效数据

---

〔1〕 ジェトロ対日投資報告 2017,JETRO(Japan External Trade Organization)。

调查项目(衡量指标):

(1)对外国人来说生活的容易程度

(2)日本企业和社会的封闭程度

(3)用外语交流的便利度

(4)日本营商环境的特殊性

(5)挖掘商业合作伙伴的容易程度

(6)保护人才的容易度

(7)企业经营成本

调查结果:

(1)日本的投资环境整体呈改善趋势,保护人才的容易度和企业经营成本有所恶化。

(2)日本营商环境的魅力点,65.9%的企业认为是日本市场,40.3%认为是国家和社会的稳定性,28.7%认为是优秀日企和学校的存在。相反,在日本开展商务活动的阻碍因素主要体现在:保护人才的困难(外语沟通人才的缺失),行政手续的复杂(主要体现在税务和劳务税率,在留资格的取得),许可制度的严峻等。

(3)日本在招商引资上存在地域特色。例如,福岛县是医疗器具的集聚地,和歌山县则吸引了美国的大型IT企业。[1]

2. 日本经济研究中心发布的“对世界50个国家和地区潜在竞争力的调查报告”

报告名称:对世界50个国家和地区潜在竞争力的调查报告

调查对象:世界50个国家及地区

调查方式(数据收集):采用先前研究的数据

调查项目(衡量指标):今后大约十年估计能增加多少人均国内生产总值(GDP)

指标细化为:

(1)国际化

---

[1] ジェトロ対日投資報告2017,JETRO(Japan External Trade Organization)。

(2)企业

(3)教育

(4)金融

(5)政府

(6)科学技术

(7)基础设施(社会资本)

(8)IT(信息技术)

评估方法:

把人均GDP增额定义为国际竞争力,选择各项目中人均GDP增加额相关的变量(根据经济理论推算),每个项目都将总结为一个指标(使用最小二乘法,要成分分析等),将指标改为偏差值的形式。

调查结果:

(1)潜在竞争力排名第一的是中国香港特别行政区,第二是新加坡,第三是美国。

(2)美国的政府和金融的竞争力差,科学技术、国际化和教育的竞争力很高。日本的强势领域在政府、基础设施和金融。此次的项目可能得到的经济、社会数据定量分析了其特征。[1]

3.野村综合研究所发布的“欧美亚洲的外国企业对日投资关心度调查报告”

报告名称:欧美亚洲的外国企业对日投资关心度调查报告

调查方式(数据收集):电话采访

调查对象(参与国家及地区):总部所在地为欧洲、北美或亚洲、大洋洲的1000家全球企业(日本、中国、新加坡、中国香港特别行政区、印度、泰国、韩国、越南、印度尼西亚)。

调查结果:

(1)日本以商务据点类型不同的投资魅力度,“R&D据点”在上一次获得连续第1名。“金融据点”与上一次相同,位于第3位,“物流据点”从上一次的第

---

〔1〕 世界50か国・地域潜在力調査,2010年,日本経済研究センター。

4 位上升到第 3 位,“制造据点”从上一次的第 6 位上升到第 3 位。

(2)作为日本的商业环境的“优势”的“前三名”是“商业习惯”、“完备的基础设施”、“获得高度人才(专职)”。日本的商务环境的“弱点”排在前三名的是“用英语的顺畅交流”、“事业活动成本”、“市场的大小”。来自外企的要求提供多样化信息的呼声,相比手续的支援和生活环境更为强烈。[1]

4. 东京工商会议所中小企业委员会发布的“中小企业经营课题的调查结果报告”

报告名称:中小企业经营课题的调查结果报告

调查方式(数据收集):网络、邮寄、传真问卷

调查对象:调查了 8865 家中小企业,其中 1341 家企业提供了有效回答

调查结果:关于中小企业的经营状况,反映了“缓慢恢复”的状况。面对销售额的扩大,有 7 成的企业“人才不足”成了很大的难题。[2]

5. 世界银行发布的“日本营商环境评估报告 2018”(Doing Business Japan 2018)

报告名称:日本营商环境评估报告 2018

调查对象:190 个国家和地区

调查项目(衡量指标):

(1)开办企业

(2)办理施工许可证

(3)获得电力

(4)登记财产

(5)获得信贷

(6)保护少数投资者

(7)纳税

(8)跨境贸易

---

〔1〕 平成29年度欧米アジアの外国企業の対日投資関心度調査報告書,平成30年2月,株式会社野村総合研究所。

〔2〕 中小企業の経営課題に関するアンケート調査結果,2017年3月,東京商工会議所中小企業委員会。

(9)执行合同

(10)办理破产

其中,法人设立、建设许可、电力、不动产登记、纳税、进出口,均已手续数量、时间和成本为中心进行评估。信用供给、少数投资者保护、契约执行和危机处理均以制度内容(权利保护度、透明性)等作为评估中心。[1]

评估方法:前沿距离分数DTF[2]

调查结果:

(1)整体而言,日本在开办行政手续上所需要的时间成本和经济成本均较大,和其他国家相比,存在竞争劣势。此外,在对债权人和股东的权利保护、企业的信息公开、法律制度的完善等方面均有改进的余地。

(2)日本和其他经合组织诸国比较,在世界银行评估报告中,除了"获得电力"和"办理破产"两个指标,其余8个指标都是低评价。在2018年的评估中,"开办企业"的排名特别低。[3]

三、结　　语

和世界银行报告相比,日本本土发布的关于营商环境、投资环境的调查报告以及对经营环境竞争力的评估都更多地侧重了对日本社会特殊性的考虑,也针对日本现在的诸如人口老龄化、英语语言环境建设的不足、行政手续办理较为复杂等对营商环境评估带来负面影响的特殊问题提出了相应的解决策略,以营造更好的营商环境,吸引外资的进入。日本在改善营商环境方面所做的努力,对我国营商环境的建设也是一个很好的启示。要建设中国特色的营商环境,我们也应结合我国国情和社会现状,充分利用我国各省市的地理优势,将区域特色和中国文化融入到营商环境的整体建设中。

---

[1] 世界銀行 Doing Business 2018による日本の評価,平成29年12月11日,日本経済再生総合事務局。

[2] Doing Business 2018 Japan, World Bank Group。

[3] 世界銀行 Doing Business 2018による日本の評価,平成29年12月11日,日本経済再生総合事務局。

论文

批判法学的中国式误读

熊丙万*

内容摘要:早在二十世纪八十年代末,美国批判法学就被介绍到中国法律学术界,并在后来的十年中引起了中国法律同行的浓厚兴趣和广泛讨论。但奇怪的是,这方面的学术兴趣和讨论在十年后却戛然而止。本研究表明,这在很大程度上与中国法律同行在十年译介过程中对批判法学的重大误读和误传有关。例如,将批判法学家简单地理解为法律不确定论者、解构主义者、极端主义者甚至虚无主义者。本文尝试对这些重大误解予以澄清,并尝试分析造成误解的可能原因。本文希望,这些澄清有助于中国法律同行重新认识批判法学并开启更有建设性的学术讨论。本文最后就"如何从中国视角来理解批判法学"提供了几点方法评论。

关键词:批判法学　法律的确定性　政治偏好　法治　虚无主义

当批判法学者声称"法律不具有确定性"时,很多人都对此深感困惑。

——约瑟夫·辛格[1]

早在1987年,批判法学就被介绍到中国法学界,[2]并在接下来的十年内获

---

* 熊丙万,中国人民大学法学院助理教授,法学博士。本文翻译自 Xiong Bingwan,"Chinese Jurists' Misconceptions of Critical Legal Studies",2 *Frontiers of Law in China*,2017,pp. 310 – 332。感谢叶翔对本文的翻译。

[1] Joseph William Singer,"The Player and the Cards:Nihilism and Legal Theory",*Yale Law Journal* 94,1984.

[2] 信春鹰:《异军突起的美国批判法学派》,载《法学研究》1987年第1期。

得了中国法律学术同行的广泛关注。[1] 然而,由于中国法学家从一开始就对批判法学作了过于简单化的理解(如将批判法学家理解为不确定论者、解构主义者和极端主义者),他们对批判法学的学术兴趣在十年后便戛然而止了。批判法学之所以被中国法学学者误解,跟中国法学界与批判法学相遇的特殊历史背景有关系。在经历了近半个世纪的剧烈社会动荡后,中国社会和中国的法学家群体迫切希望建立一套具有确定性的法律理论和法治观念。而批判法学则极力揭示法律的"不确定性",这并不符合中国法学学者的理论期待。

的确,批判法学家普遍认为,"法律并非与政治无关,也不是完全客观的"。律师、法官和法学家都有自己的政治立场和偏好,并竭力通过形式主义的法律推理来追求自己的政治偏好。[2] 然而,在很多重要的问题上,中国法学家将批判法学过度简单化了。这不仅妨碍了他们自己,而且也妨碍了他们的学生与美国批判法学家进行有建设性的沟通与对话。例如,一位著名的中国法学家最近评论道:"批判法学因其激进性、破坏性而让很多职业法律人敬而远之",对批判法学的此种认识也阻碍了中国法律同行去领悟批判法学家的洞见。[3] 当然,除了中国之外,批判法学在其主战场美国及许多其他法域都面临类似的误解。

在本文中,笔者无意去穷尽中国同行的所有误解,也不打算为批判法学家的观点和主张进行辩护或批驳。相反,笔者力图对批判法学家的真实想法予以客观描述和再现,以消除迄今为止的几大主要误解。在第一部分和第二部分,笔者将对中国法学界普遍持有的、两种相互联系的严重误解进行描述。在第三部分,笔者将结合第一部分、第二部分的分析,在更宽广的语境下呈现批判法学。一方面,这有助于深化第一部分、第二部分理论的理解;另一方面,这样一种对这两

---

〔1〕 沈宗灵:《批判法学在美国的兴起》,载《比较法研究》1989年第2期;朱景文:《对传统法律观的挑战——美国批判法律研究与中国法学理论更新的比较》,载《比较法研究》1989年第1期;吴玉章:《批判法学评析》,载《中国社会科学》1992年第2期;朱景文:《对西方法律传统的挑战——评美国批判法律研究运动》,载《中国法学》1995年第4期。

〔2〕 See Joseph William Singer, "The Player and the Cards: Nihilism and Legal Theory", *Yale Law Journal* 94, 1984, fn. 1.

〔3〕 季卫东:《法律议论的社会科学研究新范式》,载《中国法学》2015年第6期。

个重大误解的分析或透视,也有助于我们去发现和纠正在其他方面的误解。[1]在第四部分,笔者将尝试去探索中国法学家误读批判法学的可能原因。笔者希望,本文有助于中国法律同行准确理解批判法学,并能够重启与批判法学理论之间的学术对话。在文章的最后,笔者就中国法学界在未来研究批判法学的进路提出两点建议。

一、司法裁判的确定性、客观性和中立性

(一)中国法学家对批判法学之确定性命题的理解

批判法学家对法律推理活动(特别是法官的法律解释活动)的确定性和不确定性做过大量阐述。而中国法学家对批判法学的最大误解就发生在这里。三十多年前,约瑟夫·辛格(Joseph William Singer)是一位著名的批判法学家和财产法学者。早在三十多年前,他就意识到,"当批判法学者声称'法律不具有确定性'时,很多人都对此深感困惑"。[2] 中国法学家普遍认为,批判法学家将法官的法律推理和法院的判决视作完全不确定的、主观的和武断的东西,法官

〔1〕 笔者的观察源于对以下材料断续式的阅读:Duncan Kennedy,"Form and Substance in Private Law Adjudication", *Harvard Law Review* 89, 1976; Duncan Kennedy, "Freedom and Constraint in Adjudication:A Critical Phenomenology",*Journal of Legal Education* 36,1986;Duncan Kennedy,*A Critique of Adjudication*, Cambridge, Harvard University Press, 1997; Duncan Kennedy, *Legal Reasoning: Collected Essays*, Aurora, The Davies Group Publishers, 2008; Duncan Kennedy, "The Political Stakes in 'Merely Technical' Issues of Contract Law", *European Review of Private Law* 10, 2002; Robert Mangabeira Unger, *Knowledge and Politics*, New York, First Free Press, 1976; Roberto Mangabeira Unger, "The Critical Legal Studies Movement", *Harvard Law Review* 96, 1983; Roberto Mangabeira Unger, *Social Theory: Its Situation and Its Task of Politics*, New York, Verso, 2004; Roberto Mangabeira Unger, *Democracy Realized: The Progressive Alternative*, New York, Verso, 1998; Joseph William Singer, "The Player and the Cards: Nihilism and Legal Theory", *Yale Law Journal* 94, 1984, fn. 1; Singer, "Legal Realism Now", *California Law Review* 76, 1988; Joseph William Singer, "Normative Methods for Lawyers", *UCLA Law Review* 56, 2009; Mark Kelman, *A Guide to Critical Legal Studies*, Cambridge, Harvard University Press, 1987。

〔2〕 See Joseph William Singer, "The Player and the Cards: Nihilism and Legal Theory", *Yale Law Journal* 94, 1984, fn. 1

的法律推理中缺乏中立性立场。[1] 当中国同行谈起批判法学和法律现实主义时,他们常常这样介绍法律现实主义者对法律之主观性和不确定性的理解:法官吃早餐时的心情(开不开心)直接决定了他当天的判决。[2] 包括批判法学家在内的法律现实主义者的确曾极力揭示法外因素对法官裁判活动的重要影响。但是,中国法学家对美国法律现实主义者之观察作出前述理解,未免过于简单化了。[3]

早期的法律现实主义者[如杰罗姆 · 弗兰克(Jerome Frank)和卡尔 · 卢埃林(Karl Llewellny)]强调,司法中法律解释具有主观性和不确定性。而在中国法学家看来,批判法学家继承了早期法律现实主义者的"不确定性"观点,并将其极端化。[4] 在这种极端化的主张里,法官在判案时,深受法官自身的政治立场和意识形态的影响,深受法官的主观和政治偏好的影响。[5] 同时,在中国法律同行看来,法律(规则和原则)的可操纵性是批判法学的理论核心之一(法官们按照他们的个人偏好来解释法律,并且用形式化的法律文本解释活动来

---

〔1〕 吴玉章:《批判法学评析》,载《中国社会科学》1992 年第 2 期;朱景文:《对西方法律传统的挑战——评美国批判法律研究运动》,载《中国法学》1995 年第 4 期。实际上,在美国,也有大量法学家将批判法学者错误地理解为高度不确定论者。See Kelman, fn. 7, pp. 12 – 14.

〔2〕 这一点不仅体现在学术成果中,也反映在日常的教学中。参见柯岚:《法律方法中的形式主义与反形式主义》,载《法律科学》2007 年第 2 期。

〔3〕 "早餐"比喻常被错误地归咎于早期法律现实主义者杰罗姆 · 弗兰克。See Charles M. Yablon, "Justifying the Judge's Hunch: An Essay on Discretion", 41 *Hastings Law Journal*, 1990, p. 236. "虽然这也许是规则怀疑立场最普遍适用的公式,并且仍然被广泛使用,但我不能找到它的精确的起源。我猜测,它起源于罗斯科 · 庞德(Roscoe Pound)将法律体系与'Cadi'正义的任意性之对比。"Also see Shai Danziger et al., "Extraneous Factors in Judicial Decisions", available at http://www.pnas.org/content/108/17/6889.full.pdf, last visited Mar. 9, 2017, 一项实验性研究表明,"司法裁决可以由本不应影响法律决定的外来因素所改变"。

〔4〕 季卫东:《法律议论的社会科学研究新范式》,载《中国法学》2015 年第 6 期;邓矜婷:《新法律现实主义的最新发展与启示》,载《法学家》2014 年第 1 期(为了支持批判法学那种要求公权力机构介入某些私法领域以保护某些弱势群体之利益的主张,该学派的学者们构建了加强版的法律现实主义,将其关于法律之不确定性的观点极致化)。关于法律现实主义与批判法学派的关系,see Anonymous, *Harvard Law Review* 95, 1669, pp. 1673 – 1682, 1982。

〔5〕 在本文中,笔者将"意识形态偏好"和"政治偏好"交替使用。这两个概念都应该被谨慎和精确地使用。在这里,它们表示法官在如何组织某些社会、私人党派和公职人员的行为等问题上的有意识的偏见。举个例子,在市场交易中,法官可能更支持个人主义,或利他主义,或者处于中间位置的其他思想。另一个例子是,比起计划经济法官们可能更喜欢自由市场经济,反之亦然。

掩饰自身的个人主观偏好)。所谓法官没有主观偏好,对法律的忠诚或法律的中立适用,只不过是一种幻觉和自欺。

中国法学家对批判法学的此种解读,过于简单化了。其实,一些中国法学家已经意识到,批判法学并不是一个确定的法学流派,而是一批在政治立场上偏左,且对经典法学理论持批评立场的人士所持的观点。他们的最终目标是去“改变现有的社会等级制度,包括阶级、种族和性别维度,使其朝着更平等、民众可更广泛地参与的方向发展”。[1] 但是,很少有中国同行意识到,在“法官的个人政治偏好对司法判决的影响到底有多大”这一关键问题上,美国批判法学家群体内部的认识分歧也很大。的确有批判法学家认为,个人政治偏好对司法判决结果的影响是决定性的。但也有批判法学家认为,这种影响并没有想象的那么大。因为也有一些法官在司法活动中,主动排除自身主观偏好的影响,将司法推理完全诉诸各种形式化的法律解释技术。[2] 而在这两个极端之间,还有不少持折中观点的批判法学家。因此,将批判法学关于法律推理活动的认识简单地归结为“确定的”或者“不确定的”都是不妥当的。

(二)批判法学及其敌人

关于法律的确定性、客观性和中立性,批判法学家作出过大量观察和批评。在详细呈现批判法学家的这些观点之前,有必要对批判法学的主要“敌人”(法律实证主义)的观点进行概要介绍。[3] 作为批判法学运动兴起前的主流法学

---

[1] See Kennedy, *A Critique of Adjudication*, fn. 7, pp. 6, 8 – 11.

[2] See Kennedy, *A Critique of Adjudication*, fn. 7, pp. 158 – 159.

[3] 法律实证主义之术语取自辛格的文章,在广义上其指向三种传统法学流派:(1)实证主义,以哈特为代表,see H. L. A. Hart, *The Concept of Law*, Oxford, Oxford University Press, 1961。(2)权利理论,包括融贯论,例如罗纳德·德沃金和布鲁斯·阿克曼。See Ronald Dworkin, *Taking Rights Seriously*, Cambridge, Harvard University Press, 1977; Bruce Ackerman, *Social Justice in the Liberal State*, South economic Journal 49, 1980. 社会契约论,例如罗尔斯和罗伯特·诺齐克。See John Rawls, *A Theory of Justice*, Cambridge, Belknap Press, 1971; Robert NozicK, *Anarchy, State, and Utopia*, New York, Basic Books 1974;(3)法律经济学,以理查德·波斯纳为代表。See Richard Posner, *Economic Analysis of Law*, Boston, Little, Brown and Company, 1977; Richard Posner, *The Economics of Justice*, Cambridge, Harvard University Press, 1981 and et. 上述法律实证主义者均持有相同的信念,即存在超然的、客观的法之基础,并且也存在确定的发现和应用法之基础的决定性程序。须注意的是,批判法学派不仅批判各种形式的自由主义,也对任何形式的实证主义进行批判。

思想,法律实证主义认为,法律本身就是清晰的、融贯的以及确定的。法律实证主义者认为,即使遇到歧义、冲突或空白,法官仍可以通过运用一些理性的法律解释技术来达至中立的决定。运用三段论和类推法等形式主义的解释方法,自然会为每个法律问题确定唯一的、正确的回答。或者,至少可以说,这些解释方法可以把解释结论限定在有限的几种方案中,从而起到制约法官自由裁量权的作用。这些有限的解释选择方案也就是规定了人与人之间应当如何生活和相处的方案。[1] 即使法律实证主义者承认一定程度的不确定性,甚至认为一定程度的不确定性是好的东西,法律实证主义理论也"要求相对较高程度的确定性作为法治的前提",[2]或将法律的不确定性视作无关紧要的次生现象。

法律实证主义者对法律客观性、中立性和确定性立场的坚守,一个深层次的原因在于,[3]法律实证主义者坚信,世上存在一个终极的、客观的、去政治化的基石,作为法律制度运行的基础。这一基础,无论是以自然法还是实证主义的形式存在,都是一类先验的知识,超越并塑造着个人的利益或价值。[4] 在实证主义者看来,法官通过运用所谓的理性解释方法,获取相关法律问题的客观性知识,进而为他们自己提供中立且确定的解决方案。

---

〔1〕 See Joseph William Singer, "The Player and the Cards: Nihilism and Legal Theory", *Yale Law Journal* 94, 1984, fn. 1, pp. 10, 57.

〔2〕 See Joseph William Singer, "The Player and the Cards: Nihilism and Legal Theory", *Yale Law Journal* 94, 1984, fn. 1, p. 13. (Quoting H. L. A. Hart's statement of law's determinacy.)

〔3〕 值得注意的是,"对客观性的批判与对确定性要求的批判不同,其在很大程度上是外部批判。与其说传统理论不能兑现自己的诺言,不如说法律和法律推理的基本前提本身就是一个争论"。See Joseph William Singer, "The Player and the Cards: Nihilism and Legal Theory", *Yale Law Journal* 94, 1984, fn. 1, p. 26. 但法律实证主义对法律客观性的主张,对其法律中立性和确定性的立场有很大的影响(或是对其立场的加强)。因此,本文将对客观性、中立性和确定性的主张放在了一起。对确定性的内在批判将会在后文呈现出来。

〔4〕 See Joseph William Singer, "The Player and the Cards: Nihilism and Legal Theory", *Yale Law Journal* 94, 1984, fn. 1, pp. 8, 25, 27.

然而对于批判法学家来说，这一基础根本就不存在。[1] 他们认为，法律并非先验的知识，而是对话、表达、说服和信念。法律系统是一个信念问题，既会形塑个人偏好，也可能反过来被个人偏好所影响。[2] 当法律实证主义者所坚信的那种根基面临严重怀疑时，建立在这个基础之上的法律客观性、中立性和确定性命题也就摇摇欲坠了。法律实证主义者极力否认法官个人主观偏好在司法裁判中的角色。但在批判法学家眼里，法官的主观偏好在现实的法律推理中扮演着复杂的角色。

在有的中国法学家看来，批判法学家认为法官的法律说理和裁决是完全武断的和不确定的，这样的理解是不正确的。批判法学家所主张的"法律是不确定的"之观点是对法律实证主义者支持的"法律确定性"理论的实践性评价。他们认为创造一种确定性理论是不可能的，也不主张理性的本质、人类的心智以及类似的观点。[3] 他们认为法律确定性命题是一个关乎语境的问题。

例如，在邓肯·肯尼迪(Duncan Kennedy)看来，法律说理是否是确定的取决于所涉及问题被提出或被回答之具体语境。用他的话来说："法律意识形态

---

〔1〕 在拒绝任何关于法律的终极基础的主张时，批判法学家不仅为批判法学和法律实证主义划清界限，而且也背离了他们的现实主义前辈们的观点，例如霍姆斯(O. W. Holmes)和卢埃林。霍姆斯和卢埃林，作为两代早期法律现实主义的代表人物，也向法律概念主义和教条主义(以及一般的法律形式主义)——特别是在私法领域中——提出了质疑。但是其二者均面临着类似的指控，即他们认为在法律概念和教义的上位存在一个客观和可预见的法律基础。法律概念论者和法律教条论者将法律说理寄托在法律概念与其逻辑，而霍姆斯以"统治阶级成员之间的主导意识形态"作为法律的终极基础；卢埃林主张司法裁决应当根据"某一特定行业的共同理解和规范或特定社会互动模式下的准则"。"统治阶级成员之间的主导意识形态"一词是从戈德堡在描绘霍姆斯的思想处借用的。See John C. P. Goldberg, "Introduction: Pragmatism and Private Law", *Harvard Law Review* 125, 2012, pp. 1643 - 1644. 声称以前的法律现实主义者在践行"单维实用主义"，即将法律的真正厉害关系归咎于单一因素，并援引"一个非常不同的实用主义的变体"——包容性实用主义"支持不那么怀疑的'新'私法"。笔者认为，这一语词基本上是霍姆斯思想的准确描述。See O. W. Holmes, "The Path of the Law", Cambridge, *Harvard Law Review* 10, pp. 457, 466, 469, 471 - 472 (1896 - 1897). 卢埃林对此的一个讨论, see Goldberg, "Introduction: Pragmatism and Private Law", *Harvard Law Review* 125, pp. 1643 - 1645。

〔2〕 See Joseph William Singer, "The Player and the Cards: Nihilism and Legal Theory", *Yale Law Journal* 94, 1984, fn. 1 p. 21, pp. 57 - 66; Singer, *Legal Realism Now*, fn. 7, p. 474.

〔3〕 See Joseph William Singer, "The Player and the Cards: Nihilism and Legal Theory", *Yale Law Journal* 94, 1984, fn. 1, pp. 10, 13 - 14.

的研究必须在零售业中进行,而不能搞批发。"〔1〕在典型的方法论意义上,正如之前的许多批判法学家一样[如法国哲学家米歇尔·福克(Michel Foucault)],肯尼迪避免对"法律是确定的还是不确定的?"这个问题作出宏观的、抽象的回答。〔2〕对于这样的一般性问题,肯尼迪既不回答也不拒绝,而是将这些问题——例如,"法律是确定的还是不确定的?""法官是否真的被法律约束?""如果是这样的话,法律中有多少确定性或不确定因素?""法官们是否经常感到拘束或不受约束?"——转为具体语境下的问题,即"在什么情况下法律是确定的或不确定的?""什么具体的元素使法官感到受法律约束或不受法律限制?"〔3〕通过这样一种设问和回答的方式,肯尼迪回避了法律本质是确定的还是不确定的这样一个宏大而注定产生误解的问题。

(三)法官个人偏好在裁判中的多元角色

肯尼迪认为,在法律实证主义的思维中共存在三种法官,分别为个人偏好中立的法官、追求个人偏好的法官与法律直觉支配的法官。三种类型的法官使用不同的(裁判)方式来表达他们的主观偏好。不同法官的司法行为之决定因素也大相径庭。

肯尼迪对批判法学的解读与中国同行截然不同。他并不否认法官仍在偏好中立地进行法律推理(或用他的语词,法律工作)。这里所说的偏好中立是指法官对法律的解释是忠实于法律本身的,也就是指他们致力于在裁判和法律解释时排除他们个体的、意识形态上的偏好。因此,他们会忠实地选择并使用被广泛接受的方法(至少在进行某些法律工作的时候是这样的)。对个人偏好中立的法官来说,在进行法律解释、裁判等法律工作时他们受到自己所遵循的方法的约束,法律决定只有在意识形态偏好对裁判没有影响的情况下才是确定的。

尽管如此,从经验观察的角度来说,法律实证主义法学家提出的分析方法仍然很难确保法官们会对同一法律得出相同的法律解释或基于同一事实给出

〔1〕 See Kennedy, *A Critique of Adjudication*, fn. 7, p. 172.

〔2〕 在这一方面,肯尼迪与福柯有着惊人的相似之处,"对于福柯来说,没有外在的确定性也没有超越历史和社会的普遍理解,他的策略是尽可能避免诉诸先验的或普世的基础"。Paul Rabinow eds., *The Foucault Reader*, New York, Pantheon Books, 1984, p. 4.

〔3〕 See Kennedy, *A Critique of Adjudication*, fn. 7, pp. 71 – 172; 类似的观点, see Joseph William Singer, "The Player and the Cards: Nihilism and Legal Theory", *Yale Law Journal* 94, 1984, fn. 1, p. 60。

相同的裁判结果。出现不同结果的原因主要是在不同的场合采取不同的法律方法(无论是文本主义还是目的主义),确实会指向冲突的结果。[1] 而在现实中保证法官可以选择相同的方法或应用所谓的理性方法来进行法律工作的"超级机制"几乎等于一种幻想。对于一些致力于(也许有时候沉迷于)某些解释技术的法官来说,他们的法律工作是自我约束的,并且可预测性相对较高。但对于多数尚未在法律解释方法上形成稳定偏好的法官来说,预测他们在裁判中使用的解释方法以及随后他们作出的司法判决结果,在很大程度上就如同去预测天气情况对古代两个交战的军事团体的影响。昂格尔教授(Roberot Vnger)对他教授的课堂经验的观察得出了同样的结果:

> 每一个教义的规则都是对人类正确现实地处理社会生活的某些愿景之心照不宣或光明正大地依存……一份共同的经验证明了以下假设:假如"冥冥中"没有对社会活动的指引,那么思维缜密的法律系学生和律师会危险而本能地认为他们可以为任何主张进行辩护,即使这些主张是相互矛盾的。[2]

即使对追求个人偏好的且往往不错过任何操纵法律解释机会的法官来说,他们的裁决也并不一定是所谓武断的。[3] 认为法官可以简单地依循自己的心理来决定案件结果的观点是有悖于直觉的,毕竟法官须在特定的社会背景下开展法律工作,且法官的心理形成受社会背景的制约。[4] 无论法官们有多老练,他们为其所支持的法律解释做出的努力可能会成功,也可能不会。若无视自己的良心和法律工作的受众,法官们毫无疑问可以既为原告也为被告找到胜诉的依据。[5] 但是即使是早期的法律现实主义者——批判法学派的前身,也已意识

---

〔1〕 John Manning, "What Divides Textualists from Purposivist?", *Columbia Law Review* 106, 2006, p. 70. 对最近学界的回应,质疑现代的文本主义和目的论之间是否存在有意义的区别。曼宁教授认为,从现代的文本主义观点来看,根据"语义语境"(理性人使用词语的方式的证据),而不是"政策背景"(关于理性人解决问题的方式的证据)的法定解释,是"高层次的确定性"。

〔2〕 See Unger, *The Critical Legal Studies Movement*, fn. 7, p. 570.

〔3〕 See Kennedy, *A Critique of Adjudication*, fn. 7, pp. 157 – 164, 183.

〔4〕 See Singer, *Legal Realism Now*, fn. 7, p. 470.

〔5〕 Karl N. Llewellyn, *The Bramble Bush*, New York, Oceana Publications Inc., 1960, p. 69.

到,无论是对于他们自己或是对于法律工作的受众来说,并非所有的主张都能得到成功辩护。[1] 阻止他们按照自己的意愿作出法律解释的限制分为内部和外部两个方面。

在许多案例中,如果法官隶属于立法机关,他们可能会改变所适用的规则。内部限制是指,当法官们不能提出一个正当化理由来支持适用所偏爱的规则时,他们会选择放弃使用这一规则。换句话说,内部限制在规则不能被形式主义的理由自然化和中立化时发生效力。[2] 例如,若当事人明确规定书面形式是合同有效性的先决条件之一时,口头协议的效力就很难被法院认可。又如,在侵权案件中,法官不会判给受害者超出法律规定的惩罚性赔偿金上限的赔偿,即使他们心里认为侵权人是如此罪大恶极或受害者是多么令人同情。[3] 外部约束与受众的反应相关,这一点在实证研究中也有所体现。如果法官支持的观点在受众中反响不好,法官可能不会说服当事人去接受判决,而是会选择和解或直接放弃案子。高级法官或法院的监督也是对法官裁判工作的一种限制。

总之,只有在特定的语境下、在相应的程度和意义上被约束,从而使法律和裁决呈现出确定的特质。然而,超越特定语境而断定确定性,都会是一种夸大,因为任何限制——无论是司法系统内部的还是外部的限制,都只是一个程度问题。法官们用于给出正当化理由以支持他们内心偏爱的法律解释的时间、经历和技巧因人而异。因此,即使他们在各种内部或外部的限制下,对同一规则仍可能得出不同的解释结果。

除此之外,还存在一种对于个人偏好中立与追求个人偏好的法官均适用的

---

〔1〕 Karl N. Llewellyn, *The Bramble Bush*, New York, Oceana Publications Inc., 1960, p. 73.

〔2〕 See Singer, fn. 1, pp. 5, 32, 可以理解的是,判决越具争议性和政治化,法院就越愿意出面解决争议。然而,这种对中立的错误诉求是非法的。

〔3〕 为防止对潜在违法者的过度激励,一些国家或地区,例如,中国设置了惩罚性赔偿的上限。《消费者权益保护法》第 55 条规定:"经营者提供商品或者服务有欺诈行为的,应当按照消费者的要求增加赔偿其受到的损失,增加赔偿的金额为消费者购买商品的价款或者接受服务的费用的三倍;增加赔偿的金额不足五百元的,为五百元。法律另有规定的,依照其规定。经营者明知商品或者服务存在缺陷,仍然向消费者提供,造成消费者或者其他受害人死亡或者健康严重损害的,受害人有权要求经营者依照本法第四十九条、第五十一条等法律规定赔偿损失,并有权要求所受损失二倍以下的惩罚性赔偿。"即使有法官认为三倍费用或 500 元人民币并不足以阻止潜在的商品或服务商提供欺诈产品,他也不太可能不遵守立法者所制定的明确规定。

约束。用肯尼迪的话来说，这就是“直觉性认同/遵守法律”的经验。[1] “在共同经验（公共秩序）已得到充分认可的社会里，社会正义来源于社会道德压力，并进而为现行法律制度提供稳定的根基。[2] 在这种背景中，所有的法律职业者，不论其性别、职业和意识形态，在使用法律解释方法来理解和适用法律时都不会存在分歧，因为他们对法律的理解和运作之认识是相同的。这种规则使用上的和谐看似是由法律造就的，[3]但其实只是由于法律职业者们对相同的价值观——遵守法律的直觉——的遵从。但更重要的是，根据批判法学派的观点，由于“直觉性认同/遵守法律”，法律确定性命题实际上不支持本体论层面上的主张。

二、法治理想的解构与重构

（一）对批判法学的两大指控：解构主义与虚无主义

对批判法学第一层面意义上的误解是认为在该视角下法律和法官的法律解释是完全不确定的。这一层面的误解引致了第二层面的误解，即批判法学学者是解构主义者，他们仅仅指出问题而不提供任何替代解释。当怀有第一种误解时，对批判法学的批评可能得出这样的结论，即批判法学学者（和他们的追随者）对法治理想的追求无从实现，因为法官在司法解释时怀有的不确定性在本质上与法治理想所崇尚的法律的稳定性和可预期性相违背。尽管中国法学学者对批判法学家作出的针对法律实证主义之尖锐批评表示赞同（如法律的不连贯性、资本主义国家的自由必要性理论的错误），但他们更关心的是批判法学是否能提供替代旧有法律实践的理论。

中国法学学者对批判法学造成的解构与重构的分裂的指控并不罕见。在一篇具有代表性的文献中，作者指出：“批判法学派学者正确地指出了传统法律

〔1〕 See Kennedy, *A Critique of Adjudication*, fn. 7, p. 160.

〔2〕 Julius Stone, “Fictional Elements in Treaty Interpretation: A Study in the International Judicial Process”, 1 *Sydney Law Review*, 1955, pp. 344, 366.

〔3〕 See Kennedy, *A Critique of Adjudication*, fn. 7, p. 160. “当你让我关上门的时候，我通常不认为自己必须作出艰难的解释。我不用思考就能明白你的意思。你可以毫不犹豫地在我关上窗子时，说我还没有关上门。”

理论的问题,并给出了一些理由使我们相信一些结论是科学的。不幸的是,批判法学派学者是如此痴迷于解构现有的法律思想,以致他们极有可能偏离正确的方向。"[1]

与之类似,美国的许多批评人士也指责批判法学,认为它背叛了法治的理想,或曰理性本身。另一些人则直截了当地指责批判法学是虚无主义的信徒。[2] 批评家认为,批判法学学者对法律的政治性和客观性的看法,加剧了一个危险的思想,即没有合理和客观的标准可以支配我们如何作出法律决定,以及(在一个更广泛的意义上)我们将如何生活。[3] 法官在司法决策过程中是个性化的,他们可以任意地使用自己喜欢的方式来决定案件的结果。[4]

尽管如此,对批判性法学是法律虚无主义的指责,仍首先让人联想到了中国批判法学家(邓正来)对中国同行提出的类似指控的回击:"请不要让我在把你从老虎的嘴里救出来之后,再把你送回虎口。"[5] 自二十世纪七十年代末中国改革开放以来,中国法学家就一直在努力探索中国法律制度和法理学的理想。在 2011 年,中国声称建立了以宪法为主体,以宪法相关法、民商法和其他部门法为分支的社会主义法律体系。同时,中国法学家也为中国法理学的未来提供了许多材料,以权利论、法律文化论和法律本土资源论为最具影响的观点。不久,邓在与最终并没有让他的中国同事完全信服的争论中,分别

---

〔1〕 吴玉章:《批判法学评析》,载《中国社会科学》1992 年第 2 期。

〔2〕 Owen Fiss, "Objectivity and Interpretation", *Stanford Law Review* 34, 1982. (虚无主义会争辩说,对于任何文本……均存在不止一种的含义……在选择中法官将不可避免地表达自己的价值观。所有法律都是掩饰。)批判法学派对虚无主义指控的回应, see Joseph William Singer, "The Player and the Cards: Nihilism and Legal Theory", *Yale Law Journal* 94, 1984, fn. 1; Kennedy, *a Critique of Adjudication*, fn. 7, p. 12; Kelman, fn. 7, p. 12。

〔3〕 See Joseph William Singer, "The Player and the Cards: Nihilism and Legal Theory", *Yale Law Journal* 94, 1984, fn. 1 pp. 3 – 5. (作为一种道德理论,虚无主义声称并不存在一种决定如何过好生活的有意义的方法。任何行动都可以被描述为对或错,好或坏……我们认为好的行为也可能都是坏的,因此我们不能理性地决定我们应该做什么。)

〔4〕 Laura Kalman, *Legal Realism at Yale*: 1927 – 1960, North Carolina, University of North Carolina Press, 1986 pp. 6 – 7, 20, 42, 79, 暗示法律实证主义失败了。对卡尔曼的批驳, see Singer, *Legal Realism Now*, fn. 7。

〔5〕 邓正来:《中国法学向何处去》,商务印书馆 2011 年版,第 274 ~ 275 页。

从逻辑、内容和结构层面上打破了这些理论。[1] 然而,邓还是被指责为一名解构主义者,因为他没有提出一个明确的可替代方案。考虑到中国和美国的在批判法学发展上相似的历史背景,邓的"虎口"回应同样适用于反击对美国批判法学的指控。

(二)"二分法"之痛

"解构"和"重构"是两个相互关联的概念,这是笔者对批判法学是虚无主义之指控的第二个回应。的确,批判主义首先是回应性的和破坏性的,而不是建设性的。但是,对陈旧词汇的彻底批判是重构的起点。在法律和裁决中充分披露意识形态、政治偏好并不一定会违背法治的理想,更不用说产生对虚无主义的恐惧。相反,它提供了从不同角度来思考法律和律师行业的机会,提供了重新调整对法治理想的期待和追求的机会。至少在某种程度上,在批判法学的披露下我们降低了法律实证主义所强调的对"必须"的虚幻追求,[2] 这种法治是"脱离了对(虚幻的)确定性和肯定性追求的法律推理的概念",[3] 并由此解放了律师,使其不再沉迷于超验的基础和形式主义的法律推理。[4]

尽管如此,理性基础的破裂并不必然将律师的法律分析降解为任意的、不安全的,带来身体、情感上的伤害甚至强权。日常经历告诉我们,人们不仅有追求个人幸福的自由,也"在家庭生活中和与陌生人的相处中,展现出关心、支持、爱与无私的品质"。[5] 这并不意味着形式和逻辑推理方法对法律说理毫无用处。对批判法学的批判只是假设"我们面临着一个简单的抉择",或坚持法律和法律推理是客观的、中立的和确定的,或坚持"选择都是相似的,因此法官的想

---

〔1〕 有关中国法理学的激烈辩论,see Deng Zhenglai, *Rethinking Chinese Jurisprudence and Exploring Its Future: A Sociology of Knowledge Perspective*, Singapore, World Scientific Publishing Company, 2014. 遗憾的是,邓正来教授于 2013 年年初逝世,而他提倡的中国法理学的重建工作仍在进行中。

〔2〕 See Kennedy, *A Critique of Adjudication*, fn. 7, pp. 12 – 18; YU, fn. 4

〔3〕 See Joseph William Singer, "The Player and the Cards: Nihilism and Legal Theory", *Yale Law Journal* 94, 1984, fn. 1, p. 8.

〔4〕 See Unger, *Social Theory*, fn. 7, ch. 5. 是一个在社会理论中对虚假必要性问题的系统性论述。

〔5〕 See Joseph William Singer, "The Player and the Cards: Nihilism and Legal Theory", *Yale Law Journal* 94, 1984, fn. 1, pp. 51, 54.

法和抉择无关紧要”。[1] 实际上,伴随这种简化而来的是一系列的二元对立,世界被划分为客观维度和主观维度,如理性和欲望,法律和政治,法律和道德,公与私,普遍和特殊。[2]

然而,批判法学家们认为,“二分法”是有误导性的,因为所谓先验的客观性之维度根本不存在。[3] 二分法的构建,不过是试图吓唬我们去接受客观性尺度这一神秘力量以及可以将我们从伪主观冲突中解救出来的理性技术。在社会科学的主题中,在简单的二分之间实在存在多种多样的想象与选择。

(三)法治理想的新图景

终极基础和客观基础的破裂,并不会带来批判者们所惧怕的结果,其反而是将理想的社会生活图景和有效的制度设计重新纳入法律分析重心的契机。[4] 从广义上来说,律师在处理形式问题时必须认真对待法律制度的实质内容。法律的形式化和法律形式理论是表达人们所关心和追求价值的重要工具。它以限制可能选择的方式来构造人们的渴望,但它本身并不创造或决定主观的价值。[5] 批判法学家认为,在进行法律分析时,律师应当放弃从先验的基础上找到预先确立的答案这一错误感觉,而是将法律视作语言学的成果。法律分析应该围绕情境,并以人的经验、情感、内省和对话为基础,在社会历史语境中进行。[6] 律师可以通过不断批评陈腐制度和扩大合法的制度选择的方式来发挥

---

[1] See Joseph William Singer, “The Player and the Cards: Nihilism and Legal Theory”, *Yale Law Journal* 94, 1984, fn. 1, pp. 51, 55, 59.

[2] See Joseph William Singer, “The Player and the Cards: Nihilism and Legal Theory”, *Yale Law Journal* 94, 1984, fn. 1, pp. 40 – 41. 是一个关于批判二元对立理论的文献评述。

[3] See Unger, *Knowledge and Politics*, fn. 7. 是对社会理论中各种二元对立理论的彻底批判。

[4] 值得注意的是,在批判法学的重建设计中,不同对象的着重点并不相同。在打破非政治、中立的法律观念后,肯尼迪及大多数批判法学学者,致力于改革法律说理的概念和实践,而其他一些人则像昂格一样,致力于改变整个政治哲学和政治经济体制。See Unger, *The Critical Legal Studies Movement*, fn. 7, pp. 576 – 601; Unger, *Democracy Realized*, fn. 7. 这篇文章不涉及昂格关于政治哲学和经济的论述。中国同行对昂格的“超实证主义”理论的评价,参见柯岚:《自由主义与超自由主义——对昂格尔法哲学的批判分析》,载《北大法律评论》2002 年第 1 期。

[5] Duncan Kennedy, *Legal Formalism*, in Neil J. Smelser & Paul B. Baltes eds., *International Encyclopedia of Social & Behavioral Sciences*, Oxford, Elsevier Science, 2001, p. 8634.

[6] See Joseph William Singer, “The Player and the Cards: Nihilism and Legal Theory”, *Yale Law Journal* 94, 1984, fn. 1, p. 26, pp. 57 – 58; Singer, *Legal Realism Now*, fn. 7, pp. 473 – 474.

"教化作用"。

例如,肯尼迪主张[1]法治不是某种概念(其本身并无绝对价值),而是统治者想要获得其他东西的工具。公民希望通过法治来享受和实践权利,因此私人党派和公共机构都必须遵守法律对其所设置的限制。法治的工具性质决定了法律问题的答案并不由规则本身所决定(无论是大陆法系还是英美法系)。且规则是否有效在很大程度上取决于规则使用(选择、解释和适用)的制度背景,并与使用规则的法律职业者和适用(限制)法律规则的制度环境息息相关。

揭示主观因素在判决中发挥的可能作用,不仅可以改变我们对法律决策过程的理解,而且有助于改善法制环境和增强决策过程的可预见性。[2] 正如肯尼迪所说,批判法学给出的另一处方是提供了"法治在程序性或制度性层面的定义,而不是建立某种主观的法律制度。"[3]提高司法程序的方式之一,就是用明确的政策、伦理、道德和制度分析取代形式主义的抽象概念和逻辑推理。人们有权将其他公民和政府机构(包括立法机关)告上法庭,当他们认为这些人或机构非法侵犯了他们的权利。机构间的"分权"起到了确保法律权利实现和限制已身的关键作用。可以说,只要相关机构持续运作,公民权利和对公权力的限制仍可以得到实现,即使它们并没有被明确地以立法的形式所规定。规则的具体化和情境化是对法官的主观偏好的另一限制,例如为商人和消费者的交易设定不同的合同规则。

然而,主张或要求法律职业者在特定的制度背景下,可以以单一、正确的方向解释法律规则(从而找出每个法律问题的唯一、正确的答案)实在是荒谬的错觉。这样的主张忽视了两个基本事实:

第一,构成公共和私人生活的法律规则(如立法、规章或其他任何形式)组成了"经济和政治权力配置合法化的机制"。[4] 这些规则让一些群体以牺牲他

---

[1] See Kennedy, *A Critique of Adjudication*, fn. 7, pp. 13 – 14.

[2] 早期的法律现实主义学者,例如卡尔 N. 卢埃林,已经注意到了这一点。See Karl N. Llewellyn, *The Common Law Tradition: Deciding Appeals*, Boston, Little, Brown and Company, 1960, pp. 19 – 61, 121 – 132, 178 – 219, cited from Singer, *Legal Realism Now*, fn. 7, p. 471.

[3] See Kennedy, *A Critique of Adjudication*, fn. 7, p. 13.

[4] See Joseph William Singer, "The Player and the Cards: Nihilism and Legal Theory", *Yale Law Journal* 94, 1984, fn. 1, p. 6.

人为代价获得权力。在特定情形下,它们可以使特定的社会结构/等级和社会秩序更为稳固。正如辛格指出的,设计一种具有完全确定性的规则并非不可能。[1] 例如,一条绝对可预测的责任规则可以是:"任何人对任何事都不承担责任,每个人都可以自由地做他想要做的事情而不受政府干预。"运用这条规则的法律决定是完全可预测的,即原告在任何情况下都不可能胜诉。然而这样的规则是过度抽象社会环境复杂性的结果,它以牺牲其他良好价值(如安全和隐私)为代价追求确定性,只是防止一种类型的任意性,而放任了另一种。这就解释了创造更复杂和更开放的规则之原因是为了适应相互矛盾的政治偏好。

第二,法官发现法律规则中存在漏洞、冲突和模糊并非偶然,因为很少有超级规则或元规则可以仅以形式主义的方法来预先处理此类场合。当上述情况发生时,正如本文的第一部分的表述,法官在漏洞填补、解决冲突和澄清歧义时会有意识地、半有意识地或无意识地追求自己的个人偏好。[2] 当法官有意识地追求他们的意识形态诉求时,他们会采用形式主义的解释技巧作为"阐明和掩饰其政治、道德承诺"的工具。[3]

但笔者重申,在修正法治的视野中,坦率地阐述法官的意识形态偏好和法律解释中的利害关系,并不会引致司法武断的危险,因为法官在适用法律时并不能为所欲为。与之相反,相较于故意或无意地否定意识形态的影响,将法官的意识形态追求置于明面可使司法程序更透明,也更能得到受众的理解。承认意识形态偏好不仅可以使受众捕捉到司法裁决过程的真实画面,更重要的是,坦率的环境有利于促进对争议结论的有效批评和辩论,也可以在对裁决结果持有异议的受众中促成更多的共识(或称妥协)。

---

〔1〕 See Joseph William Singer, "The Player and the Cards: Nihilism and Legal Theory", *Yale Law Journal* 94, 1984, fn. 1, pp. 11 – 13.

〔2〕 See Kennedy, fn. 7 p. 13. But one qualification must be added to the first phenomenon. When the status of empowered groups/individuals is frequently interchangeable with that of the restrained, the reinforcement effect of social structure does not apply. See Mark Kelman, fn. 7 pp. 56 – 59. SeeKennedy, *A Critique of Adjudication*, fn. 7 p. 13. 但是对于第一种现象必须进行澄清。当被授权的群体/个体的地位与被约束的群体/个体的地位经常相互交换时,社会结构的强化效应就不适用。See Mark Kelman, *A Critique of Adjudication*, fn. 7 pp. 56 – 59.

〔3〕 See Joseph William Singer, "The Player and the Cards: Nihilism and Legal Theory", *Yale Law Journal* 94, 1984, fn. 1 p. 6.

三、司法的去政治化与再政治化

若将批判法学的事业置于更广泛的背景下，第一部分和第二部分所澄清的两大主题均与司法的去政治化运动相关。法律实证主义的中心议程是使司法程序去政治化，使法律规则更加内在明确、连贯和确定，法官可以客观地解释法律规则。即使在法律规则存在缺陷（漏洞、冲突和模糊）时，法官也可以在形式主义方法的指导下将其解决。他们可以（而且应该）在司法裁决中，特别是在法律解释中摆脱个人的政治倾向。

二十世纪五六十年代，美国的法律程序主义〔1〕不断壮大并逐渐取代了法律实证主义。这一学派指出，法律实证主义（形式主义）在解决法律法规的缺陷方面并无建树。与之相反，他们认为应以机构建设取代形式主义的法律方法，并根据所需解决的问题决定拥有决策权的机构。"司法机关在决策能力上（如调查、听证和会计）不如立法机关和政府"是法律程序学派的口号。因而该学派认为，司法机关应当尊重有能力的机构作出的决策结果，即使他们自己可能会得出不同的结论。从更广泛的社会背景角度看，法律程序学派的出现和早期法律现实主义的衰败以及"二战"后美国建立行政政府和重建国家的新政策有关。〔2〕

但本质上，批判法学派认为法律程序学派继承了法律实证主义中的司法去政治化基因，并通过机构建设的主张予以表达。在他们看来这不过是另一个超然的基础罢了。对肯尼迪和其他的批判法学家来说，机构建设的主张是不正确的，它不过是通过对独立的、自明的法律规则之形象的描述或对制度和解的强调创造了一种自欺欺人的假象，以此来撇清政治因素在司法活动中的作用。

批判法学派对司法再政治化的设想主要分为两个层次。一是通过对司法系统的内部批判来揭示在法官的法律活动中政治因素与法律的相互作用；二是通过对司法系统的外部批判，即批判法学院在教育中所灌输的理念——法律是文化而非政治。

---

〔1〕 See generally Henry M. Hart, Jr & Albert M. Sacks, *The Legal Process: Basic Problems in the Making and Application of Law*, Minnesota, Foundation Press, 2001.

〔2〕 陆宇峰：《美国法律现实主义：内容、兴衰及其影响》，载《清华法学》2010 年第 4 期。

本文的第一部分确定性/不确定性和第二部分解构/重构是内部批判的重要组成部分。尽管意识形态在部分司法活动中所起的作用被有意无意地否定,但法官在法律解释上确实有许多选择。而当这种选择发生时,他们要么遵循自己的政治偏好,要么将政治偏好"锁"起来而诉诸所谓的"科学"解释方法。但是,将经济和政治权力的复杂配置委托给单纯的、形式主义的解释方法之努力,只不过是将自由裁量的规范性判决转换为非随意的描述。这种做法破坏了法律说理作为促进良好社会生活的理想渠道的正当性。[1]

当一位诚实的法官意识到"科学"的法律方法之无能和不正当并试图打破对它们的迷信时,他很可能会在法律解释中认真对待他的政治偏好(如果存在)。但在法律实证主义学说的框架下,长期以来法官们背负着"司法造法"的骂名,这意味着他们在"篡夺"立法机关的权力。因此,这位诚实的法官将陷入尊重他的内心与尊重立法之至高无上的两难境地。

如果立法之至高无上相当于司法道德,那么敢于挑战立法的法官就相当的少。因此对于诚实的法官来说,采取"不诚实"(在另一层面上是恶意的)的行为是他们的最佳选择。他们使用"科学"的解释方法隐藏自己的政治倾向,即使他们本人根本不相信这些所谓的"科学"方法。通过这种做法,法官在不承担责任的情况下进行经济和政治权力的合法配置。[2] 这一情况不仅发生在国内法院,也发生在国际法院/法庭,国际法院/法庭的法官在解释国际条约时都致力于确定缔约各方的真实意图。[3]

肯尼迪提出的内部批判不仅承认了政治意识形态在裁判中所扮演的角色,更阐明了政治倾向在裁决中的意义和影响。他明确指出,以意识形态为导向的裁判不同于以意识形态为导向的立法(有时是斗争)。[4] 法官在法律规则框架

---

〔1〕 See Joseph William Singer, "The Player and the Cards: Nihilism and Legal Theory", *Yale Law Journal* 94, 1984, fn. 1 p. 9.

〔2〕 Joseph William Singer, "The Player and the Cards: Nihilism and Legal Theory", *Yale Law Journal* 94, 1984 fn. 1 p. 6. 法律不是中立的;它是建构与合法化经济、政治权力配置的机制。Stone, fn. 36 p. 349. 因此,对这种虚假性的沉溺是在不承担责任的情况下对权利的行使。

〔3〕 Xiong Bingwan, *Contextual Elements and Personal Preferences in the WTO' Treaty Interpretation*. 2014年6月发表于第十五届哥本哈根国际符号学法学圆桌会议。

〔4〕 See Kennedy, *A Critique of Adjudication*, fn. 7 p. 1.

下针对特定的漏洞、冲突而模糊"造法"。正如第一部分所阐释的,这样的"造法"受到许多约束。(至少对于诚实的法官来说)在法律裁判工作中,"造法"是不可避免的,但这显然不是某些评论者(特别是法律程序学家)所为的严厉指控——"篡夺立法权力"。

通过对裁判中法官自身有关意识形态的冲动和约束之真实体验的揭示,肯尼迪提出了另一种理解和预测法官的法律活动(和法治)的思维方式。这种理解使得长期存在的对法官的政治指控将不再存在,法官也不必作出与社会风俗相违背的选择,也就是说,诚实的法官不用采取不诚实的行动。相反,法官在裁判活动中的"造法"行为将以更透明的方式进行,[1]且"造法"得被与公众知情、理解、辩论的方法同等看待。与其说法官的说理活动是一种决策过程,不如说它是一种表达。"当法官在决定案件时,他们应当可以自由而诚实地表达他们的真实想法",这将防止法官在不承担责任的情况下滥用政治权力。至少,这能够使公众清楚地了解到裁判中真正发生的是什么,并就法官的法律决定展开坦诚而有意义的辩论。

对批判法学派的外部批判主要集中于法学教育所强调的"法律是独立于政治的概念"。一般来说,学术话语在很大程度上决定了法治理想的信念。在美国,法律实证主义和法律程序学派在司法去政治化上均有先进的理念。他们认为,在政治和经济上有争议的问题应当以非政治的、中立的方式来解决。通过法律教育,法学院在法官心中种下了否定政治意识形态在法律裁决中的作用的"种子",并随之与之前的学生们共同努力追求司法的去政治化。就这样,否定政治意识形态的观点随着时间的推移不断得到强化。[2]

然而,"教导一个案例(一条规则)的方式不止一种"。[3] 批判理论家认为,法律教师不应该将政治与法律的分离视为理所当然。他们拒绝观察和评估司法实践(或是失败)使得诚实的法官被迫进行不诚实或恶意的行为。与此形成

---

〔1〕 See Kennedy, *A Critique of Adjudication*, fn. 7 p. 4.

〔2〕 在某种程度上,批判法学学者与经济学家站在同一立场上,后者辩称,法律职业者对于传统概念的独立权重应当保持谨慎,因为同一概念在不同案件中存在不同的理解。对这一观点的阐释,参见熊丙万、周院生:《国家立法中的道德观念与社会福利》,载《法制日报》2014 年 1 月 1 日。

〔3〕 See Singer, *Legal Realism Now*, fn. 7 p. 473.

鲜明对比的是,批判法学派认为法律理论是政治活动的一种形式而非与政治截然不同的东西。批判法学将法律话语带回到政治辩论的舞台。批判法学的内部批判和外部批判是相互关联的。一旦对非政治的法官之迷信被打破,在法学院重建政治法学的机会就不远了。

四、政治的两层含义:对批判法学误读的原因

我们人类,对法治——从最抽象的意义上来说,其是一个理想的、可预见的、稳定的和公平的规则体系——有着忠贞的追求。我们希望,这种理想能够保护我们每个人免受任意性和暴政的侵害。法治的重点是法律规则的运作免受法律规则以外力量的影响(或更严重的影响:操纵),特别是政治因素的影响。笔者在这一部分首先对"政治力量"概念在中美学者间存在的理解差异进行揭示,这有助于澄清中国法学学者对批判法学派的误解,进而得以以此出发探索中国同行为何误解乃至批评批判法学。[1]

中国律师批判法律和法院的判决被政治所干预时,他们所针对的主要是外部力量:一是有政治动机的社会运动;二是公共部门或司法部门以外的官员,如政府机构和执政党的部门。中国同行对批判法学派误解的原因之一可能是对这两种力量的恐惧。

对中国二十世纪八十年代和九十年代社会背景的描绘可能有助于认识这一原因。当时,中国刚走出"文化大革命"的阴影,仍然对阶级批评和斗争保留着痛苦的记忆。在这一时期,阶级批评、阶级斗争和"无法无天"的概念在全国范围内广为传播并受称颂。当时对"批判"和"批评"语词的第一印象,既不是对真理的探寻,也不是对社会秩序的恢复,而是社会混乱的根源。

然而在"文化大革命"后,中国知识分子,尤其是法学学者,重新开始了寻找防止"无法无天"悲剧和恢复社会秩序的法律理论的努力。自然而然的,中国法学学者对诸如强调法律不确定和不确定性维度的批判法学理论十分警惕。这

---

〔1〕 乍一看,中国同行对批判法学派的误解可能是由于他们未能跟进美国批判法学派的后期著作,从而扩展了他们的早期批判并且开启了他们对法治事业的重构。See materials cited in fn. 7. 但这种解释可能过于肤浅。

也解释了笔者在上文所提及的现象,即中国法律职业者在一开始就与批判法学派保持相对较远的距离。

即便时至今日,中国在促进法治方面的大部分努力都是为了确保司法机构能够独立地、不受其他公共机关或官员干涉地行使司法权力。在当代中国法律话语的语境下,政治意识形态在审判中的作用本质上是消极的。中国法学家们在过去三十年来的学术努力的一个主要目的是借用和建立独立、中立司法的概念和形式主义的解释方法,这样做是为了使法律学科更纯粹的法律化,而不是政治化。[1]

中国法学学者对批判法学派的有意误解存在另一解释。也就是说,中国法学学者清楚批判法学派的真实主张,但并不希望将它的本来面目展现出来。这可能出于以下两个原因。首先,他们可能会担心,从内部角度对法律进行政治解读可能会被外部政治力量用来作为干预法庭裁决的借口。当一个国家/地区的司法独立于政府和当事人时,在没有外部干扰的情况下,公开承认法官的政治倾向在审判中发挥的作用可能不会导致司法的任意性。但是在中国这样一个司法体系还不够独立的国家,法学学者可能会以理论上对政治和个人偏好在审判中扮演角色的否认来制衡外部的政治势力和腐败的司法行为。特别是在二十世纪九十年代和二十一世纪的第一个十年里,外部干扰和司法腐败问题对中国建设社会主义法治提出了重大挑战。中国的这一国内背景或许有助于解释中国法学学者在接受真实的批判法学时所表现出的不情愿。其次,中国法学学者也可能只是简单地不喜欢批判法学直截了当的理论主张。直截了当的叙事者可能并不受法律学术界和司法机关的欢迎,这与中国历史悠久的中庸哲学不符。

除了上述两个原因之外,对中国学者自1990年以来对批判法学的误解和拒绝还有一些可能的解释。在未来进一步探索这一问题,例如与研究批判法学的中国同行进行访谈,可能有助于提高我们的理解。然而,发生在二十世纪八十年代和九十年代的误解已妨碍了后世中国对批判法学之精辟观点(也有缺

---

〔1〕 参见熊丙万:《法律的形式与功能:以"知假买假"案为分析范例》,载《中外法学》2017年第2期。但是中国青年法学学者往往越发现实和务实,因为他们广泛地接触西方的论争,特别是美国的。

点)的理解,也阻碍了其对中国法学产生影响。至少,批判法学家对裁判中法官个人偏好因素的严肃对待可以丰富我们对司法决策过程真实情况的了解。〔1〕

此外,美国批判法学所关注的政治意识形态是一种源于法官内心偏好的内在动力。这种内在政治动力在司法裁判中对诚实法官来说是不可或缺的,且这并不阻碍对法治的追求。无论法学理论学者如何否认,内部政治力量在裁判中的作用确实是存在的。对于那些想要坦诚地面对法官的真实经历和形式主义的局限的中国法学学者来说,他们须严肃对待外部政治力量和内部政治力量以从另一角度思考法治。

五、结　　论

笔者希望本文中对批判法学的描述将有助于重启中国法律同行和批判法学理论之间的学术对话。在文章的最后,笔者就"如何从中国视角来理解批判法学"提出两点方法评论。

首先,在本文中,笔者既没有穷尽中国法律学术界对批判法学的所有误解,也不试图展现所有有关美国批判主义法学理论。笔者只是基于几位美国批判法学学者的观点,简单地指出中国法学家对批判法学的两处重大误解。(尤其是肯尼迪、辛格和昂格尔,因为笔者在哈佛法学院读书时选修了这几位学者开设的课程,在写作这篇文章时对他们的文章更加熟悉。)〔2〕虽然他们的作品是美国批判法学运动的代表性文献,但同时笔者也意识到存在其他有着重要影响力的批判法学家,如马克 · 图什内特(Mark Tushnet)和大卫 · 特鲁贝克(Darid Trubek),其对笔者在这篇文章中所提到的两种误解的看法可能是不同的。毕竟,批判法学不是一个思想学派,而是一种学术运动。因此,未来中国同行对批判法学的探索需在更广阔的领域内进行。

〔1〕 例如,在中国,在司法活动中对认知科学技术的运用才刚刚起步。参见王凌皞:《走向认知科学的法学研究——从法学与科学的关系切入》,载《法学家》2015 年第 5 期。

〔2〕 笔者由衷地欣喜肯尼迪教授在私人书信中对本文的评价,"我可以坦诚地告诉你,我认为这篇文章非常好,我对整篇文章,特别是法治部分的讨论并没有批评或建议。我很荣幸你对我的文章的细致品读"。

其次,未来的研究须将批判法学置于现实主义的发展中。研究批判法学的前世和今生,这会使对批判法学的研究更加富有成效。[1] 从历史的角度看,批判法学是美国法律现实主义百年来的重要发展。[2] 自奥利弗·温德尔·霍姆斯(Oliver Wendell Holmes)大法官发表著名的评论"法律的生命不是逻辑,而是经验"后,[3]几代美国律师都致力于"超越表面地了解法律背后'真正的利害关系'"。[4] "每一代领导人都向前一代领导人致敬,因此对他们的错误视而不见。"[5]

例如,美国私法的新思维运动最近提出,[6]肯尼迪和早期法律现实主义者都不够现实。私法中大量的概念和理论不能简单地被界定为掩盖政治立场的面具,也不能以公法的逻辑对其进行充分揭示。很多私法概念和理论都是历史悠久的并在世界各地被普遍采用,这不是出于对提出法律理论的法学家之尊敬,或者源于对法律的终极基础之信仰,而是因为他们揭示了反映和解释客观世界中财产的存在。这些私法概念和理论,"在需要不断完善的同时,是值得被

---

[1] 此处的文末总结评议,笔者受到了古德伯格(Goldberg)论述的颇多启发。See Goldberg, "Introduction: Pragmatism and Private Law", *Harvard Law Review* 125, 2012, fn. 21; Henry E. Smith, "Property as the Law of Things", *Harvard Law Review* 125, 2012, p. 1708. 论证了财产法应当由"权利束"理论转向"模块化"理论。theory to "modularity" theory; Thomas W. Merrill, "Property as Modularity", *Harvard Law Review* 1, 2012, p. 158. 这是一个关于史密斯教授模块化理论的评述。

[2] 在比较法域中,法律现实主义作为一种法律思维的表达方式得到斯堪的那维亚国家的广泛采纳。See O. Lando, M. -L. Holle and T. Hastad et al. , *Restatement of Nordic Contract Law*, Copenhagen, DJOF Publishing, 2016, pp. 23 – 24.

[3] O. W. Holmes, *The Common Law*, Boston, Little, Brown, 1881, p. 1. Accessed Mar 12, 2017, http://www. gutenberg. org/files/2449/2449 – h/2449 – h. htm.

[4] See Goldberg, "Introduction: Pragmatism and Private Law", *Harvard Law Review* 125, 2012, fn. 21.

[5] See Goldberg, "Introduction: Pragmatism and Private Law", *Harvard Law Review* 125, 2012, fn. 21.

[6] 关于"新私法主义",笔者最初指的是参与自2011年始在美国"开战"的新私法运动的学者。新私法一词是"私法的新思想"的简写,而非实体法的新发展。See Goldberg, "Introduction: Pragmatism and Private Law", *Harvard Law Review* 125, 2012, fn. 21. 这一学术运动有许多运动,例如,2011年秋季在哈佛法学院举行的新私法研讨会,http://blogs. harvard. edu/privatelaw/events/#Workshop,最后访问日期:2017年3月13日。其次,我指的是许多有影响力的批判法学学者,如肯尼迪和辛格,与许多早期的法律现实主义学者,如霍姆斯和卢埃林,基于他们对私法领域的理论观察。

解释和尊重的”。[1] 即使那些持有不同世界观的法学家,他们也可以用这些概念和理论来建设性地解释自己所拥有的权利。[2]

物权法定条款的信息成本解释是一个很好的例子。财产的“权利束”隐喻作为法律实证主义的典型主张体现了一种财产可以被分割为无限种形式的印象。然而在现实中,世界各地的产权总是以有限的形式出现,尽管“法律的标准化程度取决于与财产相关人的身份”。托马斯·梅里尔(Thomas Merrill)和亨利·史密斯(Henry Smith)提出的信息成本可以很好地解释这一财产的标准化现象。[3] 无论一位律师是政治左派或右派,他都不太可能承认财产权的完全排他性,因为这不符合形式上的合理要求。几乎没有人会在与一个自称拥有所有权的人签约之前,投入大量的精力和财力去调查并核实该人是否是该财产的唯一所有人。

美国私法的新思维运动呼吁法律思维应当从核心实用主义(或称单维实用主义)[4]转向包容性的实用主义。[5] 他们主张现实社会不是扁平的,而是复杂的,因此应从多个角度进行对社会的探索。正如批判法学针对他们的现实主义前辈及一般法律理论所说,“有不止一种方法来教一个案例”。法学教授们不应将法律与政治概念相关联,法律概念和理论并不是政治偏好的必然产物或称掩盖面具。对法律与政治、法律和社会之间的关系的探讨存在多个角度和方向,[6]只要这些研究方法是对现实社会的反映且是具有解释权威的。当然,批判法学并不必然与私法的新思维运动之主张相冲突。可能批判法学家和私法

---

〔1〕 See Henry E. Smith, “Property as the Law of Things”, *Harvard Law Review* 125, 2012, fn. 81.

〔2〕 See Goldberg, “Introduction: Pragmatism and Private Law”, *Harvard Law Review* 125, 2012, fn. 21.

〔3〕 有关梅里尔和史密斯提出的信息成本理论对财产权标准化程度的解释,参见熊丙万:《实用主义能走多远?——美国财产发现引领的私法新思维》,载《清华法学》2018年第1期。

〔4〕 See Goldberg, “Introduction: Pragmatism and Prirate Law”, Harrard, Law Reriew 125, fn. 21 p. 1641. “‘核心实证主义’这个标签来源于俗语,‘触及实质’。这个俗语引入了一个概念,即把由过去喋喋不休的闲聊转向真正的、重要的东西。”

〔5〕 See Goldberg, “Introduction: Pragmatism and Private Law”, *Harvard Law Review* 125, 2012, fn. 21.

〔6〕 Martha Minow, “Archetypal Legal Scholarship: A Field Guide”, 63 *Journal of Legal Education*, 2013, p. 65. 该文概述了美国法学界的八种典型的法律学派,包括批判法学派和他们的分支。

的新思维运动学者只是设定了不同的学术议程，并选择了不同的角度来解释法律。在具体的问题上，不同的方法可能会导致相反的结论，但也可能在一些要点上共存并融合。[1] 例如，沿用肯尼迪法律直觉支配分类下的法官作出判决的思维，可能会在物权法定原则上得出与其倡导者——私法的新思维运动学者——相同的结论。

---

〔1〕 Henry E. Smith, "Mind the Gap: The Indirect Relation between Ends and Means in American Property Law", 94 *Cornell Law Review*, 2009, p. 959. 该文对批判法学派和私法的新思维运动就财产理论的真实分歧和伪分歧进行了研究。

“厚今薄古”：法的阶级性和继承性讨论（1956～1957）*

段瑞群**

内容摘要：1956年至1957年，“百家争鸣”方针的提出极大地激发了法学界自由讨论的热情，形成了中华人民共和国成立后第一场真正意义上的学术大论战。其中，关于法的阶级性和继承性的讨论，既是最热门的话题之一，也是对中华人民共和国成立以来民主法制建设得与失的深刻反思，其讨论的结论更是对此后中华人民共和国政治法律制度产生了持久而又深远的影响。这场讨论否认法具有继承性，特别是所谓“旧法”与“新法”之间的继承性，形成了“法律本身就是统治斗争的工具”、“经济基础决定上层建筑”决定法律的阶级性以及“社会主义法学本身就具有阶级性”等所谓“国家与法权”理论体系，为法制秩序的混乱埋下了伏笔，也是二十世纪八十年代末九十年代初法的阶级性与社会性讨论的历史脉搏。

关键词：法的阶级性　法的继承性　厚今薄古　百家争鸣

自1949年正式废除《六法全书》，到1952年组织发动司法改革运动，直到“双百方针”的提出以及“整风运动”的开展，中华人民共和国的领导者们始终在持续批判“旧法观点”，努力消除“旧法影响”，试图建立一套“崭新”的人民司法制度。虽然“旧法观点”得到持续批判，“旧法人员”也得到持续的改造与整

* 本论文系中国法学会2017年度部级法学研究课题“1954年检察院组织法‘一般监督权’研究”[CLS(2017)C06]的阶段性成果。

** 段瑞群，华东政法大学博士后研究人员，法学博士。

顿,但是“百家争鸣”中关于法的阶级性与法律遗产继承的讨论依然是最主要的议题。一定程度上,法的阶级性与继承性的讨论标志着政法界“百家争鸣”正式揭开序幕,理论上解构了法的本质的一般概念,隐含了“反右”斗争以及随后影响中华人民共和国法制建设几十年的“极左”思想端倪。

一、政法界的“百家争鸣”

二十世纪五十年代初期,存在把“一边倒”的政治方针简单化、庸俗化的倾向,似乎什么问题都要以苏联为准划清界限,甚至在遗传学、医学等自然科学领域也存在所谓“姓资姓社”的争论。[1] 1956年4月28日和5月2日,毛泽东分别在中共中央政治局扩大会议和最高国务会议第七次会议上,详细阐述了“百花齐放、百家争鸣”,即“艺术问题上百花齐放,学术问题上百家争鸣”。5月26日,陆定一系统阐述了中共中央的“双百”方针。毛泽东在1957年2月27日发表的《关于正确处理人民内部矛盾的问题》和3月12日在全国宣传工作会议上的讲话,进一步系统论述了“双百”方针,明确宣布:“百花齐放、百家争鸣,这是一个基本性的同时也是长期性的方针,不是一个暂时性的方针。”

“百家争鸣”使“法学家和法律工作者同其他部门的科学家一样,以无比兴奋的情绪投入向科学进军的行列”,有学者呼吁法学研究的“百家争鸣”要在研究的基础上进行争论和思想交锋,不要断章取义、信口开河和随便批判,应该“强调说理,实事求是,特别是法律科学与政治问题有密切关系,更不能随便扣帽子”,应该坚持在学理上解决争论。[2] 有学者还专门撰文论述对“百家争鸣”的认识,主张学术不能脱离政治而独立,学术的自由讨论和百家争鸣“绝不能超出我们的宪法和法律范围”,必须服从政治领导;学术的讨论是“要以真理扑灭谬误”,为真理而争,为人民的利益而争;参加“百家争鸣”的人要勤于学习,时刻不忘武装自己,勇于发表意见和暴露自己,不要“空口叫嚣”和“买空卖空”;百家争鸣是个人崇拜的消毒剂,二者势不两立;百家争鸣,固然有“争”的一面,也

---

〔1〕 参见林蕴晖、范守信、张弓:《凯歌行进的时期:1949～1976年的中国》,人民出版社2009年版,第500页。

〔2〕 参见徐盼秋:《在法学研究中贯彻“百家争鸣”的精神》,载《华东政法学报》1956年第2期。

要有“容”的一面,要以极谦虚的态度接受人家正确的意见。[1]

1956年5月,吴恩裕在北京政法学院科学讨论会上做了“中国国家起源问题”的报告。5月27日,吴文瀚在北京法学界座谈会第一次会议上的发言中明确提出了“为旧法招魂”。6月,《华东政法学报》刊登了题为《“百家争鸣”和法律科学》和《在“百家争鸣”中谈旧法思想》两篇文章,率先提出要加强对“旧法”的研究,呼吁改变对古典法学遗产“一棍子打死”的做法。[2] 这两篇文章迅速引发法学界的广泛关注与讨论。7月,北京政法学院组织开展了三个主题的争论,其中争论较多的是“社会主义国家也可以继承社会主义以前的法的某些因素吗?”[3]7月20日至8月2日,高教部和司法部在北京政法学院召开了法律专业教学大纲审定会。全国10个政法院校、法律系的70多名代表和其他业务部门专家、苏联法学家叶夫根尼耶夫(Евгений ЕФreHbeB)等参加研讨。这次会议讨论了法学研究的“百家争鸣”,肯定了过去学习苏联先进经验的成绩,也批评了学习中的教条主义缺点,一致同意法律教学“今后必须认真地联系中国实际,必须全部或主要地讲授中国内容”。其中,“民法和刑法全部讲授中国内容,原苏联部分的内容放在专业课或选修课程”;“刑事诉讼主要讲授中国内容”;

---

〔1〕 杨玉清:《把“百家争鸣”的方针贯彻到法学研究中去》,载《政法研究》1956年第4期。随后,甚至有法院工作人员专门针对杨玉清的《把“百家争鸣”的方针贯彻到法学研究中去》一文提出意见,认为“百家争鸣”应该废除学术讨论的“清规戒律”,“学术绝不能脱离政治而独立”和“绝不能超出宪法和法律范围”等提法本身就是“划了一些圈子”。“究竟谁的理论能为政治服务,谁的见解与政治相悖逆……只有通过争论以后才能弄清孰是孰非”;“本来宪法规定了公民有言论、出版和科学研究的自由,明明是准许自由研究,从何说起是超出规定呢?如果是妨害自由争论,恐怕才算超出了宪法和法律规定”。参见李邦宁:《对在法学研究中贯彻“百家争鸣”方针的看法》,载《政法研究》1956年第5期。

〔2〕 参见李良:《“百家争鸣”和法律科学》,载《华东政法学报》1956年第2期;刘焕文:《在“百家争鸣”中谈旧法思想》,载《华东政法学报》1956年第2期。

〔3〕 参见高天人:《“百家争鸣”的一个薄弱环节》,载《政法研究》1957年第1期。值得一提的是,高天人在本文中介绍吴恩裕关于历史分期的报告时,使用了“今天是分科研究,各有专业,假使有潜力,有时间,自然例外,否则的话,不必越俎代庖”以及“尽管可以存疑,先行断自商代,等到打开一条道路,再卷土重来,重新布置,并不算落后”等表述。吴恩裕专门撰文与其商榷,认为学者就应该“抛砖引玉”,不是怕“落后”,希望高天人针对自己的著作提出建设性意见。同时,批判了政法学界忽视对“国家与法的历史”以及政治学史的关注与研究的狭隘观点,“只有法律技术员的训练,没有法律科学家的培养”。参见吴恩裕:《政法科学工作者应否研究中国国家起源的问题——和高天人同志的商榷》,载《政法研究》1957年第4期。

“国家与法的理论则要密切联系中国的革命经验进行阐述并加多中国问题的比重”。[1]

自1956年8月,各地政法院系和政法团体纷纷组织召开座谈会,对法学研究“百家争鸣”进行讨论。其中,“如何研究中国法制史”和“法律和法律科学的阶级性与继承性”是两大核心争鸣议题。[2] 8月29日,中国政治法律学会组织座谈会,讨论如何在法学界贯彻“百家争鸣”方针。法学家李祖荫专门论述了法家和儒家的法制思想,认为虽然“他们的主张绝大多数都是维护封建皇朝替帝王辩护的,但是也有一些关心人民的资料”,建议编辑法制史典籍目录,招收法学副博士研究生。国务院法制局外事法规委员会专门委员李浩培批判了法律学者“怕被戴上‘六法观点’或‘丧失立场’的帽子”的“思想障碍”。北京政法学院教授戴克光主张将“国家与法的历史”“国家与法的通史”统一调整为“法制史”,坚持以马克思主义观点研究“中国法制史”。10月31日,《华东政法学报》编辑部组织李良、刘焕文以及孙晓楼、江海潮、韩学章、周子亚、高呈祥、陈忠诚、朱鸿达、缪杰、杨兆龙、俞承修、洪文澜、杨峰、陈文彬、王庆泰、王绎亭、周原冰、曹漫之、潘念之等30余名来自上海市政法部门、政法院系的法学专家,专门就法的阶级性和继承性开展讨论。[3] 11月22日,中国政治法律学会展开了关于中国法制史的座谈会。在这次座谈会上,李祖荫认为,各门科学都在蓬勃前进,而法制史还是“冷门”,必须从注释、汇编等基础性工作开始,加强法制史研究;杨玉清认为,要端正学术研究的态度,批判性研究“法学遗产”;张映南认为,可以用“法制史”的名称,比“国家和法的历史”更加坚定明了和恰当;卢蔚乾赞成使用“中国法制史”,并且认为中国古代经史子集都是需要研究的;萧永清和张国华认为,“国家与法的历史”名称更加准确;张希坡主张把“中国政治思想史”和“中国国家与法权历史”分开研究,学科名称以“国家与法的历史”为宜;陈盛清认为,研究我国法律遗产应该包括我国社会历史发展各个阶段的政治法律观点和与之相应的政治法律制度;吴恩裕主张采用“中国国家与法(或法律)的历

[1] 参见《法律科学贯彻“百家争鸣”的一个开端——略记法律专业教学大纲审定会议的情况》,载《政法研究》1956年第5期。

[2] 参见周新民:《十年来新中国法学发展的回顾》,载《政法研究》1959年第5期。

[3] 参见《关于“旧法”问题座谈会的综合报导》,载《华东政法学报》1956年第3期。

史”一名;曾炳钧主张用马列主义立场作为指导,从小问题或断代开始研究法制史,逐渐累积;张志让认为,法制史研究对社会发展具有重要作用;王珉认为对历代法律著作要批判研究;罗耀培认为采用“中国法律制度史”或“中国法制史”较为妥当;郭纶认为既了解某项新事物的时代特点,又考察其历史因素,这是深刻理解每项事物的一项重要准则,要正确地评价和继承法学遗产。[1] 1957年3月14日,上海法学会组织召开第二次学术座谈会,讨论法的阶级性和法学遗产等问题。[2] 此外,复旦大学、北京大学法律系等也分别组织了相关讨论。[3] 除学术研讨外,《光明日报》《政法研究》[4]《法学》[5]《新建设》[6]《教学简报》[7]等报刊是开展法的阶级性与继承性讨论的主要平台。

1956年11月10日,中国共产党八届二中全会召开,毛泽东宣布从1957年下半年起,开展以整顿主观主义、宗派主义和官僚主义为主要内容的党内整风

---

〔1〕 参见《中国法制史问题座谈会发言摘要》,载《政法研究》1957年第1期。

〔2〕 参见梅耐寒:《关于“法的阶级性和继承性”的讨论——介绍上海法学会第二次学术座谈会》,载《法学》1957年第2期。

〔3〕 参见《法的阶级性和继承性的讨论在展开中》,载《法学》1957年第3期。

〔4〕 1953年4月22日,中国政治法律学会成立。中国政治法律学会为了推进我国政治法律科学的研究,配合国家在过渡时期加强政法工作,以保障社会主义经济建设及各种社会主义改造事业的需要,并加强和国际民主法律工作者的联系,决定创办政法学术性刊物《政法研究》。《政法研究》是双月刊,暂定每单月一日出版一期,其创刊号定于五月初出版。《政法研究》的基本编辑方针是:一、团结全国政治法律工作者学习和研究马克思列宁主义的国家与法律理论,批判资产阶级反动的政治法律观点,阐扬我国人民民主制度和革命法制的精神,向全体国民进行爱国守法的宣传教育,以推进国家建设;二、介绍苏联法学理论及政治法律工作的先进经验;三、致力于保卫世界人民民主自由及民族独立的原则,联合国际民主法律工作者,促进世界和平与民主运动。参见《中国政治法律学会出版政法学术刊物“政法研究”》,载《人民日报》1954年5月9日;董必武:《祝〈政法研究〉的创刊——代发刊词》,载《政法研究》1954年第1期。

〔5〕 《法学》创刊于1956年6月15日,创刊号及后两期刊物名称为《华东政法学报》,该刊从诞生日起就宣称要解放思想、鼓励学术创新,开展“百家争鸣”。1958年9月16日,《法学》被迫停刊。参见何勤华:《解放思想是法学进步的原动力》,载《法学的历史》,法律出版社2012年版,第11页。

〔6〕 《新建设》月刊是综合性的学术杂志。它创刊于中华人民共和国诞生一周年之际(1950年10月1日),该刊发刊词上所提出的中心任务,是宣扬马克思列宁主义和毛泽东同志的思想,为学术研究的普及和提高服务,并团结全国的学术工作者,共同为新民主主义的文化建设而努力。参见吴明:《介绍〈新建设〉杂志》,载《人民日报》1953年3月16日。

〔7〕 《教学简报》系北京政法学院内部刊物。

运动。1957年4月27日,中共中央发出关于整风运动的指示。[1] 5月2日,《人民日报》发表社论,提出要把政治生活和整个国家引导到"生动活泼"的道路上。[2] 5月4日,中共中央发出《继续组织党外人士对党政所犯错误缺点展开批评的指示》。上述指示使知识界,特别是政法界的知识分子备受鼓舞。例如,王造时在上海市委宣传会议上发言时说:"作为一个开国当政的党,主动地、及时地运用大力,在全国范围内,来推动这么一个全面揭露矛盾,公开批评思想和工作的运动,在人类历史上,这还是破天荒第一次……党的威信在全国广大群众的心目中不仅没有减低,而是更大大地提高了。"[3]

1957年5月20日,最高人民法院整风领导小组专门举行座谈会。最高人民法院副院长、无党派民主人士张志让建议把党和行政的领导关系问题和分工问题的原则和制度加以具体规定,使大家明确起来。这样,以党代政的一堵墙,就可以拆掉了。最高人民法院顾问、民盟候补中央委员林仲易在座谈会上说,应该适当调整人力,迅速处理积案,不要使群众不满。最高人民法院顾问、民盟最高人民法院区分部委员俞钟骆说,最高人民法院对各级法院负有领导和监督的责任,但是对下级法院提出的问题,不是迟迟不答,就是回答了也是模棱两可。经过司法改革运动之后,有些人对审判是专门业务、法律是专门科学这一点是弄不清的,好像有了马列主义就可以代表一切,能掌握政策就不需要一切。由于否定了旧法律的一切,就全国来说,对旧法律的知识分子一脚踢开。民盟中央监察委员会委员、最高人民法院刑事审判庭副庭长林亨元说,最高人民法院审判委员会还没有很好地发挥作用。在讨论问题时,往往不能很好地听取承办人的意见,有些人在会上过早地下断语。在审判工作方面,要特别注意保护公民权利,这对处理人民内部矛盾有好处。但有个别法院,不问是什么事,都把被告押起来,这是不对的。最高人民法院顾问、民盟北京市委员会副主任委员吴昱恒认为,最高人民法院的主要矛盾是领导和被领导之间的矛盾,也是党和

---

[1] 参见《中国共产党中央委员会关于整风运动的指示(一九五七年四月二十七日)》,载《人民日报》1957年5月1日。

[2] 参见《为什么要整风?》,载《人民日报》1957年5月2日。

[3] 《把整风重点放在基层(王造时在上海市委宣传会议上的发言)》,载《政法界右派分子谬论汇编》,法律出版社1957年版,第26~27页。

群众之间的矛盾。他说,最高人民法院在执行干部政策上有宗派主义。几年来,非党干部得到了提高和改造,可是到目前,没有一个非党干部做审判员和助理审判员。〔1〕

1957 年 6 月 8 日,《人民日报》发表题为《这是为什么?》的社论指出,“少数右派分子想推翻共产党的领导,推翻社会主义制度”。同日,毛泽东起草《中共中央关于组织力量准备反击右派分子进攻的指示》,标志着“反右派”斗争正式开始。〔2〕 6 月 12 日,毛泽东亲自撰写的《事情正在起变化》印发党内。〔3〕 6 月 22 日,《人民日报》发表社论《不平常的春天》。7 月 17 日至 21 日,中共中央在青岛召开各省区市党委书记会议上,明确反右斗争是“对抗性的不可调和的你死我活的矛盾”。8 月 1 日,中共中央印发《关于继续深入反对右派分子的指示》,成为划分“右派”的依据。自此,“百家争鸣”中诸多箴言被定性为“恶毒地制造各种颠倒黑白的荒谬言论,就是要使反动的旧法律和旧司法制度复辟、旧司法人员重新‘上台’,抓‘刀把子’”。〔4〕 宽松的“百家争鸣”与严谨的“学术讨论”,瞬间成为“敌我矛盾”,成为“生死斗争”。

---

〔1〕《最高人民法院工作中有哪些缺点 高院整风领导小组邀请院内民主人士座谈》,载《人民日报》1957 年 5 月 21 日。

〔2〕 参见中共中央党史研究室:《中国共产党历史》(第 2 卷)(1949 ~ 1978)(上),中共党史出版社 2011 年版,第 450 ~ 451 页。

〔3〕 毛泽东写的这篇文章,题目原为《走向反面(未定稿)》,署名为“本报评论员”。在审阅第一次清样稿时,毛泽东将题目改为《事情正在起变化》,署名改为“中央政治研究室”。1957 年 6 月 12 日,该文章印发党内。毛泽东在看已经印发的这篇文章时,又将署名改为“毛泽东”,时间定为 1957 年 5 月 15 日。该文后来编入《毛泽东选集》(第 5 卷),于 1977 年 4 月第一次公开发表。毛泽东在《事情正在起变化》中把党内同志区分为:“有马克思主义者,这是大多数。他们也有缺点,但不严重;有一部分人有教条主义错误思想。这些人大都是忠心耿耿,为党为国的,就是看问题的方法有‘左’的片面性。又有一部分人有修正主义或右倾机会主义错误思想。这些人比较危险,因为他们的思想是资产阶级思想在党内的反映,他们向往资产阶级自由主义,否认一切,他们与社会上资产阶级知识分子有千丝万缕的联系。”参见毛泽东:《事情正在起变化》,载《新中国法制研究史料通鉴》(第 3 卷),中国政法大学出版社 2003 年版,第 2492 页。

〔4〕 周继湖:《驳斥资产阶级右派对司法改革运动的诬蔑》,载《中南政法学院学报》1957 年第 2 期;陶希晋:《论司法改革》,载《政法研究》1957 年第 5 期。

二、法的阶级性与继承性讨论中的主要观点

概述而言,当时法学界主要观点如下:

(一)法律的阶级性和继承性的关系

当时,引发广泛争论并最终被持续批判的是杨兆龙1956年11月撰写的《法律的阶级性和继承性》。鉴于当时不少人以法律的阶级性来否认法律的继承性,杨兆龙认为要科学论述法律继承性,就必须先研究法律的阶级性。杨兆龙的论述首先是从"法律"的概念开始,明确指出"本文所称的'法律'是广义的,乃是一切法的规范的总称,不仅指立法机关制定的法的规范,其他的法的规范也都包括在内"。这个关于法律的概念明显不同于当时已经成为国家学说的马列主义法的概念。为了深入分析法律的阶级性,杨兆龙主张要把法律区分为国内法和国际法两个层级。国内法又可以区分为四个类别:一是法律规范本身就是非正义或反人道的。例如,限制公民选举权的法律规范、限制人民劳动权的法律规范,这样的法律规范当然具有阶级性。二是法律规范本身就具有正义性,反映了广大人民的要求,也符合广大人民的利益。例如,旧法中就有一些保护人民基本权利的条款和规定。三是法律规范是被剥削阶级用来反抗统治阶级的工具,体现了阶级性和反抗性。例如,旧法中规定的游行示威和罢工的权利。四是法律规范本身很难界定或体现阶级性,其主要发挥辅助性的功能,是用来调整各类法律关系的一般标准、程序方法。关于国际法,杨兆龙主张要进一步区分为国际公法和国际私法。其中,国际公法具有阶级性,但是其本身也体现了国际社会经过长期合作和斗争后而达成的意志一致性,因此国际公法中也有体现正义要求,有利于开展国际合作或化解国际纠纷的法律规范。与此类似,国际私法也具有阶级性,但是也应该根据法律规范的性质采取不同的看法。最终,杨兆龙得出其关于法律的继承性的核心观点,那就是法律的阶级性不表现在法律规范内容本身,关键是要看谁使用这些法律规范用来对付谁,即使发生了法律的继承,法律规范还是原来的形式与内容,但是在新的政治文化和经济社会条件下也将失去原来内容所体现的含义。因此,不仅资产阶级的法律规范可以被社会主义国家借鉴、吸收和利用,"任何一个新政权建立后,不可能创

出一套形式与内容都是新的法律及制度,新的法律或后产生的法律吸收借鉴旧的或先产生的法律是经常发生的事实”。[1] 此外,有学者也认为“以法学界落后或者以论题欠缺现实意义为理由而对目前展开的讨论加以责难,是不对的,也是不应该的”,[2] 主张对法的继承性问题开展研究给予肯定评价。但是,也有学者认为“整个国家正在法律工作方面进行毁旧立新的尖锐复杂的斗争,我们的任务就应该是大力宣传法律的阶级性,揭掉资产阶级给法律套上的一层超阶级的外衣,而绝不应该关在‘书斋’里埋头研究什么法律的继承性”。[3]

(二)“法的阶级性并不排斥法的继承性”

当时参与讨论的大部分学者认为“新法就是社会主义的法,旧法则是非社会主义的法”;对“新旧法律思想的关系”虽然有争议,但是基本共识是“历史不能隔断的原则同样也适用于法学中,新旧法学的本质是不同的,但矛盾和斗争中自然有着种种方面的联系和影响”;对法学遗产应该整理、研究和批判,以无产阶级的立场“去其糟粕、取其精华”。[4] 所谓的“继承”是指“有批判的吸收采用或发展”,是“去粗存精、去伪存真、由表及里、由此及彼”的过程,而非简单“搬运”。“在一定的历史条件下,只要有客观实际的需要或有利于人民的革命事业,旧社会遗留下来的有用的东西,不管它曾经被剥削阶级以何种方式利用过,执政的工人阶级都是可以有选择性地吸取利用的”。这是因为“剥削阶级在立法上也不是可以为所欲为的”,要分别受到一般社会倾向和人民反抗的压力、一般经济条件或规律的限制以及一般的自然法则的限制。因此,“资产阶级的法律体系中就不能不包含着进步的、科学的和大众的成分,而这种成分的存在,便构成了我们所谈的法的继承性的事实根据”。例如,承诺的信守、劳动保护、

[1] 杨兆龙:《法律的阶级性和继承性》,载《华东政法学报》1956 年第 3 期。

[2] 张斌生:《对于继承性和法的历史继承性的认识》,载《教学简报》1957 年 6 月 10 日。转引自张恒山:《共和国六十年法学论争实录(法理学卷)》,厦门大学出版社 2009 年版,第 10 页。

[3] 张景明:《对“法律的阶级性和继承性”一文的几点意见》,载《教学简报》1957 年 4 月 20 日。转引自张恒山:《共和国六十年法学论争实录(法理学卷)》,厦门大学出版社 2009 年版,第 11 页。

[4] 参见《关于“旧法”问题座谈会的综合报导》,载《华东政法学报》1956 年第 3 期。另参见王珉、陈盛清:《关于法在历史发展中的继承性问题》,载《新建设》1957 年第 5 期;李浩培:《谈法律和法律科学的继承性》,载《光明日报》1957 年 4 月 29 日;吴传颐:《法有继承性又没有继承性吗?》,载《光明日报》1957 年 5 月 27 日。

人民权力原则、防疫卫生交通规则,以及教育、财政、金融管理等的相关规定;再如,宪法方面的宪法至上、代表制度、权力属于人民、普遍平等和直接秘密的选举规定,刑法方面的公开审判、罪刑法定、无罪假定和辩护制度等,均可以批判继承。[1]

有学者既不认可"新旧法律之间根本无继承关系"的观点,也不认可"新旧法律思想有其密切的内在联系"和"新旧法律也有其历史的必然联系"的观点,认为"以阶级性作为探讨法律本质的出发点,无疑是正面的,但法律的阶级性并不排斥继承性"。因为,奴隶制的法律、封建制的法律和半封建半殖民地的法律之间的继承是一种剥削阶级法律"同质"的继承;人民革命的法统是太平天国以来,特别是1927年以后革命斗争法制"同质"的继承和发展,因此"剥削阶级的法律与人民的法律之间决没有什么直接的蝉联交待,决不是简单的延续和发展"。[2] 也有学者持有类似观点,认为"剥削阶级的法之间必然有继承性,必须把两种继承性严格地区分开;不能把继承这一概念作不适当的扩大的了解;不能说整个社会主义类型的法和剥削阶级的法之间有继承性"。[3]

(三)继承旧法中的"知识元素"

所谓"知识元素"就是《共产党宣言》中所指的"资产阶级将自己的知识元素授给无产阶级"中的"知识元素"。诸如"司法独立"作为"斗争知识元素"以及按照"阶级利益、政治利益的要求,在一定程度上和一定范围内运用一些旧国际法的知识元素来进行斗争"。此外,旧法也有着"可以启导与丰富我们工作的知识元素",主要是指革命的人民用反革命的统治方法对待反革命和维护政权。例如,唐律、明律中对死刑采取"斩立决"或"绞立决"之外,还有"斩监侯"或"绞监侯",这有助于根据阶级斗争的需要,作为立法工作中对死刑缓期执行存废问题的研究。[4] 旧法中的一些法律名词,例如,"伪法统"中民法的"自然人"、"法人",刑法的"犯罪"、"刑罚"、"既遂"、"未遂"、"正犯"和"共犯",诉讼法的"当

---

〔1〕 参见曾炳钧:《关于法的继承性问题》,载《政法研究》1957年第3期。

〔2〕 参见张晋藩:《关于法的阶级性和继承性的意见》,载《政法研究》1957年第3期。

〔3〕 沈宗灵:《一些不同的和补充的看法》,载《光明日报》1957年4月29日。转引自张恒山:《共和国六十年法学论争实录(法理学卷)》,厦门大学出版社2009年版,第11页。

〔4〕 参见高炀:《谈旧法》,载《法学》1957年第1期。

事人”、“原告”和“被告”等,因为已被劳动人民所熟悉,可以批判沿用。[1] 有学者以“汪伪国民政府”、“刑事诉讼法”第 270 条为例:“这种对待被告人自白的态度和毛主席指示的‘重证据而不轻信口供’的原则,以及目前一般公认的被告人的供述可以作为证据来源的一种的看法,并不矛盾,应当说它是比较科学的。”[2]

(四)旧法具有学术研究价值

有人主张,旧法“决不能在新社会转变为新的统治阶级的意志”(例如,资产阶级民法三大原则,即所有权绝对性、私法自治、过失赔偿责任等旧法观念就不能在新社会转变为工人阶级意志)。但是,“旧法思想在某种程度上还是有其值得研究的现实意义的”。一是“新的法律思想不是在与旧法思想的绝缘状态下产生的”,新法思想相当部分是从与旧法思想斗争中产生和扬弃中形成的,二者具有千丝万缕的联系。二是某些旧法对“被统治阶级并无重大危害,在被统治阶级成为新的统治阶级以后还可资利用”。例如,“汪伪国民政府”颁行的“古物保存法”、“狩猎法”等。三是旧法中的实定法没有参考价值,但是一些旧法中的法理学如果经过批判,也有可以利用的理论。例如,“资本主义中最反动的庞德的学说”关于法律执行的思想与论述。四是为了更好地揭发旧法思想反人民的本质,阐明新法思想的优越性,也需要研究旧法思想。[3] 有学者认为,将“旧的实定法规定的东西”(旧的法律规范和法律制度)包括在“旧的实定法思想”之内是不妥的,主张“旧法思想”不值得研究,旧法规范可以研究。[4] 旧法思想完全不可以吸收,研究的目的只是用来“揭露和批判旧法的反动本质,并从此吸取一些‘教益’来更加提高新法的阶级性和斗争性,使它显出更多的优越性,更好地为社会主义建设服务”。[5] 有学者认为,不能笼统地提“法学遗产”,而忽略新旧法之间的本质区别。“文化遗产应包括法与法学在内,但它与我们一般所指的民族文化遗产(如文学艺术)是有区别的”,历史上很多文学艺术具有强

---

[1] 饶汉祊:《我们怎样对待旧法》,载《中南政法学院学报》1957 年第 2 期。

[2] 张景明:《我对于法的继承性的一点看法》,载《光明日报》1957 年 2 月 12 日。转引自谢怀栻:《不能抽象地研究法律》,载《政法研究》1957 年第 3 期。

[3] 参见刘焕文:《在“百家争鸣”中谈旧法思想》,载《华东政法学报》1956 年第 2 期。

[4] 参见洪文澜:《把“旧法”和“旧法”思想区别开来》,载《华东政法学报》1956 年第 3 期。

[5] 王治安、陈纯铮、姚贻斗:《难道旧法思想可以吸收吗?》,载《华东政法学报》1956 年第 3 期。

烈或明显的人民性,而"旧法是旧的统治阶级意志的集中表现,是压迫、剥削劳动人民的工具,为人民所痛恨",因此对待旧法主要是批判的问题。因此,旧法当作研究资料可以视为遗产接受,旧法思想不能当作遗产接受。[1] 有学者认为,既不能对旧法一棍子打死,也不能因为强调新旧法之间的继承性而混淆二者之间的根本性区别,要承认新法学是在战胜旧法学的基础上发展而来。[2]

(五)批判继承中国传统优秀法律遗产

有学者认为,在法学继承性问题上,要防止可能发生的两个偏差:"一是漠视祖国古代法学遗产的虚无主义,另一个是'颂古非今'的复古主义。"正确的态度应该是对有利于人民的文化遗产谨慎继承。[3] "我国几千年来的法制和古典法学,一直被贴上封建标签,束之高阁,认为全是坏处,毫无益处,至多只可作为批判资料,不能作为民族遗产,这种割裂历史、鄙视我国法学遗产的看法,对法学研究工作影响很大。"[4]

有学者主张,可以批判继承的中国古代先进的法律学说和思想包括:一是古代法家"法律之前一律平等"的观点。商鞅曾说:"刑无等级,自卿相将军以至于大夫庶人,有不从王令,犯国禁乱上制者,罪死不赦。"(《商君书·修权》)韩非子曾说:"刑过不避大臣,赏善不遗匹夫。"(《韩非子·有度》)二是古代法家关于公布法律、进行宣教的主张。子产铸刑书,商鞅徙木立信以及管仲主张的"凡将举事,令必先出"等。三是守法思想。例如,慎到主张,"法者所以齐天下之动,至公大定之制也;故智者不得越法而肆谋,辩者不得越法而肆议。士不得背法而有名,臣不得背法而有功。我喜可抑,我忿可窒,我法不可离。骨肉可刑,亲戚可灭,至法不可阙也"。(《慎到书·佚文》)四是法官的责任。例如,吕刑中"五过之疵","惟官、惟反、惟内、惟货、惟来";唐律"断狱"中的"官司出入人罪"等。五是主张法律变革的思想。例如,商鞅、韩非和王安石等人,"能以法律应变说来打破礼治主义的不变思想和复古思想,确认法律是法律的,不是一成不变的学说,这样推动了历史的巨轮前进,应当肯定他们是进步的"。六是民

[1] 杨峰:《关于法学遗产和接受旧法思想问题的看法》,载《华东政法学报》1956年第3期。
[2] 参见韩学章:《新法学不是旧法学的简单继承者》,载《华东政法学报》1956年第3期。
[3] 陈文彬:《在"百家争鸣"中谈两个问题》,载《华东政法学报》1956年第3期。
[4] 李良:《"百家争鸣"和法律科学》,载《华东政法学报》1956年第2期。

主性的法制问题。“咨询制度”,例如,周官小司寇中“掌外朝之政,以致万民而询焉,一曰询国危,二曰询国迁,三曰询立君”。“陪审制度”,例如,周官小司寇中“以三刺断庶民狱讼之中,一曰讯群臣,二曰讯群吏,三曰讯万民。听民之所刺宥,以施上服下之刑”。“监察制度”,例如,“纳言”。“直诉制度”,例如,“登闻鼓”、“邀车驾”以及“上表”等。[1]

另有学者主张批判继承优秀的民族法学遗产。例如,古代中国封建法制和旧法中有保护劳动人民的条款;“伪法统”中的民法上有契约自由的规定,刑法总则上有罪责法定、微罪免刑和保护工农群众的规定,诉讼法有公开审判、辩护制度等。还有经验丰富、经过长期实践的检证巨著,且已被苏联翻译成俄文进行研究的宋代《洗冤录》;宋代《名公书判清明集》中有朱熹的判词、陆游从死刑中废除凌迟处死的奏章,以及明末顾炎武的《南雷文定》和《南雷文约》,黄宗羲的《明夷待访录》;清政府变法维新时期,以沈家本为首的新派和以劳乃宣为首的旧派就新旧刑律问题的争辩文章;中华人民共和国成立前人民民主法制的资料等均可以在批判后吸收利用。[2]

此外,在关于法律的阶级性和继承性的讨论中,不少学者希望可以大力改造利用旧法人员。例如,旧法知识被称为“牛列主义”,“无论党内党外,对学过旧法的知识分子,并没有入主出奴之见存乎其间,只是怕沾染旧法毒素,有些人对旧法的知识分子往往敬而远之;在学过旧法的知识分子方面,也很多将书卖掉,绝口不谈,并非怕暴露思想,怕的是传播毒素,沾染别人”。[3] 从事法学研究与教学的工作人员99%都是新生力量,这些人学习时间短,毫无法学基础或基础很差,少数人文化水平较低,搞刑法总则的不懂刑法分则,搞刑诉的不懂刑法,应“争取对旧法学方面有一定素养的专家、教授归队,加以改造,使其从事法学研究或教学工作”。[4]

---

[1] 孙晓楼:《中国古典法学的一些现实意义》,载《法学》1957年第1期。

[2] 参见俞承修:《对在法学中贯彻“百家争鸣”的一些意见》,载《华东政法学报》1956年第3期。

[3] 李良:《“百家争鸣”和法律科学》,载《华东政法学报》1956年第2期。

[4] 吉甦生:《如何改变我国法律科学的落后现状》,载《华东政法学报》1956年第3期。

三、"厚今薄古"与批判法的继承性

随着反右斗争的深入,否定法律的继承性成为"主流观点"。例如,新旧法之间产生的经济社会基础根本不同,属于完全不同的思想体系,二者之间"没有任何血缘'继承'关系,没有任何蝉联和瓜葛,而且正相反"。[1] "法律是统治阶级的意志表现,也即是统治阶级的意识形态和道德观念的具体表现",也就是说,"有什么样的政治,就有什么样的法律,政治如果改变,法律必然改变"。例如,"伪民法第一条有'无成文法,依习惯,无习惯,依法理',什么是习惯?就是地主和资产阶级的习惯,不是劳动人民的习惯;什么是法理?也就是地主和资产阶级所推出的法理,不是劳动人民所推出的法理"。国民党反动政府的法律"继承了旧中国封建统治阶级的法律,抄袭了资本主义国家的法律,吸取了帝国主义国家的法西斯法律,是集合旧中国古代封建统治阶级法律和资本主义国家法律以及帝国主义国家的法西斯法律反动性质的大成,即法西斯法律的恐怖性、封建法律的封建性和资产阶级法律的虚伪性",因此"必须彻底废除,绝对不许继承,绝对不许沿用"。[2]

与此同时,以倡导"厚今薄古"、摒弃"厚古薄今"为核心的"历史学大跃进"对法的阶级性与继承性的讨论也产生了不小的影响。1958 年 3 月 10 日,中宣部副部长陈伯达在国务院科学规划委员会第五次会议上作了题为《厚今薄古,边干边学》的报告。3 月 11 日,《人民日报》即发表了陈伯达报告的摘要版,迅速引发了广泛关注。[3] 陈伯达在报告中认为,社会科学研究的主要缺点之一就是"言必称三代",对现实问题不感兴趣,对几千年前的东西讨论得津津有味,迷恋繁琐的考据、猜测和假想;提出"我们是人民的战士,是马克思列宁主义的战士,应该面对现在,厚今薄古,而不是厚古薄今"。[4] 鉴于陈伯达身份的特殊

---

[1] 周继湖:《驳斥资产阶级右派对司法改革运动的诬蔑》,载《中南政法学院学报》1957 年第 2 期。

[2] 饶汉祊:《我们怎样对待旧法》,载《中南政法学院学报》1957 年第 2 期。

[3] 参见《厚今薄古,边干边学——陈伯达同志谈哲学社会科学如何跃进?》,载《人民日报》1958 年 3 月 11 日。

[4] 陈伯达:《厚今薄古,边干边学》,载《历史教学》1959 年第 8 期。

性,特别是其主张的“厚今薄古”与毛泽东在 1958 年 1 月最高国务院会议第十四次会议、5 月中共八大二次会议上的系列讲话精神相契合,加之中国科学院哲学社会科学部副主任潘梓年、刘导生以及史学“五老”(郭沫若时任中国科学院院长、国务院科学规划委员会副主任,范文澜时任中国科学院历史所三所所长,翦伯赞时任北京大学副校长,侯外庐时任中国科学院历史所二所所长,吕振羽时任国家民族事务委员会委员)发表的关于“厚今薄古”的系列报告、讲话和评论,“厚今薄古”成为了历史学研究与教学的指导方针。〔1〕

1958 年 4 月 18 日,上海法学界为了贯彻陈伯达对哲学社会科学“大跃进”提出的“厚今薄古、边干边学”的方针,专门就法学教学和研究的“厚今薄古”进行座谈。这次座谈会重点批判了法学研究与教学的“错误观点”。例如,把过多力量放在古代法律上,古代法讲的比近代法和现代法详细,写论文多选择古代题目,特别是法制史教学和研究“厚古薄今”和“详古略今”,形成了一股“右倾的以至反动的法律思想的逆流”,热衷于研究“唐律的历史渊源”和“魏晋律的初探”,大赞“资产阶级法律的祖宗——罗马法”,企图使“旧法复辟”。〔2〕“我们毫不隐晦,我们的法律是保护人民利益的,是为无产阶级服务的。必须彻底废除旧法,对于旧法不是‘继承’问题,不是‘并重’问题,而是要彻底废除,决不能让它复活。这是两种对立的思想体系,决不能和平共处。”〔3〕关于法律的阶级性与继承性的讨论销声匿迹,新旧法之间的继承性被彻底否定。

值得指出的是,1959 年“厚今薄古”在历史学研究中的负面作用和影响已引起史学界的注意与警惕。翦伯赞、郭沫若以及历史学家白寿彝、尚钺等均发表文章指出“厚今薄古”的偏颇之处。1959 年 5 月,陈伯达在一次座谈会上作了题为《批判的继承和新的探索》的讲话,明确提出去年自己关于“厚今薄古”的讲话,引起了讨论,但是“也有人对厚今薄古这个提法作了错误的理解,在思想上有点混乱”;“有人曾经认为提倡厚今薄古,就可以对历史遗产、文化遗产采

〔1〕 参见储著武:《“厚今薄古”:1958 年历史学大跃进》,载《安徽史学》2017 年第 1 期。

〔2〕 参见《上海法学界座谈“厚今薄古”的方针》,载《法学》1958 年第 5 期;刘家骥:《从法律的特殊性来谈法学研究上的厚今薄古》,载《法学》1958 年第 5 期;萧枝莘:《法学教学中厚古薄今的倾向必须克服》,载《法学》1958 年第 6 期。

〔3〕 中国人民大学国家与法权理论教研室:《国家和法的理论讲义:在国家和法的理论问题上驳斥右派谬论》,中国人民大学出版社 1958 年版,第 150 ~ 154 页。

取粗暴的态度,这就完全不符合我们原来的意思了"。[1] 但是,法学界对于法的继承性讨论,或许因涉及法的阶级性,从现有文献来看,当时并未出现纠偏或反思性的迹象。为此,笔者曾就该问题向张晋藩先生进行了短暂讨教,张先生介绍说在革命根据地法与中华人民共和国法的继承性问题上,官方秉持了认可的态度,即革命斗争法制是具有继承和发展关系的。

四、"厚今薄古"与"国家与法权"理论体系建构

对于法律继承性的批判,特别是对"旧法观点"和"旧司法制度"的思想的清算,以及对具备"旧法知识"的司法人员的组织清算,对"坐堂问审"等所谓不良审判作风的制度清算,一方面导致了司法机关将严格遵守宪法和法院组织法规定的审判制度与"资产阶级反动观点"画等号,另一方面也为"司法大跃进"中所谓的人民司法制度的"创新"提供了学理支撑。这些还导致法学界形成了"法学—政治性—阶级斗争—敌我矛盾"的可怕公式,[2] 法律的阶级意志性被推向了极端。

例如,彻底否认历史上曾经存在过"通用"于不同阶级、不同社会、不同历史时期的法律规范,认为"法制具有最强烈的阶级性",法律的阶级性的必然逻辑是"人民民主法制是工人阶级为首的劳动人民意志的表现,是实现人民民主专政的工具"。[3] "只要国内还有阶级存在,阶级影响存在,只要世界上还有帝国主义和资产阶级存在,阶级斗争就不会结束";"政法机关必须加强无产阶级专政的作用,对敌人实行无情的镇压,认为政法机关的主要任务是处理人民内部矛盾是阶级熄灭无敌论的反映";"社会主义法制首要的任务是解决你死我活的对抗性的敌我矛盾";"实践证明,对敌人的仁慈和宽容,是对人民的残忍"。[4] 其实,早在肃反运动和社会主义改造时期,或因利益调整,或因政治政策的激

---

[1] 陈伯达:《批判的继承和新的探索》,载《历史教学》1959 年第 8 期。

[2] 参见陈守一:《新中国法学三十周年的回顾》,载《法学论文集——纪念北京大学法律学系重建三十周年》,北京大学出版社 1984 年版,第 7 页。

[3] 中国人民大学法律系"政法工作"研究小组:《我国人民民主法制的几个问题》,载《政法研究》1959 年第 2 期。(执笔人:尹平、谷纯德、李景森、高铭暄)

[4] 吕剑光:《学习无产阶级专政学说的体会》,载《政法研究》1959 年第 1 期。

进,整个国家本已积蓄了诸多的矛盾与不满。加之执政党领导层对形势过于乐观,对发展经济、改善民生以及提升国家实力的迫切愿望,盲目发动“大跃进”,更是导致普通民众出现抵触行为。这似乎反而又为“阶级斗争形势严峻”提供了例证,客观上验证了法律代表强烈阶级对抗的“正确性”。

(一)“法律本身就是统治斗争的工具”

“划清反对派与革命派的界限,从而在共产党的领导下组成革命的统一战线来孤立敌人和战胜敌人,是我们的主要经验之一。而这种划分又必须是根据阶级斗争和阶级分析的观点进行的,即运用无产阶级的宇宙观作为观察、分析和对待这一问题的工具”;“反对派和革命派,敌人和人民,它们之间的矛盾是对抗性的矛盾,这种根本对立的矛盾的基础是敌对阶级之间的利害冲突。有利于敌必有害于我,有益于我则必有害于敌”。〔1〕“法律的任何部分都不是什么超阶级、超社会的永恒的独立观念,而永远是具体的属于特定阶级所有的”。〔2〕“法律只是统治阶级用以进行阶级斗争、镇压被统治阶级的一个工具”,“在人类历史上只有统治阶级的法律,而绝没有也不可能有被统治阶级的法律”。〔3〕“法律从来也不是一个什么平等的东西,有法律的存在就意味着有不平等。如果人们之间已经不存在任何不平等的时候,则法律就将成为不必要的了。因为法律是已获得胜利而掌握着国家政权的那些阶级的意志之表现。它表现哪个阶级的意志,就为哪个阶级服务,它不可能对各个阶级都平等看待”。〔4〕此外,除了法律本身具有阶级性之外,道德也具有阶级性。〔5〕甚至,刑事案件证据也具有阶级性。〔6〕

(二)“经济基础决定上层建筑”决定法律的阶级性

“国家与法是上层建筑的重要组成部分,它是由社会经济基础所决定的,并

---

〔1〕 周景芳:《用无产阶级的宇宙观作为观察国家命运的工具——重读“论人民民主专政”》,载《政法研究》1961 年第 1 期。

〔2〕 张景华:《关于法律继承性中的几个问题》,载《法学》1957 年第 5 期。

〔3〕 萧永清、康树华:《旧法观点的反动性及其危害》,载《政法研究》1958 年第 4 期。

〔4〕 张光博:《关于“公民在法律上一律平等”的意义》,载《法学》1957 年第 2 期。

〔5〕 参见沈宗灵:《我国过渡时期社会的法与道德的关系》,载《北京大学学报》(人文科学版)1956 年第 3 期。

〔6〕 参见前进:《谈谈刑事诉讼证据的阶级性》,载《政法研究》1964 年第 3 期。

为社会经济基础服务的,同时它是随着社会经济基础的发展变化而发展变化的。不同性质的国家与法服务于不同性质的经济基础,并起着不同性质的作用";"只有社会主义的国家与法和社会主义经济基础一样,能自动调整发展,永远起着进步的作用"。[1] "法的本质归根到底是由统治阶级赖以生存的物质生活条件所决定的。因为法是经济基础的上层建筑,在不同的经济基础之上,就会产生不同的法",建立在私有制基础上的旧法与建立在公有制基础上的新法之间是"没有丝毫联系"和"水火不相容"的。[2] 因此,法律就是最直接、最强力维护经济基础的工具,绝不是虚伪而又故作"高超奥秘"的资产阶级法学宣扬的那样与阶级利益、剥削制度毫无关系。[3]

政法机关是属于社会政治上层建筑的范畴,是由经济基础所决定,并为经济基础服务的。不同类型国家的政法机关,都适应着不同类型国家的经济基础,是为其统治阶级服务的工具。因此,它永远是为一定的阶级利益服务的,它被哪一个阶级所掌握,就为哪一个阶级服务。[4] "法律是经济基础的上层建筑,经济基础跃进了,上层建筑如不随之而跃进就要掉下来。上层建筑要适合经济基础跃进的要求,某些规章、制度,要随着基础的变化而变化,否则,就不是促进派,而是促退派。"社会主义改造之后,我国基本上实现了生产资料的公有制,经济基础发生了基本变化。以民法为例,在继承方面,"我们死了之后有些什么东西遗留给孩子们呢?有些什么宝贵遗产值得他们相互争夺而需要法律来解决呢?我想我们死后是不会发生什么需要法律来解决的遗产问题的",因此,民法根本无须用很大篇幅论述继承问题。同样,私人之间的高利借贷,无论利率大小本质上都是剥削,是与我们的社会制度不相容的,更是法律禁止的。在社会主义国家只能存在"私人之间小额的互通有无的无利借贷"。此外,所有制的改变导致债权法也应该重新考虑,因为物权抵押问题已经根本不会发生

---

〔1〕 王绎亭:《国家与法的基本理论讲话(第一讲):国家与法是阶级统治的工具》,载《法学》1958年第1期。

〔2〕 万山:《驳"继承祖国法的遗产论"》,载《法学》1957年第3期。

〔3〕 参见黎少岑:《法律对经济基础的依存关系及其演变》,载《理论战线》1958年第2期。

〔4〕 中国人民大学法律系审判法教研室:《中华人民共和国审判法讲义》,中国人民大学出版社1959年版,第6页。(本讲义系初稿,分1~15章,供讨论使用)

了,“不少人的床铺都是国家的,还有什么可以抵押的东西呢?”[1]

(三)“社会主义法学本身就具有阶级性”

“社会主义法学具有强烈的阶级性,它同资产阶级法学为剥削者服务的原则,站在绝对相反与对立的地位”;“社会主义法学是以唯一科学的方法论——马克思列宁主义的方法论武装起来的,以马克思列宁主义指导原则为基础的法律科学。资产阶级法学不是科学,因为它不懂得,法律除了同社会的物质生活、生产关系的性质、客观经济规律、阶级关系联系起来,它本身不能作任何的解释”;“社会主义法学从来不脱离政治……它是阶级斗争的科学。它具有党性”;那么什么是“阶级性”呢?阶级性“就是指阶级意志的体现”,“我们社会主义的阶级意志是要推翻剥削制度,实行无产阶级专政,建设社会主义社会与共产主义社会”。[2] 因此,我们毫不掩饰地承认,军队、警察、法庭和监狱等国家暴力机器,就是阶级压迫阶级的工具,并不是什么“仁慈”的东西。[3]

“所谓政治就是阶级斗争;而法律是按照一定的程序和一定的形式固定起来的统治阶级的意志,它是阶级统治的工具之一。”[4]“司法独立”和“审判独立”等基本的司法原则之所以是“反动”和“落后”的,是因为它们“反映资产阶级民主、自由观,完全是资产阶级意志的表现,是为资产阶级服务的反动工具”,其与我国宪法规定的“人民法院独立进行审判,只服从法律”毫无共同之处。此外,资产阶级法官绝大多数出身有产阶级,经资产阶级长期教育、训练并精心选出的。他们是“资产阶级任意驱使的奴仆和骑在人民头上的老爷”,对“镇压革命、压迫人民、维护资产阶级的政治经济有利就执行法律”,否则就是“捏造证据、颠倒黑白、贪污受贿、营私舞弊,对富人谄媚逢迎、对穷人怒目训斥”。[5]

由此可见,法律的阶级意志性被极端扩大化和神圣化,无论是法学指导思想、法学理论研究,还是立法、司法具体工作原则均是言必称“阶级斗争”,与之相伴随的还有对于所谓“资产阶级反动学说”和“资产阶级腐朽司法制度”的误

---

[1] 郑绍文:《必须彻底划清新旧法的界限》,载《政法研究》1958 年第 3 期。

[2] 芮沐:《加强法律科学的战斗性》,载《政法研究》1957 年第 6 期。

[3] 李绍声:《驳斥右派分子对劳动改造罪犯的政策的诬蔑》,载《政法研究》1958 年第 3 期。

[4] 《进一步提高对人民民主法律的认识》,载《政法研究》1954 年第 4 期。

[5] 齐文:《必须彻底肃清资产阶级“审判独立”的思想影响》,载《政法研究》1960 年第 2 期。

解与偏见。对法的阶级性与继承性学术讨论的政治干预,以及随后的"反右派"斗争和整风运动,不仅是对"旧法观点"和"旧法审判模式"的双重清算,而且还对"法治观念"的理论源头进行了"革命化改造",形成了一整套影响深远的"国家与法权"思想理论体系,埋下了"极左"思潮的祸根。

五、结　语

"革命"是理解中华人民共和国法治现代化的关键概念。虽然革命具有多重含义,但中国共产党领导人认为革命的本质逻辑就是"断裂",也就是说,1949年中华人民共和国的成立不只是建立新政府和新政权,更是要建立新社会。[1]这种所谓的"断裂"具体到法制领域,最直接的体现就是全面否认法的继承性,彻底抛弃"旧法"理念和制度。在与旧法决裂的基础上,建构了以阶级斗争论、人民民主专政论和法律工具论为基础的"极左"的政治法律理念。有学者认为,这种政治法律理念与中国传统的"刑文化"结合,不仅产生了"泛刑主义"和"严刑峻法",更是阻碍了中国法制迈向现代文明。[2] 关于法的阶级性和继承性讨论涉及的法的本质属性问题,是法学基础理论中的核心问题之一。"反右"、"文化大革命"期间的极左法制思想肇始于法的阶级性和继承性讨论;改革开放之后,法学界的解放思想、实事求是,也是开始于法的阶级性和继承性讨论,进而延伸到关于法的阶级性与社会性的关系,"权利本位论"、"人权——国家义务"等争鸣与辩论,所表达的是在新的历史环境下法的共性与普遍性在当代中国问题意识下的回归与重启。[3] 特别是1980年至1990年,出现了数量可观的系列学术成果,值得另行撰文探讨。中共十八届三中全会提出的国家治理体系和治理能力的现代化,是中国共产党作为执政党在治国理政理念上的一次重大创新。十九大再次明确"全面依法治国是中国特色社会主义的本质要求和重要保

---

〔1〕 参见高全喜、张伟、田飞龙:《现代中国的法治之路》,社会科学文献出版社2012年版,第134~136页。

〔2〕 参见蔡定剑:《历史与变革——新中国法制建设的历程》,中国政法大学出版社1999年版,第299~304页。

〔3〕 参见李龙、陈佑武:《中国法理学三十年创新的回顾》,载《政治与法律》2008年第12期。

障”,这是对依法治国的新定位。概述之,治理的现代化是一种规则之治、理性之治,更应该是良法善治;治理的现代化不应当是追求斗争与革命思维,而是多元主体之间的互动、协商、合作,也就是治理的民主化和法治化。

关于设置互联网法院的若干思考

邵　新*

内容摘要：杭州互联网法院的设立，是司法主动适应互联网发展大趋势的一项重大制度创新，是推进网络强国战略的重要改革举措。本文拟就互联网法院的专门属性以及重要功能展开论述，同时延伸探讨司法实践中较为普遍存在的“活法”，即集中管辖的相关问题，希冀为互联网法院的未来建设与发展提供些许建言。

关键词：互联网法院　专门法院　集中管辖

2017年6月26日，中央全面深化改革领导小组第36次会议审议通过了《关于设立杭州互联网法院的方案》。[1] 此次会议指出，“设立杭州互联网法院是司法主动适应互联网发展大趋势的一项重大制度创新。要按照依法有序、积极稳妥、遵循司法规律、满足群众需求的要求，探索涉网案件诉讼规则，完善审

* 邵新，中南财经政法大学法学院教授，法学博士。

〔1〕 2017年6月26日上午，习近平主持召开中央全面深化改革领导小组第三十六次会议并发表重要讲话。他强调，注重系统性、整体性、协同性是全面深化改革的内在要求，也是推进改革的重要方法。改革越深入，越要注意系统，既抓改革方案协同，也抓改革落实协同，更抓改革效果协同，促进各项改革举措在政策取向上相互配合、在实施过程中相互促进、在改革成效上相得益彰，朝着全面深化改革总目标聚焦发力。会议审议通过了《祁连山国家公园体制试点方案》《中央企业公司制改制工作实施方案》《地区生产总值统一核算改革方案》《同级违纪违法责任人处分处理建议办法》《中国国际进口博览会总体方案》《关于改进境外企业和对外投资安全工作的若干意见》《全国和地方资产负债表编制工作方案》《关于设立杭州互联网法院的方案》《领导干部自然资源资产离任审计暂行规定》《国家生态文明试验区（江西）实施方案》《国家生态文明试验区（贵州）实施方案》。会议审议了《国家生态文明试验区（福建）推进建设情况报告》《中国（广东）、中国（天津）和中国（福建）自由贸易试验区建设两年进展情况总结报告》。参见《人民法院报》2017年6月27日。

理机制,提升审判效能,为维护网络安全、化解涉网纠纷、促进互联网和经济社会深度融合等提供司法保障”。本文拟就互联网法院的专门属性、功能定位及与其相关的集中管辖问题作些分析。

一、设置互联网法院的本体思考——专门属性

“专门人民法院”的术语在宪法法律文本中较早见诸 1954 年《宪法》第 79 条规定,“最高人民法院是最高审判机关。最高人民法院监督地方各级人民法院和专门人民法院的审判工作,上级人民法院监督下级人民法院的审判工作”。1954 年《人民法院组织法》有多个条文规定了“专门人民法院”,[1] 即第 1 条规定,“中华人民共和国的审判权由下列人民法院行使:(一)地方各级人民法院;(二)专门人民法院;(三)最高人民法院。地方各级人民法院分为:基层人民法院、中级人民法院、高级人民法院”。第 2 条规定,“高级人民法院和专门人民法院的设置,由司法部报请国务院批准;中级人民法院和基层人民法院的设置,由省、自治区、直辖市的司法行政机关报请省、直辖市人民委员会或者自治区自治机关批准”。第 26 条规定,“专门人民法院包括:(一)军事法院;(二)铁路运输法院;(三)水上运输法院”。第 27 条规定,“专门人民法院的组织由全国人民代表大会常务委员会另行规定”。1978 年《宪法》第 41 条规定:“最高人民法院、地方各级人民法院和专门人民法院行使审判权。人民法院的组织由法律规定。”1979 年《人民法院组织法》第 2 条采取明确列举加概括的方式规定专门人民法院包括军事法院、铁路运输法院、水上运输法院、森林法院和其他专门法院。1982 年《宪法》第 124 条规定:“中华人民共和国设立最高人民法院、地方各级人民法院和军事法院等专门人民法院”。1983 年修订、1986 年修订、2006 年修订的《人民法院组织法》均有“专门人民法院”的相关规定。上述宪法法律文本并未对专门法院的“专门”的具体含义予以明确揭示。

专门法院是相对于普通法院而言的,无论是司法实务界还是学术理论界均

[1] 1982 年 2 月 10 日,江苏省人大常委会通过《关于在七个省属劳改单位设立专门人民法院、专门人民检察院的决定》。

直接或者间接地论及了专门法院之“专门”的“所指”或者“依凭”。江苏省高级人民法院根据江苏省人大常委会通过的《关于在七个省属劳改单位设立专门人民法院、专门人民检察院的决定》,在7个劳改单位筹建“人民法院”,报请最高人民法院批准。鉴于此请示涉及对《人民法院组织法》第2条的“其他专门法院”的解释问题,最高人民法院就此向全国人大常委会提请审示,并认为:(一)劳改农场不具备设立专门法院的条件。它管辖的区域和人员都是固定的,不存在跨省区、人员流动性大、发生案件无法确定管辖法院等情况。(二)劳改农场是对罪犯执行劳动改造的机关,不宜设立专门法院或普通人民法院。[1] 从上述答复意见可推出最高人民法院当时对专门法院之“专门”属性的认识,即设立专门人民法院的条件关键在于:一是管辖的区域和人员不是固定的;二是存在跨省区、人员流动性大、发生案件无法确定管辖法院等情况。

就“专门法院”之“专门”的学理解释而言,具体归纳为以下几种观点:其一认为,“专门”是指设置专门法院存在单独的法律,例如,有学者认为,美国联邦法院系统设有普通法院和专门法院,普通法院包括联邦最高法院、联邦上诉法院和联邦地区法院三级,专门法院是根据国会专门立法处理专门案件的法院,包括联邦赔偿法院、联邦海关法院、联邦海关及专利上诉法院、联邦税务法院、联邦应急上诉法院、联邦军事上诉法院、联邦治安法院等。[2] 其二认为,“专门”是指专门法院审理的案件特殊,例如,有学者认为,法律设定专门法院,并将一定类型的民事案件划归专门法院管辖,主要是考虑到这些类型的案件具有一定的特殊性。有的案件专业性强,审理这类案件的法官需要有专门知识和经验,由专门法院受理有利于诉讼的顺利进行和案件的正确处理;有的案件的主体具有特殊性,由专门法院管辖有助于纠纷的顺利解决。[3] 有学者认为,行政审判不同于普通民事、刑事审判,有较强的专业性特征;面对强大的行政权,行

---

〔1〕 1983年3月21日全国人大常委会同意最高人民法院的上述答复意见[全国人民代表大会常务委员会办公厅(83)常办秘字第269号批复]。

〔2〕 参见刘力:《涉外继承案件专属管辖考》,载《现代法学》2009年第2期。不过,该论者同时还使用了“特别法院”、“特殊法院”的术语,即各州特别法院种类多,设立目的就是基于实际需要,并以案件的特殊性进行划分,较有代表性的特殊法院有:土地法院、认证法院、少年法院、住宅法院、遗嘱认证官法院、家事法院、赔偿法院等。

〔3〕 参见李浩:《管辖错误与再审事由》,载《法学研究》2008年第4期。

政审判体制也需要更强大的抗干扰能力。只有建立专门行政法院,集中优秀的行政审判专业人才,赋予其更强的抗干扰能力,才有可能真正实现依法独立公正开展行政审判工作。[1] 其三认为,“专门”是指专门法院能发挥特殊的功能,例如,有学者认为,专门法院(环境法院——作者注)统一审理环境案件的机制,使原本要求所有可能审理环境案件的法官都掌握有关环境知识、遵从环境立法的价值取向的苛刻条件不再必需,可以在很大程度上降低司法成本,同时又可以通过对专门法官的训练提升环境案件审理的质量和效率。[2] 有学者认为,设立知识产权法院有利于提高我国知识产权保护的国际形象;有利于审判标准的统一并可遏制地方保护主义;有利于精简机构、节约人力资源和提高审判水平;有利于节约程序,提高审判效率。[3]

上述实务界和学术界对专门法院之“专门”属性的主张为互联网时代应否设置专门的互联网法院的探讨提供了讨论或者认知的“前见”。此种“前见”的作用具体又表现为否定和肯定两个方面:一是上述“案件特殊论”作为不赞成设置专门的互联网法院的理由。例如,有观点认为,从全国人大常委会以往做出设立海事法院、知识产权法院的决定来看,设立专门法院的目的,是解决案件专业技术性强,审理难度大,以及需要统一裁判标准的问题。涉及互联网案件的实体法律关系属于传统民事案件,且事实比较简单,法律适用问题不复杂,举证不难,案件的专业性、技术性不强,审理难度也不大,因而不宜设立专门法院性质的互联网法院;或者认为,互联网法院受理的案件类型,主要是民事行政纠纷在互联网上的延伸,不一定需要由专门法院来承担。二是上述“功能特殊论”作为赞成设置专门的互联网法院的理由。有观点认为,以互联网经济或共享经济为表现形式的新经济的出现过程中遇到很多障碍,包括司法难以及时地提供服务。互联网法院相比传统的物理法院更能为新经济时代的市场主体提供好服务;互联网法院相比于传统法院而言能通过一套新型的诉讼规则更好地处理互

---

[1] 参见郭修江:《行政诉讼集中管辖问题研究——〈关于开展行政案件相对集中管辖试点工作的通知〉的理解与实践》,载《法律适用》2014 年第 5 期。

[2] 参见董燕:《从澳大利亚土地环境法院制度看我国环境司法机制的创新》,载《华东政法学院学报》2007 年第 1 期。

[3] 参见全国政协委员、国家知识产权局原副局长吴伯明在全国政协第九届四次会议上提出的“设立知识产权法院”的建议案。

联网纠纷;[1]或者认为,设立互联网法院,集中管辖互联网案件,可以破解传统诉讼规则不适应互联网案件特点的难题,有利于总结和完善符合我国国情和涉互联网案件审判规律特点的案件管辖、身份认证、电子送达、举证责任等诉讼规则,为全球互联网司法治理提供"中国方案"。

在笔者看来,针对互联网法院之"专门"属性的论证,从世界各国或地区设置的专门法院的理据中总结和提炼固然重要,但更为重要的是以发展的眼光来进行分析。一是要注意到"词"与"物"的关系不是静止不变的,而是会随着时间发展和空间转换而变化。作为"词"的"专门法院"(概念或者范畴)与作为"物"的专门法院(实际存在的机关或机构)也是如此,具体可能表现为"词"已不足以表述"物"或者"词"所表述的内容已溢出实存的"物"。换言之,专门法院之"专门"的属性不是固定的、单一的,而是变化的、多维的。[2] 同时,互联网法院的"专门"属性可以不同于世界各国或者地区目前已经设立的专门法院的"专门"属性。互联网法院即使目前尚不具有专门人民法院的属性,随着未来的发展也完全可能具备专门法院的属性。二是要立足"互联网"的视角来发现互联网法院相比于物理法院的不同点。正如有观点认为,互联网法院一定是一个名词,不能是两个名词("互联网"+"法院")。如果作为一个名词,这场改变就不仅仅是传统的法院程序和流程叠加或者架构上信息技术,而是一个彻底的流程再造,是一个新生事物。只有这样的高起点设计,方能使互联网法院在国际上有创新意义。据此可以从以下方面来确定互联网法院的"专门"属性,即互联网法院的"专门"属性可以从以下多个方面来找寻依据:其一,网络案件事实生成空间的特殊性,网络空间有别于现实的物理空间;其二,网络案件证据及其载体的特殊性,电子证据及其载体有别于现行诉讼法所规定的证据形式及其载体;其三,网络法庭布局的特殊性,诉讼参与人并不一定集中于同一空间之内、面对面地参与庭审,而是可以通过互联网平台来进行庭审;其四,网络案件(线

[1] 例如,现在网上的纠纷,有一部分是原告不知道被告是谁,只知道账号、手机号、微信号。这种情况下,通过传统法院起诉是根本做不到的,通过传统法院进行证据保全也做不到。互联网法院则可以根据账号先立案,由法院进行证据保全,等法院借助平台来查清楚身份再处理。

[2] 专门法院"专门"的理据具体可分为法理层面、立法层面、传统国情层面、司法裁判权终局层面。参见刘树德:《关于〈人民法院组织法〉专门法院设置的若干思考——立足互联网时代网络强国战略的背景》,载《法治研究》2017年第4期。

上)诉讼规则的特殊性,网络案件的管辖原则、审判方式、送达方式等均不同于线下诉讼规则;[1]其五,网络法院运行司法环境的特殊性,司法的公开性、司法民众参与监督的广泛性均有别于传统法院;其六,网络法院效能发挥的特殊性。随着智慧法院建设的深入推进,网络法院生成大数据的能力将显著提升,必然促进数据知识管理型法院司法生产力的提高。

二、设置互联网法院的机能思考——功能定位

前文"专门"属性的分析是要解决互联网法院是什么的问题,接下来要回答为什么要设立互联网法院的问题。这就要分析互联网法院的具体机能。其具体包括以下方面:

(一)切实维护国家网络主权

随着互联网时代的来临,国家主权除了传统的领土主权之外,又有了网络主权。就网络强国战略层面而言,国家主权延伸至哪里,作为主权重要组成部分的司法审判权就要跟进到哪里。互联网的无边界性、跨地域性,使得传统的法律空间效力和对人效力面临着挑战,尤其是将对原有的基于地理空间所确定的地域管辖原则产生深刻影响,进而影响到国家主权之组成部分——司法权的作用空间。世界主要国家都在探索建立网络管辖机制,特别是有些国家开始推行长臂管辖原则,就是例证。我国作为一个具有国际影响力的发展中大国和互联网大国,设立专门的互联网法院,确立涉互联网案件的司法管辖制度,公正高效权威地对涉互联网案件行使审判权,能更好地提升国家互联网空间治理体系和治理能力现代化,更有效地维护国家网络主权和国家网络利益,同时更有利

---

[1] 此点类似于法律体系部门法的划分,一般是以法调整对象的不同为划分标准,即民法、商法、经济法、社会法等,而刑法则是以调整手段的不同作为独立存在的理据。互联网法院的专门性,可以从审判方式的特殊性加以证立(此系与浙江大学法学院郑磊教授交流专门法院的宪法依据问题过程中形成的观点,特表谢意)。

于参与全球网络空间治理,[1]创造互联网司法保护方面的中国经验和中国规则,进而为全球互联网司法治理提供"中国方案"。

(二)积极服务互联网经济社会发展

互联网的一个重要特点就是平台化。没有平台企业,互联网的发展就没有动力。平台化改变了传统的生产和消费两分的生产方式,生产者和消费者都成为平台企业的用户。平台实现了大众供给,人人都是信息的制造者和服务的提供者,形成了"万众创业"、"大众创新"的"双创"局面,使得互联网经济日益成为激活全球经济活力的新动能与新引擎。"经济基础决定上层建筑,上层建筑服务和保障经济基础",互联网经济和互联网社会的形成与发展,自然地会要求传统的国家治理模式和方式作出适应互联网发展规律的调整与改变。我国设立专门的互联网法院,能为互联网经济社会发展提供更加优质高效的司法保障,积极助推传统经济的转型升级,提升利用互联网思维治理传统社会和互联网社会的能力,同时发挥网络强国优势,更多地参与国际电子商务贸易规则和全球治理规则的制定。

(三)公正高效保障涉互联网案件当事人合法权益

互联网购物、支付等案件总体上数额小、数量多、跨地域、身份虚,传统审判模式很难适应人民群众"低成本"、"快审理"的司法需求。互联网法院与电商平台的数据对接,可实现对电子证据的"一键提取"、"快速确认",使得当事人"足不出户"即可完成诉讼;与公安、市场监督等部门以及社会综合治理、仲裁、公证、调解等法律服务平台连接,可共同形成一体化的、多元的线上解纷机制。我国设立专门的互联网法院,积极跟进互联网信息技术革命步伐,提升"互联网+"时代的司法审判能力,有效运用智能审判系统,推进线上纠纷解决平台的互联互通,节约诉讼资源,提升司法效率,方便群众诉讼,及时地实现和维护涉互联网案件的国内外当事人的合法权益。与此同时,面对信息化时代的诉讼环境,拥

---

[1] 美国2013年出现的"文件门"丑闻,引起了世界各国民众甚至领袖对美国互联网监控漏洞极大的愤怒,国际上要求把这个领域给联合国,但美国不同意,选择了私有化。2016年10月1日,政府机构把互联网运营的管理权移交给一个企业,结束了互联网核心资源被美国资源单边垄断20年的局面。对此,复旦大学教授评论道,"尽管如此,但美国毕竟还是做了动作,这个动作的真正意义不是实际交出了什么,而是确切地发出全球网络空间治理需要一个新生的信号"。换言之,互联网迈出了走向全球共治的重要一步。

有数据决定权的互联网公司与信息弱势群体之间的“数字鸿沟”,也需要专门的互联网法院通过审判来加以平衡,既平等地武装当事人,更好地保障信息弱势当事人的合法权益,又防止出现技术绑架司法、企业左右司法的现象,最终真正使互联网造福于人民。

(四)创新引领涉互联网案件诉讼规则

涉互联网纠纷具有许多不同于传统纠纷的新特点,如当事人分布跨地域、行为虚拟化、交流在线即时化,[1]等等。互联网纠纷当事人按照现有管辖制度和诉讼规则进行诉讼维权,存在身份认证难、[2]证据认定难、[3]送达难、异地诉讼不便、(小额案件)诉讼成本高等问题。我国设立专门的互联网法院,集中管辖涉互联网案件,可以更好地破解传统诉讼规则不适应互联网案件特点的难题,同时及时地总结和完善符合我国国情和涉互联网案件审判规律的案件管辖、身份认证、电子送达、举证责任等诉讼规则,弥补互联网立法的不足和促进互联网法律法规的健全完善,引领互联网司法国际规则。

(五)引领公共数据资源开放

从信息公开到公共数据资源开放的变化,是“大数据”时代[4]来临的重要标志。2007年1月17日国务院通过《政府信息公开条例》,标志着“信息公开”成为现代政府的义务。2015年8月31日国务院印发的《促进大数据发展行动纲要》提出要形成公共数据资源合理适度开放共享的法规制度和政策体系,并计划于2018年年底前建成国家政府数据统一开放平台,率先在信用、交通、医

[1] 互联网公司的行为大致有两种:一是线上线下结合,比如阿里巴巴、天猫、京东、百度外卖等。二是纯线上,比如视频、网络游戏、付费阅读,这类与互联网相关的又有两种,第一种是所有的行为、证据形成都在线上,如网络游戏;第二种是互联网网络著作权侵权,比如当事人侵害了阿里音乐的著作权,侵权的行为发生在网上,但权利证据的形成是在线下(音乐是从国内和国外的公司买来的)。

[2] 网络的虚拟化、不在场性,使得原告往往只知道被告的账号、手机号、微信号,不知道其真实身份,难以依法提起诉讼。设立互联网法院,可以借助电商平台上的账号快速查清被告身份,全面落实立案登记制,并有利于及时进行诉讼保全,确保当事人合法权益的实现。

[3] 涉互联网案件的证据大多存在于网络空间,当事人举证很难,成本高。设立互联网法院,可以实现涉诉的交易订单、物流信息、聊天记录等证据在线一键引入,自动提取。

[4] 参见[美]史蒂夫·洛尔:《大数据主义》,胡小锐、朱胜超译,中信出版社2015年版,第11页。

疗等重要领域实现公共数据资源[1]合理适度向社会开放。信息公开不同于公共数据资源开放,具体包括:(1)公开的主体不同,前者主要是政府机构,后者主要是各级政府部门下属的从事社会化服务的企事业单位;(2)公开内容的属性不同,前者是"信息"(对数据进行加工处理后,使数据之间建立了某种联系,形成的人们可以直接理解的内容),后者是"数据集"(经过大数据技术处理);(3)开放的目的不同,前者着重保障公民的"知情权",后者注重保障公民的"使用权"。[2] 随着法院信息化建设特别是智慧法院建设的逐步深入,"司法信息公开"向"司法公共数据资源开放"[3]的升级也就有更可靠的基础。我国设立专门的互联网法院,加速解决互联网平台联通难、数据交换传递难等问题,打破各种数据平台之间的壁垒,汇聚生成海量的司法数据资源,[4]在"大数据、大格局、大服务"理念[5]的指导下深化云计算、人工智能等信息技术的运用,必然能为法院提升审判质效、发挥公共数据资源开放方面的示范引领作用、服务大局等奠定良好基础。

---

[1] 关于公共数据资源的定义,学界尚有不同理解。保罗·乌勒(Paul Uhlir)在起草的联合国教科文组织《发展和促进公共领域信息的政策指导草案》中认为,公共数据资源是指"不受知识产权和其他法定制度限制使用,以及公众能够有效利用而无需授权也不受制约的各种数据资源"。我国学者夏义望认为,公共数据资源是指所有产生并应用于社会的公共领域,由公共事务管理机构依法进行管理,具有公共物品特性,并能为全体社会公众共同拥有和利用的数据资源。转引自夏乐:《迎接大数据时代——从信息公开走向公共数据资源开放》,载《电子政务智库》2016年5月6日。

[2] 转引自夏乐:《迎接大数据时代——从信息公开走向公共数据资源开放》,载《电子政务智库》2016年5月6日。

[3] 公共数据资源不能简单地等同于政府数据资源。我国学者霍国庆认为,公共数据资源除了政府数据外,还包括政府各部门在共享政府数据资源的基础上,在履行其职能时需要政府系统之外的其他个人、组织、社团、社区等来生产、收集、处理和传播的数据。转引自夏乐:《迎接大数据时代——从信息公开走向公共数据资源开放》,载《电子政务智库》2016年5月6日。司法数据资源无疑属于广义的"政府数据资源"(法院属于广义政府的范畴,不同于狭义的政府)。

[4] 此种大数据资源库的生成必将提升法院的"数目字管理"(此概念系历史学家黄仁宇提出,参见[美]黄仁宇:《万历十五年》,中华书局2007年版,第247~249页)能力,同时将改变法学界苦于"小数据"困境而无法开展全面实证研究的局面,促成法学研究的一次新范式革命,进而形成教义法学、社科法学、数据法学三足鼎立的局面(参见左卫民:《一场新的范式革命——解读中国法律实证研究》,载《清华法学》2017年第3期)。

[5] 正如英国学者所言,"大数据时代将要释放出的巨大价值使得我们选择大数据的理念和方法不再是一种权衡,而是通往未来的必然改变"。参见[英]维克托·迈尔·舍恩伯格、肯尼思·库克耶:《大数据时代:生活、工作与思维的大变革》,盛杨燕、周涛译,浙江人民出版社2013年版,第94页。

三、设置互联网法院的延伸思考——集中管辖[1]

主张不设专门的互联网法院的一个重要理由是,由省高级人民法院或者最高人民法院决定采用集中管辖的方式,将某市辖区内区县法院有管辖权的部分一审涉互联网案件集中到特定法院管辖,可以有效解决拟成立互联网法院意图解决的相关问题(如“推进线上纠纷线上解决”)。此处有必要就集中管辖相关问题作一延伸思考。

(一)法院/审判管辖确立的原则及类型

管辖制度是诉讼程序立法针对管辖权[2]配置的一项重要内容。正如有学者所言,“管辖权如何规定,不只具有引导诉讼程序开始的程序意义,更重要的是具有保障裁决公正的实体价值”。就法院/审判管辖而言,诉讼法一般要考虑以下原则:(1)“双便”原则,即便于当事人进行诉讼和便于法院公正高效权威地行使审判权;(2)负担均衡原则,即同级法院之间审判力量和审判工作量的合理分配;[3](3)审级匹配原则,即上下级法院管辖的案件范围与各自的职能作用发挥相适应;(4)原则性与灵活性相统一原则,即法定管辖与变更管辖相结合。

所谓法院/审判管辖,具体是指法院系统内受理第一审案件的职权或者权限分工的制度,即明确当事人在哪一级、哪一个法院起诉,由哪一级、哪一个法院受理的(法律)制度。在我国现行法体制下,根据不同标准,审判管辖可以分为如下不同种类:法定管辖和裁定管辖;级别管辖和地域管辖;移送管辖、指定

---

[1] 2018 年 3 月 28 日召开的中央深化改革委员会第一次会议强调,“设立上海金融法院,目的是完善金融审判体系,营造良好金融法治环境。要围绕金融工作服务实体经济、防控金融风险、深化金融改革的任务,发挥人民法院的职能作用,对金融案件实行集中管辖,推进金融审判体制机制改革,提高金融审判专业化水平,建立公正、高效、权威的金融审判体系”。此处更是涉及“上海金融法院”的属性及其与集中管辖的关系问题。

[2] “管辖权通常是指法院审理和判决争议案件的权力,用来表明在某一特定案件中拥有此项权力,确定一个法院或一批法院所拥有的权力性质和范围,以及划定可行使职权的地域界限。”参见德全英:《中美法院制度的宏观比较与思考》,载《法律科学》1999 年第 3 期。

[3] 立法者往往遵循“司法能力均等假设”,即不同地域的同一层次的司法机关对同一类型的案件有大致均等的司法能力。

管辖和管辖权的转移,等等。[1] 法定管辖包括级别管辖和地域管辖,前者确立的是法院组织系统内不同级别法院之间受理第一审案件的分工和权限,后者确立的是同级法院之间受理第一审案件的分工和权限。与法定管辖相对应的裁定管辖,不是根据法律的直接规定,而是根据法院的裁定来确立管辖,是对法定管辖的必要补充,又分为指定管辖、移送管辖和管辖权的转移。[2]

(二)集中管辖的法院实践

"集中管辖"并未出现在我国现行的三大诉讼法文本中,是法院审判实践过程中创造出来的"活法"。其具体表现为以下几方面:

1. 最高人民法院单独或者联合相关部门制定并发布了涉及集中管辖的规范性文件。其主要有:(1)涉外民商事案件集中管辖。2001 年 12 月 25 日最高人民法院审判委员会讨论通过《关于涉外民商事案件诉讼管辖若干问题的规定》,明确第一审涉外民商事案件由国务院批准设立的经济技术开发区人民法院、省会市中级人民法院、经济特区及计划单列市中级人民法院以及最高人民法院指定的其他中级人民法院、高级人民法院集中管辖。(2)部分知识产权案件集中管辖。为确保知识产权案件裁判标准的一致性和权利内容的统一性,人民法院近年来探索知识产权案件三合一模式,规定了多种集中管辖方式。专利侵权纠纷案件,由侵权行为地或者被告住所地所属的省、自治区、直辖市人民政府所在地的和最高人民法院指定的中级人民法院管辖;涉及计算机网络域名的侵权纠纷案件,由侵权行为地或者被告住所地的中级人民法院管辖;植物新品种侵权纠纷案件,由被告住所地或者侵权行为地所属的省、自治区、直辖市人民政府所在地的和最高人民法院指定的中级人民法院管辖;集成电路布图设计专有权侵权纠纷案件,由被告住所地或者侵权行为地所属的省、自治区、直辖市人民政府所在地的或者所属的经济特区所在地的或者所属的大连、青岛、温州、佛山、烟台市的中级人民法院管辖。(3)涉及金融危机的商事案件集中管辖。为应对金融危机,2009 年 4 月 16 日最高人民法院民二庭在福州召开的"人民法院应对金融危机商事审判工作座谈会"提出,对于众多债权人向同一债务企业集

〔1〕 参见杨建顺主编:《行政法总论》,中国人民大学出版社 2011 年版,第 313 ~ 314 页。

〔2〕 参见姜明安主编:《行政法与行政诉讼法》,北京大学出版社、高等教育出版社 2011 年版,第 439 页。

中发动的系列诉讼案件、企业破产清算案件、集团诉讼案件、群体性案件、涉及国家重点工程和重大项目案件等可能存在影响国家振兴经济计划实施和社会稳定的案件,可以本着“先行先试”的精神,探索建立集中管辖、集中审理制度。(4)外国人犯罪案件的集中管辖。2015 年 1 月,最高人民法院、最高人民检察院、公安部、国家安全部、司法部联合发布的《关于外国人犯罪案件管辖问题的通知》中规定:“外国人犯罪案件较多的地区,中级人民法院可以指定辖区内一个或者几个基层人民法院集中管辖第一审外国人犯罪案件”,北京、江苏等省市均已率先实施了外国人犯罪案件集中管辖制度。(5)行政案件的集中管辖。2007 年 12 月 17 日最高人民法院通过《关于行政案件管辖若干问题的规定》规定了“集中管辖”(针对个案而言)。(6)2013 年 1 月 4 日最高人民法院《关于开展行政案件相对集中管辖试点工作的通知》(法〔2013〕3 号)规定:“行政案件相对集中管辖,就是将部分基层人民法院管辖的一审行政案件,通过上级人民法院统一指定的方式,交由其他基层人民法院集中管辖的制度。”

2. 地方法院对集中管辖的探索。(1)2002 年浙江台州市中级人民法院尝试行政案件管辖制度改革,将当地政府为被告的案件和原告、第三人为 10 人以上的集团诉讼案件,作为重大、复杂案件,交由异地基层法院审判。具体操作步骤是:由原告直接向中级人民法院起诉,中级人民法院审查后,认为符合立案条件的,做出立案受理并确定由被告所在地之外的基层法院审判的裁定。(2)2005 年安徽省高级人民法院与省检察院、公安厅、司法厅联合下发《关于市辖区一审未成年人刑事案件管辖的规定》,凡辖两个区以上的市(含辖一县一区)的一审未成年人刑事案件,应指定一个区集中办理。(3)2007 年 9 月 17 日浙江省丽水市中级人民法院制定实施《关于试行行政诉讼案件相对集中指定管辖制度的意见》,将全市 9 个基层法院的行政诉讼案件相对集中地指定由莲都、龙泉、松阳 3 个基层法院管辖,行政案件集中管辖的司法实践正式启程。(4)2007年山东省高级人民法院下发《全省法院少年法庭工作规划》要求,中级法院所在市有两个以上区法院的,可以指定其中一个或两个少年法庭工作开展比较好的法院,对全市未成年人刑事案件实行集中管辖。(5)2007 年贵州省贵阳市规定环保刑事案件由清镇环保法庭集中管辖。(6)2008 年 10 月浙江省高级人民法院发布《关于资金链断裂引发企业债务重大案件的集中管辖问题的通知》规定,中级人民法院可以请求省高级人民法院指定集中审理和执行涉资金链断裂企业债务的重大案件。(7)2008 年湖北省武汉市规定由江岸区法院集中管辖知识产权刑事案件。(8)2009 年 2 月江苏省高级人民法院出台《关于在当前宏观经济形势下妥善审理劳动争议案件的指导意见》,对企业主非法撤资逃薪引发的同一企业或关联企业的多起案件,分属不同辖区人民法院管辖的,被诉企业所在地中级人民法院应及时报告省法院,由省法院依照级别管辖的规定集中指定被诉企业所在地中级人民法院或基层人民法院集中管辖。(9)2010 年为进一步规范集中管辖制度,丽水市中级人民法院发布《关于完善行政诉讼相对集中指定管辖制度的意见》。集中指定管辖主要发生在以下几种情形:(i)各基层法院受理后,认为需要由中级人民法院指定管辖的,可以报请中级人民法院决定;(ii)当事人在起诉的时候提出异地管辖请求的,受案法院应将该案报请中级人民法院决定;(iii)当事人以有管辖权的法院不宜行使管辖权为由或受案法院不处理为由而直接向中级人民法院起诉的,中级人民法院可以直接决定指定管辖。原告不申请指定管辖,且受案法院认为无移送之必要的,案件仍由受案法院管辖。(10)2010 年上海市规定由长宁、闵行等 5 个区法院集中管辖未成年人刑事案件。(11)2010 年云南省昆明市由盘龙、安宁等 5 个区集中管辖环保刑事案件。(12)2011 年上海市高级人民法院、检察院、公安局和司法局制定《关于本市审理知识产权刑事案件若干问题的意见》规定由闵行、徐汇等区法院集中管辖知识产权刑事案件(注:仅限于法院审判的集中管辖,而不涉及检察机关的公诉集中管辖)。(13)福建省厦门市 2013 年规定由海沧区法院集中管辖涉台刑事案件,等等。

(三)集中管辖的界定及类型

结合上述最高人民法院的文件规定和地方法院的实践探索来看,所谓“集中管辖”,是指上级司法机关改变法定的地域管辖或级别管辖,将某一类案件集中到区域内某一(些)特定的司法机关进行管辖或直接提级管辖。[1] 此处需注

---

〔1〕 参见张曙:《刑事诉讼集中管辖:一个反思性评论》,载《政法论坛》2014 年第 5 期。

意的是,“集中管辖”与“专属管辖”[1]的区别,可以说,专属管辖是立法明确规定且不得再行指定转移的“集中”管辖。[2]

根据不同的标准,“集中管辖”可作如下分类:[3]其一,按照指定权的来源不同,可分为“立法授权型集中管辖”和“司法授权型集中管辖”。[4] 前者是指上级法院按照法律规定的授权确定下级法院集中管辖,例如,2014年11月1日修正的《行政诉讼法》第18条第2款规定:“经最高人民法院批准,高级人民法院可以根据审判工作的实际情况,确定若干人民法院跨行政区域管辖行政案件”;[5]后者是指最高人民法院通过制定并发布文件直接授权下级集中管辖或者下级法院经请示最高人民法院批准后进行集中管辖,例如,2013年1月4日最高人民法院《关于开展行政案件相对集中管辖试点工作的通知》。其二,按照集中管辖的法院不同,可分为“上提型集中管辖”和“平移型集中管辖”。前者是指将辖区内全部或者部分类型的一审案件集中由中级人民法院管辖;后者是指人民法院依法将原本由分散的各人民法院管辖的案件集中到一个或者几个人民法院统一管辖的制度。其三,按照集中事项的不同,可分为“地域型集中管辖”和“案件型集中管辖”。前者是指在一个中级法院范围内,选定若干个基层

〔1〕 诉讼法学者认为,专属管辖是指法律规定某些特殊类型的案件专门由特定的法院管辖,其他人民法院无管辖权,当事人不得协议变更,人民法院不得用裁定变更管辖法院。参见张卫平:《民事诉讼法》,法律出版社2009年版,第99页。

〔2〕 针对全国人大常委会《关于在北京、上海、广州设立知识产权法院的决定》第2条规定和最高人民法院《关于北京、上海、广州知识产权法院案件管辖的规定》中的“对专利纠纷案件实行跨区域管辖”的属性,存在两种观点:其一认为是“专属管辖”(参见吴汉东:《知识产权法院的专门法院属性与专属管辖职能》,载《人民法院报》2014年9月3日);其二认为是“集中管辖”(参见周强:《最高人民法院关于提请审议〈关于在北京、上海、广州设立知识产权法院的决定(草案)〉的议案说明》,载《人民法院报》2014年8月26日)。

〔3〕 有学者认为,集中管辖存在狭义和广义之分,行政诉讼管辖制度改革试点推进过程中出现的诸多新类型的行政诉讼的管辖,例如,异地管辖、交叉管辖、提级管辖、集中管辖等,均可归为广义上的集中管辖。参见杨建顺:《行政诉讼集中管辖的悖论及其克服》,载《行政法学研究》2014年第4期。

〔4〕 按照学者的如下观点,“行政诉讼集中管辖应当是制定法律和政策阶段重点完成的制度架构,而不应当是在法律制度实施层面的临时性政策应对,更确切地说,临时性应对型的行政诉讼集中管辖的作用,应当只是根据个别特殊的具体情形对既定法律制度的补充”(参见杨建顺:《行政诉讼集中管辖的悖论及其克服》,载《行政法学研究》2014年第4期),“立法授权型集中管辖”相比于“司法授权型集中管辖”更具正当性。

〔5〕 有学者指出,“当前的指定管辖制度属于‘裁定转移管辖’,仅适用于个案,不能适用于批量性地转移案件管辖,因此,有必要制定有关案件批量转移管辖的规定”。参见江必新:《域外案件管理改革的借鉴与启示》,载《比较法研究》2013年第4期。可以说,此立法建议已得到了立法机关的回应。

法院作为集中管辖法院，集中管辖辖区内其他基层法院管辖的相关案件；后者是指按照案件类型确定管辖法院，将同类行政案件集中到相应法院审理。[1] 其四，按照集中的方式不同，可分为“个案指定型集中管辖”与“统一指定型集中管辖”。[2] 前者是指上级人民法院指定下级人民法院集中管辖案件，具体通过个案裁定的方式指定，实行一案一裁定指定管辖，整体上达至集中管辖的目的；后者是指上级人民法院通过制定试点方案或者发布通知作出统一的指定集中管辖。

（四）集中管辖的效果

从实践效果来看，地方法院推行的“集中管辖”利弊共存。此处仅以行政诉讼案件集中管辖为例加以说明。其积极的一面主要表现在以下方面：(1)减少行政干预，改善司法环境和保障独立审判；(2)增强诉讼信心和提高司法公信；(3)统一裁判标准，提高办案质效[3]和维护司法权威；(4)规范行政行为和促

---

〔1〕 山东省泰安市中级人民法院根据自身工作实际，探索推行行政案件类型集中管辖，具体将占全市近9成比例的案件纳入集中管辖范围中，按照案件类型确定管辖法院，将同类行政案件集中到相应法院审理。泰安市中级人民法院下辖7个基层法院，根据各基层法院行政庭的人员特点及审判优势，确定由泰山法院集中管辖涉及劳动教养、征收类行政案件；岱岳法院集中管辖涉及婚姻登记类行政案件；新泰法院集中管辖涉及治安管理处罚类行政案件；肥城法院集中管辖涉及房产登记类行政案件；宁阳法院集中管辖涉及工商管理类行政案件；东平法院集中管辖涉及土地登记、工资福利待遇类行政案件；高新法院集中管辖涉及政府信息公开类行政案件。参见李海滨、张海鹏等：《创新案件管辖保障审判公正——山东省泰安市中院关于行政案件类型集中管辖制度的调研报告》，载《人民法院报》2013年12月19日。

〔2〕 司法实践中，“统一指定型集中管辖”中，原管辖法院不再介入诉讼过程；“个案指定型集中管辖”中，原管辖法院依然介入立案环节，例如，山东省泰安市实行的行政案件类型集中管辖，在程序上，原受理案件的基层法院审查立案，立案庭将该案件报送中级人民法院立案庭，中级人民法院立案庭收到案件后立案，中级人民法院行政庭负责作出指定管辖裁定书，指定集中管辖该类型案件的法院管辖，中级人民法院立案庭负责将该案件移交所指定管辖的法院立案庭，被指定管辖的法院立案庭对移送来的案件立案，并预收诉讼费。当事人直接向中级人民法院起诉的案件，中级人民法院立案庭立案，中级人民法院行政庭制作指定管辖裁定书，指定集中管辖该类型案件的法院管辖，中级人民法院立案庭负责将该案件移交所指定管辖的法院立案庭。参见李海滨、张海鹏等：《创新案件管辖保障审判公正——山东省泰安市中院关于行政案件类型集中管辖制度的调研报告》，载《人民法院报》2013年12月19日。

〔3〕 法院采取集中管辖，基本上遵循如下逻辑进路：某一区域内特定刑事案件总量少或分布不均衡——分散型管辖难以保证类案质量——将案件集中到某个（些）司法机关管辖——全面提高类案的审理（办理）质量（参见张曙：《刑事诉讼集中管辖：一个反思性评论》，载《政法论坛》2014年第5期）。目前实践中集中管辖的刑事案件有五类，对于外国人犯罪和涉台刑事案件，通过提级管辖、指定集中管辖来减少分散型地域管辖所可能导致的案件质量风险、社会和政治效果风险，以便在更大的概率上保证此类案件被妥善处理。对于知识产权、环保、未成年人刑事案件，强调通过集中管辖减少案件管辖的地域点，以统一裁判尺度，提高对相关权利司法保护的统一性。

进依法行政;(5)集中管辖法院的法官丰富了办案经验,提升了相关业务水平。其存在的主要问题包括:(1)审判人员难以调配到位而无法应对案件集中后的审判;(2)协调和解难以借力来加以达至;(3)便民原则难以落实到位,当事人诉讼成本增加;(4)非集中管辖法院的行政审判职能退化;(5)信访责任主体不明导致信访增多,处理难度增大;(6)非集中管辖法院审判功能缺少,法院地位下降;(7)非集中管辖法院法官业务能力的全面性受到限制;等等。[1]

(五)集中管辖的评价

针对司法实务部门的"释法"之举,学界就"集中管辖"的合法性,即某层级的法院能否以指令管辖的文件规定作为集中管辖的法规范依据,存在两种不同观点:赞成者认为,集中管辖与指令管辖实质是一样的,因出现特殊原因,有管辖权的法院不能公正行使审判权,由上级法院一次性集中指令相关集中管辖法院管辖,这本身就符合指令管辖的基本条件,完全可以作为集中管辖的法律根据。反对者认为,集中管辖以行政命令的方式,一次性将某一区域内的全部行政案件指令集中管辖法院管辖,不符合《行政诉讼法》第 22 条第 1 款的规定,因为通常意义上的指令管辖是指个案的特殊原因,而且是一案一裁定方式,将某一法院的全部行政案件以出现所谓特殊原因为由一次性以通知方式指令集中管辖法院管辖,显然不符合指定管辖仅适用于特殊情况、个别案件的立法本意。[2] 或者认为,《刑事诉讼法》实施不过半年之际,在全国范围内推出外国人犯罪案件的集中管辖,直接改变该类案件的法定管辖,不由得使人担忧在司法解释制定权与立法权的博弈中刑事诉讼管辖规则的约束力究竟有多强。[3]

在笔者看来,程序法定原则要求司法机关行使公权力时,必须取得法律的明确授权。管辖权是审判权的重要组成部分,其设定与变动均应有法律的明确规定。现代法治国家的法律均坚持一般确定管辖为原则、个别变更管辖为例外

---

〔1〕 参见郭修江:《行政诉讼集中管辖问题研究——〈关于开展行政案件相对集中管辖试点工作的通知〉的理解与实践》,载《法律适用》2014 年第 5 期;另参见李杰、张传毅:《行政案件集中管辖模式初探:理论定位与实践选择》,载《法律适用》2014 年第 5 期。

〔2〕 参见郭修江:《行政诉讼集中管辖问题研究——〈关于开展行政案件相对集中管辖试点工作的通知〉的理解与实践》,载《法律适用》2014 年第 5 期。

〔3〕 参见张曙:《刑事诉讼集中管辖:一个反思性评论》,载《政法论坛》2014 年第 5 期。

的立场。“惟法院案件之分配不容恣意操纵,应为法治国家所依循之宪法原则。”[1]换言之,只有在本应有权管辖的司法机关出现了“不宜”管辖或“不能”管辖,[2]方能由司法机关在案件发生后变更管辖。如《德国刑事诉讼法》第15条规定:“本应当管辖的法院在个别案件中因法律、事实方面的障碍不能行使审判职权或者在该法院审理有影响公共治安之虞时,应当移转给其他区域的同级法院调查和裁判。”就立法例而言,各国成文法规定的指定管辖形式有所不同(裁定或者决定),但有一个共同点——适用于具体个案,例如,《德国刑事诉讼法》第13条a、第14条、第15条,《日本刑事诉讼法》第15条、第16条,《韩国刑事诉讼法》第14条。至于类案的管辖,具体存在两种模式:一是法律直接确定某个地域管辖权机关。例如,《法国刑事诉讼法》第706条规定,“恐怖活动罪由巴黎大审法院管辖”;《德国刑事诉讼法》第10条a所规定的由汉堡市地方法院管辖在德国法规效力范围之外的海洋领域内实施的环境犯罪行为;《荷兰刑事诉讼法》第2条规定,由阿姆斯特丹法院管辖发生在已出港口正在航行的船舶上的犯罪事实。二是法律授权给上级司法机关确定下级的集中管辖权。例如,我国《行政诉讼法》第18条第2款。显然,我国司法实践中的“集中管辖”虽在形式上使用了指定的方式,本质上已属于确定管辖,即上级司法机关基于审级或监督地位直接确定下级机关对某一类案件是否有管辖权。如何评价此种做法,无疑与管辖权调整是否作为一个国家或者地区的司法管理手段有关。对此,域外存在两种不同主张:其一认为,“案件管理是法院日常工作的核心内容。案件在法院之间的管辖和在法院内部的分配既是司法组织发挥职能并对案件数量变化保持相应灵活性的关键,也是司法廉洁的重要环节”。[3] 司法管理包括法院管理和诉讼的运行管理,而法院管理包括若干具体的事项,诸如法院的

---

〔1〕 参见陈新民:《评议法定法官原则的探源与重罪羁押合宪性的争议》,载《军法丛刊》第56卷第1期。

〔2〕 至于什么情形才属于此处的“不宜”或者“不能”,另当别论,例如。有学者认为,“只有在出现专业性极强、重大复杂的某些个案足以构成‘特殊情况’时,立法者才允许上级司法机关通过指定管辖、提级管辖等特殊措施来变更管辖”。参见张曙:《刑事诉讼集中管辖:一个反思性评论》,载《政法论坛》2014年第5期。

〔3〕 参见[荷]菲利普·兰布克、[意]马克·法布瑞编:《法院案件管辖与案件分配:奥英意荷挪加七国的比较》,范明志、张传毅、曲国建译,法律出版社2007年版,第3页。

组织和管辖、法官的选任等。[1] 在英国,最重要的案件的一审可在全国范围不受地域管辖资格限制的法院来管辖。在荷兰,有关外国人的案件由中央管理机构分配到遍布全国的 22 个审理地点;对于重大和复杂的刑事案件(如有组织犯罪),由中央管理机构根据各地法院的审判能力和审判地点将这些案件分配到全国的一审法院。[2] 其二认为,案件的管辖并不纳入司法管理。"在意大利、葡萄牙和奥地利,诉诸'法定法官'是当事人的一项权利,这些国家的主流观念是对司法独立和司法公正的保障也涵盖了法院的案件分配制度。"[3] 就我国而言,一方面,尽管社会主义法律体系基本形成,但因主客观各种原因的影响,"增强法律法规的及时性、系统性、针对性、有效性"[4] 仍是今后一个时期立法的目标,诉讼法对管辖制度的规定同样存有不足,[5] 在一定程度上司法者不得不青睐"司法积极主义"或者"能动司法"的立场;另一方面,"中央集权体制"、"一统"的政治文化传统、党的"民主集中制"原则等对国家治理传统、理念、模式产生着长期而深远的影响,"把权力的要素粘合到一起的是一种强烈的秩序感和一种对一致性的欲求:理想的状态是,所有的人都踩着同样的鼓点齐步向前"。[6] 受此影响,法院管理模式长期呈现出司法"行政化"色彩。因此,虽然"集中管辖在一定程度上混淆了预定管辖与裁量管辖、指定管辖与确定管辖之

---

〔1〕 Henry R. Glick, Conrts, Polittcs and Justice, Mcgraw-Hill Book Company, 1483, pp. 48 – 49.

〔2〕 参见[荷]菲利普 · 兰布克、[意]马克 · 法布瑞主编:《法院案件管辖与案件分配:奥英意荷挪葡加七国的比较》,范明志、张传毅、曲国建译,法律出版社 2007 年版,第 12 ~ 25 页。

〔3〕 参见[荷]菲利普 · 兰布克、[意]马克 · 法布瑞主编:《法院案件管辖与案件分配:奥英意荷挪葡加七国的比较》,范明志、张传毅、曲国建译,法律出版社 2007 年版,第 39 页。

〔4〕 十八届四中全会《关于全面推进依法治国若干重大问题的决定》强调,"要把公正、公平、公开原则贯穿立法全过程,完善立法体制机制,坚持立改废释并举,增强法律法规的及时性、系统性、针对性、有效性"。

〔5〕 十八届三中全会《关于全面深化改革若干重大问题的决定》指出,"改革司法管理体制,推动省以下地方法院、检察院人财物统一管理,探索建立与行政区划适当分离的司法管辖制度,保证国家法律统一正确实施"。当然,围绕此处的"与行政区划适当分离的司法管辖制度"的定位,是作为普遍的一般管辖制度,还是作为补充性的特别管辖制度,无疑值得研究。再如,《行政诉讼法》没有关于异地交叉管辖的规定,要实行异地管辖,需要对现行法进行修改,为其提供明确的法律依据。参见杨建顺:《行政诉讼集中管辖的悖论及其克服》,载《行政法学研究》2014 年第 4 期。

〔6〕 参见[美]米尔伊安 · R. 达马斯卡:《司法和国家权力的多种面孔——比较视野中的法律程序》,郑戈译,中国政法大学出版社 2004 年版,第 29 页。

间的区别”[1]或者“司法授权型集中管辖”(管辖权[2]行使的一种方式)确实存在“例外冲击原则”[3]的现实,但上述两个方面的影响因素为其长期存在提供了“路径依赖”和“生成土壤”。

综上所论,“集中管辖”自身的存在始终面临着合法性的拷问,同时其实践运行过程中还存在诸多弊端有待克服,这些均是需要加以慎重考虑的。此外,设立互联网法院的机能是多方面的,“集中管辖”最多只能起某方面的作用,解决某一相关问题,显然无法承担起互联网法院的前述功能。需指出的是,随着杭州互联网法院的正式挂牌成立,下一步更值得理论界和实务界关注的问题是互联网法院的合理布局与科学地建设、管理与发展、互联网审判规则的健全或重塑、涉互联网法律法规的修改与完善,等等。

---

〔1〕 参见张曙:《刑事诉讼集中管辖:一个反思性评论》,载《政法论坛》2014 年第 5 期。

〔2〕 法院管辖权是审判权的重要组成部分,属于公权力的范畴。“管辖权通常是指法院审理和判决争议案件的权力,用来表明在某一特定案件中拥有此项权力,确定一个法院或一批法院所拥有的权力性质和范围,以及划定可行使职权的地域界限。”参见德全英:《中美法院制度的宏观比较与思考》,载《法律科学》1999 年第 3 期。

〔3〕 参见熊秋红:《刑事管辖权刍议》,载陈泽宪主编:《刑事法前沿》(第 5 卷),中国人民公安大学出版社 2010 年版,第 169 页。

犀利还是无力？

——重读《代码2.0》及其法律理论

戴　昕*

内容摘要：劳伦斯·莱西格在2006年出版的经典理论著作《代码2.0》中，提出了从法律和治理的角度理解、思考互联网和信息技术的若干极具影响力的理论命题和分析框架。而以十年之后在美国发生的苹果手机解锁事件为切入点，可以看到，《代码》中的这些命题和框架在描述互联网法律中的“技术—商业—政治”关系时，虽仍具有极强的解释力，却很难为当前的互联网法律理论提供其所需要的规范指引。对经典理论在当代语境中的这一重新检验，是发现未来研究方向的前提。

关键词：互联网规制　代码即法律　多元规制　均衡思维

任何沾上信息技术的东西都扛不过时间的摧残，而十年更是足以造成毁灭性杀伤的漫长岁月。劳伦斯·莱西格（Lawrence Lessig）的互联网研究名作《代码》的1.0版本问世于1999年，2.0版本问世于2006年。[1] 从2.0版本算起，十余年过去了，该书仍被许多研究者奉为经典。[2] 但值得在此刻思考的是，书中的法律理论，是否真的依旧“保鲜”？

这篇短评的目的正是尝试就上述问题做一个初步评析。笔者的基本观点

---

* 戴昕，中国海洋大学法政学院教授，法学博士。

〔1〕 本评论主要参照2.0版本，以下简称《代码》。Lawrence Lessig, *Code: And Other Laws of Cyberspace, Version* 2.0, New York, Basic Books, 2006.

〔2〕 Tal Z. Zarsky, "Social Justice, Social Norms and the Governance of Social Media", *Pace Law Review* 35, 2014, pp. 154 - 158.

是，《代码》一书提出的若干分析思路和概念框架，今天来看仍然有助于人们在描述意义上相对深入地理解互联网规制中的“技术—商业—政治”关系，但作为一种政治法律理论，其推动规范思考的意义却已显得十分有限。

本文中，笔者将结合一个具体的案例语境——2016年年初苹果公司与美国联邦调查局（FBI）之间围绕苹果手机设备加密解锁问题爆发的法律和公关冲突（以下简称苹果手机解锁事件）——展开与主题相关的理论探讨。这一事件显示，商业对代码和其他规制资源的微妙运用，持续加剧着“代码即法律”命题中包含的规范张力，而自由左派价值话语的陈旧和保守，则使莱西格寄望的公共利益规制很难获得实质性进展。

一、背景：一个苹果引发的血案？

有关苹果手机解锁事件的媒体报道在事发当时随处可见，但作为背景，不妨先对主要事实做简要回顾。[1] 2016年2月，FBI在调查2015年年末加州圣伯纳迪诺枪击案的过程中，向当地一位联邦治安法官提出申请，要求后者指令苹果公司配合FBI的专案调查工作，对已在案发时身亡的枪手遗留下来的一部苹果手机进行解锁，以使FBI能够获取手机中的数据。治安法官准许了FBI的申请，但其发出的配合调查指令遭到苹果公司强烈且高调的抵制。[2]

FBI之所以要求苹果公司配合解锁，是因为枪手生前使用的苹果手机可能启动了一种特定的安全设置：解锁苹果手机需要输入机主预设的密码，而如果他人试图通过猜测密码的方式进行解锁，那么一旦猜错十次，手机设备中存储的数据就会被自动删除。假如枪手生前确实启动了这一安全设置，而手机中的涉案数据又并未通过iCloud备份，FBI担心贸然采用重复猜测密码［所谓“粗暴攻击”（brute force attack）］的方法解锁会导致证据灭失。而苹果被要求提供的

---

〔1〕 一个比较完整详尽的梳理见维基百科：“FBI-Apple Encryption Dispute”，Wikipedia，https://en.wikipedia.org/wiki/FBI%E2%80%93Apple_encryption_dispute#cite_ref-27。Accessed September 26，2016。

〔2〕 Tim Cook，“A Message to Our Customers”，February 16，2016，http://www.apple.com/customer-letter/. Accessed September 26，2016.

协助,具体来说是由该公司写一个软件升级程序并发送到枪手手机中,借此程序解除前述自动删除数据的安全设置,使 FBI 能够安心地使用“粗暴攻击”方法解锁。[1]

FBI 强调,苹果公司需要为此提供的协助极其有限——他们撰写的程序只要能够在这一个案件中搞定这一部 iPhone 5C 手机即可。但苹果公司强调其之所以拒绝配合,是因为事涉原则问题。[2] 早在 2014 年 9 月发布 iOS8 操作系统时,苹果公司已对外宣布其完善了对 iPhone、iPad 等硬件设备的设备加密(device encryption):在用户自行设置一个硬件解锁密码后,苹果公司不掌握这一密码,它和第三人一样,都无法在不触发数据删除设置的前提下绕开用户进行解锁操作。[3] 这使得苹果公司可以拍着胸脯向用户保证,自己生产的是市面上最注重用户数据安全的产品——连生产者自己都没有预留“后门”;[4] 如果这次苹果公司给政府开了这样一个“后门”,哪怕只是“特事特办”,[5] 无疑仍会陷入自打耳光的尴尬境地。

由于圣伯纳迪诺枪击案牵涉恐怖主义和国家安全,超出一般刑事调查的范围,加之又赶上总统选举年,因此相关法律争议及程序被媒体曝光后,在美国和世界其他地方均成为热点,其获得的关注大大超出通常有关信息安全和数据隐

[1] Order Compelling Apple Inc. to Assist Agents in Search, In the Matter of the Search of an Apple iPhone Seized During the Execution of a Search Warrant on a Black Lexus IS300, Cal. License Plate 35KGD203, No. ED 15 - 0451M, February 16, 2016.

[2] Tim Cook, “A Message to Our Customers”, February 16, 2016, http://www.apple.com/customer-letter/. Accessed September 26, 2016.

[3] 此处其实还有一个额外的技术细节:圣伯纳迪诺枪击案中枪手的手机型号是 iPhone 5C,这一型号的手机原本留有一个“后门”,即苹果公司可以在未经用户授权的情况下将软件升级程序发送到用户的硬件上;而自 iPhone 6 开始,苹果公司将这一后门也堵上了,除非用户输入解锁密码,否则苹果公司无法发送软件升级程序。

[4] Craig Timberg, “Apple Will No Longer Unlock Most iPhones, iPads for Police, Even With Search Warrants”, *The Washington Post*, September 9, 2014, https://www.washingtonpost.com/business/technology/2014/09/17/2612af58 - 3ed2 - 11e4 - b03f - de718edeb92f_story.html. Accessed September 26, 2016.

[5] 按照政府方面的看法,苹果公司和 IT 界把基于宪法搜查令程序、“特事特办”的数据获取称为“开后门”,本身就是在混淆视听。“Report of the Manhattan District Attorney's Office on Smartphone Encryption and Public Safety”, p. i, https://cyber.law.harvard.edu/pubrelease/dont-panic/DA_Report_Smartphone_Encryption_Public_Safety_11182015.pdf. Accessed September 26, 2016.

私的专业讨论。[1] 不出意外，许多论者在切入讨论时，都自然会选取在新技术环境下如何处理个体隐私和公共安全利益之间的冲突这一常规角度，而这也导致事件热议当时的发声常常是选边站队式的表态性意见。[2] 如果我们希望尽可能超越这类流于表面的意识形态争论，更深入地理解苹果手机解锁事件对互联网规制的意义，那么《代码》提供的分析思路和工具是否有帮助？在笔者看来，这应是十年之后重新检验《代码》理论价值的一个可能角度。

二、"代码即法律"：居然不是苹果手机的广告语？

互联网空间的可规制性（regulability）是《代码》一书论述的起点。众所周知，早期流行的技术乌托邦论调——或称"互联网例外主义"（Internet Exceptionalism）——鼓吹互联网无法规制，其基本逻辑即所谓"互联网上没人知道你是一条狗"：如果网络空间中的行为人身份难以辨识、行为发生的物理位置难以确认、行为实现目的所借助的数据传输过程无法被加以区别对待，那么对相关行为加以规制的确极为困难。[3] 但莱西格认为，即便这些描述符合互联网早期的技术架构特点，也不意味着不可规制性（unregulability）是互联网的本质；恰恰相反，技术是弹性的，无论是商业利用还是政治控制的需要，都将不断推动那些增强互联网可规制性的技术——身份验证、数据标识和物理定位——被广泛采用。[4] 到《代码》2.0 版本问世时，莱西格已经在序言中明确宣告自己的看法胜出，而曾在《代码》1.0 版本中被莱西格视为主要反题的互联网例外主义论调则已然式微。[5]

---

〔1〕 Tim Cook, "A Message to Our Customers", February 16, 2016, http://www.apple.com/customer-letter/. Accessed September 26, 2016.

〔2〕 例如，陈立彤："苹果拒绝解锁手机：库克发怒的底气何在"，载财新网：http://opinion.caixin.com/2016-02-18/100910283.html，最后访问日期：2016 年 9 月 26 日。

〔3〕 Lawrence Lessig, *Code: And Other Laws of Cyberspace, Version* 2.0, New York, Basic Books, 2006, pp. 35-36.

〔4〕 Lawrence Lessig, *Code: And Other Laws of Cyberspace, Version* 2.0, New York, Basic Books, 2006, pp. 38-68.

〔5〕 Lawrence Lessig, *Code: And Other Laws of Cyberspace, Version* 2.0, New York, Basic Books, 2006, p. 75.

互联网的可规制性在《代码》一书的理论框架中扮演着重要地位,它是探讨"如何规制"与"谁来规制"这两个"正题"的必要前提。只有互联网具有可规制性,莱西格的标签式命题——"代码即法律"(code is law)——才有足够的理论意义。在描述层面上,"代码即法律"意味着互联网的技术架构(architecture)——"代码"本身就是一种规制的力量,它能够对人们在互联网中的行为产生具体约束,而设计和运用代码的能力因此也可被视为一种规制权。在规范层面上,"代码即法律"还意味着人们需要考虑基于代码的互联网规制是否可欲;特别是,如果"法律"一语常常被理解为包含了某种规范合法性概念,那么当代码及其背后的商业、技术和政治利益以相对不甚透明的形式行使事实上的规制权时,自然也会面临正当性方面的疑问。

不出意料,作为一部法律理论作品,《代码》不甘心只在描述层面解释互联网依靠代码规制的原理,而是将其论证拔高到了有关价值选择的规范层面。在莱西格看来,既然互联网是可以规制且必将受到高度规制的,那么网络规制的阵地,民主和公共利益不占领,私人利益集团就会占领。而莱西格悲观地认为,对司法审查的过度依赖,以及立法政治的过度腐败,使美国既有体制无法在互联网趋向规制的大势面前,有效地作出符合自由左派意识形态的价值选择。[1]但不难看出,莱西格对民主政府肩负公共政治责任、在互联网规制中扮演公共利益的代表,至少是抱有强烈期许的。

作为一个描述性命题,"代码即法律"今天仍保持着福柯式的穿透力;作为规范性命题,它也仍能引发对政府规制抱有更多同情理解的自由左派的共鸣。但苹果手机解锁事件表明,商业对莱西格式的自由左派逻辑吃得很透。在与政府的长期博弈过程中,技术企业对前者以"代码即法律"——无论真诚或虚伪的——作为规范依据要求其承担某种公共责任这一风险,始终保持着相当高的警惕,并不断寻求抵制此类要求的适应性策略。而商业与政府之间的这种互动态势,使得"代码即法律"命题的含义变得十分微妙。

具体而言,技术企业在面临公共责任承担风险时的主要适应性策略,似乎

---

〔1〕 Lawrence Lessig, *Code: And Other Laws of Cyberspace, Version* 2.0, New York, Basic Books, 2006, pp. 311 – 312.

是赋予"代码即法律"以某种新的解读，借此首先来论证自身在一些领域中行使规制性权力的合法性。早在二十世纪九十年代后期，美国的技术企业就曾与克林顿政府之间发生过一场颇受关注的数据加密之争(crypto wars)，而这场争端以技术企业胜利、政府未能成功推行可保证政府享有数据后门的Clipper芯片标准告终。[1] 此后，商业企业通过代码，成为正式法律之外用户"合理隐私预期"的实际规制者。而至少就近些年的表现来看，苹果公司更是试图全力扮演一种引领最高保护水准的隐私立法/规制者的角色。[2] 如前所述，在本次解锁事件发生之前，苹果公司声称为了最大限度保护用户的设备和数据安全，已在技术上消灭了包括公司自身在内所有第三方进行硬件设备解密的能力。而就在此之前不久，美国最高法院实际上刚刚通过一个判例，确立了要求警方在查看智能手机内数据之前向法院获得搜查令的规则。[3] 考虑到苹果公司在更早前已对其提供传输服务的通讯数据(如iMessage和Facetime)实施了"端对端加密"(end to end encryption)，[4] 此番进一步落实"设备/全盘加密"(full disk encryption)措施后，对于至少一部分苹果手机用户的数据来说，无论其在传输途中(in transit)，还是已停驻在设备上(in rest)，苹果公司都可以号称对其完全无从知悉，也无法获取。而如果苹果公司真的借此为自己关上了全部"后门"，那么即使刑侦部门遵守宪法的正当程序规则，从法院获取搜查令，拿到苹果公司

---

〔1〕 Lawrence Lessig, *Code: And Other Laws of Cyberspace*, *Version* 2.0, New York, Basic Books, 2006, pp. 66-67.

〔2〕 例如，Tim Cook, "Apple's Commitment to Your Privacy", https://www.apple.com/privacy/。在苹果公司宣布其在iOS8中启用设备加密措施后，包括Google、WhatsApp和Yahoo! 在内的其他科技企业也都纷纷宣布启用设备加密(device encryption)和点对点加密(end to end encryption). See "Don't Panic: Making Progress on the 'Going Dark' Debate", *Berkman Center Report*, February 1, 2016, https://cyber.law.harvard.edu/pubrelease/dont-panic/. Accessed September 26, 2016.

〔3〕 Riley v. California. 573 U.S. (2014).

〔4〕 "Apple's Commitment to Customer Privacy", June 16, 2013. https://www.apple.com/apples-commitment-to-customer-privacy/. 苹果公司声称对iMessage的"端对端加密"达到的效果是信息只能由发送人和接收人阅读，其无法在信息传输途中对信息加以破解。一些科技界人士对"端对端加密"是否真能消除苹果公司获取传输途中数据并加以破解的能力持怀疑态度。See Cyril Cattiaux, "iMessage Privacy", Quarkslab's Blog, October 17, 2013, http://blog.quarkslab.com/imessage-privacy.html. Accessed September 26, 2016.

面前也只能是一纸空文。[1]

在斯诺登事件之后,如何规制政府基于国家安全和司法调查等公共利益理由获取个人数据的行为,在美国乃至西方各国始终饱受立法和司法层面的争议,很难找到令各方满意的解决方案。在这种背景下,苹果公司采取的这一技术举措,堪称运用代码实现规制的经典案例,因为它本质上是在用技术手段率先"解决"了一个政客和法律人纠缠不清的问题。开个半认真的玩笑,"代码即法律",完全可以被用作苹果手机的下一则广告语:既然商业的代码更能"解决"用户数据隐私范围的界定问题,那么让代码享有规制权,难道不可谓合理、合法?

在逻辑上,这种能够为商业势力拓展其潜在规制领域的策略,无疑应被理解为具有进攻属性。但这种策略的微妙之处却又在于,其具体展开路径是以退为进:恰恰是为了规避莱西格意义上的"代码即法律"对事实意义上的规制者提出的公共责任要求,技术企业始终拒绝放弃"不可规制性"论调,并持续不断地投资于增强这一论调的说服力。从因允许用户兜售带有纳粹标识物品吃官司的雅虎,[2]到前些年被欧洲法院要求保护个体"被遗忘权"的谷歌,[3]再到太平洋这一头因涉黄而遭严厉制裁的快播[4]——可以看到,一方面是"代码即法律"被莱西格等人定调为不容置疑的现实,而另一方面,技术企业每次出事,都仍要祭出"不可规制"为自身行为辩护,屡战屡败,却依然屡败屡战。这显然就不能解释为后者始终不开窍、没有理解"代码即法律"的原理了。事实上,如果"代码即法律"在规范层面意味着"规制即责任",那么站在商业的立场上,只要无法实现与政治权威合一,成为真正至高而不受约束的立法者和规制者,那么在其不愿负责的时候,竭力避免被扣上"规制者"的帽子,就是更好的选择。

---

〔1〕 需要注意的是,刑事诉讼法常规程序中的搜查令和苹果手机解锁事件中FBI请求法院出具的基于全令状法案的指令并不相同,前者只能要求苹果公司出具其掌握的信息,而后者的目的是要求苹果公司采取合理措施协助执法部门获得苹果公司号称其并不掌握的信息。

〔2〕 Lawrence Lessig, *Code: And Other Laws of Cyberspace, Version* 2.0, New York, Basic Books, 2006, pp. 294 - 295.

〔3〕 Liam Tung, "Google Details Troubles It and Others Face Meeting Right to be Forgotten Requests", *ZDNet*, http://www.zdnet.com/article/google-details-troubles-it-and-others-face-meeting-right-to-be-forgotten-requests/. Accessed September 26, 2016.

〔4〕 参见"快播涉嫌传播淫秽物品牟利罪案庭审实录",载新浪科技:http://tech.sina.com.cn/i/2016-01-08/doc-ifxnkkux0980107.shtml,最后访问日期:2016年9月26日。

而苹果公司近年来的加密措施升级，则不仅是试图保留其在事后运用“不可规制性”进行抗辩的能力，而且更是积极主动、先发制人地自缚双手，期望通过制造事前的“不可规制性”，达到一劳永逸的效果。当苹果公司走出设备加密这一步之后，无论政府认为“代码”是或不是法律，苹果公司都将能最大限度地从有关用户数据的法律争议中抽身出来。在这个意义上，与其说苹果公司是为涉及数据保护的法律争议找到了技术解决方案，不如更贴切地说，苹果公司为自身摆脱法律争议和公共责任，找到了一个基于代码的方案。

这对于商业企业来说当然是理性的策略。但站在社会的立场上考虑，数据加密这样一个原本涉及政府、厂商和公众/消费者三方的棘手问题，由于苹果公司自我营造的超然地位，被压扁成了政府与公民的二元冲突，而后者未必是解决数据隐私问题的最优结构。就事件后续发展来看，FBI 在法院举行听证之前，宣布其通过未具名的“第三方”提供的“技术协助”，实现了对涉案手机的成功解锁，由此放弃了基于法律程序谋求苹果公司协助的尝试。〔1〕显然，FBI 在启动法律程序之前并非没想到这一招，而其选择诉讼的最大预期收益，则是获得有利的法律先例，从而掌握对代码的控制。〔2〕放弃诉讼意味着政府承认对法律程序的效率和结果均无把握。但政府能够从第三方买到高效解密方案，这也足以令苹果无法从此事件中全身而退：消费者不难发现，所谓“最高安全标准”，也不过如此！

既然苹果公司并无法真正关死“后门”，而只是在迫使政府执法时必须频繁动用包括黑客在内的法外资源，那么政企两方围绕加密展开的技术军备竞赛就只有持续下去。尽管技术专家一致强调为政府提供数据“后门”将带来重大安全隐患，〔3〕但既然黑客不需要后门也从来都能畅通无阻，那么，给予政府在“一

---

〔1〕 维基百科：“FBI-Apple Encryption Dispute”, Wikipedia, https://en.wikipedia.org/wiki/FBI%E2%80%93Apple_encryption_dispute#cite_ref-27. Accessed September 26, 2016。

〔2〕 Spencer Ackerman and Sam Thielman, “FBI Director Admits Apple Encryption Case Could Set Legal Precedent”, *The Guardian*, https://www.theguardian.com/technology/2016/feb/25/fbi-director-james-comey-apple-encryption-case-legal-precedent. Accessed September 26, 2016.

〔3〕 Harold Abelson et al., “Keys under Doormats: Mandating Insecurity by Requiring Government Access to All Data and Communications”, MIT-CSAIL-TR-2015-026, July 6, 2015, https://dspace.mit.edu/bitstream/handle/1721.1/97690/MIT-CSAIL-TR-2015-026.pdf. Accessed September 26, 2016.

事一议"的基础上保留获得数据的能力,其可能使公众和消费者面临的额外数据安全风险,真的就一定大于因政府拥有更强执法能力而可能产生的边际公共安全收益吗?至少,正如政府一方指出的,过往经验并不能支持这种权衡结论。[1] 而如果这场军备竞赛的结果更多体现为政府获取信息成本的提高,而不是公众享有的实际数据安全水平的有意义提高,那么军备竞赛所造成的资源消耗是否真有价值?这些都不是应单纯交由技术企业定夺的权衡。但假如技术企业可以借助自身制造的不可规制性而为法律所无法触及,那么它实际上就以一种相当隐蔽的方式获得了决策权。而"代码即法律"的一层重要规范意义,由此就遭到掏空——但讽刺的是,这难道不是《代码》本身为技术企业给出的提示?

三、多元规制

《代码》1.0版本问世一年之前,莱西格刚在《法学研究期刊》(*Journal of Legal Studies*)上发表了一篇题为《新芝加哥学派》("The New Chicago School")的论文,其中完整提出了一种思考"规制"(regulation)问题的多元视角[2],即本文所称的"多元规制"。所谓"多元规制",是指在由国家和政府制定与执行的法律之外,市场、社会规范和技术架构等人文和物理因素,同样对社会主体的行为产生规制性影响:市场对行为的规制通过价格机制实现,社会规范的规制通过自我约束和非正式制裁实现,而架构的规制则通过客观物质和技术条件实现。以对公共场所吸烟行为的规制为例,除了正式法律的禁令和罚则会对吸烟者构成约束外,周围人的白眼、香烟的售价以及成品烟草的不同属性(如气味是否过浓、尼古丁含量是高还是低)也都会影响吸烟行为发生的频率、规模与场合。[3]

多元规制显然适用于分析互联网规制。《代码》一书中,莱西格用前六章完

---

[1] 例如,对以往不包含设备加密设置的操作系统,政府可以基于搜查令获取数据,但并无证据表明给政府留出的这个口子曾经造成过严重数据泄露事件。"Report of the Manhattan District Attorney's Office on Smartphone Encryption and Public Safety", p. 14, https://cyber.law.harvard.edu/pubrelease/dont-panic/DA_Report_Smartphone_Encryption_Public_Safety_11182015.pdf. Accessed September 26, 2016.

[2] Lawrence Lessig, "The New Chicago School", *Journal of Legal Studies* 27, 1998.

[3] Lawrence Lessig, "The New Chicago School", *Journal of Legal Studies* 27, 1998, pp. 662 - 668.

成了对“可规制性”的论证后，在第七章将这一视角引入：除了正式的法律制度和公共政策，个体在互联网语境中的行为还受到市场（如互联网产品和服务的价格）、社会规范（如网络社区文化）和架构（相关技术和产品形态）因素的制约和影响。[1] 由此可见，“代码即法律”本质上是多元规制模型的一部分；其他部分还包括“市场即法律”、“规范即法律”乃至“法律即法律”。

作为一种法律社会学理论，“多元规制”算不上提出了全新思想，但莱西格精巧的整合使之成为一种用来颇为顺手的理论工具，尤其是其有助于改善法律分析时常存在的单调和过度形式化的弊端。同时，尽管多元规制可被归为一种法律现实主义视角，但《新芝加哥学派》一文提出这一模型时，其指向并非一般意义上的法律形式主义或法律中心主义，而是“老”芝加哥学派法律经济学。[2] 在莱西格看来，后者对市场有效性的强调使其对以法律为代表的制度性干预持有过于消极的看法，对法律作用机制的想象也局限为价格调整。而在“新”芝加哥学派的多元规制视角下，行为面临多重约束这一社会事实意味着除了直接规制之外，法律也可能经由与其他规制因素互动这一间接机制发挥作用。[3] 尽管市场、社会规范和架构也可能在法律寻求规制时掣肘，但延续其在更早一篇论文中的思路，[4] 莱西格对法律制度的能动性抱有相当积极的看法。[5] 基于破除种族隔离、禁止决斗、推广安全带、控烟等一系列实例，他认为，如果规制者能够较好地理解多元规制的原理，那么法律可以利用市场、社会规范和架构作为中介，丰富其实现规制效果的手段。[6]

虽然多元规制理论的规范定调是积极能动的，但当其被用于《代码》中的互联网分析时，给人的感觉却有些暧昧，甚至黯淡（dark）。相比通常会更多暴露在政治斗争、社群互动和舆论反思之中的法律和社会规范这些规制因素，代码

---

〔1〕 Lawrence Lessig, *Code: And Other Laws of Cyberspace, Version* 2.0, New York, Basic Books, 2006.

〔2〕 Lawrence Lessig, “The New Chicago School”, *Journal of Legal Studies* 27, 1998, p. 661.

〔3〕 Lawrence Lessig, “The New Chicago School”, *Journal of Legal Studies* 27, 1998, pp. 662 – 670.

〔4〕 Lawrence Lessig, “The Regulation of Social Meaning”, *The University of Chicago Law Review* 62, 1995.

〔5〕 Lawrence Lessig, “The New Chicago School”, *Journal of Legal Studies* 27, 1998, pp. 661 – 662.

〔6〕 Lawrence Lessig, “The New Chicago School”, *Journal of Legal Studies* 27, 1998, pp. 667 – 670.

的作用机制往往有隐秘、不透明的特点,可以在被规制者无意识的情况下发生作用(self-executing),因此更不容易受到有效的挑战、监督与制衡。[1] 而例如戴维·波斯特(David Post)和维克托·迈尔-舍恩伯格(Viktor Mayer-Schönberger)等人在早先批评《代码》一书时就曾指出,在多元规制论的表象下,莱西格真正的思路实际上是某种"技术决定论",即认为物质技术发展的力量独立于社会人文因素,且前者主导后者。[2] 迈尔-舍恩伯格甚至进一步指出,《代码》一书包含了两重决定论,不仅技术决定社会行为和个体选择,还有市场或商业利益驱动决定技术走向——这意味着多元规制在《代码》中,可能已经被压扁成一种近乎单向的线性逻辑。[3] 但如果这种单线决定论并不符合实际——在互联网技术的发展过程中,代码与市场和社会规范等因素的确是相互作用、互有反馈、相互塑造的——那么像莱西格那样担心技术在商业驱动下必定"失控",导致政治和法律必须却又难以作出回应,就可能有小题大做的意味了。[4]

从十年后的苹果手机解锁事件来看,莱西格当年对代码的忧虑,真如批评者说的那样,是过度了吗?这个问题无法简单回答。对于苹果公司升级其设备加密的举措,我们或许可以选择像波斯特和迈尔-舍恩伯格那样,认为这是苹果公司在市场和社会规范双重约束之下作出的选择:一方面,商业竞争的需要,促使苹果公司寻求将更高水准的数据安全作为能够区分自身产品与竞争对手产品的重要营销卖点;另一方面,斯诺登事件后,抨击企业与政府"联手"侵犯公民隐私的舆论,也对苹果公司围绕加密采取的商业技术策略起到了推动作用。

---

[1] Lawrence Lessig, *Code: And Other Laws of Cyberspace, Version* 2.0, New York, Basic Books, 2006, p. 342.

[2] David G. Post, "What Larry Doesn't Get: Code, Law, and Liberty in Cyberspace", *Stanford Law Review* 52, 2000, pp. 1451-1454; Viktor Mayer-Schönberger, "Demystifying Lessig", *Wisconsin Law Review*, 2008, pp. 736-744.

[3] David G. Post, "What Larry Doesn't Get: Code, Law, and Liberty in Cyberspace", *Stanford Law Review* 52, 2000, pp. 1451-1454; Viktor Mayer-Schönberger, "Demystifying Lessig", *Wisconsin Law Review*, 2008, pp. 736-740.

[4] David G. Post, "What Larry Doesn't Get: Code, Law, and Liberty in Cyberspace", *Stanford Law Review* 52, 2000, pp. 1448-1458; Viktor Mayer-Schönberger, "Demystifying Lessig", *Wisconsin Law Review*, 2008, pp. 736-744.

但正如前文第二节提示的，另一种可能的理解是，无论是苹果公司选择运用的代码，还是苹果公司用来影响社会规范、在舆论层面证成代码的话语，都有可能只是在为其最小化自身公共责任承担的商业利益服务，而这种技术策略的可能外部性并不在苹果的考虑范围之内。如果前一种叙事符合多元规制在数据加密领域的实际情况，那么人们就不妨接受“秩序无需法律”（order without law）；但如果更符合实际的是后一种叙事，莱西格对司法、技术监管和政治层面积极回应的提议，就至少应获得更多重视。

那么，应该相信或接受哪种叙事？就苹果解锁事件这一个案来说，笔者本人倾向于后者。毫无疑问，正如奥润·科尔（Orin Kerr）所说，在无法确定苹果通过寻求全盘/“零知悉”（zero knowledge）加密能产生多大数据安全收益的前提下，我们无法在严格意义上将这种安全收益与司法调查因此面临的更高成本加以比较，并由此判断其后果是净社会收益或损失。[1] 但需要看到，后一种叙事揭示的，实际上是多元规制结构中可以想见的一种对政治/法律权威构成最大威胁和挑战的情景，即法律之外的其他三个规制性因素并非相互制衡，而是形成对抗法律规制的合力。在这种情况下，很难指望市场主体还有什么激励在自愿或自利的基础上提供包括公共安全在内的公共品。试想，如果舆论接受政府完全不必“骚扰”苹果公司、利用云存储或物联网等渠道即可获取充足执法数据的论调，[2]那么苹果公司在分析自身成本收益时，就更没有理由去考虑那些因其加密措施而“进入黑暗地带”的数据——实际上只存在于手机设备、无法从其他渠道获取[3]——所造成的社会成本。

而莱西格在《代码》全书最后一部分设想的那些司法、技术监管和政治回

---

〔1〕 Orin Kerr, "Preliminary Thoughts on the Apple iPhone Order in the San Bernardino Case: Part 3, the Policy Question", *The Volokh Conspiracy*, February 24, 2016. https://www.washingtonpost.com/news/volokh-conspiracy/wp/2016/02/24/preliminary-thoughts-on-the-apple-iphone-order-in-the-san-bernardino-case-part-3-the-policy-question/. Accessed September 26, 2016.

〔2〕 "Don't Panic: Making Progress on the 'Going Dark' Debate", *Berkman Center Report*, February 1, 2016, pp. 10-14, https://cyber.law.harvard.edu/pubrelease/dont-panic/. Accessed September 26, 2016.

〔3〕 纽约州警方在白皮书中对哪些类型的数据无法或极难在硬件设备之外获取有一个清晰详细的总结。"Report of the Manhattan District Attorney's Office on Smartphone Encryption and Public Safety", pp. 6-8, https://cyber.law.harvard.edu/pubrelease/dont-panic/DA_Report_Smartphone_Encryption_Public_Safety_11182015.pdf. Accessed September 26, 2016.

应,面对商业及其控制的代码和社会规范资源的合力,实际上相当空洞、虚弱,也必定是空洞、虚弱的。毕竟,司法和政治行为本身并非以独立的价值选择为基础,同样也面临着多元规制,特别是也会受制于市场和社会规范的影响——这也正是所谓的"公共选择"。能帮助我们想到这一层,是莱西格多元规制模型的深刻、犀利之处。但想到这一层后,我们却无疑清晰地看到了"多元规制"作为解释和规范理论的重大局限:因为所有变量都无法相互独立,所以我们不但难以解释行动真正的驱动力,而且更难以确定,在哪个维度上可以采取具有对策意义的行动。

四、法律人的均衡思维

莱西格在《代码》中的规范追求,是通过揭示互联网世界的规制逻辑来思考如何"维护"重要的社会价值。[1] 而莱西格的价值认同,不出意外仍落脚在当代自由主义法律理论中的若干"硬通货"上——自由权(liberty)、隐私、思想和表达自由、个体自主,等等。[2] 这一系列价值概念在描述层面均具有不同程度的模糊性与弹性,因此常能成为各类学说的最小公约数。[3] 但基于相同的原因,在这类概念之上建构的理论很难被操作化:对于各类价值在什么意义上就能算是得到了维护、又在什么意义上算是遭受了不可容忍的损失,人们要么不很清楚,要么无法达成共识。多元规制视角虽有其深刻之处,却进一步增加了操作化的难度。以自由为例,既然多元规制意味着所有个体都"无往不在枷锁之中",那我们如何能够为自由设定一个量度基准("人生而自由"?),又如何知道我们可能或值得通过法律这一能动性的方式、去追求多大程度上的"自由"?

---

[1] Lawrence Lessig, *Code: And Other Laws of Cyberspace*, *Version* 2.0, New York, Basic Books, 2006, p. 7.

[2] Lawrence Lessig, *Code: And Other Laws of Cyberspace*, *Version* 2.0, New York, Basic Books, 2006, p. xv.

[3] 例如,参见 David G. Post, "What Larry Doesn't Get: Code, Law, and Liberty in Cyberspace", *Stanford Law Review* 52, 2000, pp. 1448; Viktor Mayer-Schönberger, "Demystifying Lessig", *Wisconsin Law Review*, 2008, pp. 736 - 744。

在《代码》中，莱西格并未着力于对价值目标进行本体意义的界定。既然多元规制意味着不可能存在规制力量的真空，那么无论是自由、隐私还是其他规范价值，描述的就都只是其处于各类规制力量不同搭配下的某种特定状态。尽管在其早先的宪政研究中，莱西格已经对通过“跨时转译”来确保当下对宪法规范的解读忠诚于立宪者原意的思路表露过怀疑态度，[1]但在《代码》中，他仍将自由、自主或隐私等价值在某种“原初”的规制均衡状态设为基准，并因此主要关注这些价值的边际损益。根据这种思路，一旦各类规制力量之间的既有均衡被新的技术变化打破，那么包括法律在内的能动性资源就需要被调动起来，努力保证新的均衡之下，相关价值不至于减损。

这种均衡思路包含的假设，当然是社会对有关价值的理解和追求具有某种恒久性，可以跨越时空，在每一个时代获得质与量都近似的表述。但这一假设的合理性是颇值得质疑的。以智能手机数据隐私问题为例，在智能手机出现之后，人们是否仍应将其出现之前个体享有的隐私预期作为隐私保护的理想参照系？即使我们希望拒绝人类社会已进入“零隐私”时代这类武断的说法，认为某个“原初时刻”的隐私预期仍应指导今日的数据实践，这种念想对于制度设计的具体意义又是什么呢？是确保政府未经正当程序无法获得如智能手机中所储存的那般规模空前的个人数据，还是确保政府在智能手机生产厂商实现全盘/零知悉加密的情况下，无法强制后者打开“后门”？二者对应的具体制度规范内容显然是不同的，而仅通过参考智能手机尚未出现之前的“理想”隐私状态，我们无法知道在两种法律规范之间应如何选择。

不仅如此，即使法律想要维护曾经的价值状态，多元规制本身也会提出一些结构性的挑战。新技术常常扮演“引爆点”(tipping point)的角色，牵一发而动全身——这意味着新的均衡与旧的均衡相比，并非单一规制变量、而是所有规制变量的变动。由于旧均衡下的价值状态是与其所嵌入的特定多元规制结构紧密相连的，因此如果要通过法律能动地在新均衡下模拟旧均衡下的价值状态，必须多管齐下。假如在智能手机出现后，我们接受隐私至上主义者提出的捍卫“前智能手机时代”隐私的目标，那么多元规制的结构性前提意味着法律不

[1] Lawrence Lessig, “Fidelity in Translation”, *Texas Law Review* 71, 1993, pp. 1165, 1268.

但需要确保生产厂商实现零知悉加密,而且还需要禁止政府利用内部或第三方技术能力破解加密措施,甚至同时还需要保证政府有充足的能力运用其他渠道的信息应对公共安全威胁,以使公民不至于因出于恐惧而过度向政府"自愿"交出智能手机中的个人数据。这其中任何一环做不到位,其他维度上的法律努力,严格来说都不足以保证新的均衡符合旧的预期。

以参照旧均衡来替代规范论证的思路,并不是莱西格或《代码》的首创。尤其在面临层出不穷的新技术时,寻求利用法律手段维护遭新技术挑战的现有规制均衡,是一种常见的法律人思维——特别是对习惯于接受自由立宪建国叙事的美国法律人来说,更是如此。不过,此处其实有两点反讽。第一,前述均衡思维,与莱西格在《代码》一书中批评的互联网规制的"现状主义"(Is-Ism)思路,[1]颇有精神契合之处。第二,真正将这种均衡思维发扬光大、推到极致的,实际上应是莱西格本人并不赞同的保守主义法律理论。例如,美国宪法学界在最近三四十年来为许多保守派鼓吹的各类原旨主义。[2] 原旨主义在很大程度上就是以一个类似的规范前提作为理论基础:美国宪法在建国时塑造的秩序所包含的自由是最优的,而法院在后世解释宪法的基本任务,就是要在世事变迁的过程中维护原初设计所依据的均衡。在具体的隐私法语境中,科尔曾更为明确地运用这种均衡思维,对美国宪法第四修正案的搜查程序规范给出论证:第四修正案林林总总看似杂乱无章的具体规则,实际上都应被认为服务于同一个目的,即确保在有可能打破现有均衡的新技术出现后,警方的实际侦查行动力,与公民实际的行动自由和隐私水平,都能借助法律这一规制因素的调节,而保持新技术出现之前二者的相对态势。[3]

除非人们当真接受"原初有道"的原旨主义叙事,否则均衡思维在本体意义上无法令人满意。常见的支持这种思路的理由因此是实用主义的:恰恰因为人们通常很难确认一个新的规制均衡是好是坏,并且也很难在规范意义上说服彼

---

〔1〕 Lawrence Lessig, *Code: And Other Laws of Cyberspace, Version* 2.0, New York, Basic Books, 2006, Chapter 3.

〔2〕 Lawrence Lessig, "Fidelity in Translation", *Texas Law Review* 71, 1993, pp. 1165, 1268.

〔3〕 Orin S. Kerr, "An Equilibrium-Adjustment Theory of the Fourth Amendment", *Harvard Law Review* 125, 2011, p. 476.

此，因此基于厌恶风险，维持熟悉的旧均衡或许至少是相对不坏的选择。在道理上这可以说通，但果真操作起来，均衡思维不见得真能帮助人们在如何行动上达成共识——虽然莱西格和他批评的保守派/自由放任派都号称追求“维护”价值，但有谁又会认真地相信，他们想说和想做的，是一回事？

五、结　语

在《代码》的第十七章中，莱西格指出，互联网规制面临的最大威胁与线下规制一样，都是政治的腐败。莱西格对“政治腐败”的定义仍是自由左派式的，即金钱对民主的控制。如果技术悄然控制人的行为，而商业主导技术，那么对此唯一的可能制衡就是民主政治——但莱西格却担忧后者实际上也已被金钱裹挟。〔1〕近年来，莱西格已经将其主要研究精力置于政治/制度性腐败问题，〔2〕而在2015年秋，他甚至“行为艺术”般地站出来参选总统，声称选上后只求通过全面改革选举制度、切断金钱对民主政治控制的法案，之后便会立即辞职。〔3〕

尽管任何人基于政治常识早都知道莱西格并无胜选可能，〔4〕但莱西格的竞选之旅几乎还没开始就遭到民主党极其高效地彻底封杀，其失败之迅速，使莱西格原本指望的造势也化为泡影。在莱西格于短短数周内收集到参选所需的足够民意支持后，民主党实权派却通过不正式欢迎其参选、不把他列入民调选项等小把戏，轻易将其排斥在民主党的候选人辩论之外；深受民主党实权派影响的主流媒体也装聋作哑，在报道民主党初选时一直回避给予其作为正式候选

---

〔1〕 Lawrence Lessig, *Code: And Other Laws of Cyberspace*, *Version* 2.0, New York, Basic Books, 2006, pp. 322－323.

〔2〕 See Lawrence Lessig, “Republic, Lost: How Money Corrupts Congress-and a Plan to Stop It”, *Kirkus Reviews* 59, 2011.

〔3〕 参见莱西格的竞选网：https://lessig2016.us/，最后访问日期：2016年9月26日。

〔4〕 当然，“政治常识”也曾让笔者在2016年春天之前确信川普不可能成为共和党2016年总统候选人最终提名人。

人的曝光率。[1] 这些堪称深谙代码之道的操作,使得莱西格无法登上全国性的政治舞台,其知名度因此也在很大程度上被局限在知识界和大学校园这些他原本就已颇为知名的范围。

在《代码》出版后的十周年,作者莱西格的这番遭遇,或许比这本书更能说明问题。《代码》认为,政治控制是最终的代码,政治控制可能使多元规制变为一元规制,但这种控制是否如《代码》中设想的,最终也需要甚或只能通过民主政治的原动力来打破呢? 莱西格的竞选正是希望制造这样一个引爆点,由此撼动他眼中政治腐败下的法律、商业、舆论乃至技术共同合谋的多元规制均衡。但莱西格的失败再次表明,自由左派"解铃还须系铃人"的思路,存在深刻的局限。

可如果我们仍然相信莱西格的说法,即有关社会价值的政治选择不能指望技术本身,那还有什么指望呢? 正如波斯特所说,作为一部理解互联网逻辑的人类学作品,《代码》在描述层面的争议向来都不大;[2] 但作为一部规范性的法律理论文本,十年过后,我们通过它提供的棱镜看到的图景,只有更加模糊、黯淡,却已无从获得多少明确启发了。

---

〔1〕 Lawrence Lessig, "I'm Trying to Run for President, but the Democrats Won't Let Me", *Politico Magazine*, October 1, 2015, http://www.politico.com/magazine/story/2015/10/lessig-lawrence-democrats-debate-2016-213215. Accessed September 26, 2016. 与莱西格相比,民主党中央对另一位党内参选人伯尼 · 桑德斯(Bernie Sanders)使的手腕已经算是宽厚了。Stephen Braun, "Hacked Emails Show Democratic Party Hostility to Sanders", *Washington Post*, July 23, 2016, https://www.washingtonpost.com/politics/hacked-emails-show-democratic-party-hostility-to-sanders/2016/07/23/2bbe9b96-50ec-11e6-bf27-405106836f96_story.html. Accessed September 26, 2016.

〔2〕 David G. Post, "What Larry Doesn't Get: Code, Law, and Liberty in Cyberspace", *Stanford Law Review* 52, 2000, p. 1439.

立法论视阙下最惠国条款适用于国际投资争端解决程序的法理困境

田　海*

内容摘要：最惠国条款的适用范围能否扩张至国际投资争端解决程序在国际上存在较大的争议。以立法论的视角来看，最惠国条款得以适用的法理基础是平等理论和国家主权理论。当前国际仲裁实践中将最惠国条款适用于投资争端解决程序的行为对平等理论和国家主权理论造成冲击，损害了最惠国条款得以适用的法理基础，严重背离了缔约国的缔约目的。因此，除非缔约国明确认可，否则不应将最惠国条款适用于国际投资争端解决程序。中国签订的部分投资条约中，没有明确规定最惠国条款和投资争端解决程序的关系，中国政府可以通过条约"换文"的方式来消除这一潜在的威胁。

关键词：最惠国条款　投资争端解决程序　国际仲裁

一、问题的提出

最惠国待遇（Most-Favoured-Nation Treatment）是指施惠国给予受惠国或与之有确定关系的人或事项的待遇不低于施惠国给予任何第三国或与之有同于上述关系的人或事项的待遇。而"一国向另一国承担一种义务，在约定的关系范围内给予最惠国待遇的一种条约约定"[1]则为最惠国待遇条款（Most-

---

* 田海，西北大学法学院副教授，法学博士。

〔1〕 联合国国际法委员会1978年第30次会议上通过的《关于最惠国条款的规定（草案）》（Draft Articles on Most-Favoured-Nation Clauses）第4～5条。

Favoured-Nation Treatment Clause,以下简称最惠国条款)。在当代国际投资条约(协定),尤其是双边投资条约(Bilateral Investment Treaties,BITs)中,最惠国条款已经成为必备条款。[1] 当代国际投资条约中最惠国条款的规定虽然在结构上大致相同,基本含义一致,但是其所使用的措辞和适用范围却不尽相同。[2] 因此,各国对最惠国条款适用范围的理解也就存在分歧。

"投资者—东道国"类型的争端是国际投资争端的基本形式,其主要的争端解决方式是国际仲裁。与东道国当地救济相比,中立的国际仲裁更能赢得投资者的信任。在这种国际仲裁中,争端双方将争议提交仲裁的"合意"(尤其是东道国的同意)构成了国际仲裁机构管辖权的法律依据。但是在缔约实践中,缔约方出于各种考虑,在不同的条约中对争端解决程序的规定也有所不同。例如,有的条约规定了所有争议均可提交国际仲裁机制;有的条约则是规定仅限于特别约定的投资争端(如征收及补偿)可提交国家仲裁或者对提交仲裁附加了各种前置条件等。这些条约规定的差异在不同程度上影响着投资者诉诸国际仲裁的权利。[3]

那么此时产生一个现实中的问题是:投资者是否有权利用最惠国条款去选择适用东道国在其他投资条约(第三方条约)中给予第三方投资者"更为有利"的争端解决程序,尤其是选择对投资者"有利"或"更优条件"的国际仲裁?例如,当甲国与乙国签订的投资条约(基础条约)中没有规定"投资者—东道国"国际仲裁条款或者对将争议诉诸国际仲裁附加了若干前提条件(如等待期或规定仅涉及征收补偿问题可申请仲裁),而甲国与丙国签订的投资条约中却允许将争议直接提交国际仲裁或者附加更少的前提条件即可提交国际仲裁,则此时乙国投资者能否援引基础条约中的最惠国条款要求转而适用丙国投资者享有的待遇,将其与甲国的投资争端直接提交国际仲裁或者可以不用满足前提条件即可申请国际仲裁?即最惠国条款是否可以适用于投资争端解决程序的问题。

---

[1] 韩立余:《国际经济法学原理与案例教程》,中国人民大学出版社 2012 年版,第 367 页。

[2] 参见 Most-Favoured-Nation Treatment, UNCTAD Series on issues in international investment agreements,UNCTAD/ITE/IIT/10/Vol. Ⅲ,UN,1999. p. 5。

[3] 王楠:《最惠国待遇条款在国际投资争端解决事项上的适用问题》,载《河北法学》2010 年第 1 期。

对于该问题目前国际上存在巨大的争议，争议双方各有依据，无论哪一方都没有形成压倒性的胜利。〔1〕 总体来看，当前国内外的研究成果主要是从法律解释论的角度来展开对该问题的研究。〔2〕 笔者尝试转换角度，用立法论的方法从应然层面来谈谈对该问题的意见。

所谓立法论，是指站在立法者的立场，面向未来研究最理想的法律。〔3〕 立法论注重的是法律的应然研究而非案例研究，在立法论看来，任何法律规则背后都有其适用的法理基础，一个好的法律规则的运行实效应该是符合其法理基础的。否则，就是该规则的失灵或误用。从最惠国条款的产生来看，其适用的首要法律理论根基是平等理论和主权理论，这是最惠国条款所体现的核心制度价值，体现了经济自由化的要求。〔4〕

因此，判断最惠国条款是否可以适用于国际投资争端解决程序，立法论应该解决的法理问题是：此种适用是否符合其法理基础？

二、最惠国条款适用于国际投资争端解决程序对平等理论的背离

（一）最惠国条款的法理根基之平等理论

缔约国在条约中引入最惠国条款的目的，是确认缔约国国民彼此之间的公

〔1〕 朱明新：《最惠国待遇条款适用投资争端解决程序的表象与实质——基于条约解释的视角》，载《法商研究》2015 年第 3 期。

〔2〕 国内外比较有代表性的成果有：Nartnirum Junngam, "An MFN Clause and BIT Dispute Settlement: A Host State's Implied Consent to Arbitration by Reference", *UCLA Journal of international Law and Foreign Affairs* 399, 2010; Yannick Radi, "The Application of the Most-Favored-Nation Clause to the Dispute Settlement Provisions of Bilateral Investment Treaties: Domesticating the 'Trojan Horse'", *The European Journal of International Law* 18, 2007；徐崇利：《从实体到程序：最惠国待遇适用范围之争》，《法商研究》2007 年第 2 期；梁丹妮：《国际投资条约最惠国待遇条款适用问题研究——以伊佳兰公司诉中国案为中心的分析》，《法商研究》2012 年第 2 期。

〔3〕 ［日］铃木贤：《中国的立法论与日本的解释论——为什么日本民法典可以沿用百多年之久》，载渠涛主编：《中日民商法研究》（第 2 卷），法律出版社 2004 年版，第 538 页。

〔4〕 参见 John H. Jackson et al., *Legal Problems of International Economic Relations*, 4th ed., Eagan, West Group, 2002, p. 416。

平公正对待以及避免歧视,[1] 从而在不同国家的国民之间创造一种独立于其国籍的公平的竞争环境,[2] 达到为不同国籍的国民创造平等的竞争环境之目的。[3] 依照康德(Immanuel Kant)的观点,这种平等意味着"一个陌生者并不会因为自己来到另一个土地上而受到敌视"。[4]

1. 最惠国待遇与差别待遇

美国学者约翰 · 杰克逊(John H. Jackson)曾从自由经济理论的角度分析了最惠国条款。他认为:最惠国条款的非歧视要求有利于维护自由贸易的市场规则,将制度扭曲减少到最低限度,尤其是最惠国条款的多边化效果可以使得规制制度的成本最小化,节约了缔约国之间的缔约成本。[5]

但是,在现实中国际经贸条约调整的所有对象并非都符合自由贸易的经济原理。有些调整事项,如取消高关税壁垒和歧视性配额限制,因符合比较优势原理而会促进贸易自由化。有些调整事项,如知识产权保护、投资限制、竞争政策等,则因不符合比较优势原理而会潜在地扭曲市场和阻遏自由贸易。如果在这些事项上适用最惠国条款反而会造成不公。[6] 这就决定了最惠国条款也应当区别对待不同的调整对象,根据调整对象的特殊性而采用不同的最惠国条款。[7]

这意味着,最惠国待遇并不意味着"一刀切"式的适用,存在差别适用的可能。早在 1999 年,联合国贸易和发展会议(United Nations Conference on Trade and Development,UNCTAD)在关于国际投资中的最惠国待遇的一份报告中就明

---

〔1〕 黄世席:《国际投资仲裁中最惠国条款的适用和管辖权的新发展》,载《法律科学》2013 年第 2 期。

〔2〕 许敏:《论 ICSID 投资仲裁对双边投资协定中的最惠国条款的发展》,载《经济问题探索》2009 年第 3 期。

〔3〕 参见 Stephan W. Schill, "Multilateralizing Investment Treaties Though Most-Favored-Nation Clauses", *Berkeley Journal of International Law* 27, 2001, p. 27。

〔4〕 [德]康德:《历史理性批判文集》,何兆武译,商务印书馆 2008 年版,第 115 页。

〔5〕 [美]约翰 · H. 杰克逊:《世界贸易体制——国际经济关系的法律与政策》,张乃根译,复旦大学出版社 2001 年版,第 178 页。

〔6〕 参见 Jonathan T. Fried, "Two Paradigms for the Role of International Trade Law", *Law Journal of American* 39, 1994, p. 42。

〔7〕 参见 Donald M. McRae, "The Contribution of International Trade Law to Development of International Law", *Recueil des Cours* 99, 1996, p. 173。

确指出，最惠国条款并不意味着不考虑外国投资者在东道国所从事活动的差异性而必须对其一视同仁，对来自不同国家的投资者根据其所处的客观情况的不同，如企业规模、经济部门等，可以给予不同的待遇，这并非歧视。[1] 显然，这份报告也注意到了最惠国待遇与差别待遇的关系。

差别待遇指国家给予其境内的外国公民或法人不同于本国公民或法人的待遇，或给不同国籍的外国人以不同的待遇。[2] 也有学者认为，差别待遇是指利用法律规范向某些国家提供不同的，很可能是更有利的待遇。[3]

差别待遇可以分为合理的差别待遇和不合理的差别待遇：前者是指投资东道国有正当理由，如基于公序良俗、动植物健康、关税同盟等国际法所认可的理由而给予不同的待遇；后者指没有正当理由，如仅出于国籍、民族、种族等原因而给予不同的待遇，这种情况下往往构成不合理差别待遇。[4]

合理差别待遇不是歧视，这不但在理论上得到广泛的承认，在司法实践中也得到了支持。例如，在1960年印度尼西亚政府征用德国企业时，关于其征用行为是否合法问题，德国法院在判决中认为前殖民地的现政府对前殖民统治者的国民加以差别对待，并不构成违反平等的原则。因为"所谓平等的概念，仅仅意味着平等地位的人平等对待，故不平等地位者之间的区别对待，是完全可以的。因而前殖民地人民对前殖民统治者的态度，自然会区别于对其他外国人，这也是完全有充分理由的"。[5]

2. 最惠国条款追求形式平等和实质平等的统一

合理差别待遇的正当性何在？这需要从形式平等和实质平等的关系中寻求答案。依照美国学者罗尔斯（Rawls）的观点，正义的要求除了形式平等外，还要求"差别对待"，只有符合差别原则才是正义，即实质平等同样重要。在现实

---

〔1〕 See Most-Favoured-Nation Treatment, UNCTAD Series on issues in international investment agreements, UNCTAD/ITE/IIT/10/Vol. Ⅲ, UN, 1999, p. 7.

〔2〕 王启富、陶髦：《法律辞海》，吉林人民出版社1998年版，第1137～1138页。

〔3〕 See Lavanya Rajamani, *Differential Treatment in International Environmental Law*, Oxford, Oxford University Press, 2006, p. 1.

〔4〕 杨丽艳、雷俊生：《国际投资法中的差别待遇初探》，载《当代亚太》2003年第12期。

〔5〕 See Domke, "Indonesian Nationalization Measure before Foreign Court", *American International Law Journal* 54, 1960, pp. 305－315.

的不平等地位者之间,是谈不上真正的平等的。[1]

(1)形式平等的缺陷

虽然追求平等是最惠国条款的目标,但是现实情况却是世界各国存在各种各样的经济差异,尤其是经济强国和弱国之间存在的严重的经济发展水平的不对称。这表明最惠国条款最初所追求的平等法律价值,只能是一种形式上的平等。

最惠国条款对形式平等的追求,忽视了现实中不同国家之间的差异,因而是无法实现不同国家之间实质平等要求的,这可能是该条法律规则的天生内在缺陷。如果在经济实力悬殊的国家之间强行推广最惠国条款,势必造成事实上的不公,形成“强者更强,弱者更弱”的不平等局面。

(2)实质平等对形式平等的完善

但是,笔者这里也有明显的疑问:如果把最惠国条款认为是一项“不平等”的约定,那么为什么当今世界的现实情况却是最惠国条款被大量的规定在国际条约中,几乎成为国际投资条约的必备条款,甚至被誉为当今世界经贸领域的“基石”? 而缔约国(尤其是弱国)为什么要接受这样的“不平等”条款?

笔者认为,最有说服力的解释就是作为一项能被国际社会普遍接受的国际法律制度,最惠国条款在其发展过程中,也在不断的进行完善和纠正,而逐渐将形式平等和实质平等兼顾起来,协调了不同缔约方的利益,从而获得了缔约国的认可,不断焕发新的生机。[2]

从法理上讲,为了缓解法律规则的统一性与国家的差异性以及各国法律人格平等与法律能力不均等之间的矛盾,当代的国际条约最终不得不设定有利于弱势国家的差别待遇来追求实质平等。[3] 这种差别待遇的表现就是最惠国条款的适用例外的发展。仔细考察国际条约中最惠国条款适用范围的规定,可以发现最惠国条款的适用范围实际上是由两部分构成的:一个是最惠国条款范围内的事项(正面规定),即援引第三方条约中较为优惠待遇的范围;另一个最惠

---

〔1〕 [美]约翰·罗尔斯:《正义论》,何怀宏等译,中国社会科学出版社 1988 年版,第 66 页。

〔2〕 唐慧俊:《关于最惠国待遇的公平性问题》,载《理论探索》2003 年第 6 期。

〔3〕 李春林、张章盛:《国际法的代际演进与国际法律差别待遇的历史演变》,载《福建论坛》2010 年第 3 期。

国条款的例外事项(负面规定),即排除在最惠国条款适用范围外的事项。例外规定使得缔约国可以在这些事项中避开最惠国条款所规定的义务,从而避免了最惠国条款给缔约国所带来的种种不确定性和不公平性。从这个意义上说,最惠国条款的例外制度是另外一种形式的"对等条件"。由于这些事项不适用于最惠国条款,所以缔约国之间在这些例外事项上的权利义务关系只能适用于他们之间的基础条约。由于这些例外事项的不同,导致各个条约中对这些事项的待遇也不同。在这些事项上,各国受惠者所享受的待遇是不同的,是一种有差别的待遇,这有助于实现实质平等。

从实践效果来看,晚近几十年来经过国际社会中各国之间缔约的利益博弈,最惠国条款的例外规定大量的出现,使得最惠国待遇在事实上已经变为一个相对的概念。最惠国条款的适用范围也被大量的例外条款所"增补"和"修订"。〔1〕最明显的例证就是在早在关税与贸易总协定(General Agreement on Tariffs and Trade,GATT)时代,GATT 第 21 条(安全例外)、第 24 条(关税同盟例外)、第 25 条(豁免义务)等各种例外以及后来增加第 36、37、38 条"贸易和发展"例外,都从不同程度和领域上允许成员方偏离最惠国条款的规定。在 GATT 发展到世界贸易组织(World Trade Organization,WTO)后,与最惠国待遇相悖的各种"特殊与差别待遇"条款(special and differential treatment,S&D 条款)大量涌现,导致最惠国待遇的普遍性逐渐被发展中国家的"特殊性"和"差别性"所补充和取代。〔2〕

以上事实表明,正是条约中种种最惠国条款适用例外的存在,才使得最惠国条款得以顺利发展。如果在最惠国条款中不允许各种例外的出现,必然会影响各国对经济自由化的信心,最惠国条款也有可能不会获得广泛的认同,甚至相关的国际条约也因此无法达成。因此,最惠国条款的例外规定并没有削弱最惠国条款的价值。相反,例外条款的出现有助于扩大最惠国条款的适用空间和被接受性,成功地将形式平等与实质平等兼顾起来。

---

〔1〕 陈安、蔡从燕:《国际投资法的新发展与中国双边投资条约的新实践》,复旦大学出版社 2007 年版,第 390 页。

〔2〕 曾华群:《论"特殊与差别待遇"条款的发展及其法理基础》,载《厦门大学学报》(哲学社会科学版)2003 年第 6 期。

同时,大量例外情形的出现也表明,最惠国条款的适用范围在当今国际缔约的现实中被大大的削弱和限制,缔约国正通过"一般规定 + 适用例外"的缔约技巧来"趋利避害"的适用最惠国条款。笔者认为,这既是实践中各国(立法者)对最惠国条款缺陷的无声纠正,也是最惠国条款发展的"与时俱进",这才使得最惠国条款能获得各国的广泛认同和接受。

(二)最惠国条款适用于投资争端解决程序对平等理论的挑战

1. 国际投资争端解决程序的差异性

国际投资条约中的争端解决程序,可以分为以下四种:磋商程序、外交保护程序、东道国国内救济程序、国际仲裁程序。在上述四种投资争端解决程序类型中,由于磋商在实践中已经成为必经程序,外交保护很难启动且已基本不用。因此,就最惠国条款能否适用于国际投资争端解决程序问题而言,讨论磋商和外交保护这两种程序没有太多实际意义。而从实践中的案件来看,该问题只会出现在国际仲裁的管辖权争议中。此时的最惠国条款是投资者希望用来避开东道国国内救济,而由国际仲裁庭确立管辖权的法律依据。[1] 从笔者掌握的资料来看,国际上目前还没有一起案件是投资者希望利用最惠国条款选择适用第三方条约中东道国国内救济的情况。事实上,即便投资者真的想实现东道国管辖,也没有必要借助最惠国条款。因为根据国际公法一般原则,东道国对发生在本国境内的争议有属地优先管辖权。[2] 因此,下文论述的重点就围绕东道国国内救济和国际仲裁展开。

(1)东道国国内救济程序

东道国国内救济是解决投资者与国家间争端的最基本和最传统的方式,是指在东道国的司法机构或行政机构中依照东道国的程序法和实体法解决投资争端。[3]

一般在投资条约或者东道国国内法中规定较多的是东道国的司法救济,主

[1] 梁丹妮:《国际投资条约最惠国待遇条款适用问题研究——以伊佳兰公司诉中国案为中心的分析》,载《法商研究》2012 年第 2 期。

[2] 张磊:《论外交保护中对当地救济原则的限制——以联合国〈外交保护草案〉第 15 条为线索》,载《华东政法大学学报》2014 年第 5 期。

[3] 石慧:《投资条约仲裁机制的批评与重构》,法律出版社 2008 年版,第 2 页。

要是提交东道国的法院诉讼。[1] 例如,中国—秘鲁 BITs 第 8.2 条规定:“如争议在六个月内未能协商解决,当事任何一方有权将争议提交接受投资的缔约一方有管辖权的法院。”再如《中外合作经营企业法》第 25 条第 2 款规定:“中外合作者没有在合作企业合同中订立仲裁条款,事后又没有达成书面仲裁协议的,可以向中国法院起诉。”

东道国国内救济的缺点是容易受到东道国政府政策的影响,不利于建立投资者的信心。同时司法程序也较长,灵活性不够。

(2)国际仲裁程序

长期以来,投资者与东道国间投资争端的解决一直是资本输出国和资本输入国间很有分歧的问题。资本输出国出于保护投资者的目的总是力主采取国际解决的方法。而资本输入国则强调当地救济方法,如拉美国家长期主张的“卡尔沃主义”,力主投资争议在当地解决。[2] 为了协调这种分歧,1965 年在世界银行的倡导下缔结了《华盛顿公约》并设立了“解决投资争端国际中心”(International Center for Settlement of Investment Disputes, ICSID),为解决此类争端提供调解和仲裁的便利。此后,以 ICSID 为代表的国际仲裁逐渐的被大量的国家和投资者所接受,开始成为解决投资者与东道国间投资争端的一种重要方式。[3] 在实践中,除了向 ICSID 提交仲裁外,联合国贸易法委员会(United Nations Commission on International Trade Law, UNCITRAL)、斯德哥尔摩商会仲裁院(Arbitration Institute of Stockholm Chamber of Commerce, SCC)等也成为争端当事双方经常选择的国际仲裁机构。

对投资者母国而言,国际仲裁可以将本国投资者与东道国之间的投资争议去“政治化”,将投资者母国从私人跨国纠纷中解脱出来。同时,国际仲裁由于属于当事人意定管辖,地位相对中立,容易赢得投资者的信任。加之具有程序灵活、保密性好等特点,因此深受投资者青睐。更为值得一提的是,部分国际条约,如《华盛顿公约》第 54 条要求缔约国将 ICSID 的裁决视为本国法院的最后

---

〔1〕 张庆麟:《国际投资法专论》,武汉大学出版社 2007 年版,第 287 页。

〔2〕 余劲松、詹晓宁:《论投资者与东道国间争端解决机制及影响》,载《中国法学》2005 年第 5 期。

〔3〕 刘笋:《论国际投资仲裁对国家主权的挑战——兼评美国的应对之策及其启示》,载《法商研究》2008 年第 3 期。

判决一样予以尊重和执行,使得国际仲裁的裁决有了强制力,有效地弥补了传统仲裁裁决执行乏力的缺陷,被认为是通过国际体制处理国家与企业之间纠纷的新典范。[1] 因此在晚近的国际投资条约中,国际仲裁成为大部分投资条约中引入的投资争议解决方式。[2]

2. 国际投资争端解决程序差别待遇的合理性

缔约国在不同的投资条约中规定不同的国际投资争端解决程序属于对不同国家投资者(投资)的差别待遇。从国际法的视角来看,这种差别待遇具有合理性,是合理的差别待遇。这种差别待遇也符合最惠国条款适用的法律基础中实质平等的要求。这是因为:

第一,符合国家主权原则。不同条约中的争端解决程序的差异,其法律实质是管辖权的差异。而管辖权事项在国际法上属于国家主权事项。在国际法中,主权国家除了受到其他国际组织、国际协定以及国际强行法的约束外,如何行事都是其主权范围内的事情。[3] 从国家主权的固有属性出发,一国政府可以自主制定其对外贸易的法律和政策。东道国政府按照国家的发展情况对外资进行监督和管理完全是一国主权范围内的事情,这也是 1974 年联合国《各国经济权利和义务宪章》中赋予主权国家的法定权利。各国根据国家主权原则对外国投资的行业或领域的开放加以限制,并对外资实行差别待遇,这是一种合法行为,也是各国在外资法中的通行做法。[4] 一个主权国家享有对外国投资的管辖权,这是属地管辖优先权在国际投资领域的表现,东道国根据本国的实际情况有权来决定当地救济或者接受国际管辖。这种决定可以根据不同的缔约国、不同的条约而有所差别。因此,任何一个主权没有受到强制的国家,基于主权在国际投资条约中给予不同国家的投资者在投资争端解决程序上差别待遇具有合理性,这并非是歧视。

第二,符合公平互利的基本法理。公平互利中的公平是指在法律地位平

---

〔1〕 何志鹏:《国际经济法治:内涵、标准与路径》,载《国际经济法学刊》2012 年第 4 期。

〔2〕 刘颖、封筠:《国际投资争端中最惠国待遇条款适用范围的扩展——由实体问题向程序问题的转变》,载《法学评论》2013 年第 4 期。

〔3〕 郭文利:《论 GATT1994 第 20 条对我国入世议定书的适用》,载《国际经贸探索》2010 年第 11 期。

〔4〕 徐泉:《国际贸易投资自由化法律规制研究》,中国检察出版社 2004 年版,第 277 页。

等、权利义务配置平等的基础上寻求长期的、整个世界的系统利益均衡。互利则是指法律关系、法律行为应使双方都获益，也就是不能以损害对方的利益来满足自己的要求，而要兼顾双方的利益。公平与互利是互为因果、互为表里的关系，二者密切联系、不可分割。联合国《各国经济权利和义务宪章》把它作为国际经济关系中的基本原则之一，在这一原则中，互利是核心，没有互利就谈不上公平，公平必然要求互利，二者密不可分。[1] 对于经济水平相当、地位相近的国家来说，公平互利落实于原有关系的维持。而对于经济实力悬殊，实际地位不平等的不同类国家来说，公平互利要求差别对待，让经济上落后的发展中国家享受非对称的特殊优惠待遇，来纠正现实中的事实上的不平等，达到真正的公平。[2]

在国际投资领域，为了吸引外国投资，资本输入国（大部分是发展中国家）往往对资本输出国（大部分是发达国家）作出了重大的利益让步，尤其是在投资争端解决程序上，甚至是部分主权的让渡。但是这种让步对不同的国家作出的幅度是不同的。表现在国际投资协定中的争端解决程序的规定上，资本输入国虽然放弃了东道国司法管辖，但是对提交国际仲裁的争端解决方式附加了不同的条件，如当地等待期、岔路口条款，充分显示了东道国的谨慎，这是符合公平互利法理要求的。

例如，西门子公司诉阿根廷政府案（Siemens v. Argentina）即属于此种情况，本案中第三方条约中提交国际仲裁的等待期是6个月，而基础条约中的等待期则为18个月，但第三方条约同时规定了岔路口条款这种不利条款。阿根廷政府主张西门子公司即使根据最惠国条款缩短等待时间，它也必须受基础条约中的岔路口条款的约束，不能将不利的条款弃之不顾。但是仲裁庭拒绝了阿根廷政府的主张，认为BITs目标是为保护和促进投资，最惠国待遇条款正如它的名称一样，只与更优惠的待遇有关，而与不利的条款无关。[3] 这样解释的结果明

---

[1] 余劲松：《论国际投资法中国有化补偿的依据》，载《中国社会科学》1986年第2期。

[2] 陈安、蔡从燕：《国际投资法的新发展与中国双边投资条约的新实践》，复旦大学出版社2007年版，第388页。

[3] 参见Siemens A. G. v. The Argentina Republic, ICSID CASE NO. ARB/02/8. paras. pp. 100 – 106。

显使西门子公司获得了比第三方条约中的投资者更优惠的待遇,不但歪曲了东道国缔约的本意,也造成了新的歧视。这是违背公平互利的精神的。

因此,将最惠国条款适用于投资争端解决程序是违背了其实质平等的法理基础的。

三、最惠国条款适用于国际投资争端解决程序对主权理论的背离

(一)最惠国条款的法理根基之主权理论

最惠国条款的另一个法律理论根基是主权理论,这也是最惠国条款所体现的核心制度价值之一,体现了经济全球化对国家主权的要求。

1.经济全球化与国家主权

国家主权被认定为"是基于一种属于国家的权力(利),同时也是一个国家的核心因素之一,它使国家在不违背有关国际法原则、规范的前提下完全而终极地处理其内部事务,独立自主地决定对外关系"。[1] 最惠国条款的出现是国家主权对经济全球化客观要求的回应。

经济全球化,是指世界经济进入二十世纪八十年代以来,全球范围内的经济融合趋势,它是以世界市场和世界经济为基础,生产要素在全球范围内的自由合理配置,逐渐消除各种市场壁垒和阻碍,使国家间的经济关系依存性不断增强的过程。[2] 经济全球化与国家主权是既对立又统一的,[3] 随着经济全球化的深入发展与世界市场的统一趋势,冲击主权国家之间设置的市场篱笆并构建全球自由市场秩序体系之需求日益膨胀。[4] 这一大时代背景要求国际法规则作出相应的回应,即如何在规则的设置上达到趋同化的效果来迎合这一背景。

---

〔1〕 何志鹏:《国际经济法的基本理论》,社会科学文献出版社2010年版,第115页。

〔2〕 徐泉:《国际贸易投资自由化法律规制研究》,中国检察出版社2004年版,第4页。

〔3〕 余民才:《国际法专论》,中信出版社2003年版,第27~28页。

〔4〕 刘志云:《哈耶克的经济思想与全球化背景下国际经济法的发展》,载《国际经济法学刊》2005年第4期。

最惠国条款在此过程中扮演着重要角色。由于最惠国条款的特殊传导性，一旦一国在双边条约中给予另一国国民以更优惠的待遇，那么与该国订有最惠国条款的其他第三国的国民同样也有权获得该待遇，使得施惠国原来承担的双边义务被多边化了。同理，更优惠待遇的反面是限制，由于最惠国条款的存在，使得任何一国的“更少限制”产生“多米诺骨牌效应”而被迅速的多边化。因此最惠国条款被视为是推动经济全球化的有力杠杆。对此，有学者认为，最惠国待遇的独特法律结构具有一种奇妙的功能：自动减少贸易限制的多边效应。这种功能可以将原本为双边条约中的权利和义务多边化，从而协调不同条约中的待遇标准，[1] 使不同待遇进一步的趋同化而促进经济的全球化。[2]

2. 最惠国条款是国家行使主权的结果

当前国际法上能够得到公认的观点是：在当代国际政治和国际法的规范和理论体系中，国家主权原则乃是第一性的，居于最高位阶的基本原则。这集中规定在《建立国际经济新秩序宣言》《建立国际经济新秩序宣言的行动纲领》《各国经济权利和义务宪章》等几个重要的国际法文件之中。最惠国待遇原则乃是国家主权原则的衍生物，它应当附属于、服从于国家主权原则，它只是第二性的、居于次要地位的原则。所以最惠国待遇的授予与否、授予的条件、适用的范围等完全由授予国根据自己的意愿来决定，并通过条约的形式来作出。[3] 有学者也认为，最惠国待遇原则从来就不是绝对的和至高无上的强制性原则，更不是国际习惯法原则，最惠国待遇尚未具有一般国际法效力。美国在中国加入WTO前曾每年对给予中国的最惠国待遇进行审查就是例证。[4] 因此，如果不存在条约的义务或者国内立法也没有规定最惠国待遇的，各主权国家就保留了针对不同的外国实施经济事务上的歧视待遇的可能性。[5] 换言之，各国根据主

---

〔1〕 参见 Stephan W. Schill, *The Multilateralization of International Investment Law*, Cambridge, Cambridge University Press, 2009. p. 123。

〔2〕 赵维田：《世界贸易组织（WTO）的法律制度》，吉林人民出版社 2000 年版，第 75 页。

〔3〕 陈安：《区分两类国家，实行差别互惠：再论 ICSID 体制赋予中国的四大“安全阀”不可拆除》，载《国际经济法学刊》2007 年第 3 期。

〔4〕 韩立余：《美国外贸法》，法律出版社 1999 年版，第 96 页。

〔5〕 杨丽艳、雷俊生：《国际投资法中的差别待遇初探》，载《当代亚太》2003 年第 12 期。

权原则,可以视情况而在不同外国的投资者及其投资之间实施歧视性的待遇。[1] 无论是发展中国家还是发达国家都有权根据国家主权原则,对外国贸易和投资活动等进行法律管制,任何国家都无权将自己所认可的规定或者标准强加给其他国家。[2]

因此,最惠国条款是国家行使主权的结果,是缔约国为了迎合经济全球化而在国际经济法律制度层面作出的积极回应。[3] 甚至是缔约国之间为了防止不合理差别待遇的产生而在国际条约中对本国主权的一种"礼让"。

(二)最惠国条款适用于投资争端解决程序对主权理论的挑战

1. 缔约国规定最惠国条款的目的

缔约国在条约中规定最惠国条款的目的是增加本国的利益而更好的维护其主权,即最惠国条款应该对缔约国都能带来好处,各缔约国都可以从中受益。[4] 因此最惠国条款的适用不得损害缔约国的合法权益和合理的缔约预期,否则最惠国条款就严重背离了其法理根基,缔约国在条约中引入最惠国条款也就失去了其存在的价值和意义。

2. 司法主权的固有属性

从最惠国条款适用的历史来看,最惠国条款是从国际贸易领域发展起来的一项规则,由于其迎合了国际贸易领域的自由化和全球化的背景,得到了迅速的发展。虽然国际投资领域的最惠国条款是从国际贸易领域"移植"过来的,但是其与国际贸易领域最惠国条款的经济基础存在一定的差异。

由于贸易自由化和全球化的要求,在国际贸易领域规定最惠国条款的目的,是"在自由市场条件下,只要控制市场的国家不征收歧视性关税和其他进口收费,贸易就一定会扩大"。[5] 同时,"最惠国待遇能够实现开放市场措施的多

---

〔1〕 李良才:《经济全球化背景下最惠国待遇条款的新发展》,载《湖南财经高等专科学校学报》2007 年第 1 期。

〔2〕 徐泉:《国际贸易投资自由化法律规制研究》,中国检察出版社 2004 年版,第 276 页。

〔3〕 张谊浩、陈柳钦:《当代西方经济全球化理论解读》,载《中国发展》2004 年第 4 期。

〔4〕 赵维田:《论国际贸易中的最惠国原则》(上),载《国际贸易问题》1992 年第 2 期。

〔5〕 参见 Martin Domke and John N. Hazard, "State Trading and the Most-Favoured-Nation Clause", *American Journal of International Law* 52, 1958, pp. 55 – 56。

边化,进而保证更多的贸易自由化”。[1] 因此,在国际贸易中,最惠国条款只适用于市场准入方面,旨在消除一国政府对外国之人、事或物所设置的市场准入方面的人为的制度壁垒,譬如清关过程中人为的限制。[2]

而投资争端解决程序与市场准入无关,是一种对投资市场准入后的争端解决安排,协调的是东道国国内管辖和国际管辖之间的关系,不同的争端解决程序更谈不上所谓“比较优势”。不同投资条约中的不同争端解决程序往往涉及东道国司法主权的权威,并非是一种对经济规则的安排。尽管近年来国家主权消亡的论调甚嚣尘上,认为国家不再是国际事务的主要角色,但主流观点仍然认为国家是国际制度中最为主要的参与者与制定者。[3] 在当前国家作为一种政治现象仍然存在的情况下,国家主权尤其是司法主权是不可能被多边化和全球化的。

因此,在对待国际投资争端解决的问题上,由于关系到东道国管辖和国际管辖的关系,故对东道国的主权冲击极大,所以资本输出国(多为发达国家)和资本输入国(多为发展中国家)的利益差距很大,冲突也更为明显。

国家行为的理论要求任何国家的法院(仲裁机构)均不得对其他主权国家在其本国领土内的行为行使管辖权,其本国领土内的行为由其本国专属管辖。[4] 但是在晚近的国际投资条约中,引入了特殊的“投资者—东道国”仲裁机制,这种仲裁机制主要是以国际商事仲裁机制为模型或目标设计的,以公权与私权的分野为理念,植根于非政治化的私领域,是一种平等主体解决起因于财产权争议的合同法问题的机制。它不解决主权问题,不考虑东道国的经济主权、社会公共利益,只维护私人财产权。[5] 正是在这种特殊的背景下,主权国家,包括越来越多的发达国家也开始重新审视国际仲裁的作用,并在缔结国际

---

〔1〕 参见 John H. Jackson, William J. Davey, and Alan O. Sykes, *Legal Problems of International Economic Relations*, Toronto, Thomson West, 2008, p. 416。

〔2〕 张建邦:《论知识产权最惠国待遇制度的生成与特征》,载《国际经济法学刊》2011 年第 1 期。

〔3〕 [美]约翰·巴顿等:《贸易体制的演进——GATT 与 WTO 体制中的政治学、法学和经济学》,廖诗评译,北京大学出版社 2013 年版,第 11 页。

〔4〕 陈安:《国际经济法学》,北京大学出版社 2013 年版,第 65 页。

〔5〕 参见 Amr A. Shalakany, “Arbitration and the Third World: A Plea for Reassessing Bias under the Specter of Neoliberalism”, *Harvard International Law Journal* 41, 2000, pp. 424 – 425, 452 – 456。

条约的实践中差别化地适用国际仲裁机制。如果在不经过主权国家同意的基础上将最惠国条款适用于投资争端解决程序,必然会对缔约国的主权产生极大的影响。很难想象在现实中有主权国家以损害本国主权为代价去"成全"最惠国条款,国际上也不会有这样的理论依据。

因此,将最惠国条款适用于投资争端解决程序也是不符合其维护国家主权的法理基础的。

四、结论与启示

(一)结论

当前的国际仲裁实践中,尽管有部分国际仲裁庭采取不同的条约解释方法,在缔约国明确反对的前提下,支持将最惠国条款的适用范围扩张至投资争端解决程序。但是,从立法论的视角来看,最惠国条款有其固有的法理基础:平等理论和主权理论,最惠国条款的适用不能背离其法理基础。国际投资争端解决程序涉及复杂的国家间利益博弈和主权安全,采取合理差别待遇具有正当性和合理性。

将最惠国条款适用于投资争端解决程序的实践对平等理论和主权理论造成冲击,严重背离了最惠国条款的法理基础,损害了缔约国的缔约目的和法律预期。因此,除非得到缔约国的明确认可,否则不应将最惠国条款适用于国际投资争端解决程序。

(二)对中国的启示

对于中国的缔约实践而言,中国政府已经注意到了近年来国际投资仲裁领域中最惠国条款的此种适用和影响,并已经在缔约中进行了相应的应对。中国政府在自 2010 年后新签订的国际投资条约中,均已经明确规定排除最惠国条款适用于国际投资争端解决程序,笔者认为这一做法应该继续坚持。

但是问题在于,对于 2010 年以前签订的大量投资条约中,并没有明确规定最惠国条款的适用范围,尤其是没有规定最惠国条款和争端解决程序的关系。这给中国政府带来巨大的隐患,有可能被外国投资者利用向国际仲裁庭提起针对中国政府的投资仲裁,要求通过最惠国条款适用中国政府与第三国签订的投资条约中的国际仲裁条款,进而规避基础条约中规定的东道国管辖权或前置条件,严重损害我国的司法主权和国家利益。

对于此种威胁,笔者认为可以通过条约换文来解决。换文具有国际条约的性质,是指当事国之间就彼此关系事项通过外交照会的方式达成协议。[1] 它是政府间缔结条约的一种简易方式,其无须经过复杂的普通缔约程序。尤其是换文的生效通常无须先经批准,[2]故而便捷高效。这在国际上已经有了实践的先例,如在2004年西门子公司案管辖权决定作出后,阿根廷政府就和巴拿马政府进行了换文,其目的在于对两国之间1996年签订的投资条约进行"解释",明确双方无意将最惠国条款适用于投资争端解决程序。[3]

笔者建议参照阿根廷政府和巴拿马政府的做法,通过换文的方式与那些已经和中国签订投资条约的国家达成合意,将最惠国条款的适用范围排除在投资争端解决程序之外。这样做的好处在于:由于换文程序简单,不需要经过立法机关批准,可以避免双方烦琐的国内立法机关的审查程序和时限,同时换文还可以在多个国家之间进行,我国可以同时与多个国家通过换文来明确最惠国条款的适用范围。

---

〔1〕 周鲠生:《国际法》(下册),武汉大学出版社2007年版,第509页。

〔2〕 李浩培:《条约法概论》,法律出版社2003年版,第26~27页。

〔3〕 参见 National Grid PLC v. Argentina, Decision on Jurisdiction, Ad hoc-UNCITRAL Arbitration Rules, June 20, 2006, para. 71。

司法裁判案件的参与式实地研究

——以商志才案的研究为例

王　军*

内容摘要： 孟勤国教授对商志才案的评论文章是对个案裁判的深入分析，而其本人又曾担任该案件一方当事人的诉讼代理人。从研究方法的角度看，孟文可归为一种定性的、参与式的实地研究。孟文的独特发现应归功于参与式研究，其缺点也根源于这种方法。尽管孟文对三份裁判的批评并非空穴来风，所指问题亦是实践中颇为普遍而又未被理论研究重视的严重问题，但其未自觉处理好自己的研究者和事件参与者的角色冲突，文章发表时未披露其诉讼代理人身份，文章内容包含过多的主观判断和个人倾向。这些缺点削弱了该项研究的中立性、客观性和说服力。

关键词： 个案研究　参与式实地研究　角色冲突　证据证明力

《法学评论》杂志2015年第4期刊发武汉大学孟勤国教授《法官自由心证必须受成文法规则的约束——最高法院（2013）民申字第820号民事裁判书研读》一文（以下简称孟文）。[1] 该文批评了商志才与新和成控股集团有限公司案（以下简称商案）的一审和二审判决和最高人民法院的再审裁定。[2] 对此，

---

* 王军，中国政法大学副教授，法学博士。

〔1〕 孟勤国：《法官自由心证必须受成文法规则的约束——最高法院（2013）民申字第820号民事裁判书研读》，载《法学评论》2015年第4期。

〔2〕 该案一审和二审判决分别是绍兴市中级人民法院（2011）浙绍商初字第24号民事判决和浙江省高级人民法院（2011）浙商终字第62号民事判决，最高人民法院所作裁定为（2013）民申字第820号民事裁定。

有读者在博客文章中提出反批评,认为孟文对裁判文书的"批判"过于"情绪化",是对法官职务行为的无理"责难"和"攻击"。[1] 随后披露的该案一审和二审判决书显示,孟教授以商志才委托代理人的身份参加了该案的一审和二审诉讼程序。于是,孟教授在整个事件中的角色问题激起争论,引发包括法学界在内的法律职业群体的轩然大波。[2]

但是,绝大多数的议论均指向当事人的角色伦理、表达方式乃至心理动机,孟文所涉及的研究方法和所批评的个案裁判反而未得到足够的重视和讨论。[3] 然而,客观、全面分析该案裁判本身以及孟文的方法论,是我们评价孟文和审视整个事件必不可少的前提。

孟文是对诉讼个案的深入探究。深入案件裁判本身,我们可以发现孟文的批评并非空穴来风,它所指出的问题亦是当下审判实践中颇为普遍而又未被理论研究所重视的严重问题。但是,文章在方法论、学术规范、行文风格诸方面均有缺点。这些缺点不同程度地削弱了该文的独特价值。以下分三个部分讨论。

一、孟文的发现和研究方法

不少评论者认为,孟文更像一篇"抗诉书"、"申诉信",而不是一篇真正意义上的学术论文。[4] 的确,孟文不是一篇中规中矩的论文(article)。它没有新的理论建树,也没有质疑或者推翻已有的理论观点。但作为一篇研究诉讼个案的评论文章(note / essay),它通过细致入微地分析从现象中有所发现,提升了人们对审判实践的认识。

孟文的独特发现是:基于当前的诉讼证据规范和裁判文书规范,审判人员分配举证责任、取舍证据、根据证据认定事实的自由裁量权缺乏有效约束,因

〔1〕 Preacher:《法学教授的愤怒与批评法官的尺度》,载 http://note.fyfz.cn/b/862048,最后访问日期:2015年9月2日。

〔2〕 滑璇:《一篇论文砸出法律界混战》,载《南方周末》2015年8月13日。

〔3〕 尽管清华大学法学院教授易延友、中国人民大学法学院教授何家弘均撰文讨论了孟文所涉案件,但他们主要从证据角度讨论,仍未触及该案的核心实体争议。

〔4〕 参见贺卫方:《以正义的方式追求正义》,载 http://blog.sina.com.cn/s/blog_488663200102vwd3.html,最后访问日期:2016年8月11日。

此,审判人员有可能运用这种自由裁量权根据需要"构建"案件事实,进而推出事先决定的裁判结论。孟文指出,裁判文书对案件事实的陈述并非案件事实的全部信息,而是经过文书制作者甄选、加工乃至创作过的"案件事实"。证据原件由法院保存于卷宗,外界无法核对、审究。裁判文书制作者取舍证据、认定证据证明力的理由常常省略或者一笔带过,当事人围绕证据的争辩也未全面展示于文书之中。因此,外界仅凭裁判文书提供的信息,决然无法对决定案件裁判的证据及其认定理由进行全面评价。[1] 换言之,裁判文书对案件事实的选择性陈述,实际上使得决定案件裁判结果的事实认定过程被置于暗箱之中。

上述发现对于富有经验的法律实务人士或许并不新奇。但是,基于个案研究提出这个发现,并将其提升为理论上的问题(尽管孟文并未深入解释这个问题的成因和探讨解决之策),显然是有理论价值的。

孟文的批评对于审判实践也具有建设性。因为指出了实践中的问题和矛盾,才能进一步促进问题的讨论和解决。德国学者卡尔 · 拉伦茨(Karl Larenz)在谈到司法活动和法学研究的良性互动时说,法学研究发现和分析司法裁判的问题并提出解决之道,而审判实践"则将法学上的结论拿来面对个别案件的问题,借此来检验这些结论,并促使法学对之重新检查"。[2] 孟文尽管言辞激烈(行文风格问题下文详析),但其提出的问题是亟待司法实践认真对待的。

值得注意的是上述发现背后的方法论。孟文的以上发现很大程度上应归因于作者曾经直接参与了所评论案件的一审和二审诉讼过程。如果不是案件的参与者,一般读者是无法接触到证据原件、审判过程的,也就很难发现和质疑隐藏在举证责任分配和证据认定细节中的问题。作为商案一审原告、二审上诉人的委托代理人,作者揭示的信息超出了裁判文书给出的信息。作者不是普通的案例研究者,而首先是一个所研究案例的亲历者、参与者。他对案件进行了实地、近距离的观察。他的文章拉近了一般读者和裁判文书制作者之间的信息差距,尽管无法完全消除信息不对称问题。因此,孟文的价值与普通的案例研

---

〔1〕 孟勤国:《法官自由心证必须受成文法规则的约束——最高法院(2013)民申字第 820 号民事裁判书研读》,载《法学评论》2015 年第 4 期。

〔2〕 [德]卡尔 · 拉伦茨:《法学方法论》,陈爱娥译,商务印书馆 2003 年版,第 195 页。

究不同。[1]

从社会研究方法的视角来看,孟文的研究方法是一种针对个案的定性的实地研究。定性分析(qualitative analysis)旨在对社会现象进行非数字的考察和解释,其目的是发现"内在的意义和关系模式"。[2] 实地研究(field study)的特点则是,研究者通过对社会现象的实地观察,描述和研究该现象的自然发展进程。[3] 实地研究的优点是能够直接、深入地观察甚至体验现象的真实面相。运用这种方法时必须面对的一个重要问题是,如何处理研究者和被研究对象之间的关系。具体来说就是,研究者是仅仅作为一个局外的观察者进行观察研究,还是要亲身参与到事件之中进行观察研究(据此实地研究可分为观察式研究和参与式研究两类)?研究者是否应当公开自己的研究者身份?如何妥当协调研究者和研究对象的关系?

根据孟教授的介绍,他代理商志才案主要是出于学术研究的目的。[4] 所以,孟教授对商案的研究可以说是一个对个案的、参与式的实地研究。参与式研究有利于研究者获得对研究对象的生动、真实的体验,这是它的主要优势。但这种研究方法存在两方面的风险。一是研究者的参与可能影响研究对象的自然进程,研究对象可能受到研究者的干扰而表现得"不自然"。[5] 以孟教授的个案研究为例,他以法学教授的身份担任商案的一方委托代理人,研究对象(包括双方当事人、当事人的其他委托代理人、法官等)或许会因为法学教授的参与而作出不符常态的言行,法学教授的参与也可能改变案件的走向,这反而可能使孟教授观察不到"原汁原味"的审判过程。二是深度参与到事件中的研究者也可能反过来受到研究对象的影响,如同情或者接受研究对象的情感或观

〔1〕 笔者本人也做过一些案例研究,包括单一个案的研究(如《人格混同与法人独立地位之否认——评最高人民法院指导案例15号》,载《北方法学》2015年第4期)和类型化的群案研究(如《法律规避行为及其裁判方法》,载《中外法学》2015年第3期)。但基于裁判文书的研究,主要限于分析法院的法律适用(包括法律解释、类推适用等),对案件的事实认定过程基本上无法进行有效的研究。

〔2〕 [美]艾尔·巴比:《社会研究方法》,邱泽奇译,华夏出版社2009年版,第375页。

〔3〕 [美]艾尔·巴比:《社会研究方法》,邱泽奇译,华夏出版社2009年版,第284页。

〔4〕 孟勤国:《孟勤国关于"孟勤国教授骂法官事件"的第一次供述》,载智合法律新媒体:http://zhihedongfang.com/article-12467/,最后访问日期:2016年8月9日。

〔5〕 [美]艾尔·巴比:《社会研究方法》,邱泽奇译,华夏出版社2009年版,第289页。

点,从而削弱社会研究者应有的中立和超然地位。[1] 尤其是当研究对象是一场事关两方当事人利益、对抗性的诉讼案件时,研究者警惕第二种风险,保持自己的中立性就更加不容易,因而对研究本身而言也更为重要。孟文之所以引发激烈争议,主要是与第二种风险有关。

二、孟文的信息披露和行文风格

如果说孟教授对商案所做的是参与式的实地研究,那么,孟教授在开展研究时应当向所有研究对象披露其研究者的身份,而其发表文章时则须说明其研究方法尤其是注明他的诉讼代理人身份。

第一层披露义务既是社会研究伦理的基本要求,也是诉讼代理人信义义务的体现。作为开展实地研究的研究者,孟教授应当确保研究对象自愿接受观察和研究。这是社会研究伦理的基本规范。[2] 而作为诉讼案件一方当事人的委托代理人,孟教授应当向其委托人披露自己的个案研究意图。因为研究者在代理当事人诉讼过程中进行学术研究,一身二任,能否完全承担代理人的信义义务和勤勉义务是有疑问的。因此,这也要求作为诉讼代理人的研究者向委托人披露信息,事先获得委托人的同意。孟教授是否如上所述披露了相关信息,我们不得而知,在此不做进一步讨论。

第二层披露,即文章发表时说明研究方法,披露作者、研究者的诉讼代理人身份,也有两方面的意义。一是告知读者该文的研究方法是参与式的实地研究。让读者知道,作者以案件一方当事人的委托代理人身份参与了研究对象本身的活动,亲历了研究对象的整个过程。这有助于读者了解和评估文章的独特价值。二是提醒读者注意作者身份的二重性,从而对作者的研究者和诉讼代理人两个角色可能产生的利益冲突、中立性风险予以充分考虑。遗憾的是,孟文没有做到第二层披露。只是在文章引发争论后,孟教授在自己的声明中说明了通过代理案件而进行研究的意图,杂志主编则解释了文章未披露作者代理人身

[1] [美]艾尔·巴比:《社会研究方法》,邱泽奇译,华夏出版社 2009 年版,第 290 页。

[2] [美]艾尔·巴比:《社会研究方法》,邱泽奇译,华夏出版社 2009 年版,第 27 页。

份的原因。[1] 尽管亡羊补牢之举澄清了读者的一部分疑惑,但文章发表时未同时披露孟教授的代理人身份,未说明研究方法,显然对读者评估这项研究的中立性和理论价值形成干扰。

影响孟文学术价值的第二个缺点是行文风格。文章是个人思想和情感的独特表达。文章表达个人的观点、具有个人的风格,亦即个性,不仅不是缺点,而且是应该大加鼓励的优点。但是,一篇学术研究文章毕竟应当以客观、理性的语言,“摆事实,讲道理”,“让事实说话”,以理服人。学术文章不应因作者个人的行文风格而造成读者对研究者中立性和超然性的怀疑。归根结底,这仍然是前述如何处理好研究者和研究对象的关系,即研究者如何尽量避免受研究对象的观点影响而减弱中立性的问题。

孟文在陈述和分析商案时,使用了较多反映作者个人主观判断或者情感的表述。例如,文章开头的第二句话就说,“历经四年,这场事实清楚、是非分明的官司,最终还是输掉了”。实际上,商案的事实是不是如作者认知的那样“清楚”,法律问题是不是像作者理解的那样“是非分明”,只能通过审判程序中争议双方的举证、质证、论辩予以澄清并由法官做出判断。作者的一篇文章是不足以完成这个证明任务的,尽管文章可以通过实地观察的事实对已有的裁判提出质疑和批评。更为重要的是,作者在这里所表现的对案件事实和“是非”的高度自信,不仅不能说服读者,反而刺激读者质疑作者本身的中立性。这当然有损文章的说服力。类似的表达还有:“本案裁判居然凭空采信一审被告的抵扣说,这不能不说是荒唐至极”;[2]“最高法院法官位高胆大……”[3]“逻辑漏洞百出,蛊惑人心靠得是……”[4];等等。学术文章一旦过多表达了研究者个人的主观情感,文章的理性分析和逻辑推理对读者的吸引力、影响力就会相应下降。

---

〔1〕《法学评论》杂志主编和文章责任编辑对此做了解释,参见《南方周末》2015年8月13日的报道。

〔2〕孟勤国:《法官自由心证必须受成文法规则的约束——最高法院(2013)民申字第820号民事裁判书研读》,载《法学评论》2015年第4期。

〔3〕孟勤国:《法官自由心证必须受成文法规则的约束——最高法院(2013)民申字第820号民事裁判书研读》,载《法学评论》2015年第4期。

〔4〕孟勤国:《法官自由心证必须受成文法规则的约束——最高法院(2013)民申字第820号民事裁判书研读》,载《法学评论》2015年第4期。

孟文行文风格的另一个缺点是,在批评案件裁判时对审判人员的道德品质和行为动机进行了评论。例如,在谈到本案裁判是“司法不公的典型例证”时,作者写道:“问题的严重性在于这一结果毫无理性良心可言。……判决是法官良知与能力的镜子,为百亿身价的老板而剥夺一个技术人员辛苦劳动的成果,本案法官们就没有听到理性良心的责备吗?”[1] 固然,学者的仗义执言是其践行职业伦理和履行公民责任的表现。但学者的专业性又要求他们通过专业的、中立的分析,去揭示真相,去挑战人们想当然接受的理论,以此促使人们发起反思,进而激起探讨改进方案的努力。这是学者仗义执言与非专业人士街谈巷议的区别。研究个案裁判的文章转而去谴责法官的道德良心,显然超出了学术研究的范畴,偏离了文章的主旨。这种表述削弱了文章的中立性和说服力,同时也激起不必要的争议,阻碍了正常对话的展开。

孟文在信息披露和行文风格上的缺点,归结到方法论上看,实际上都是没有处理好研究者和研究对象之间关系所导致的。

三、裁判文书的事实认定和说理

脱离对商案本身的分析而讨论孟文是缺乏事实基础的。孟教授的实地研究究竟有没有发掘出裁判文书以外的有价值的信息?这些信息以及作者亲历案件全程的经历,是不是帮助作者提升了研究的深度和广度?孟文对裁判结果的批评是否有理有据?这需要我们回到案件本身的事实和争议来看。

根据一、二审判决书确认的双方无争议的基本事实如下:1992 年 4 月至 1995 年 8 月,商志才被“借用”于新昌县合成化工厂(以下简称工厂)。在此期间,商志才先后担任总工程师、研究所所长、董事等职务,主持或参与若干重大技改项目。1994 年工厂开始股份合作制改制。商志才基于职务和工龄分得 620 股“企业集体股”(又称优待股,职工股东仅享有分红权,无处分权),以自有和借贷资金购买 1965 股“现金股”(普通股)。1995 年 9 月,商志才到浙江大学

---

〔1〕 孟勤国:《法官自由心证必须受成文法规则的约束——最高法院(2013)民申字第 820 号民事裁判书研读》,载《法学评论》2015 年第 4 期。

攻读博士学位,1998年毕业后留校任教。1996年到1998年,工厂按照620股优待股、1965股现金股,向商志才分配了1995年、1996年度红利;按照1375股现金股、0股优待股,向商分配了1997年度红利。1998年10月,工厂职工持股会收购了商志才的1375股现金股。之后,工厂再未向商志才分红。商志才于2010年诉称,其仍持有工厂(现变更为新和成控股集团有限公司,以下简称新和成公司)1210股股份(包括620股优待股和590股现金股),应根据企业扩股情况同比例确认其股份。而新和成公司辩称,商志才已不持有公司任何股份:其620股优待股因其1995年离厂,解除"借用"关系而终止;其590股现金股则依商与工厂之间的借贷协议,用于抵偿商志才因未依约退还现金股股利而对公司负有之债务。

双方争议焦点有二:商志才原有的620股优待股是否已终止?590股现金股是否已用于抵偿债务?以下分别讨论这两个焦点问题。

(一)620股优待股是否终止

新和成公司主张620股优待股已终止的主要证据和理由是:(1)工厂的股份合作制章程规定,职工持有的优待股只有"分红权",股份不得转让、继承,离职则终止;(2)商志才1998年6月明确表示不回厂工作,"借用"关系终止,故同时终止其优待股;(3)商志才签收1997年红利时被明确告知其优待股已清零,商志才并未提出异议;(4)自1998年到2010年,商志才从未主张其优待股分红,可知其明知股份早已终止。而商志才主张,新和成公司所谓的上述章程并未在股东代表大会上表决通过,因此没有法律效力,不能作为终止其优待股的依据。其证据是,章程文本上没有任何人的签名,章程也未提交工商部门备案(围绕章程是否表决生效,一审判决书显示,原告就被告举出的证据13、26、27、28提出了质证意见)。

但原告的质疑没有动摇一审法院基于被告举证而确信章程已表决通过。二审法院同样认为商没有举出相应的证据推翻章程的真实性。同时,二审法院还列举了当时国家和浙江省的若干关于股份合作制企业的规范文件,认为股份合作制企业将集体所有制资产量化给职工个人的股份具有人身属性,职工离职则股份终止是当时的普遍规则。故章程关于职工离职则终止优待股的条款具有合法性。最高人民法院的裁定认可了二审判决的观点,认为参照相关政府规范文件为依据处理本案是合理的。

对于章程是否表决生效,孟文对一审和二审判决的认定提出质疑(如这份章程草案只是装订在工厂提交给县政府的改制材料中,被告提交的装订成册的股东代表大会材料中却没有这一章程;工商登记机关没有这份章程的备案)。[1] 这些质疑确实表明章程在形式上存在一定瑕疵,但也不能完全推翻法院对章程效力的认定。二审法院列举当时国家和浙江省政策规范,表明系争章程条款与当时的规范文件不冲突。对此,孟文没有提出质疑。二审判决列明政策规范似乎还有另一层意图,即试图暗示当事人:即便双方都无有力证据证明章程是否表决通过,法院也可以参照当时的政府规范文件处理本案。

关于工厂是否已于 1998 年终止 620 股优待股,一审和二审判决认定商志才在签收 1997 年分红单时已明确被告知 620 股优待股已经清零,商未表示异议。最高人民法院裁判进一步认为,商志才自 1998 年后十多年不主张优待股权益,可证明其"认可"优待股终止。

实际上,如果章程关于职工离职则优待股自行终止的规则生效,或者政府规范文件中的类似规则可以适用于本案纠纷,那么商志才是否明知或认可其优待股终止并不重要,只要商志才 1998 年构成离职,则这部分股份都应依章程或规范文件而终止。因此,这一争议焦点的中心问题应当是:商志才 1998 年是否构成离职?当时的章程或者政府规范性文件中是否存在职工离职则优待股自行终止的规则?本文认为,三份裁判文书所陈述的证据和理由,比较清楚和有说服力地回应了这两个问题。孟文尽管对章程是否表决通过提出了质疑,但即使章程未生效,法院依据当时的政府规范性文件处理本案也是合理的。

(二)590 股现金股是否已用于抵偿债务

新和成公司主张 590 股现金股已用于抵偿债务的证据和理由主要是:(1)1995 年,商购买 1965 股现金股的部分资金借自工厂(借款 180,000 元,购买了 1800 股现金股)。"借贷协议"第 8 条约定:"本借款采用抵押担保,借款方自愿将投入合成化工厂的现金股 196,500 元及借款方现有房产作为该借款的抵

[1] 孟勤国:《法官自由心证必须受成文法规则的约束——最高法院(2013)民申字第 820 号民事裁判书研读》,载《法学评论》2015 年第 4 期。

押。”第9条约定:“未经董事会批准不得擅离本厂,不准到其他企业兼职,不准办私人企业或与他人合股办企业,否则由此项借款所购股份所分得的红利无偿缴还企业。”(2)1995年9月,商志才去浙大攻读博士研究生,属于“未经董事会批准”“擅离本厂”。故工厂依协议第8、9条,要求商志才返还1995年、1996年度基于1800股现金股获得的分红108,000元。(3)因商志才不履行返还分红款的债务,工厂以商590股现金股冲抵108,000元债务。(4)商志才对上述以股抵债一事,知悉且未表示异议,因此是“认可”的。

新和成公司以股抵债的主张能否成立,首先要看商志才是否有义务返还工厂108,000元分红款;其次要看工厂以商志才的590股现金股抵债有无协议或法律基础——具体来说,要看借贷协议是否约定可以以股抵债,如无约定,商志才是否同意以股抵债,如未同意,《合同法》《担保法》等是否支持债权人直接以债务人的质押股权抵债。但一审判决没有按以上逻辑层层推进,而是将所有问题简化为一点,即商是否同意以股抵债。判决书根据证据认定商对以股抵债“未提出异议”,并结合商十余年未“主张过权利”的事实,进一步推出商“认可”以股抵债的结论。[1]

问题是,权利人“未提出异议”和长期不主张权利是否可以解释为权利人同意某种处分自己权利的行为(而且是一种不利于自己的行为)?在没有法律规定和事前协议的情况下,一方如果可以随意将对方的沉默视为同意,不反对就等于同意,进而处分对方的财产权利,那么,个人的意志自由和财产安全就不复存在了。因此只有在个别情形下,法律才特别规定沉默应视为同意。[2] 回到本案,我国法律是否规定股东对其股权被处分“未提出异议”并长期不主张权利即视为同意处分?商志才与新和成公司之间是否事前达成了沉默即为同意的协议?从一审判决书中我们看不到对这个问题的说明。

二审法院维持了一审判决的认定,并指出认定商志才同意以股抵债是基于“情理”“常理”做出的判断。具体阐述了三点理由:(1)商志才没有证据证明当年董事会同意其离厂并无须返还红利,故工厂按借贷协议第9条以商志才擅自

---

[1] 绍兴市中级人民法院(2011)浙绍商初字第24号民事判决书。

[2] 例如,《民法通则》第66条规定,“本人知道他人以本人名义实施民事行为而不作否认表示的,视为同意”。

离厂为由扣减其股份"符合情理";(2)商志才签收 1997 年度分红时对分红单未记载 590 股现金股没有提出异议,以及长达十余年不主张权利,"明显与常理不符";(3)公司对 1998 年为何回购商志才的 1370 股现金股提供了"符合常理"的解释,而商志才的解释"难以使人确信"。[1]

我们来分析一下这三个理由。第一点理由首先涉及举证责任的分配。法院令商志才举证证明董事会曾同意其离厂是否妥当?对此孟文提出了质疑,认为应当由新和成公司举证证明董事会不同意商志才离厂。本文注意到,一审原告提交的"证据 1"包括 1995 年 7 月 7 日绍兴师范专科学校与工厂签订的终止商志才"借用"关系的一份协议书。这份协议为何不能证明工厂董事会同意商志才离厂,一审判决没有交代任何理由。[2] 其次,第一点理由的逻辑是不通的。即便商志才擅自离厂从而负返还股利之债务,工厂能否依借贷协议第 9 条以商志才的股份直接抵偿该债务?这里需要考虑的问题至少有:借贷协议第 8 条以股份设质(协议原文表述为"抵押")的约定是否有效?股权质押是否生效?即便质押生效,质权人直接用质押股份抵债是否符合《担保法》第 71 条第 2、3 款的规定?[3] 590 股现金股价值几何,是否经过独立第三方的评估?等等。对这些问题,判决书没有一个讲清楚。这些问题不清楚,岂能说以股抵债"符合情理"?

第二点和第三点理由表明,法官在认定案件事实时将常理作为主要的判断依据。最高人民法院《关于民事诉讼证据的若干规定》允许法官"运用逻辑推理和日常生活经验,对证据有无证明力和证明力大小独立进行判断,并公开判断的理由和结果"。但基于"日常社会经验"的判断不应该脱离法律规范和逻辑推理。二审判决同样没有说明将商志才的沉默视为同意的法律或者协议基础究竟是什么。

最高人民法院的裁定维持了一审和二审判决的上述结论,但也没有回答工

---

〔1〕 浙江省高级人民法院(2011)浙商终字第 62 号民事判决书。

〔2〕 绍兴市中级人民法院(2011)浙绍商初字第 24 号民事判决书。

〔3〕 该两款规定:"债务履行期届满质权人未受清偿的,可以与出质人协议以质物折价,也可以依法拍卖、变卖质物。""质物折价或者拍卖、变卖后,其价款超过债权数额的部分归出质人所有,不足部分由债务人清偿。"

厂以商志才的股份抵债和将商志才的沉默视为同意的法律和协议基础何在。裁定还指出,工厂以股抵债“不损害商志才的利益”。如前文所说,即便股份质押生效,工厂直接用商志才的股份抵债是否符合《担保法》,590 股现金股价值几何、是否经过公正评估,都是应当审查的问题。在这些问题没有查明之前,恐怕没有理由认为以股抵债“不损害商志才的利益”。

对于第二个争议焦点的上述诸点疑问,孟文基本上都从不同侧面进行了讨论(角度和理由不完全与本文相同),尤其是对三级法院在举证责任分配、事实认定上的处理提出了批评和质疑。围绕两个争议焦点,孟文着重讨论了 1375 股分红单的证据意义,认为它不能证明商志才认可终止优待股和以股抵债,三级法院都过度解释了这份证据的证明内容。

总的来说,在本文看来,三份裁判文书对商志才 620 股优待股终止的论述是有说服力的,孟文并未提出有力质疑,而对于工厂以 590 股现金股抵偿债务的合法性,裁判文书并未给出令人信服的证据和推理,孟文对法院在证据运用和事实认定上的批评是有根据的,有些批评是切中要害的。此外,孟文也援引若干裁判文书以外的信息(如庭审笔录、调解笔录)支持自己的观点,并对法院未采信某些证据的做法提出若干质疑。[1] 这些信息以及孟文对这些信息的分析,拓展了读者对本案的认识。

回到本节开头的问题。孟教授对三份裁判文书进行深入细致的研究,确实得益于他亲历案件一审和二审过程的经历,以及因此有的信息优势和对诸多案件细节的敏感。

四、结　　语

孟文是对一个诉讼个案的深入分析,而作者本人又曾担任该案件一方当事人的诉讼代理人。从社会研究方法的角度来看,作者的研究方法可归为一种定性的、参与式的实地研究。如何处理好研究者和事件参与者的角色冲突,从而

---

〔1〕 孟勤国:《法官自由心证必须受成文法规则的约束——最高法院(2013)民申字第 820 号民事裁判书研读》,载《法学评论》2015 年第 4 期。

保持研究本身的中立性和客观性,是参与式研究必须面对的重大挑战。孟文的研究对象是一场两造对抗的民事诉讼案件,这更加增加了处理上述角色冲突的难度。与此同时,作者的双重角色又可能牵涉诉讼代理人义务和研究者角色的冲突。可以说,孟教授的个案研究本身也是一个涉及研究方法、法律专业伦理和学术伦理的典型个案。

孟文的研究发现是,在当前的诉讼证据规范和裁判文书规范框架内,审判人员根据证据认定事实的自由裁量权实际上缺乏有效约束,因此存在滥用裁量权构建案件事实进而左右裁判的可能性。深入分析孟文批评的三份裁判文书和孟文本身,本文发现,三份裁判文书对商志才620股优待股终止的论述是有说服力的,而对于工厂以590股现金股抵偿债务的合法性,并未给出令人信服的证据和论证(具体来说,证据的证明力不强,推理缺少法律依据)。因此,孟文对商案裁判在证据认定和推理的一部分批评是足以成立的。孟文的研究发现是有基本的事实依据的,值得认真对待。

孟文的独特发现应归功于参与式研究,但其缺点也同样根源于这种方法。参与式研究容易导致研究者在亲历事件过程中,全盘或部分接受研究对象的观点和感受而忽略自己的中立性和客观性。孟文作者恰恰在这一点上没有保持与研究对象的必要距离和张力:其行文表述中包含了较多的主观判断,有时甚至对审判人员进行道德评判,这些都显示出作者对一方当事人诉讼请求的强烈倾向。这就很容易使读者质疑此项研究的中立性和客观性。孟文在发表时未披露作者的诉讼代理人身份,则进一步加剧了上述负面影响。这些问题都值得未来的研究者充分注意和借鉴。

德日危险接受判例述评*

马卫军**

内容摘要：学术史上，对危险接受问题的关注，发轫于刑事司法实践。综观德日关于危险接受问题的判例，大体上可以得出以下结论：危险接受问题不同于被害人承诺；如果被害人对风险有充分的认知，并甘冒该风险，那么，就不能将结果归责于行为人。在行为人具有较高程度的风险认知的场合，应当将结果归责于行为人；行为人负有作为义务的场合，即便被害人甘冒风险，结果还是应当归责于行为人；间接正犯的场合，结果应当归责于行为人；在涉及社会法益的领域，即便被害人甘冒风险，结果还是应当归责于行为人。被害人承诺理论、义务违反欠缺、被允许的危险和社会相当性理论，在解决危险接受上都不成功。被害人自我答责理论重视被害人自我决定权及其实现，重视被害人基于自己的意思而形成了"任意、行为与结果的统一体"，能够合理解决危险接受问题。

关键词：判例　危险接受　自我决定　自我答责

一、问题所在

刑法中，在被害人认识到自己的法益可能有被侵害的危险，却甘愿实施冒险行为，而他人对该冒险行为予以参与，最终发生法益侵害结果，或者被害人虽然认识到自己法益有受到侵害的危险的可能，却甘受他人实施某种行为，而发

---

* 本文系2016年度国家社会科学一般项目"风险社会背景下被害人行为的刑法意义研究"(16BFX087)的阶段性成果。

** 马卫军，宁夏大学政法学院副教授，法学博士。

生法益侵害结果,或者被害人与行为人共同实施某些对法益有高度危殆化的行为而发生法益侵害结果,行为人对法益侵害结果是否要负责?这就是理论界较有争议的“危险接受”(Riskoübernahme)问题。学术史上,对危险接受问题的关注,发轫于刑事司法实践。在德国,自帝国法院时代梅梅儿河案件起,在日本,以千叶赛车案件为契机,对该问题的讨论相当激烈,观点层出不穷。〔1〕在我国,司法实务有类似案例(如田玉富过失致人死亡案),〔2〕学界也有若干研究,但是,在对此问题学术史的考古工作上,可能并不扎实,影响了论证力度。为了正本清源,有必要对德日危险接受相关判例进行学术考察,以便厘清、概观判例的发展脉络及影响,为我国进一步深入研究此问题提供帮助。

二、德国判例的述评

(一)梅梅尔河事件

案件事实:某暴风雨之日,两名乘客打算渡过梅梅尔河,船夫向他们指出暴风雨的恶劣天气条件下,渡河会有极大的生命危险,但是,该两名乘客执意要过河。后小船被风浪打翻,两名乘客被淹死,船夫获救。〔3〕

帝国法院(Reighsgeright,RG)认为,被告人无罪。〔4〕首先,船夫的危险行为不是义务违反性的;其次,对船夫是否欠缺基于人的共同生活而为一般性的交往所要求的对两名乘客的健康和生命的担忧,RG 以“二人是乘客,同时也是成

〔1〕 大体上有被害人承诺、义务违反欠缺、被允许的危险、社会相当性和被害人自我答责理论。其中,被害人自我答责理论认为,从尊重被害人自我决定权及其实现出发,如果被害人基于自己的意思而形成了“任意、行为与结果的统一体”,那么,对于法益侵害结果,应当由被害人自我答责,而否定行为人答责。

〔2〕 案件事实:2005 年 6 月,被告人田玉富与其妻康某为违法生育第三胎而被计生工作人员带至县计划生育技术指导站实施结扎手术。6 月 25 日上午 11 时许,田玉富为使其妻逃避结扎手术,谎称其妻要到厕所洗澡。骗取信任后,田玉富掰开厕所木窗户,用事先准备好的尼龙绳将其妻从厕所窗户吊下去使其逃跑,但绳子中途断裂,致使其妻从三楼摔下后当场死亡。法院认定被告人的行为构成过失致人死亡罪。载北大法宝:http://www.pkulaw.cn/case/pfnl_117613765.html?match=Exact,最后访问日期:2016 年 9 月 7 日。

〔3〕 参见[日]盐谷毅:《被害者の承诺と自己答责性》,法律文化社 2004 年版,第 247 页。

〔4〕 [德]克劳斯·罗克辛:《德国刑法学总论》(第 1 卷),王世洲译,法律出版社 2005 年版,第 268 页。

人,与被告人具有同等程度的对意图渡河的危险性之认识”为理由予以否定。[1]

RG专门讨论了船夫的义务违反问题。[2] 在暴风雨之日试图渡河,有翻船的高度危险,被告人和被害人对此都有充分的认识。被告人就渡河的危险性并未欺骗乘客,也没有轻率地为了自己个人的利益而服从他们的要求,因此,被告人具有慎重的态度;再则,这种条件下驾驶小船的行为本身就有内在的危险性,从而被告人不具有义务违反性。

(二)艾滋病病毒(HIV)感染未遂事件(对方不知的场合)

案件事实:被告人是男性,经检测发现感染了HIV。医生告知如果不采用保护措施而性交的话,可能会使对方有被感染的危险。后被告人在同性恋俱乐部没有向对方告知实情,没有采取保护措施而与对方发生了三次性行为,只是不能证明被害人是否感染。法院认定被告人有危险伤害的故意。[3]

(三)HIV感染未遂事件(对方知道的场合)

案件事实:被告人在医生处得知自己感染了HIV。后与16岁的少女相会,被告人告知被害人自己感染了艾滋病病毒,并将无防备的性交危险、可能会导致死亡感染以及没有有效的治疗方法多次告知被害人,但是被害人并不在意,后两人发生性关系。被告人被以伤害未遂起诉。[4]

法院认为,知道自己受到感染,而不采取防备措施与他人性交之人,根据德国刑法第223条a是可罚的。如果不能确定艾滋感染的话,可考虑未遂的可罚性。但是,本案被告人并没有实现危险伤害未遂的构成要件,因为被告人仅为自我答责性的被害人自我危殆化的共动而已。[5]

对比以上两个判决,被害人是否认识到HIV感染事实而与对方发生关系,

---

〔1〕 参见[日]盐谷毅:《被害者の承诺と自己答责性》,法律文化社2004年版,第247~248页。

〔2〕 参见[日]林慎一郎:《被害者による危险の引受けついて》,载《立命馆法政论集》2004年第2号,第43页。

〔3〕 参见[日]山中敬一:《刑法における客观的归属の理论》,成文堂1997年版,第741~742页。

〔4〕 参见[日]山本高子:《自己危殆化と合意に基づく他者危殆化——2008年11月20日のBGH判决を素材として》,载《比较法杂志》2010年第44卷第1号,第111~112页。

〔5〕 参见[日]林慎一郎:《被害者による危险の引受けついて》,载《立命馆法政论集》2004年第2号,第43页。

是问题的关键。被害人是否知道行为人感染了HIV,为行为人是否可罚提供了决定性的基础,从而成为界定对行为人可罚与不可罚的界限。前判例中,行为人可罚是因为被害人不知道HIV感染的事实,行为人具有优越的知识;后判例中,则否定了行为人具有优越的知识。

本文认为,在这种双向互动的行为之中,两人对导致HIV感染的危险的作用是相当的,而并非是法院所言的被害人支配了事件的流程。的确,被害人对自己感染的危险有着完全的认识。并且,是被害人驱使了被告人没采取安全措施而继续性交,客观上,该女性也可随时中断性接触,采取防护措施以减少危险。但是,这仅可认为是判断被害人是否具有"任意性"的依据,而不是判断是否具有"支配性"的依据。

(四)摩托车事件

案件事实:被告人粗通驾驶,没有驾驶执照。被害人对此知情。某日,被害人乘坐被告人摩托车外出。在出发前,被告人知道该车手刹和脚刹都有问题,但被害人对此不知情。被告人高速行驶,发生事故,导致被害人死亡。〔1〕

RG认为,本案不是同意的问题。被告人有绝对的、不能免除的诚实驾驶义务。〔2〕 但是,面临危险之人如果充分知道危险,行为人事先对危险的种类和射程完全说明的场合,行为人的行为就类似于梅梅尔河事件之类的评价,不具有义务违反性。〔3〕

(五)摩托车超车事件

案件事实:两位摩托车骑士酒后在公路上竞赛飙车,其中一名骑士为了赢得比赛,作出了危险的超车行为,因此发生了致死的翻车事故。〔4〕

法院认为,"为了一巡啤酒而把两条人命视为儿戏",酒后比赛是不理智的。生还一方,"造成了一种违反义务的可预见和可避免的结果",应当成立过失杀

---

〔1〕 参见[日]山中敬一:《刑法における客观的归属の理论》,成文堂1997年版,第728页。

〔2〕 参见[日]山中敬一:《刑法における客观的归属の理论》,成文堂1997年版,第728页。

〔3〕 参见[日]盐谷毅:《被害者の承诺と自己答责性》,法律文化社2004年版,第252页。

〔4〕 参见[德]英格博格·普佩:《规范保护目的理论》,李圣杰译,载国际刑法学会台湾分会主编:《民主·人权·正义——苏俊雄教授七秩华诞祝寿论文集》,台北,元照出版有限公司2005年版,第107页。

人罪。[1]

（六）饮酒驾驶善意同乘事件

案件事实：被告人酒后驾车，因其控制不当越过中央分隔线，与对面来车相撞，导致本车同乘之人和被告人负重伤。[2]

法院认为，共同危险的引起，不能根据同乘者认识到驾驶者无驾驶能力而同乘予以排除。德国刑法旧第315条a、第316条的构成要件中，被害人同意不排除行为人的违法性。因为该规定不仅保护作为个人的交通参与者的身体及生命，而且特别以道路交通安全以及公共安全的保护作为目的。[3]

（七）摩托车竞赛事件

案件事实：被告人与被害人饮酒之后，被害人劝诱被告人在晚上进行摩托车竞赛。被害人为防止被告人的车辆超越自己，在道路上做"Z"字形行驶，后发生事故，导致自己受到致死程度的重伤。[4]

法院认为，被告人的行为是违法的。首先，被害人甘受危殆化，但因为是杀人行为而不具有任何法律效果；其次，该竞争行为并不具有必不可缺的生活上的重要意义，不阻却犯罪；最后，特别考虑"明确地认识到危险、完全的答责性的合意、动机目的、为防止万一而采取的积极预防措施以及不注意的程度和危险大小"，本案被告人比被害人更明确预见到危险。故被告人有预见可能性。[5]

（八）高速公路赛车事件

案件事实：B驾驶一辆改造的大众汽车（载乘S1），与H驾驶的一辆波尔金汽车（同乘S）比赛。S1与S2进行录像。参加者对比赛可能产生的危险均有认识。在时速从120公里/时降到80公里/时之后，S1打暗号让B加速。车速达到120公里/时之后继续行驶。在通过道路标识后，两被告人B和H继续加速，最终达到200公里/时。在比赛期间，两被告人试图超越目击者G所驾驶的车

〔1〕 参见［德］克劳斯·罗克辛：《德国刑法学总论》（第1卷），王世洲译，法律出版社2005年版，第263页。

〔2〕 参见［日］盐谷毅：《被害者の承诺と自己答责性》，法律文化社2004年版，第252页。

〔3〕 参见［日］盐谷毅：《被害者の承诺と自己答责性》，法律文化社2004年版，第252页。

〔4〕 参见［日］盐谷毅：《自己危殆化への参与と合意による他者危殆化について（一）》，载《立命馆法学》1996年第11期。

〔5〕 参见［日］盐谷毅：《被害者の承诺と自己答责性》，法律文化社2004年版，第564页。

辆。超车期间,三辆车并排行驶,两被告人的车距不足 30 厘米。在超车之际,被告人 B 的车横切空翻,与道路标识发生冲撞,S1 被抛出车外当场死亡,B 负重伤。[1]

原审以被告人 B、H 故意危殆道路交通为理由,以被告人 S 对之帮助作出了有罪判决。检察官对被告人 B、H 以过失致死提出上诉。德国联邦最高法院(Bundesgerichthof,BGH)认为:首先,被告人过失引起了被害人的死亡。其次,本案排除承诺的适用。就死亡或者可能导致死亡的危险,被害人并没有作出承诺。从而以过失致死与交通危殆化为理由,判决被告人有罪。

综合考察前列几个发生在交通领域的案件,可以看出,道路交通中,驾驶人负有诚实驾驶的义务。即使该义务由道路交通的安全——从一般性的保护出发——提供基础,也是不能容许由此直接地导出"过失致死罪和过失伤害罪"中的被害人承诺。结合梅梅尔河事件,我们大致可以得出这样的结论:在德国,诸如交通领域此类具有社会性法益的领域,对被害人危险接受的讨论,判例出现了由否定被告人义务违反性向肯定行为人谨慎驾驶义务、肯定行为人的行为支配、否定被害人风险同意的效力或者干脆直接否定被害人对风险的同意的方向转变,即对法益侵害的结果由被害人自我答责转化为行为人自我答责。尽管反对意见认为,如超车事件那样,尽管在故意造成自我危险中,被告人提供了一种共同性的作用,但是被害人自己还存在完全的归责能力,对所存在的危险明显是视而不见的。因此,该结果不能处于规范的保护目的的范围之内,对法益侵害结果,就不能让被告人答责。[2] 再则,因为死亡的骑士应该能够在面对危险之前,给予自己充分的保护。除非在比赛中,一名骑士致无关的第三人伤亡,那

[1] 参见[日]山本高子:《自己危殆化と合意に基づく他者危殆化——2008 年 11 月 20 日のBGH判决を素材として》,载《比较法杂志》2010 年第 44 卷第 1 号,第 102 ~ 103 页;铃木彰雄:《研究ノート・ドイツ刑事判例研究(17):自动车竞走による死亡事故について过失致死罪の成立が认められた事例》,载《名城ロースクール・レビュー》2009 年第 13 卷,第 147 页。

[2] 参见[德]克劳斯・罗克辛:《德国刑法学总论》(第 1 卷),王世洲译,法律出版社 2005 年版,第 263 页。

么,其中另一名参与竞赛的骑士也须为该第三人的伤亡负责。[1] 但是,法院之所以发生这种态度上的变化,其内在的理由就是涉及交通安全的社会性法益,而该社会法益是被害人不能答责的法益。因此,仅看被害人的个人法益,而忽略社会法益是不合理的。法院态度的变化,值得肯定。同时,在这种危险接受的案例中,排除了承诺论的思考,也值得赞赏。

(九)毒品交付过失致死事件

案件事实:被告人在自己的家里向被害人贩卖海洛因。被害人当场自己注射了海洛因。后因内脏组织病变,迅速因中毒而死。该病变是经常使用毒品所导致的典型的病变。[2]

地方法院否定了被告人的预见可能性,理由是:因为病变,被害人对海洛因的耐受性弱化,并且被告人对被害人有特殊体质并不知情。与之相反,BGH 认为,在毒品贩卖人因向毒品成瘾者贩卖、转让海洛因而引起死亡的场合,为认定过失致死罪,行为人必须知道或者想到购入者注射该毒品,并且知道转让的物质的危险性就足够了。[3]

(十)海洛因注射器事件

案件事实:被告人 X 去见众所周知的吸毒人员 H。H 邀请 X 一起注射海洛因。被告人找到三支废弃的注射器。在卫生间两人各自注射毒品后,迅速陷入丧失意识状态。后被人发现,在医生赶到之时,H 已经死亡。少年法院认为,X 的行为与 H 死亡有因果性,并且 X 有预见可能性。因此,X 成立过失致死罪。[4]

BGH 否定了被告人过失致死之可罚性。[5] 但是,在参与者基于优越的知

---

〔1〕 参见[德]英格博格·普佩:《规范保护目的理论》,李圣杰译,载国际刑法学会台湾分会主编:《民主·人权·正义——苏俊雄教授七秩华诞祝寿论文集》,台北,元照出版有限公司 2005 年版,第 107 页。

〔2〕 参见[日]盐谷毅:《被害者の承诺と自己答责性》,法律文化社 2004 年版,第 254 ~ 255 页。

〔3〕 参见[日]盐谷毅:《被害者の承诺と自己答责性》,法律文化社 2004 年版,第 255 页。

〔4〕 参见[日]山中敬一:《刑法における客观的归属の理论》,成文堂 1997 年版,第 733 页。

〔5〕 参见[日]林慎一郎:《被害者による危险の引受けついて》,载《立命馆法政论集》2004 年第 2 号,第 45 页。

识,则另当别论。[1] 本案中,对被害人的自我答责性,法院提出了“作为被害人的友人是否实施了自我答责性的行为,的确存在疑问。但是……这与自我答责性的行为基准的规定无关,必须肯定有利于被告人”的见解。[2]

(十一)海洛因中毒不救助事件

案件事实:被告人在 G 的家里,交付给被害人海洛因混合剂。被害人使用该毒品后,陷入意识不明的状态。在 G 欲呼叫医生之时,被告人认为这仅是毒品的效果而予以反对。第二天,被害人死亡。[3]

下级法院以不救助罪认定被告人有罪。BGH 对在被害人陷入意识不明的状态后,将被告人的态度在过失不作为之下进行了考察。被告人基于向被害人转让海洛因的先行行为,而导致了被害人的危险状况,因此负有结果回避义务。尽管被害人自我危殆化的行为是不可罚的,但这不影响在危险明显实现时点的被告人保证人地位。故成立过失致死罪。[4]

对上列关于毒品案件的判决中,可以看出,如同毒品交付过失致死事件那样,起先,BGH 对此类案件,并不认为自我答责性的自我危殆化观点会妨碍成立过失致死罪。但是,BGH 的态度,在海洛因注射器事件的判决中作出了划时代的转变。这种思考问题的方法是通过连锁论证来完成的,即由自杀、自伤之故意参与不可罚推论出自杀之过失参与不可罚,对学说产生了最重要的影响。

(十二)天花事件

案件事实:被告人是一名医生,在国外研究中感染天花回国。被告人没检查自己的健康状况就到大学医院上班,从而使许多医生和患者被感染。医院的牧师在去隔离病房看望病人之时也被感染。[5]

被告人被以过失伤害罪追究。但是,对认识到危险的医院牧师看望隔离病

[1] 参见[日]山中敬一:《刑法における客观的归属の理论》,成文堂 1997 年版,第 733 ~ 734 页。

[2] 参见[日]林慎一郎:《被害者による危险の引受けついて》,载《立命馆法政论集》2004 年第 2 号,第 46 页。

[3] 参见[日]盐谷毅:《被害者の承诺と自己答责性》,法律文化社 2004 年版,第 257 页。

[4] 参见[日]盐谷毅:《被害者の承诺と自己答责性》,法律文化社 2004 年版,第 257 页。

[5] 参见[日]山本高子:《自己危殆化と合意に基づく他者危殆化——2008 年 11 月 20 日のBGH 判决を素材として》,载《比较法杂志》2010 年第 44 卷第 1 号,第 110 页。

人,BGH 认为牧师的承诺不是有效承诺。[1]

(十三)牵牛花茶事件

案件事实:15 岁的被害人 G 与 M 在旅行归来之际,知道在某湖边点燃篝火野营之处是大伙使用药物的场所。18 岁的被告人制作了牵牛花茶一起饮用。因为被告人知道饮用煮沸的牵牛花茶有致幻作用,便向被害人予以说明,并指出饮用之时“不要超过一杯”。G 不顾被告人的警告而喝了两杯,引起幻觉,走入湖中淹死。M 等人出现幻觉而跌倒负伤。在此过程中,被告人没有阻止的可能。[2]

法院认为被告人无罪。理由是,如同海洛因注射器事件,自我危殆化的参与是不可罚的。本案中,被害人认容该茶的作用而任意饮用,因此,是自我答责性的。而在被告人向被害人说明了该茶的特性,并指出“不要超过一杯”的情况下,难以说被告人有优越的知识。而被告人在作出了促进性的作用之时,并没有保证人的地位。并且,在产生不可预见的效果的时点,被告人也没有防止因酩酊大醉所产生危险的可能性。[3]

(十四)救助者事件

案件事实:被告人在被害人家里放火。被害人 12 岁的弟弟在二楼就寝。酩酊大醉的被害人在被告人放火之后上楼,但不能确定是为了救助其弟,还是运出家中的其他东西。后被害人毫无意识地昏倒并被烟雾呛死。[4]

BGH 认定被告人成立过失杀人。理由是,尽管被害人的死亡是自己造成的,但是应当包含在刑法过失杀人的范围之内,这就如同行为人在救援成功时,这种对结果的避免是对行为人有利的。因此,被告人应当对失败的情况下,即被害人被呛死的结果承担责任。同时,尽管行为人同被害人一样,都处于醉态,

---

〔1〕 参见[日]山本高子:《自己危殆化と合意に基づく他者危殆化——2008 年 11 月 20 日のBGH 判决を素材として》,载《比较法杂志》2010 年第 44 卷第 1 号,第 110 ~ 111 页。

〔2〕 参见[日]山中敬一:《刑法における客观的归属の理论》,成文堂 1997 年版,第 738 页。

〔3〕 参见[日]山中敬一:《刑法における客观的归属の理论》,成文堂 1997 年版,第 738 ~ 739 页。

〔4〕 参见[德]克劳斯·罗克辛:《德国刑法学总论》(第 1 卷),王世洲译,法律出版社 2005 年版,第 266 页。

但是这并不能改变对其的归责,行为人仍然能够预见到后来的事情经过。[1]

(十五)毒之陷阱(利用被害人的间接正犯)事件

案件事实:被害人侵入被告人的家中,在厨房里又吃又喝。为准备将这些东西搬出,而暂时离开。被告人报警后,警官认为侵入者(被害人)会很快回来取走准备搬出的物品。被告人认容了侵入者饮用饮料会死亡而在饮料瓶中加入了毒药。但后来被告人意识到为了逮捕侵入者的警察也可能会饮用该饮料而有危险,便告知警官饮料瓶中加入了毒药。后被告人应警官的要求,将装入毒药的饮料瓶收拾掉了。[2]

在上诉审中,检察官认为,本案被告人成立杀人未遂罪。BGH 驳回了检察官的主张。理由是,虽然根据表面现象,为了引起结果,从被告人的侧面已经实施完毕了所有危害行为。但是,事实上,他的杀人行为还没有直接开始。因为,结果的发生,并不因他的期待和实施完自己物理上的行为而发生,还需借助于媒介者(被害人)来实施通过构成要件实现的行为。只有在媒介者(被害人)实施具有与构成要件该当行为紧密连接的有关联作用行为的场合,才能认为被告人直接性地开始了杀人行为。[3]

天花事件中,法院否定了对过失犯的承诺。牵牛花茶案中,延续海洛因注射器判决的理由和结论,法院认为被告人是无罪的。并且,在该案中,法院否定了以不作为犯为理由来处罚行为人。在这一点上无疑是妥当的。但是,本文认为,需要关注的是,该案中最具有标志性的是行为人事前为了控制危险而作出了适切的指示情况下,被害人却没有遵从该指示而实施了自我危殆化的行为,在这一点上,被害人已经跨出了行为人适当的危险控制范围,从而将法益侵害结果纳入到自己的法领域。在救助事件中,有两个问题需要加以讨论:一是救助者的醉酒状态能否影响行为人的答责问题;二是救助人与救助财物的区分是否重要的问题。被害人处于酩酊醉酒状态,显然,这会影响其对客观现状的准

---

〔1〕 参见[德]克劳斯·罗克辛:《德国刑法学总论》(第 1 卷),王世洲译,法律出版社 2005 年版,第 266 页。

〔2〕 [日]关根徹:《被害者の参与が必要な场合の未遂の开始——毒のわな》,载《比较刑法杂志》2000 年第 34 卷第 1 号,第 209 ~ 210 页。

〔3〕 参见[日]盐谷毅:《被害者の承诺と自己答责性》,法律文化社 2004 年版,第 261 页。

确判断,据此可以认为其并非是出于"任意",进而也就可以得出并没有形成"任意、行为与结果的统一体"的结论。因此,对发生的法益侵害结果不能由被害人自我答责。但是,如果被害人并没有陷入酩酊状态,而是有足够的认识能力和控制能力的场合,又与被救助的对象究竟是人还是财物有着一定的关联。在救助对象为人的场合,法律要求有能力实施救助的救助者,必须履行自己的救助义务,否则将可能会被追究相关的刑事责任。这样,在救助人的场合,通常就应当由行为人自我答责。需要考虑的是,在所冒的风险显著大于作为救助者的被害人的能力而发生法益侵害的场合,能否认定为被害人自我答责就成为问题。在这种紧急状态下,要让被害人如同数学家那般精确地衡量、计算自己的能力与救助的可能性之间的比例关系,显然是不妥当的。而可以考虑的是,救助者有与免责的紧急避险同样的心理性紧迫状态。这种场合,不可期待被害人不去救助处于危险状态的被救助人,从而排除被害人自我答责。而在救助对象为财物的场合,站在一般理性人的角度,在影响生命法益的场合,一个人不会为了身外之物的财产而放弃作为最高法益的生命。因此,在为了抢救财产而导致生命法益受到侵害的场合,应当将法益侵害结果归责于被害人。需要注意的是,本案判决主张被害人救助的动机究竟是人还是财物,在被害人自我答责上并不重要。并且认为,如果第三人的动机只是起了单纯的诱致、促进自我危险化行为的作用的话,设定伤害(特别是人的死亡)的原因就不能归属于第三人。但是,该原则不能转用于因行为人的犯罪行为而诱致被害人自我危险化行为的事例。这表现出判例在认定被害人不是自我答责性的同时,有限制自我答责原则适用的倾向。[1]

三、日本判例的述评

(一)千叶赛车事件

案件事实:被告人是赛车初学者,有七年赛车经验的被害人发觉被告人技术低劣,在被告人练习之时,被害人要求坐到车上对被告人进行技术指导。被

〔1〕 参见[日]盐谷毅:《被害者の承诺と自己答责性》,法律文化社2004年版,第262页。

告人按照被害人的指示,在赛车练习行驶中错误操作,致使自己的赛车失去控制,撞到防护栏后翻车。在翻车之际,防护栏的支柱刺穿被害人一侧的窗户,造成同乘的被害人死亡。[1]

辩护人主张:第一,被害人自己甘受可能发生的危险,在此限度内放弃了自己的法益,这是自己决定权的范畴;第二,该竞技被认为是社会相当性的行为;第三,即便认为本案中不能因被害人的因素阻却不法,被告人也不负有预见本案事故、回避该事故的注意义务,因此不能认为被告人有过失。[2]

法院认为,首先,被害人是危险接受。被害人对赛车竞技运动的危险性是有认识的。并且被害人通过对被告人的建议,在一定程度上有制御危险的机会,可认为被害人接受了死亡等结果发生的危险,[3] 因此可以认为是违法性阻却。[4] 首先,被害人知道被告人的运动技术不成熟,却指示其加速,因此被害人"作为自己的危险而接受而同乘";[5] 其次,赛车运动与其他体育运动相比,也没有特别高的危险性,即便在本案中,也是按照确保安全的日本汽车联盟(Japan Autvmobile Federation,JAF)的规则而进行。因此,不欠缺社会相当性,被告人在本案中的行驶,阻却违法性。[6]

(二)海豚肝中毒事件

案件事实:被告人从京都府知事处获得海豚处理师和调理师的许可证,在料理店从事调理海豚等业务。某日,被告人向该店来客歌舞伎演员阪东三津五郎提供海豚料理之际,虽然认识到海豚肝可能含有多量毒物但是却向其提供海豚肝。后阪东三津五郎因食用海豚中毒陷入呼吸麻痹而窒息死亡。被告人被以业务过失致死罪和违反京都海豚处理条例而遭到起诉。[7]

---

〔1〕 [日]西田典之、山口厚、佐伯仁志:《刑法判例百选 I(总论)》,有斐阁 2008 年版,第 314 页。

〔2〕 参见[日]盐谷毅:《被害者の承诺と自己答责性》,法律文化社 2004 年版,第 333 页。参见[日]林慎一郎:《被害者による危险の引受けついて》,载《立命馆法政论集》2004 年第 2 号,第 65 页。

〔3〕 参见[日]山本高子:《自己危殆化と合意に基づく他者危殆化——2008 年 11 月 20 日のBGH判决を素材として》,载《比较法杂志》2010 年第 44 卷第 1 号,第 315 页。

〔4〕 参见[日]盐谷毅:《被害者の承诺と自己答责性》,法律文化社 2004 年版,第 333 页。

〔5〕 [日]西田典之、山口厚、佐伯仁志:《刑法判例百选 I(总论)》,有斐阁 2008 年版,第 316 页。

〔6〕 [日]西田典之、山口厚、佐伯仁志:《刑法判例百选 I(总论)》,有斐阁 2008 年版,第 317 页。

〔7〕 参见[日]林慎一郎:《被害者による危险の引受けついて》,载《立命馆法政论集》2004 年第 2 号,第 63 页。

京都地方法院认为,被告人犯业务上过失致死罪;大阪高等法院维持了一审定罪判决,只减轻了刑罚;日本最高法院认为,被害人阪东三津五郎负有回避危险的注意义务。本案被害人中毒死亡,为其自身有预见可能性,并且有回避可能性而不回避的结果。如此场合,明显的,被告人的责任止于违反海豚处理条例之限,而对被害人因海豚中毒之死,不能追究被告人的刑事责任。[1]

对比上列两个案例,赛车案件中,辩护人主要关心的问题其实是在注意义务的违反性上。而法院则强调根据危险接受和社会相当性来阻却违法,认为被害人的危险接受直接具有阻却违法的效果。这样,就出现危险接受与其他违法阻却事由(特别是被害人承诺以及社会相当性)之间的关系究竟如何的问题。对此,法院没有刻意作出明确的界定。学者认为,法院是将危险接受与社会相当性作为没关系的两个概念而并列。因此,危险接受、社会相当性、承诺三者相互完全独立成为违法性阻却事由。根据本判决,危险接受完全已成为与其他违法阻却事由无关系的、全新的(过失犯所特有的)违法阻却事由。[2]

赛车案尽管是以危险接受为理由而展开,但是判决也存在问题:第一,没有明确危险接受的内容和要件。特别是将"危险行为可能会连接特定的构成要件的结果的认识之人是否为被害人"的要件替换为"对行为的一般危险性的认识之人是否为被害人"的要件,并进而以此为危险接受的必要的不可欠缺的前提,对此存在疑问。第二,基于危险接受,为何就阻却违法性,也存在疑问。这与刑法上不认同个人生命处分的自由究竟是什么关系? 理由何在? 并且,如何说明危险接受与日本刑法第202条不认同被害人生命处分的承诺之间的关系?[3]

对赛车案,学者也提出了不同看法,赛车事件并非危险接受,而应当认为是由于被告人不具有结果预见可能性和没有违反注意义务,而导致其无罪的事件。[4] 理由是,即使赛车事件中,翻车、撞车是家常便饭,但过去并未发生死亡等结果,因此被告人不具有预见可能性。但是,本文认为,在这种具有安全保障

〔1〕 参见[日]盐谷毅:《被害者の承诺と自己答责性》,法律文化社2004年版,第343~344页。

〔2〕 参见[日]盐谷毅:《被害者の承诺と自己答责性》,法律文化社2004年版,第341~342页。

〔3〕 参见[日]林慎一郎:《被害者による危险の引受けついて》,载《立命馆法政论集》2004年第2号,第65~66页。

〔4〕 参见[日]盐谷毅:《被害者の承诺と自己答责性》,法律文化社2004年版,第345~346页。

的竞技场合,即使过去全然没有发生过类似翻车、撞车的事故,也没有发生过人员伤亡的事故,也不能仅此就当然推断出被告人不具有结果预见可能性和没有违反注意义务。因为即便有充分的物质保障,但是在下坡急转弯高速行驶,可能会引起翻车事故,这是一般人均可预见的事情,由此可能会发生司乘人员的伤亡也不是不可能。这的确不能否认行为人的预见可能性和注意义务。正如井田良教授所言,“本案不能理解为脱离预见可能性的范围的因果经过”。〔1〕

而在海豚肝中毒事件中,辩护人再三主张,“充分知道海豚肝是危险的而食用的被害人的态度”是影响犯罪成立的。〔2〕 但是,京都地方法院和大阪高级法院均以被害人是顾客(消费者)为由,否定了辩护人的意见。而日本最高法院认为,根据海豚处理条例,仅禁止向他人提供海豚肝脏等有毒部分。但这并不处于将刑法上的注意义务明文化的分野位置。不得向他人提供即使调理了也有危险的海豚有毒部分的注意义务,结束于在避免向他人提供海豚有毒部分之时,该注意义务违反的责任就止于此限。但在这种明显的危险延续至当前之时,负有回避该危险的注意义务之人就是自己决定是否食用所提供的料理之人的阪东三津五郎。而本案被害人的中毒之死,被害人具有预见可能性,且有回避可能性而不回避当前存在的危险结果,因此,被告人的刑事责任就止于违反海豚处理条例之限,不能就被害人海豚中毒来追究被告人的刑事责任。〔3〕

有学者认为,日本最高法院没有明确说出的是,其主张的根据是将被害人的态度评价为“被害人自我答责性”。但是 ,判决中对此只是评价为量刑事由之一,而没有作为违法阻却事由来看待。然而,本案的确可考虑为被害人自我危殆化参与的事例,而否定业务过失致死罪。对方(被害人)是著名的国宝级的歌舞伎演员阪东三津五郎,因此,在实际上,被告人要拒绝其对海豚肝的要求是困难的,况且在这种情况下,是阪东三津五郎自己食用了海豚肝。相对于赛车事件,被害人对法益侵害的认识要相对较高。〔4〕

---

〔1〕 [日]井田良:《危険の引受け》,载西田典之等编:《刑法の争点》,有斐阁 2000 年版,第 79 页。

〔2〕 参见[日]林慎一郎:《被害者による危険の引受けついて》,载《立命馆法政论集》2004 年第 2 号,第 63 页。

〔3〕 参见[日]盐谷毅:《被害者の承诺と自己答责性》,法律文化社 2004 年版,第 344 页。

〔4〕 参见[日]林慎一郎:《被害者による危険の引受けついて》,载《立命馆法政论集》2004 年第 2 号,第 64 页。

单从被害人中毒死亡这件事独立看来,被害人对即使经过处理但是还可能残留毒素的海豚肝是有充分的认识的,但依然甘愿冒险而决定食用,显然对最终法益侵害结果的发生,起到了具有支配性的"正犯性"作用。据此,可以认为其基于自己的任意而创设了"任意、行为与结果的关联",形成了"任意、行为与结果的统一体",从而排除行为人的答责。因此,法院认为不能单就被害人海豚中毒来追究被告人的刑事责任是妥当的。最终对被告人的定罪,"结局,在判决中,只不过将认识到危险而接近危险源的被害人的态度作为量刑情节之一予以考虑"。[1] 本文认为,本案重要的是,这里还有被害人不能自我答责的法益,即存在作为社会法益的公共食品安全法益。而法院认为"被告人的刑事责任就止于违反海豚处理条例之限,不能就被害人海豚中毒来追究被告人的刑事责任",显然就是考虑到了这一被害人不能自我答责的法益。因此,在最终的处理结果上,法院以被告人违反海豚处理条例相关内容,对被告人予以处理是适当的。

四、理论上的反思

(一)被害人承诺理论并不能解决危险接受的问题

如果从被害人自身主观性的希望出发所作的处分法益意思体现出被害人自己决定的自律性价值的话,原则上,该自律价值应当是优先考虑的(当然该自律价值表征为被害人自我实现的价值)。因此,可以将行为人的法益侵害行为认为是实现被害人自己决定的自律价值的外在表现,进而在该自律价值优越于法益侵害的无价值的场合,阻却行为人犯罪的成立。这样,在讨论被害人承诺之时,着重点应当不是法益处分所追求的目的性的客观价值,即由被害人之外的人所作出的较高评价的目的性价值,而是自我实现的价值。被害人承诺问题的特点在于,被害人认识到自己法益侵害的结果,却基于自己的意思,同意行为人实施侵害法益的行为,从而发生法益侵害结果。被害人承诺的实质是被害人处分自己可以处分的法益。与之相反,危险接受则是被害人虽然认识到行为人行为的危险性,但是却期待不发生法益侵害结果,因此危险接受的实质并非一

〔1〕[日]盐谷毅:《被害者の承诺と自己答责性》,法律文化社2004年版,第344~345页。

定就是被害人主动处分自己可以处分的法益。在被害人承诺的场合,仅因被害人承诺对自己法益侵害结果的发生,就可足以认为被害人对不法结果的发生具有积极的意思。与之相反,在危险接受的场合,尽管被害人欠缺慎重的态度,关系到行为人的行为与不法侵害结果的发生。但是,归根结底,被害人的态度对法益侵害结果的发生仅止于"消极性的",从被害人所认可的仅为行为人的行为之实行,并非自然就能推导出被害人承认、接受法益侵害的结果。显然,消极性的危险接受完全是不同于积极性的被害人承诺的另一构造。因此,采用被害人承诺的思维方式,从这种消极的被害人的态度出发,将不法结果的发生由被害人一人承担,而对参与其中的行为人,借用法益处分的意思而免除刑罚处罚就未必合适。具体来讲,承诺论途径依然存在无法说明仅有对危险的接受(与承诺对象的问题相对应)、接受危险的意思(与承诺的意思相对应)和危险接受中何以生命能够被处分(承诺的限制)等问题。

1. 关于承诺对象

对何者可以成为被害人承诺的对象,理论界有行为说、行为 · 结果说和结果说三种观点。

德国学者麦兹格(Mezger)认为,某行为合法与否,在行为时必须予以确定,不许事后才开始确定,因此,作为不法阻却事由的同意,通常只不过关系到行为自身,同结果没有关系。这样,承诺对象是行为即为以足(行为说)。[1] 但是,在结果无价值论看来,违法性的本质是法益侵害以及危险,而不是行为本身的危险,自然,行为说就存在原则性的疑问。而在德国处于通说地位的行为无价值论也认为"同意的对象不仅仅是行为,而且还有结果;因为结果是行为构成的一个基本组成部分"。[2]

行为 · 结果说将对危险行为的承诺考虑为对侵害结果的承诺的征表。德国学者施罗德(Schröder)认为,从危险的认识出发必然推定出对结果的承诺。最终,实际上是否存在对结果的承诺并不是问题,对危险行为的承诺完全可被

---

〔1〕 参见[日]盐谷毅:《被害者の承诺と自己答责性》,法律文化社 2004 年版,第 270 页。

〔2〕 [德]克劳斯 · 罗克辛:《德国刑法学总论》(第 1 卷),王世洲译,法律出版社 2005 年版,第 369 页。

评价为对结果的承诺。[1] 但是,在危险接受的场合,该观点颇有可疑之处。"承诺者不仅承诺行为,而且承诺行为的结果(承诺对象)。只有当法益主体承诺法益侵害的结果时,才能认为其放弃了法益。"[2]认识到结果可能发生并不意味着认容结果发生。因此,有危险接受的场合存在就认为对侵害结果的承诺,这是归纳性的推定,是"纯粹的拟制"。[3]

结果说认为,同意必须直接以结果为对象。仅据此,就无法合乎逻辑地得出被害人承诺理论能够解决危险接受问题。施密特(Eb. Schmidt)认为,"单纯任凭事态发展而甘受,或者忍受难以回避的结果发生,不是自己所'意欲'的对象"。在刑法上处理体育运动中的伤害,混同了"危险的意欲"和"被侵害的意欲"。自赴危险者不只对符合自己愿望的好的结果,也对不符合自己愿望的坏的结果予以承诺、赞同、同意和认容的观点,全然误解了危险接受。[4]

2. 关于承诺的心理内容

对于被害人承诺的心理性要素,有"认容"结果发生和"意欲"结果发生不同的理解。前者是指容忍、甘受行为人的行为结果,具有消极性特征。后者是指希望、追求结果发生,具有积极性特征。[5] 但是,危险接受的场合,无论用被害人承诺之"认容"结果发生,还是"意欲"结果发生都是不合理的。用意欲结果发生来说明危险接受的意思内容,很不合理。因为,行为人仅是接受危险,而不是积极地追求危险结果的发生,根本没有意欲的意思和内容。认容结果发生,就是假定结果一旦发生,被害人也不会反对,而会予以接受、认可。考察危险接受事例——如千叶赛车案,无论被害人还是行为人,均不会对发生的结果表示接受而不反对。即被害人即使认容行为人实施危险行为,也不能够必然合理地推论出被害人全然认容结果发生。

---

〔1〕 参见[日]山中敬一:《过失犯における被害者の同意——その序论的考察》,载《平场安治博士还历祝贺·现代の刑事法学》(上),有斐阁1977年版,第341页。

〔2〕 张明楷:《刑法学》(上),法律出版社2016年版,第224页。

〔3〕 [日]盐谷毅:《被害者の承诺と自己答责性》,法律文化社2004年版,第271页。

〔4〕 参见[日]山中敬一:《过失犯における被害者の同意——その序论的考察》,载《平场安治博士还历祝贺·现代の刑事法学(上)》,有斐阁1977年版,第342页。

〔5〕 参见[日]山中敬一:《过失犯における被害者の同意——その序论的考察》,载《平场安治博士还历祝贺·现代の刑事法学(上)》,有斐阁1977年版,第344页。

3. 关于对生命法益的处分

人是权利主体而非客体,生命法益是具有高度专属性的专属于特定个人的法益,是个人的存立基础。生命法益虽然是个人法益,但却是拥有本质性价值和非替代性绝对性的法益。因此,无论在故意犯还是过失犯中,即使是所谓实现自律性价值,尽管被害人自己为了实现自律价值,可以“自己”危及自己生命法益,但是不能因此在逻辑上必然推导出被害人可以承诺“他人”侵害自己的生命法益,“自己的生命不属于可以承诺的对象,生命权不在个人可以自由处分的法益范围之内,因为它毁灭的是自由与自由权主体本身”。〔1〕生命法益是不能承诺的。无论在承诺的对象上是采行为 · 结果说还是单纯的结果说,在死亡的结果通常是由行为人的危险行为所导致的危险接受场合,死亡结果均为承诺的对象,这就与俨然已成为铁则的生命法益不得承诺的理念发生了激烈冲突,终究无法自圆其说。

(二)其他理论也无法解决危险接受问题

在看到借用被害人承诺原理来解决危险接受的问题,存在无法克服的理论困难后,有人转而采用其他理论,试图适当解决这一问题。但这些理论,并不成功。

1. 义务违反欠缺说

格佩特(Geppert)认为,在被害人基于自由意思而参与危险行为的场合,行为人的注意义务就相对化了。〔2〕可能的理由就是:在所有领域,对注意义务设定完全妥当的一般性的客观基准,大体上是不可能的。但是,行为人对被害人所具有的义务相对化问题的核心,毋宁说是被害人认识到危险而进入危险领域,是基于何种根据使行为人的注意义务相对化,从而欠缺注意义务违反这一点。对此,可能有以下两个进路:其一,被害人作出了危险接受,这是自律等于自己决定的实现。根据德国通说,以行为无价值为基础来考虑过失犯的注意义务违反,被害人认识到危险而行为,从而使被害人的自我决定减少了行为无价值,因此行为人的义务相对化了。其二,在因为有危险接受,所以被害人得以顺

〔1〕 李海东:《刑法原理入门》,法律出版社 1998 年版,第 91 页。

〔2〕 参见[日]深町晋也:《危险引受け论について》,载《本乡法政纪要》2000 年第 9 期。

应这种危险这一点上寻求正当化根据。的确,被害人的危险接受是自己决定的实现。但是,仅有被害人的自我决定,如何能够使得行为人的注意义务欠缺,依然不无疑问。被害人顺应危险,实际上也是被害人自我决定换了一个说词而已。此外,欠缺注意义务违反,从根本上来讲,是适用其背后存在的不可罚的根据的结果,但其自身不是不可罚的根据。因此,只得说,在注意义务违反欠缺论的内部,不存在解决危险接受问题的手段。[1]

2. 行为危险否定说(被允许的危险)

山口厚教授以讨论赛车事件为契机,认为用被害人承诺不能解决危险接受问题。仅从被害人接受危险就得出被害人同意结果,很明显是不当的"拟制";再则,日本刑法第202条明文规定处罚同意杀人。因此,对危险的同意并没有足够的阻却违法的效果,仅此不能否认犯罪的成立。危险接受中,法益主体并不同意结果,而是同意危险性。因此,解决危险接受问题的关键是"将自己的利益置于危险的自由"。作为自己决定权的内容,在即使是危险行为,但基于某种理由而希望的场合,就是给予了被害人将自己的利益置于危险的自由。这不仅适用于自我危殆化的场合,也同样适用于他人危殆化的场合。一旦允许遂行危险行为,对由此发生的不能回避的结果,当然不能追究行为人的刑事责任。否则,就与因不被允许的危险行为的遂行所引起的无法回避的结果的事后禁止同样了,明显的,这与允许危险行为的遂行是矛盾的。当然,作为危险接受要件,被害人的危险认识是必要的。[2]

但是,第一,山口厚教授仅仅依据"将自己的利益置于危险的自由"的自我决定权,来否定行为人"行为的危险性",根据并不牢固,因为由"许可危险行为遂行的自由"并不能导出"该行为没有危险性",这两个是不同的概念。"当法益主体只是认识到行为的危险,而没有接受实害结果时,仅凭法益主体对行为危险的认识就否认行为的危险性,也是缺乏根据的。"[3]第二,山口厚教授认为,被害人同意的要件自然有结果的同意,危险接受所述及的是,由于有将自己

〔1〕 参见[日]深町晋也:《危险引受け论について》,载《本乡法政纪要》2000年第9期。

〔2〕 [日]山口厚:《"危険の接受け"论再考》,载《齐藤诚二先生古稀祝贺论文集》,信山社2003年版,第96~97页。

〔3〕 张明楷:《刑法学中危险接受的法理》,载《法学研究》2012年第5期。

的利益置于危险的自由,一旦被允许的危险行为遂行的话,因行为人不能完全制御危险而引起结果,不得追究行为人的责任。因此,实质上就是“自己决定权的内容,不仅包含允许侵害自己利益的自由,也包含使自己利益受到危险的自由”。该观点类似行为同意说,无法回应相关批判。第三,即使存在危险接受,也并非必然地否定因果关系中的相当性。[1] 因为对被害人态度的规范性评价,能否作为相当性判断的一部分是有疑问的。相当性的概念是作为“从这种行为是否通常会产生这种结果”的问题而存在的。在相当性的判断上,无论是立足于主观的因果关系说还是客观的因果关系说,在能够评价为被害人自我答责的他人危殆化的场合,行为人的危险行为所产生的结果,并不以被害人危险接受而归于无。而因果经过相当性的判断,可以区分为相当性判断基底和相当性判断自身两个问题。[2] 关于相当性判断的内容,要考察如下内容:(1)行为所存在的结果发生概率的大小;(2)介入因素异常的大小;(3)介入因素对结果发生贡献的大小。[3] 但是,(1)的判断实质上是行为相当性的判断,(2)、(3)的判断才属于因果经过相当性的判断。其中,(2)是相当性判断基准的问题,(3)是相当性判断自身的问题。[4] 在被害人危险接受问题类型中,被害人自己主导型不用说了,在行为人主导型的场合,即使被害人主动表示接受该危险,是否能够评价为异常的介入因素,不无疑问。而在行为人与被害人共同正犯性地引起侵害结果的场合,被害人的行为态度,根本不是“介入”的,当然不能用这种判断了。因此,行为人的危险行为所产生的结果,并不以被害人危险接受而归于无,被害人的危险接受,不能起到否定因果关系中的相当性的作用。

3.社会相当性说

日本学者十河太郎以赛车事件为契机,指出危险接受的场合,被害人对法益侵害并没有承诺,只不过认识该危险,在这一点上不同于被害人承诺。对以这种赛车竞技中因发生翻车致死的因果经过非常稀少为由,而否定被告人违反注意义务的见解,十河太郎认为,本案被告人有具体的预见可能性。尽管被告

[1] 参见[日]盐谷毅:《被害者の承诺と自己答责性》,法律文化社2004年版,第350页。
[2] 参见[日]曾根威彦:《刑法の重要问题》(总论),成文堂2005年版,第61页。
[3] 参见[日]前田雅英:《刑法讲义总论》,东京大学出版会2006年版,第185页。
[4] 参见[日]曾根威彦:《刑法の重要问题》(总论),成文堂2005年版,第61~62页。

人的驾驶技术是初学者的水平，但是在没有铺装的不安全路面的下坡急转弯高速行驶，被告人有构成要件结果发生(死亡结果)现实的危险行为。因此，作为构成要件该当性的判断，不能不说被告人违反了为回避该结果而采取适当措施的义务。在被害人只不过是认识到危险的场合，可以说没有放弃法益自身，因此这种场合不能允许适用被害人承诺的法理。[1]

德国学者齐普夫(H. Zipf)认为，过失犯中不存在承诺的问题，因此为了阻却过失场合的行为的可罚性，就必须以社会相当性为依据。在危险接受中之所以阻却行为的可罚性，是因为被害人预见了侵害的可能性，表现出了放弃所侵害的法益的意思。即使在没有表明放弃所侵害的法益的场合，在遵守法秩序的情况下，即使造成了法益侵害结果，也是社会相当的。[2]

十河太郎认为，判断诸如千叶赛车案中被告人行为的违法性，应当着眼于本件事故是赛车体育运动之际所发生的这一点。仅看危险接受不能否定体育运动中的犯罪成立，而应当判断在体育运动中的法益侵害是否为正当行为，具有社会相当性。体育运动中，即使对人的生命和身体造成侵害，也因为符合正当业务行为而阻却违法性。体育运动意图维持、增进健康，减轻、解消社会生活中的生活压力，在社交的侧面，圆融地推进共同生活这一点上具有社会性的意义。作为社会交往的手段，体育比赛观战的对象等通过比赛的社会有用性决不会小。但是，体育运动在性质上是伴随有某种程度的法益侵害危险，如果全面禁止这种危险行为的话，就不会有这种体育运动了。[3] 比较衡量体育运动的有用性、必要性与当该行为发生结果的盖然性，在被允许的危险范围内，于某种限度上阻却违法性。[4]

社会相当性理论的见解独辟蹊径。但是，基于被允许的危险所保护的法益

---

〔1〕 参见[日]十河太郎:《危険の引受けと过失犯の成否》，载《同志社法学》1999 年 50 卷 3 号，第 351 页。

〔2〕 参见[日]曾根威彦:《过失犯における危険の引受け》，载《早稲田法学》(33 ~ 54)1997 年 73 卷 2 号。

〔3〕 参见[日]十河太郎:《危険の引受けと过失犯の成否》，载《同志社法学》1999 年 50 卷 3 号，第 353 ~ 355 页。

〔4〕 参见[日]十河太郎:《危険の引受けと过失犯の成否》，载《同志社法学》1999 年 50 卷 3 号，第 353 ~ 354 页。

必须是相对具体的。例如,急救车为了挽救患者的生命而高速行驶,在列车翻车事故中求助于医学学生而引起死亡的场合等,如果限于此的话,则体育运动即使有价值,对生命的侵害也不得援用被允许的危险法理。[1] 尽管十河太郎以体育运动维持、增进健康,成为娱乐和社交的手段,对运动者和观众双方的有用性绝对不会小,是对社会有益的行为为由,来反驳前田雅英教授的观点,但这依然是抽象的,不具有很强的说服力。

另外,社会相当性是非常多义的概念,作为判断问题的基准,明确性不够是其根本性的问题。大概只能作出诸如该行为"是否在历史形成的社会生活秩序框架内",即"是否是日常生活普遍进行的事情"这类的判断。如果这样的话,甚至在被害人不能正确地认识伴随体育运动的危险之前(被害人不是危险接受),即无论被害人认识与否,该行为(体育运动等)在客观上也已经有固定的社会性了。如果行为人的行为至少没有显著违反规则的话,行为在社会性上也可能是相当的。但是,在行为人行为相当性的判断上,"被害人的危险接受(危险认识)"却又成为相当性判断的一个要件。如此,"被害人的危险接受(危险认识)"似乎陷于一个尴尬的境地。[2]

此外,体育运动的场合,因为重视行为人的行为具有社会相当性,所以被害人危险接受的观点就可能显得不重要了。但是,在危险接受成问题的其他场合,可能没有社会相当性的存在余地。如向他人提供毒品,他人过量吸食后造成身体伤害或者导致死亡的,可能无法适用社会相当性理论。但是,着眼于被害人危险接受本身,考虑被害人对结果的影响,以及由此对行为人的不法具有何种影响,是本文所关心的问题。而社会相当性理论的着力点在行为人之侧,的确有忽视被害人之侧的倾向,这可能会影响全面、正确地判断行为人的不法。[3]

(三)被害人自我答责理论能够合理说明危险接受

被害人承诺论不能解决危险接受。"义务违反欠缺说"、"行为危险否定说"和"社会相当性"等理论也存在问题。最近,在德日,根据客观归责论来解决

---

〔1〕 参见[日]十河太郎:《危险の引受けと过失犯の成否》,载《同志社法学》1999 年 50 卷 3 号,第 354 页。

〔2〕 参见[日]盐谷毅:《被害者の承诺と自己答责性》,法律文化社 2004 年版,第 349 ~350 页。

〔3〕 参见[日]盐谷毅:《被害者の承诺と自己答责性》,法律文化社 2004 年版,第 351 页。

此问题逐渐有力。[1] 危险接受问题,逐渐从“行为的不法问题”转到“客观结果的归属问题”。从尊重被害人自我决定权及其实现出发,如果考虑被害人是否基于自己的意思而形成了“任意、行为与结果的统一体”,危险接受问题完全可以在客观归责理论的视域下,用被害人自我答责理论进行讨论。

1. 被害人自我答责理论的思考方法

现代社会,对个人“私”领域的尊重是法律正当性的理论根基之一。[2] 如此,任何人对自愿导致发生在自己“私”领域的侵害,都自我负责。在刑法领域中,这种思考方法,就是自我答责理论。自我答责理论认为,每个人在社会中都有自己的角色分配,都有自己的管辖领域,对自己管辖领域内的事情,“我的地盘,我做主”,由其个人自负其责。这种思考问题的方法,不是传统刑法学的“行为人应当对法益侵害结果负责”,而是“行为人应当为结果的不发生”负责。[3] 之所以如此,是出于对自我决定权的自由及其实现的尊重。“个人的自由必须约制在这样一个界限上,就是必须不使自己成为他人的妨碍”。[4] “任何人的行为,只有涉及他人的那部分才须对社会负责。”[5] 这样,对发生在自己管辖领域内的行为,不得要求与该管辖领域无关的他人负责。因为,这只不过是“只具有单独的非交往性的个体化行为”,并非“社会交往性的行为”,根本没有影响他人自由的可能。自然,发生在自己的权利范围之内的纯粹的自我损害就不具有不法的特点。故而,如果此时有所谓的他人的“相关”行为,也不得评价为不法行为。显然,自我答责理论表明了社会和法,并非在所有场合,对其组成人员的安全,都如同家长式的那样予以全面的保护。明显的,这是一种“自由主义”与“自己责任”的考虑方法。

2. 被害人自我答责的成立

(1)适格的答责主体与答责能力

刑法学中,“自我答责”常常直接与“自我决定”这一概念联系在一起。能

---

〔1〕 参见[日]盐谷毅:《被害者の承诺と自己答责性》,法律文化社2004年版,第286页。

〔2〕 参见马卫军:《被害人自我答责与过失犯》,载《法学家》2013年第4期。

〔3〕 参见冯军:《刑法中的自我答责》,载《中国法学》2006年第3期。

〔4〕 [英]约翰·密尔:《论自由》,许宝骙译,商务印书馆1959年版,第66页。

〔5〕 [英]约翰·密尔:《论自由》,许宝骙译,商务印书馆1959年版,第11页。

够自我答责者,必须是一个适格的答责主体。被害人必须具有认识其行为的性质、意义、作用和法律后果,并且具有能够独立地作出意思表示的能力。被害人自我答责能力包含了“认识能力”与“控制能力”两个基本要素。前者为被害人认识自己所作出的特定行为(侵害自己的某种法益)的性质、后果与意义的能力,后者是在有认识的情况下,能够作出答责性的意思表达和实施特定行为的能力。

自我答责能力是一个需要规范性判断的概念。作为刑法领域内所讨论的一种特殊能力,被害人自我答责能力是为了解决特定场合下的一些特殊刑法问题而提出来的,有其适用的特殊性。被害人自我决定的自由受诸多因素的影响,因此在具体判断是否为被害人自我答责之时,应当坚持具体问题具体分析的原则,即具体考虑行为人的个体情况,结合案件发生的现实状况综合考虑,予以确定。因此,自我答责能力并没有一个统一的、放之四海皆准的标准。[1]

(2)“任意、行为与结果的统一体”

在刑法的评价上,一个人要对所发生的法益侵害结果答责,就是其任意性地设定自己的行为,导致法益侵害结果,也就是其设定了背离意志的为法所不期待的“任意、行为与结果的统一体”,故而,应当由其对发生的损害结果承担责任。被害人自我答责也不例外。作为能够自我决定者的被害人任意改变“意志”,形成了“任意”,扭曲、割裂了法规范共同体中“意志、行为和结果”之间的有机联系。当然,被害人的行为,可表现为作为和不作为两种方式。被害人自始至终一直在控制着损害结果发生与否的可能,提高结果发生的危险或者实现法益侵害结果,由此该法益侵害结果或者危险就是被害人自己行为的作品。[2]

3. 危险接受之被害人自我答责理论的实际应用

对于危险接受,可分为被害人自我危殆化的参与、共同正犯性的危殆化和合意的他人危殆化三类,再运用被害人自我答责理论予以分析阐明。

(1)被害人自我危殆化的参与

被害人自我危殆化,是被害人已经完全认识到自己的行为有法益侵害的危

---

〔1〕 参见马卫军:《被害人自我答责的成立条件》,载《刑事法评论》2012年第2期。

〔2〕 参见马卫军:《被害人自我答责的成立条件》,载《刑事法评论》2012年第2期。

险,但是却积极实施该行为,导致法益侵害结果发生。这种场合,被害人是决定性的。被害人自我危殆化的参与,是行为人参与到被害人自我危殆化的行为之中,为被害人自我危殆化的实现,起到了共犯性的作用。被害人自我危殆化典型的例子就是海洛因注射器事件。从规范的观点来看,有意识的自我危殆化的行为,由于完全属于被害人个人的组织化行为,并且该组织化行为属于被害人的答责领域,要期待被害人在这种场合不实施自我危殆化的行为,在刑法上没有任何意义,除非必要,否则,就是刑法对个人私人自治空间的野蛮干涉。对这些特定领域,法律秩序对相关行为放弃了评价,而由特定的行为人自行负责其行为的正确性。[1] 被害人自我危殆化的场合,无疑就是被害人基于自己的意思,创设了"任意、行为与结果的统一体"。因此,对法益侵害结果,由被害人的自我答责,当无疑问。

(2)共同正犯性的危殆化

共同正犯性的危殆化,是指被害人与他人共同实施了危险行为,从而导致法益侵害结果发生。这种场合,被害人与行为人的行为都对法益侵害结果的发生具有正犯性的作用,支配了法益侵害结果的发生。典型例子就是 HIV 感染未遂事例(对方知道的场合),该案中,在规范意义上,两人的行为结合为一个功能性的共动行为,可看作一个侵害法益的行为的有机部分。从对法益侵害的风险产生上来看,并非是行为人单独制造了危险,也非被害人单独制造了危险,而是两者共同作用,共同制造了风险和实害。行为人的行为被被害人所接纳而成为被害人自我侵害性的行为的有机组成部分,可视为具有被害人的行为性,并且,出于被害人任意的不符合"意志"的行为,创设出了法益侵害的结果,形成了被害人的"任意、行为与结果的统一体",从而由被害人对法益侵害结果的自我答责。

(3)合意的他人危殆化

合意的他人危殆化,是指被害人甘受他人实施某种危险行为,而发生法益侵害结果的场合。千叶赛车案就是典型的例子。合意的他人危殆化的场合,依然形成了基于被害人的任意所达成的"任意、行为与结果的统一体",理由是:客

---

[1] [德]阿图尔·考夫曼:《法律哲学》,刘辛义等译,法律出版社 2011 年版,第 248 页。

观上,被害人做出允许危险的行为和使自己踏入了危险之中。被害人做出允许危险的行为,没有问题。无疑,行为人的行为是具有危险性的,这种危险性表现为一种客观的存在——危险状态,被害人接受有危险性的行为人的行为,就是将自己置于危险状态之中。尽管不能操控导致危险状态本身的来源(行为人的行为),但是被害人有能够操控自己不进入该危险状态的能力。在拒绝操控自己不进入该危险状态的能力之时,就是踏入到危险之中。这与行为人放火之后,无关的被害人冲入火海抢救财物被大火烧死的性质相类似。区别只不过是一个允许自己进入已经存在的对自己法益可能侵害的危险状态之中,一个是允许自己进入将来的对自己法益可能侵害的危险状态之中而已。如此,合意的他人危殆化的场合,在被害人接受了行为人的行为之后,对该行为所伴随的危险状态,从规范上来看,可以说就是被害人"自己的危险状态",而不是"他人的危险状态",因此,可以得出被害人具有指向结果发生的可能性的结论。主观上,被害人有充分的危险认识可能性。综合客观和主观的侧面,可以得出被害人基于自己的任意,创设了"任意行为与结果的统一体",从而对发生法益侵害的结果,由被害人自我答责。当然,由于合意的他人危殆化的场合,的确与前述两种危殆化的场合不同,为此,需要严格认定是否为合意的他人危殆化。

评论

正义想象中的去差异化与异质性崇拜

——兼评《正义与差异政治》

谭安奎*

内容摘要:在批判分配范式的基础上,差异政治理论试图把政治维度重新带回到正义想象中来,对现代社会和文化领域广泛存在的压迫与宰制展开批判。但作为一种正义理论,它包含对自由主义和福利资本主义传统中的无偏倚性理想以及去差异化思维的严重误读,同时也因其群体本位和反规范的特质,使自己陷入了对异质性的盲目崇拜,从而埋下了自我挫败的理论隐患。正义想象中根本的政治之维乃是国家权力的正当化,这是差异政治理论与单纯的分配范式所共同忽略的问题。因其特有的"双重强制"特征,国家权力的正当化需要个体本位的、假定性条件下的规范建构,这将为公共空间中对正义边界的动态界定以及群体差异的自我表达提供基石。

关键词:正义　分配范式　差异政治　去差异化　权力

当今占据主导地位的正义理论似乎是以物质财富的分配问题为中心的,这与福利资本主义的实践密切相关。而作为福利资本主义分配实践的观念伏笔,物质的生产以及相应的贸易问题在十七世纪以来就已经成为基本的国家活动,也就是变成了核心的政治议题。"政治经济学"的产生便是这一过程的产物,而它在古典政治理论看来几乎完全是措词上的自相矛盾。但以物质的平等分配为中心的正义理论(从而还有与之相关的以物质问题为中心的政治理论)面对一个窘境:它一方面在道德上仍然饱受争议,从而显得有些理想化;另一方面,

* 谭安奎,中山大学政治与公共事务管理学院教授,哲学博士。

面对政治现实,它似乎又显得太过简单和“庸俗”。后一方面表现在,现实政治中越来越多的分歧和冲突并不是以物质问题为中心的,试图以改善某些群体的生活水平的方式来化解冲突或怨忿,甚至有可能是在根本上误解了问题的性质。对于这些政治问题来说,用“身份”、“承认”、“尊严”等概念似乎更有可能接近其本质。我们因此可以看到,近年来,有人认为分配与承认是两个不可彼此还原的正义之维。更有甚者,有人主张说,在正义的问题上,承认是基础性的,分配不过是派生性的。[1]

面对上述挑战,差异政治理论提出了一种极具个性的,同时也是相当激进的反思正义问题的理论进路。它以对正义的分配范式的反思为起点,以群体差异作为正义想象的焦点,把权力关系以及相应的压迫、宰制作为正义分析的核心。鉴于该理论兼具批判与建构的双重抱负,我们以它作为切入点,或可对现代正义理论乃至整个现代政治理论的一些根本问题提出深层次的诊断。

一、分配正义:做多了,还是跑偏了?

“正义”常常被用来表征某种道德理想,而更为常见的则是,人们用“不正义”去表达个人的不满,乃至进行社会批判。在过去近半个世纪中,“正义”这个历久弥新的议题在学术上再次焕发活力。虽然不同的理论之间出现了激烈纷争,但其争论的焦点则是直接或间接围绕资源分配来展开的。这恰恰反映了这些理论的共同取向,即它们都聚焦于可分配之物。在中文语境中,说它们都聚焦于可分配的“东西”,或许更能体现含糊的准确性。这些正义理论希望人们在某些可分配的东西上达到某种平等的状态,它们的区别,似乎主要在于对“什么东西的平等”这一问题的不同回答。[2] 换言之,问题不在于是否要分配,而在于分配的指标是什么。

---

[1] 关于正义中的分配与承认及其相互关系的上述争论,最具代表性的讨论可参见[美]南茜 · 弗雷泽、[德]阿克塞尔 · 霍耐特:《再分配,还是承认? ——一个政治哲学对话》,周穗明译,上海人民出版社 2009 年版。

[2] “什么东西的平等”这个说法在形式上借用了阿马蒂亚 · 森在坦纳人类价值讲座中的一次演讲的标题。参见 Amartya Sen,“Equality of What?”, in S. M. McMurrin ed. , *Tanner Lectures on Human Values*, Salt Lake City, University of Utah Press, 1980, pp. 195 – 220。

当然,上述理解正义的思路一直遭到抨击,其中最为尖锐的、同时也是人家最熟悉的批评,莫过于罗伯特·诺齐克(Robert Nozick)、哈耶克(Friedrich August von Hayek)等理论家们调动古典自由主义的道德资源,对"分配"正义、"社会"正义在用语上和道德上的双重否定。在这些批评者看来,主张分配正义,需要反事实地假定财富都是从天而降的,而且它相当于强迫一些人为另一些人劳动;或者,只要每个人都尊重他人的自由和财产权,个人行为就是正义的,整个社会也就相应地是合乎正义的,因此,并不存在一种人为构造的"社会"正义的状态。[1] 简言之,在这种批评看来,平等主义的分配正义主张,以及由来已久的福利资本主义实践,本质上是"做多了",超出了道德边界。

"做多了"这一批评与平等主义的分配正义主张之间的紧张,其实反映了西方现代政治伦理长久以来形成的一种根本的意识形态冲突,即古典自由主义与福利资本主义之间的分歧。相对而言,平等主义的分配正义主张对经济、政治、文化上的弱势群体显得更为友好。然而,同样(至少是部分地)出于对这些群体的关注,有一些相对新颖的理论却认为,种种分配正义理论与其说是"做多了",不如说是"跑偏了"。差异政治理论便是这样一种具有代表性的主张,其中最具影响力的作品当数艾丽斯·M. 杨(Iris Marion Young)的《正义与差异政治》。[2] 在差异政治理论看来,关于正义的分配范式集中关注物质利益和社会地位的拥有问题,这是错失了正义的焦点,因为这些东西仅仅是特定的决策过程的产物,因此后者才是更根本的。诚然,当代的分配正义理论所讨论的分配的对象,有时候明显超出了物质利益,扩展到了权利、机会、权力乃至尊严。我们从罗尔斯(John Rawls)的理论中便可以看到这一雄心。但在差异政治理论看来,对分配概念的这种扩展会造成严重的概念混淆,尤其是,一旦那些东西被当作对象纳入分配的话语,我们就"往往很容易将其视为静态的事物,而非社会关系和过程

---

〔1〕 对"分配正义"和"社会正义"这两个概念及其道德主张的拒斥,可分别参见 Robert Nozick, *Anarchy, State, and Utopia*, New York, Basic Books, 1974, pp. 149 – 150;[英]弗里德利希·冯·哈耶克:《法律、立法与自由》(第2、3卷),中国大百科全书出版社2000年版,第164页。

〔2〕 参见[美]艾丽斯·M. 杨:《正义与差异政治》,李诚予、刘靖子译,中国政法大学出版社2017年版。

的运作”。[1]

由此可见,差异政治理论对正义的讨论更加关注的是决策过程、社会关系,尤其是其中的权力问题,而这些东西本身都是无法以分配概念来处理的议题。在这种理论看来,关于正义的分配范式不加反思地承袭了福利资本主义的制度语境,在聚焦于分配问题的过程中,无视或掩盖了社会中存在的不正义的权力关系和权力运作过程,从而扮演着负面的意识形态角色,即把不合理的现实正当化,因此应该遭到批判。差异政治理论以批判理论和后现代哲学为基础,不仅对福利资本主义的分配范式,而且对其背后的自由主义的个人主义立场和无偏倚性(impartiality)原则提出质疑,进而伸张群体差异、强调异质性,并倡导对群体身份的积极再界定,为我们提供了一种思考正义问题的替代性方案。

差异政治理论重申权力关系和权力运作过程对于正义的意义,其实是在尝试把政治维度重新带回到正义想象中来。笔者赞赏这种理论努力,并试图首先在正义的观念脉络中彰显其价值。但本文将论证指出,这种努力同时伴随着泛政治化的危险。在把政治带回正义想象的过程中,差异政治理论误会了社会正义理论处理差异问题的方式,即在承认差异、尊重差异的基础上基于明确的原则实行去差异化。以群体为本位的差异政治乃是个体本位和去差异化的果实,但它似乎想要砍掉自己赖以成长的果树,这种自毁根基的思考方式削弱了、甚至取消了它作出确定的正义判断的能力。最后我将分析表明,在社会正义的问题上去差异化,核心的目标乃是解决政治权力的正当性,而伸张群体差异,则更多地是一个社会改良问题。这两种不同的思路应该对应着两种不同的问题意识。遗憾的是,一些分配范式的正义理论忽略了分配正义本身应当具备的政治之维,这一点反过来证明了差异政治的部分批判性力量。

二、正义观:把政治带回来?

相对于分配范式,杨所倡导的差异政治理论强调,“压迫和宰制才应成为思

〔1〕 [美]艾丽斯 · M. 杨:《正义与差异政治》,李诚予、刘靖子译,中国政法大学出版社 2017 年版,第 17 页。在杨看来,把分配概念扩展到权利、机会、权力、尊严之上,是对这些东西的本质的严重误解。杨对此作了详细分析,可参见该书第 27 ~ 38 页。

考非正义的首要对象”。[1] 所谓宰制，即支配（domination）。按照我们通常的理解，所谓的压迫或宰制，都意味着一方对另一方行使不平等的权力，从而使得被压迫者或被支配者的意志不得伸张。因此，强调压迫和宰制，实质上是把权力作为中心视角，也就是一种以政治为中心的思考，这与分配范式将焦点放在可分配的物质资源上不一样。另一方面，由于它（颇具说服力地）从关系和过程的角度来理解权力，而不是将权力当作一种静态的“东西”，因此它也与那些把权力当作一种分配对象的分配正义理论不一样，倒是与作为动态过程的政治概念更为契合。从上述两个方面来看，作为一种特别的正义理论，差异政治理论具有更明确的政治之维。甚至在我们通常看来更多地与分配联系在一起的剥削概念，杨也给出了更具政治色彩的、与“压迫”内在相关的解释。她认为，我们不能仅仅从分配的结果上理解剥削，“剥削概念的核心洞见就在于它揭示了压迫产生于将一个社会群体的劳动成果转移到其他群体手中的稳定过程”。[2] 正是这个过程构成了权力上的不平等关系，这些关系通过一个系统性的过程得以生产和再生产，使得穷人的能量持续不断地被榨取，用以维护和扩张富人的权力、地位与财富。

差异政治理论的这种思路，可以被认为是一种把政治重新带回到正义想象中来的尝试。“重新带回来”，这个说法意味着，政治曾经就处在关于正义的想象之中，但后来被放弃或被排除掉了。差异政治理论所批评的分配范式似乎就是把政治排除在外的典型。其实，发轫于早期现代的古典自由主义政治哲学，就其把正义主要限于信守契约、尊重他人财产权、不侵犯他人自由等个人行为而言，权力和政治同样也是被排除在正义想象之外的。权力和政治最多被设想为捍卫这种正义的必要工具，而并非正义想象的构成性内容。但我们需要简单说一说政治处于正义想象之中的那种情形，并将其与差异政治理论进行比较，以便明确差异政治理论是否，以及在何种意义上把政治“重新带回来”了。

在古典政治哲学中，正义确实是政治理论的核心主题。但之所以如此，乃

---

〔1〕 [美]艾丽斯·M. 杨：《正义与差异政治》，李诚予、刘靖子译，中国政法大学出版社 2017 年版，第 8 页。

〔2〕 [美]艾丽斯·M. 杨：《正义与差异政治》，李诚予、刘靖子译，中国政法大学出版社 2017 年版，第 59 页。

是因为古典政治哲学以良善生活为价值前提,良善生活被认为是政治共同体的真正目的,而且要通过政治共同体的整体生活方式来体现。政治共同体所代表的生活方式,则集中体现为其政体。结果,伦理学和政治哲学对良善生活的探索就变成了对最佳政体的探讨。我们知道,政体问题的核心乃是政治关系问题,尤其是谁来统治的问题。柏拉图(Plato)给我提供了一个理论范例:所谓最佳政体,或者理想的城邦,也就是一个正义的城邦。按照他的理解,人们在他所设想的等级化的城邦中各司其职、各安其分,城邦便是正义的。因此,谁,因何种价值功过(merits)配占据何种政治职位,这是正义问题的核心所在。在这种背景下,即便要谈论所谓的分配正义,关键也是政治职位的分配。这一思路在亚里士多德(Aristotele)的政治理论中也得到了延续,虽然他与柏拉图对可欲的政体的设想明显不同。我们因此可以看到,在古典政治哲学中,正义确实是明确的权力问题和政治问题。

诚然,包括柏拉图本人在内的古典政治哲学家们,都对财富的严重不平等有过关注,但这种关注不是出于正义的理由,而主要是出于政治稳定的考虑。对于共和主义传统的思想家来说,他们更关心的则是财富所带来的腐化(丧失政治德性),或者严重不平等对政治自由的损害。中世纪后期曾经有过一种主张,即穷人为满足其生存的基本需要,可以拿走富人多余的财产。但这种主张也仅仅是在表明财产权的限度,或者说是某些例外,而不是要以正义之名对物质财富进行分配,更不是把财富的某种平等分布作为一种结构性的制度安排进行构想。因此,在自古典时代到中世纪的传统中,物质的分配问题,包括财产问题,本身并非正义的焦点,"财产的所有权,就像财产的侵犯一样是矫正正义的范畴,没有人能够在分配正义下获得提出财产要求的权利"。[1] 而如前所述,在早期现代特别强调财产权的理论中,它也不是一个分配正义问题,而首先是个人行为问题。

让正义想象偏离政治焦点,并围绕物质财富来设想分配正义,是一个与现代福利资本主义联系在一起的故事。哈贝马斯(Jürgen Habermas)对福利资本主义体系的批评之一就在于它是去政治化的,这种批评其实也指向了对正义想

---

〔1〕[美]塞缪尔·弗莱施哈克尔:《分配正义简史》,吴万伟译,译林出版社 2010 年版,第 38 页。

象的去政治化。当然,福利资本主义对原本属于社会领域的经济问题进行干预,也可以换一个角度来理解。因为它意味着社会、经济问题现在变成政治问题了,因此我们也可以说这是一个"社会的国家化与国家的社会化"的过程,由此产生了一个"重新政治化的社会领域",它摆脱了简单的"公"和"私"的区分。[1] 所谓的社会、经济问题,核心就是物质财富的生产与分配。当这些问题变成政治关切的关键议题,它同时意味着公民身份也逐渐丧失了其政治的维度,它主要不再指向与权力相关的公共生活实践,而是更多地具备了消费者或者客户的含义。在此背景下,物质财富的分配作为新的政治关切进入到正义想象的核心地带,而从此前的传统来看,这恰恰是去政治化的表现。

当然,正义想象中的这种去政治化,并不意味着相关的正义理论家完全不关心权力问题。问题在于,即便他们意识到权力问题的重要性,他们也难以在其正义观的构造中以一种整体连贯的方式把权力纳入进来。这方面的典型例子便是德沃金(Ronald M. Dworkin)。作为资源平等的倡导者,他所谓的资源,包括他对于实现资源平等的程序设计,都仅仅指向私人资源的分配,与之相应,资源平等的实现,都是以市场的模式去落实的。德沃金本人也认识到,政治权力是不能或不应该依靠市场来解决的,如果政治权力也交由市场运作,那么更多的人可能会因其他更强烈的偏好而放弃它。但德沃金十分重视民主的参与目标以及公民对于共同体的政治责任,他因此强调,如果一个共同体接受了平等主义的抽象原则,"那么它就不能把政治影响力或影响本身当作资源来对待,使之按可能适用于土地、原材料或投资的划分标准去平等划分。在这样一个共同体中,政治是一个责任问题,而不是财富的另一个维度"。[2] 换言之,权力问题固然不是财富问题,严格说来也不是正义问题,它是一个需要另案处理的政治责任问题。

这正是差异政治理论拿起批判武器的基本语境。在杨看来,正义的分配范式之所以在消极的意义上扮演着意识形态的角色,就在于它强化了福利资本主

[1] 参见[德]哈贝马斯:《公共领域的结构转型》,曹卫东、王晓珏、刘北城、宋伟杰译,学林出版社1999年版,第171页。

[2] Ronald Dworkin, *Sovereign Virtue: The Theory and Practice of Equality*, Cambridge, Harvard University Press, 2000, p. 210.

义在正义问题上的去政治化取向,从而遮蔽了真正重要的权力关系问题。在这个意义上,差异政治理论作为一种正义理论,首先就是要把政治之维重新带回到正义想象之中。用杨的话来讲就是,我们要将制度、社会和文化生活的广阔领域"持续地重新政治化"。[1] 值得注意的是,像德沃金那样把权力问题另案处理的思路也是不可接受的,因为它意味着分配问题与权力、政治问题是可以割裂的,而在差异政治理论看来,分配的模式恰恰是由权力结构决定的。由此我们就不难理解差异政治理论的逻辑了:有形之物的分配不仅与权力问题无法割裂开来,而且权力问题是更为优先的议题,因此压迫和宰制应当成为正义的首要概念。

然而,差异政治理论把政治重新带回到正义中来,却不是简单地回归到前现代传统,即以政治职位的分配作为正义的核心问题。这里的关键区别在于,它突破了在政治职位或统治关系的意义上理解权力、在国家制度或政府活动的意义上理解政治的思维。权力和政治都被作了极度泛化的再界定。就权力而言,"现代社会中的宰制,是由众多行动者的弥散性权力构成的,每一个行动者都是他人之决定得以实现的中介。在这个意义上,即使人们无权决定政策或结果,在与他人的关系中,他们仍然拥有某些权力"。[2] 就政治而论,"政治关涉制度组织、公共行为、社会实践和惯习以及文化意义的各个方面,至少将它们作为了集体评价和决策的潜在对象"。[3] 基于这种极度泛化的权力与政治概念,差异政治理论在讨论正义时所说的制度背景,也不同于我们日常理解的国家、公共权力层面的制度,而是包含了国家、家庭、市民社会及工作场所中的所有结构或实践,以及指引这些实践的规范和准则,甚至包括构成社会交往中介的语言和符号。既然政治无处不在,压迫和宰制(至少是压迫和宰制的风险)也就无处不在。此时,把压迫和宰制作为正义的首要概念,结果便是正义问题无处不在。因为在这种背景下,"正义的概念与政治的概念是互相重合的","正义的范

---

〔1〕 [美]艾丽斯·M.杨:《正义与差异政治》,李诚予、刘靖子译,中国政法大学出版社2017年版,第9页。

〔2〕 [美]艾丽斯·M.杨:《正义与差异政治》,李诚予、刘靖子译,中国政法大学出版社2017年版,第67页。

〔3〕 [美]艾丽斯·M.杨:《正义与差异政治》,李诚予、刘靖子译,中国政法大学出版社2017年版,第9页。

围远比分配宽得多,它涵盖了所有政治性的事务”。[1]

如果正义要防止或消除权力带来的压迫和宰制,它就需要伸张某种形式的民主。杨对民主与正义的关系因此有一个基本的定位:“民主既是正义的要素,也是其得以实现的一个条件。”[2]事实上,参与式民主、商议政治确实也构成了差异政治理论的重要理论资源。但是,鉴于政治概念的泛化,差异政治理论所理解的民主也一定会所涉更广,包括国家制度、市民社会、家庭以及工作场所,乃至价值和意义的界定等。这就是为何《正义与差异政治》特别关注决策的结构和过程、劳动分工、文化这三个非分配议题的原因所在。在这个意义上,差异政治所设想的民主,当然已不是狭义的政治民主,而是更宽泛的社会民主。它很接近杜威(John Dewey)的社会民主观。杜威曾经区分“作为一种社会理念的民主”与“作为一种政府制度的政治民主”。在他看来,恰当的民主概念应当是前者,这样的民主“如果要得以实现,它必须影响人类联合的所有形式,包括家庭、学校、工业、宗教”。[3]

然而,这绝不意味着差异政治不过是一种改头换面的社会民主理论而已。从表面上看,杜威式的社会民主理念也强调政治无处不在,“凡在涉及一群共同活动着的人们的事务中就存在着某种类型的政治与控制。把政治局限于华盛顿和阿尔巴尼的观点是肤浅的。在家庭里、在工作中、在教堂里、在每一个社会团体中都有政治”。[4] 但社会民主作为一种民主理想,它的要求是在所有存在政治的地方,包括在每一个社会团体内部都实行民主。因此,它关心的是社会团体内部的运作方式,而非社会团体(遑论其他文化、种族、性别意义上的社会群体)的独特性或它们之间的差异。对后者的高度关注恰恰是差异政治理论的一个鲜明特征,对该理论来讲,相对于超越群体差异,“对群体差异进行积极的

---

〔1〕 [美]艾丽斯·M.杨:《正义与差异政治》,李诚予、刘靖子译,中国政法大学出版社2017年版,第40页。

〔2〕 [美]艾丽斯·M.杨:《正义与差异政治》,李诚予、刘靖子译,中国政法大学出版社2017年版,第81页。

〔3〕 John Dewey, *The Public and Its Problems*, Chicago, Swallow Press, 1954, p. 143.

〔4〕 [美]约翰·杜威:《人的问题》,傅统先、邱椿译,上海人民出版社2006年版,第48页。

自我界定,实际上更有解放性”。[1] 因此,差异政治理论不仅表现出对一切权威和科层结构的高度敏感,而且特别在意一切“被”标记出来的群体差异、“被”界定出来的文化意义。即便这些差异的标记或意义的界定在很多人看来可能只是社会的而非政治的,差异政治理论也从一些社会群体的“消极被动”地位中看到了文化帝国主义式的压迫或宰制。在这种理论看来,自由主义的个人主义传统,包括福利资本主义的分配范式在内,往往以其对群体进行同化的方式来实施这种压迫或宰制。与之相应,正义的要求似乎就是由社会群体积极地进行自我界定、伸张自己的差异和独特性。

为诊断差异政治理论上述主张的合理性,我们就要分析,它所批评的那种对群体的“同化”究竟是怎么回事,以及这种批评本身是否成立。

三、无偏倚性、差异与去差异化

差异政治理论对同化的批评和担忧,指向一个十分重要的靶子:不偏不倚或无偏倚性的道德理念。[2] 该理念直接体现了平等对待的原则,它在现代政治伦理中无疑扮演着极为重要的乃至不证自明的道德角色。但差异政治理论对这一根本的现代信条提出了质疑:“道德理论中的无偏倚性理想表达了一种试图敉平差异的同一性逻辑……因而,无偏倚性的理想便在普遍与个别、公共与私人、理性与激情之间设立了二分法。而且,它是一种不可能的理想,因为道德理性不能也不应脱离情境和亲缘关系的特殊性。最后,无偏倚性理想也发挥了意识形态的功能。它将宰制集团的特殊观点伪装成普世性,并为等级化决策的正当化提供了协助。”[3]

---

[1] [美]艾丽斯 · M. 杨:《正义与差异政治》,李诚予、刘靖子译,中国政法大学出版社 2017 年版,第 192 页。

[2] 中译本把“impartiality”译为“公正”,这一译法也较为常见。但“公正”一词在中文语境中含义并不特别明确,除了“impartiality”,它还可能让人将其与“equity”甚至“justice”关联起来。为了更明确地传递“impartiality”所包含的去差异化的含义,并尽可能与其他英文用语区分开来,笔者在本文中将其改译为“不偏不倚”或“无偏倚性”。下文中我将不再对此一一注明。

[3] [美]艾丽斯 · M. 杨:《正义与差异政治》,李诚予、刘靖子译,中国政法大学出版社 2017 年版,第 116 页。类似的批评还可参见该书第 124 页。

对无偏倚性理念的上述质疑除了敉平差异这一结论之外，具体包含三个不同的批评。其一，无偏倚性以普遍性示人，将自身视为公共的、理性的，将与其不相符合的东西打入私人领域，从而试图（在公共政治领域）消弥差异。其二，无偏倚性作为道德理想是不可能的，道德推理不可能脱离特殊的关系和情境。这是一个强势的道德哲学或元伦理学论断。其三，无偏倚性理想是欺骗性的意识形态，它实质上是特殊的，而不是普遍的。我们可以看出，第三个批评依赖于第二个论断为之提供基础，而且如果第二个论断是成立的，第三个批评也就能够顺势成立了——你天天主张一种不可能的东西，那至少构成了实际上的欺骗（即便并非故意为之）。因此，第二个、第三个批评实质上可以合二为一，它的核心当然是那条强势的道德哲学论断。但这个论断能否成立，将取决于一种关于个人与群体的形而上学信念。对此，我们需要在下一部分专门讨论（当然，从逻辑上讲，如果我们能够否认第一个批评，即关于普遍性的质疑，那么第二个批评中关于特殊性的道德哲学论断也就难以成立了。但鉴于第二个批评背后的形而上学信念关系到差异政治理论鲜明的群体本位的取向，因此仍然值得我们专门去面对）。在这一部分，我们先集中分析第一个批评。

在哲学家托马斯·内格尔（Thomas Nagel）看来，每个人内部都有两种立场（standpoint）或观点（point of view），它们分别是个人性的（personal）与非个人性的（impersonal）。与此相应，道德在本质上要求一种形而上学的人性观念或自我观念，亦即每一个人都应当“把自己同时当作‘我’和某个人”。[1] 强调“我”，就意味着偏倚性，即偏向自己的利益、计划和感受，也包括偏向自己的特殊关系、群体归属和种种眷顾（attachments）；而把自己仅仅当作芸芸众生中的“某个人”，那就是非个人性的、不偏不倚的观点。后者又被内格尔称为利他主义。要体现这种无偏倚性，在最消极的意义上，它可能意味着每个人都要尊重其他人平等的自由和权利（这些平等的自由和权利的基础可能在其他地方，而不必是无偏倚性本身），无论其群体身份、文化归属或其他自然属性如何。例如，古典自由主义所倡导的那些消极权利，以及以个人行为为中心的正义观，就可以被认为满足了这种意义上的无偏倚性的要求。这种无偏倚性是一种对待

---

[1] Thomas Nagel, *The Possibility of Altruism*, Princeton, Princeton University Press, 1970, p. 19.

个体的态度,无论个人之间有什么差异,他们都应当得到平等对待,他们相互之间也要平等对待。因此,它不是否认或敉平差异,而是以承认和尊重差异为前提的。而且,这种无偏倚性也不属于分配范式,因为正如本文第一部分所提到的,它也是分配范式的批评者。因此,差异政治理论对无偏倚性的质疑,在这个意义上是不成立的。

当然,无偏倚性可能有更为积极的面向,而且它可能以两种形式表现出来。一种形式是,根据所谓"不偏不倚的旁观者"的理想,每个人的利益或所获得的满足都在功利主义的框架内进行加总,以成全最大多数人的最大利益。这一过程确实是不尊重人的差异与分离性的,因此遭到道德哲学上的质疑,也受到平等主义的自由主义者如罗尔斯的共同反对,[1]更不用说自由至上主义者了。而且,从个人主义的立场来看,这个所谓的"最大多数人"本身并不见得能够享有压倒性的道德地位。另一种形式则可能体现在平等主义的分配范式之中。如果平等主义的分配正义理论假定每一个人的生活的成功同样重要,平等对待就是要平等分配资源,那看似也是不偏不倚的。但这种无偏倚性其实是一种超然的(detached)视角,它要告诉我们的是,一个上帝般的存在要不偏不倚地对待每一个人,而不是内格尔所说的每一个人内部的一种立场,因此,它首先并不是人与人之间应当如何相互对待的道德理想。进而,这种平等主义的分配主张不能仅仅限于一种道德断言,它需要提出实质的道德理由,以便为人们之间的相互担责提供依据。如果分配范式不能为此提供理由,我们就无法说明为什么一些人要为另一些人的生活承担责任(实现资源上的平等分配预设了这种相互担责)。换言之,我们只是争论"什么东西的平等",而不问"为什么要平等(分配)",那是不讲道理的。而且,如果没有进一步的理由,分配范式就确实可能是试图敉平差异了,因为它是结果导向、不问差异的。当然,这仍然不涉及差异政治理论所讨论的群体差异问题,因为平等主义的分配范式仍然是个体本位的。

当平等主义的分配主张试图为平等提供理由的时候,我们便会发现,它其

---

〔1〕 Amartya Sen and Bernard Williams, "Introduction", in Amartya Sen and Bernard Williams eds., *Utilitarianism and Beyond*, Cambridge, Cambridge, University Press, 1982, p. 5. 与此类似,罗尔斯认为,"功利主义没有严肃对待人们之间的区分"(John Rawls, *A Theory of Justice*, Cambridge, Mass, Harvard University Press, 1971, p. 27)。

实并不是单纯基于杨所质疑的那种无偏性理想。这一点将为我们理解分配范式处理差异的方式提供新的视角。在区分两种立场的同时,内格尔指出,健全的道德思维应当是"试图同时从每一个个体的观点出发看待事物,并试图达到某种他们都能共享的动机,而不是像纯粹不偏不倚的仁爱态度那样,简单地以一种通过步出他们所有的人之外而达致的非个人立场取代个人的观点"。[1]我们需要注意的是,内格尔明显是在反对单纯按照不偏不倚的观点进行道德思考,他甚至认为,这种不偏不倚就是一种超然的观点,它处在所有人之外。在他看来,这种超然的观点,就像传统的功利主义一样,意味着要我们仿佛在一位不偏不倚的仁慈的旁观者的指导下那样去生活,"努力尽可能成为那些从非个人立场中产生出来的不偏不倚的价值之实现的工具"。[2] 那么,恰当的道德思维究竟应该是怎样的呢?对此,内格尔强调说,"政治理论中的辩护必须向人们表达两次:他们首先作为非个人立场的占据者,其次作为在一个从非个人的角度看可以接受的体制之内的特殊角色的占据者……努力这样做并非抛弃政治理论中道德辩护的首要地位,而只是承认个人性的辩护与非个人性的辩护一样在道德中有其作用。双重辩护的要求是一种道德要求"。[3]

这里所提到的"双重辩护"、"表达两次"的说法,可能给人一种印象,即我们必须分别按照两种不同的立场先后提出不同的辩护理由。如果是这样的话,那我们仍然面对的是人们内在的分裂和冲突。内格尔真正想要表达的意思是,在进行政治辩护的时候,我们必须同时接受两种立场的检验,从而把无偏倚性与偏倚性的要求统一起来。然而,内格尔自己也曾说过,他重在指出问题及其挑战,而没有解决问题。要真正解决这个问题,就意味着我们要找到一种新的、整合了两种立场的新立场。就平等主义的分配正义而言,它有赖于这种新的立场或观点为其平等分配的主张提供实质理由。

如前所述,种种流行的平等分配理论,往往在围绕"什么东西的平等"上展开争论。为此,它们分别强调福利、福利机遇、物质资源或可行能力(capabilities)的重要性,形成了丰富的平等主义的内部争鸣。但从"某些东西很

---

〔1〕 Thomas Nagel, *Equality and Partiality*, Oxford, Oxford University Press, 1991, pp. 15 – 16.

〔2〕 Thomas Nagel, *Equality and Partiality*, Oxford, Oxford University Press, 1991, p. 15.

〔3〕 Thomas Nagel, *Equality and Partiality*, Oxford, Oxford University Press, 1991, p. 30.

重要"这一前提,到"这些东西应当在人们之间进行平等分配"这一结论,中间存在巨大的逻辑鸿沟。我们可能因为某些人得不到那些重要的东西而感到遗憾,但并不必然要声称这种状况是不正义的。在平等主义的理论家族中,运气平等主义尝试为平等分配本身提供了一些新颖的理由。它的基本判断是,在影响人的生活的诸多因素中,有一些是个人选择的结果,对此个人应当承担责任,而有一些因素是偶然的、道德上任意的运气因素,这些因素的影响应当被排除掉,由社会来承担责任。那些运气的因素包括家庭出身、天赋才能等。[1] 但这个思路虽然有某种直觉上的吸引力,但理性的说服力可能是远远不够的。因为运气虽然是偶然的,从而在道德上是任意的,但并不等于它们是不道德的。准确地讲,它们在道德上是中性的。既然是中性的,顺其自然、不加干预岂不是更直接、更自然的选择吗?如果认为排除它们对人们生活的影响才是合乎道德的,那似乎就再次需要预设上文中提到的那种超然的立场了。这种超然的、不偏不倚的立场本身并没有把个人性的立场整合进来,它一定会遭到后者的挑战。

从目前来看,为平等分配的论证提供了一个新的整体性立场或观点的仍然是平等主义理论家族中最完备的理论,即罗尔斯的正义理论。该理论也强调要排除偶然性因素的影响,将其置于"无知之幕"之后,从而被一些人解释成了运气平等主义。[2] 但原初状态排除这些因素的影响,却不仅仅是因为它们是运气问题,而且还有进一步的理由,即它们与平等的公民身份无关。尤其是在罗尔斯后期的理论中,他特别强调,自由平等的公民是其理论的一个根本理念,而人们作为自由平等的公民参与社会合作的充分条件就是两种道德能力,即理性(the rational)能力与合情理性(the reasonable)的能力。在此基础上,"无知之幕"的设计就有了更合理的解释:"在建立社会合作(就基本结构而言)的公平条款时,唯一相关的人的特征是,他们(在充分而又最小的程度上)拥有道德能力并拥有终身成为社会合作成员的正常能力。与社会地位、天赋和历史偶然

---

〔1〕 关于运气平等主义的代表性主张,可参见 Ronald Dworkin, *Sovereign Virtue: The Theory and Practice of Equality*, Cambridge, Harvard University Press, 2000, pp. 1-7, 65-119; G. A. Cohen, "On the Currency of Egalitarian Justice," *Ethics* 99, 1989, pp. 906-944; Richard J. Arneson, "Equality and Equal Opportunity for Welfare", *Philosophical Studies*, 1989, pp. 77-93。

〔2〕 这种代表性的解读可参见 Will Kymlicka, *Contemporary Political Philosophy*, Oxford, Clarendon Press, 1990, pp. 70-76。

性,还有人的决定性的善观念的内容相联系的特征从政治上讲是不相关的,因此被置于无知之幕之后。"[1]根据这种解释,无知之幕的约束代表着合情理性,也就是正义感的能力,而原初状态中各方在无知之幕之下的推理过程代表着理性,亦即形成、修正和改变人生观与生活计划的能力。

如此理解的话,似乎原初状态所刻画的立场仍然是分裂的、二元的。然而,原初状态的特殊价值恰恰在于,它将二者事实上整合为一个新的、整体性的立场或观点了。因为合情理性意味着一个公民可以就公共权力的行使提出其他公民也可以接受的理由。但人们究竟能够提出和接受何种理由呢？这是一个实质内容的问题,而这个问题看来必须由每个人理性的利益或生活计划来解答。否则,人们甚至无从提出什么实质理由,也无法确定该接受什么样的实质理由。正是在这个意义上,我们才能理解罗尔斯的一个说法:"合情理性预设和支配着理性。"[2]而这就意味着,在原初状态中,理性与合情理性只是在概念分析的意义上可以分开,实际上却是不能分开的,它们共同构成了一种整体性的道德观点(point of view)或道德推理方式。这种整体性的观点,就是罗尔斯所说的相互性(reciprocity),它是其公共理性理念的标志性要素。[3]

就我们反思差异政治理论而言,相互性不但提供了一个整体性的道德观点,从而在此基础上为平等分配提供了道德上的理由,而且这个道德观点并不是差异政治理论所批评的无偏倚性。借用内格尔关于两种观点的划分,我们可以说,相互性是整合个人内在的两种道德观点的结果,它并不是那种超然的、不偏不倚的观点,而是明确地纳入了每一个人自己的理性考虑。罗尔斯自己对此有明确的说明:"相互性理念处于无偏倚性理念与互惠互利(mutual advantage)的理念之间,无偏倚性是利他主义的(由整体利益所推动),互惠互利则是就目前情况而论,每一个人都在当下或预期的将来处境中受益。"[4]既然如此,相互性作为一种独立的道德观点,它就不是简单地把无偏倚性作为公共的、普遍

---

[1] John Rawls, *Political Liberalism*, New York, Columbia University Press, 1993, p. 79.

[2] John Rawls, "Kantian Constructivism in Moral Theory", *The Journal of Philosophy* 77, 1980, p. 530.

[3] 对罗尔斯正义理论中理性与合情理性如何共同塑造相互性这一道德观点所作的分析,可参见拙著《公共理性与民主理想》第五章第二、三部分,生活·读书·新知三联书店2016年版。

[4] John Rawls, *Political Liberalism*, New York, Columbia University Press, 1993, pp. 16 - 17.

的东西,把个人对自己的偏倚性作为私人的、特殊的东西,从而制造差异政治理论所批评的那种分裂。相反,它是努力整合这两种不同道德观点的结果。

差异政治理论质疑无偏倚性的道德理想,核心意旨是指责它试图敉平差异。就罗尔斯的理论来说,杨也持有同样的判断。她认为,罗尔斯的原初状态排除了参与者之间的所有差异,要求他们之间没有利益冲突,从而取消了本真的讨论和互动。[1] 从表面上看,"无知之幕"确实是敉平差异的典型范例。然而,原初状态设计的一个基本前提,恰恰是人们之间有不同的家庭出身、社会地位、人生观与生活计划。"无知之幕"虽然把那些差异"屏蔽"起来了,但它并不试图否定那些差异的存在。相反,原初状态的独特之处在于,它在屏蔽那些差异的同时,又让各方知道他们之间是有种种差异的(甚至个人自己的人生观也有发生变化的可能),只不过,他们并不知道具体的差别是什么。因此,各方的推理和选择是在这样一种状态下展开的:看似一样,实则不同;知其有异,不明底细。这样一种思维的装置绝不是简单地取消差异,而是以承认和尊重差异为出发点所作的去差异化处理;各方都要努力推进自己的特殊利益,但又只能选择每一个其他人都能够接受的原则。

差异政治理论或许有进一步的忧虑,即通过这种屏蔽差异的方式得出的正义原则,实际上并不是真正具有普遍性的正义观,而不过是特殊群体之诉求的意识形态门面而已。但这种忧虑低估了原初状态屏蔽差异的深度。因为通过"无知之幕","人们的正当观念也被搁置起来了"。[2] 这里的"当"是一个比正义更宽泛的范畴,正义可以说是它的一个子集。罗尔斯早期的时候曾设想将来在"作为公平的正义"的基础上发展出一套更全面的"作为公平的正当"观念。既然每个人特殊的正义观念本身也被"屏蔽"起来了,我们似乎没有理由认为,最终得出的正义原则是由某一方的正义观施加压迫或宰制的结果。

差异政治理论对分配范式敉平差异的指责主要是以无偏倚性理想为基础

---

〔1〕 参见[美]艾丽斯 · M. 杨:《正义与差异政治》,李诚予、刘靖子译,中国政法大学出版社 2017 年版,第 121 ~ 122 页。

〔2〕 John Rawls, "Fairness to Goodness", in his Collected Papers, ed. by Samuel Freeman, Cambridge, Harvard University Press, 1999, p. 269.

的。按理说,如果我们否认了无偏倚性的基础地位,其他的批评也就不攻自破了。但我们的上述分析是以个人为基本的道德—政治单位的,它即便尊重差异,也仅仅是个人之间的差异。而在差异政治理论看来,真正重要的差异是群体差异,因为群体对于个体来讲具有本体论上的构成性意义。差异政治理论是在群体的、文化单位的意义上去理解差异的,这与自由主义的起点就不一样。在这方面,即便自由主义的同情者如泰勒(Charles Taylor)也认为,自由主义的平等权利模式不是要蓄意消灭文化差异,而是对差异不太友好(inhospitable),"因为它无法容纳种种独特的社会的成员真正渴求的东西,那就是存续"。[1]也就是说,群体文化与生活方式的存续本身乃是其成员们所看重和捍卫的价值,而自由主义却强调对界定权利的规则予以一体适用、不容例外,同时它对集体目标抱持怀疑态度。

这就涉及差异政治理论对无偏倚性的第二个质疑了:道德理性不可能超出特殊情境和特殊关系之外,因此无偏倚性和普遍性都是意识形态的伪装。接下来我们就要分析这个批评。此外,差异政治理论不仅认为罗尔斯式的分配范式敉平了差异,而且认为它因此排除了本真对话和互动的可能性。对于强调权力关系和决策过程的正义理论而言,这个问题自然也十分重要。这个批评我们留待最后一部分去讨论。

四、群体本位与异质性崇拜

杨认为人们的道德推理不可能超出特殊情境和特殊关系,不可能达到真正的普遍性,但她似乎并没有为这个强势的道德哲学判断给出充分的论证。从《正义与差异政治》一书来看,杨的这一判断颇受伯纳德·威廉姆斯(Bernard Williams)的影响。威廉姆斯承袭了休谟(David Hume)式的实践理性怀疑论传统,认为实践慎思在任何情况下都是第一人称的,而且第一人称不能引申出或自然地代之以任何人,它仅仅能够达到"如果我是你的话"这样的观点。[2] 他

[1] Charles Taylor, *The Politics of Recognition*, Princeton, *Princeton University Press*, 1994, p. 61.

[2] Bernard Williams, *Ethics and the Limits of Philosophy*, Cambridge, Harvard University Press, p. 19.

还区分内部理由("某人有一种理由去做某事")和外部理由("存在一种对某人而言去做某事的理由"),且认为"没有什么外部理由陈述能够凭其自身提供对任何人行为的解释"。[1] 我们需要注意的是,内格尔虽然并不赞成纯粹的无偏倚性,但他强调那是每个人内在的、在道德和政治辩护过程中需要接受其检验的一种立场,而威廉姆斯则似乎认为,这种立场本身就是不可能的,它也无法成为人的行为背后的驱动力。

但即便我们接受这种实践理性的怀疑论,我们是否就一定会像差异政治理论那样,认为积极伸张群体差异才能导向正义呢?情况似乎不是这样的。事实上,虽然休谟是实践理性的怀疑论者,但他却同时信奉一些普遍的正义规则,他将其称为"人为美德"。他对它们作了如下进一步的说明:"正义的规则虽然是人为的,但并不是任意的。称这些规则为自然法则,用语也并非不当,如果我们所谓'自然的'一词是指任何一个物类所共有的东西而言,或者甚至如果我们把这个词限于专指与那个物类所不能分离的事物而言。"[2] 言下之意,这些规则是普遍的、为人类所共有的,其普遍性堪比自然法。只不过,作为怀疑论者,他认为这些普遍的正义规则的基础不在人的理性本身,而是源于人们普遍遵守它们所带来的社会效用。包括休谟、斯密在内的苏格兰启蒙传统虽然有一套独特的社会和道德理论,但它对个人自由、财产权等普遍正义规则的坚持却不受怀疑论的影响。同样,威廉姆斯也绝不认为普遍人权的概念是意识形态的虚妄,而且他把人权与普遍的不正义联系在一起。[3]

但我们如果据此否定差异政治理论对普遍性的质疑和对群体差异的强调,却是为时过早了。因为细究起来,它还有一条超出实践理性观念之外的理论依据,那是一种形而上学的信条:虽然个人先于团体或联合体(association),个体

---

〔1〕 Bernard Williams, *Moral Luck*, Cambridge, Cambridge University Press, 1981, p. 106.

〔2〕 [英]休谟:《人性论》(下册),关文运译,商务印书馆 1980 年版,第 524 页。

〔3〕 威廉姆斯坚持一种有限的普遍人权观,并将其与跟权力相关的普遍不正义联系起来,后者指的是,"人们仅仅因为想要某种东西,就运用权力强制另一些人,违背他们的意志以保障他们自己想要的这种东西,如果别人对此表示反对,他们就拒绝倾听"(Bernard Williams, *In the Beginning Was the Deed*, Princeton, Princeton University Press, 2005, p. 23)。

组成了团体,但"群体则构成了个体"。[1] 其意思是指,团体是人们自愿构成的,至少人们可以"进入"到团体之中,但群体成员的身份、所属群体的生活方式、对群体的认同却构成了个人自我界定的构成性部分。差异政治理论像社群主义一样,批评福利资本主义和分配范式背后的原子主义的本体论。但它所主张的本体论与社群主义则至少有两个重要的区别。一是它所说的群体特指"社会群体",即因为一系列的实践或生活方式而彼此产生亲和力、认同感的一群人的集合,它不包括纯粹的利益群体或意识形态群体,虽然后两者与社会群体可能实现相互转化;[2] 二是相对于强调单一性与排他性的社群,它更强调群体的关系性、开放性和无确定边界的异质性。换句话说,群体的概念是一个相对的概念,它处于与其他群体的关系之中,群体差异也要通过这种相对的关系来界定。与之相应,差异政治不会把整个国家当作一个群体来对待(因为这种理解恰恰把群体当成了封闭的、同一化的东西,从而消除了以群体为单位的政治与正义问题),而社群主义则有可能将国家视为一个社群。此外,群体的开放性和无确定边界的特征对我们理解个人而言具有一个重要的后果:"在一个复杂的、高度分化的社会中,所有人都拥有多重的群体身份。这些群体的文化、观点、特权与压迫关系并非始终一致的,因此个人——部分地是由其群体归属和关系构成——也不可能是统一的,而是异质的和不连贯的。"[3]

差异政治理论认为"去除了社会群体差异的普遍人性理想允许特权群体忽略自己的群体个殊性。通过中性化、普遍化那些表达了特权群体的观点和经验的规范,对差异的无视使文化帝国主义永久化……因为根本不存在什么观点能够脱离情境、与群体无关,那么支配性群体的情境和经验就会来界定这种人性的普遍规范"。[4] 上述群体本位的本体论应该是这种判断的真正基础。由这

---

[1] 参见[美]艾丽斯·M.杨:《正义与差异政治》,李诚予、刘靖子译,中国政法大学出版社 2017 年版,第 53 页。

[2] 对这三种群体的区分,可参见[美]艾丽斯·M.杨:《正义与差异政治》,李诚予、刘靖子译,中国政法大学出版社 2017 年版,第 226 页。

[3] [美]艾丽斯·M.杨:《正义与差异政治》,李诚予、刘靖子译,中国政法大学出版社 2017 年版,第 57 页。

[4] [美]艾丽斯·M.杨:《正义与差异政治》,李诚予、刘靖子译,中国政法大学出版社 2017 年版,第 200 ~ 201 页。

种本体论出发,可以引申出差异政治理论的两个相互关联的重要结论。第一个是,群体差异就是纯粹的异质性和多样性,它不能用某种所谓的本质属性或实质的规范来界定,因为一旦采取这种本质主义的界定,那就只能是支配性群体的压迫或宰制,是以普遍规范或本质属性之名行意识形态欺骗之实;第二个是,必须让各个群体伸张差异、积极地进行自我界定,这是防止压迫和宰制、克服不正义的基本要求。差异政治反对从本质主义的角度理解差异,它认为这种理解反映出对特殊性的恐惧,从而意味着要把与自己不同的群体当作异类。相反,"差异政治直面这种恐惧,并且旨在将群体差异理解为含混的、关系化的、变动不居的、没有清晰边界的,既不是无形的团结,也不是纯粹的个性。通过主张自己身份的积极意义,受压迫群体要去夺取命名差异的权力,推翻将差异视为对规范的偏离的隐秘定义,这个定义将某一些群体固化在自我封闭的性质当中。至此,差异不再意味着他者、排他的对立,而是个殊性、多样性和异质性"。[1]

在杨看来,在本体论上与此对立的自由主义的个人本位传统,包括所谓的分配范式,其实都是在用普遍规范的名义压制群体差异的自我表达。但这种批评实际上堪称一种构陷。因为既然这种强调普遍规范的传统是个人本位的,那么它重视的就是对个人的平等对待。虽然它可能会主张(或者隐含地认为)不同群体有一些属性上的差异,但恰恰因为它是个人本位的,这种传统所要强调的要点也在于,那些所谓的属性差异,并不影响我们对个人的平等尊重。换句话说,这种强调普遍规范的传统根本不需要用所谓的本质主义来界定群体差异,也不需要鼓励一个群体按照自己的标准把其他与自己不同的群体标为异类,而这首先又是因为它本来就不是用来界定群体的。群体并不构成其思考的起点,群体差异的存在是一个社会事实,自由主义的个人本位传统既不否认这一事实,也不主张积极地伸张群体差异。反过来,如果像差异政治那样强调群体本位,鉴于个体因其群体身份的多重性所带来的内在异质性与不连贯性,那么,群体差异的竞相自我界定和自我伸张,最终岂不是变成了每一个人自我的

---

〔1〕[美]艾丽斯·M.杨:《正义与差异政治》,李诚予、刘靖子译,中国政法大学出版社2017年版,第207~208页。

内在撕裂和斗争？差异政治理论无法告诉陷入内在分裂的个体该如何行动。此时，正义的真正主体和实实在在的行动者岂不是被悬搁起来了？

差异政治理论的群体本位的形而上学除了对个人本位的传统构成了“构陷”之外，更严重的问题在于，它事实上隐含着理论上的“自戕”。这表现在，群体本位的本体论使得它无法为自己关于正义或不正义的评价提供基础。例如，它批评普遍规范不过是“宰制性”群体根据自己的经验和情境来界定的。“宰制性的”或“支配性的”是一个评价性的语词。而且，它也只能是一个评价性的概念，而不能单单用来描述某个群体在人数上的优势，因为很多情况下，少数群体倒是可以支配多数群体（如寡头政治、殖民主义的情况）并制定规范（虽然并不一定是真正具有普遍性的规范）。但既然是评价性的，群体本位的形而上学就必须以某种规范性的理由去认定一个群体是支配性的，证明它对其他群体构成了宰制或压迫。但差异政治理论没有提供这样的理由，它似乎也不打算提供这样的理由。它只是告诉我们，让各个群体各自去伸张它们自己的特殊性。但如此一来，对支配或宰制的认定就扔在一边了，它所关注的正义或不正义也就不再是一个严肃的问题了。

由此就把我们引向了差异政治理论在规范判断上的一个十分严重的问题：它以压迫或宰制作为思考正义问题的首要概念，但它没能提供判断压迫或宰制的规范性标准。以压迫为例，杨竟然一直将其与（不）正义进行循环定义！当我们问什么是不正义的时候，她可能回答说：有压迫。而当我们问何谓压迫的时候，她则准备回答说：不正义。她采用的不是传统的压迫概念，即统治集团的暴政。她认为，二十世纪六十年代和七十年代的新左派社会运动改变了压迫的含义，在其新的用法中，压迫指的是“人们所遭受的不利和不正义”、“某些群体所遭受的广泛而深重的不正义”，而这种不正义来自日常生活的一般过程。[1] 诚然，压迫和宰制应当被视为不正义，但上述循环定义却暴露了差异政治理论的一个致命弱点，那就是，群体间的压迫和宰制需要其他的概念为之提供实质的内容和标准，以帮助我们确认压迫或宰制确实是存在的。

---

〔1〕 参见［美］艾丽斯·M. 杨：《正义与差异政治》，李诚予、刘靖子译，中国政法大学出版社 2017 年版，第 48～49 页。

遗憾的是,杨非常坚定地强调压迫和宰制概念的首要地位,反对把平等对待或非歧视原则作为更基础的概念。杨引用其他学者的观点,认为"歧视首先是一个以行动者为导向、以过错为导向的概念。它使我们关注的焦点集中于加害者及某个特定行为或政策,却忽略了受害者及其处境"。[1] 但这个说法的问题在于,如果没有平等对待以及相应的歧视的概念,我们如何认定所谓的"过错",以及加害与受害之"害"呢? 一群人因为另一群人的特殊肤色而歧视他们,甚至进一步在法律和政策上对他们采取不平等的对待,那我们很容易据此判定其中的"害"与恶,而且能够认定施害者与受害者。这个过程当然也可以说存在压迫,但这种压迫是可以通过歧视来得到解释的。相反,如果没有平等对待或非歧视的原则,单单说群体压迫,反而是无根的判断。一谈平等对待,差异政治理论就会认为那是要走向同化。但本文一再指出,平等对待是对待个体的原则,它本身无关于对群体差异的认定。它也不否定有一些群体差异,只不过在它看来,许多差异(如肤色、性取向的不同)并不构成进行最基本的道德与政治区分的理由,在这个意义上,它当然反对歧视。

或许正是因为上述理论困境,我们可以发现,差异政治理论每每在关键时刻都不得不回到个人本位的权利话语上来。例如,她反对强调自主或自治的概念(因为它意味着群体的封闭性和排斥性),转而强调赋权:"我们应当将自主与赋权区分开,赋权是指一个行动主体通过有效的发声和投票来参与决策。正义的内在要求,便是每一个人都应当拥有制度化的手段,来有效地参与那些可能对其行动和行动的条件造成影响的决策。"[2] 但我们知道,每一个人的有效参与并不与个人本位的传统相悖离,相反,它恰恰可能是这种传统的要求。而且,我们可以再看一看杨对社会正义的整个目标的表述:"社会正义的目标在于社会平等。平等主要不是指社会商品的分配,尽管分配必定是由社会平等引起的。它主要是指人人充分参与并融入社会主要制度,以及社会支持的实质性机

[1] [美]艾丽斯 · M. 杨:《正义与差异政治》,李诚予、刘靖子译,中国政法大学出版社 2017 年版,第 236 页。

[2] [美]艾丽斯 · M. 杨:《正义与差异政治》,李诚予、刘靖子译,中国政法大学出版社 2017 年版,第 304 页。

会,使所有人能够发展、行使其能力,并实现他们的选择。"[1]这里面所说的"每一个人"、"人人"、"所有人",与杨所批判的分配范式及其个人本位并不冲突,相反倒是与群体本位的差异政治不太兼容。我们可以说,在差异政治理论中,个体本位刚从前门被赶出去,马上又从后门被请进来了,这是差异政治理论的内在矛盾。如果本文到此所作的分析是成立的,那么,回到个人本位和权利话语,恰恰是让差异政治理论摆脱内在困境、拿出规范标准的必要选择。

如果只限于伸张群体的差异而提不出认定不正义的规范性标准,那么,差异政治理论就规避了最重要的正义问题:流动的、变化的、边界不确定的异质性群体应该如何相处? 面对群体差异,包括多元文化主义,通常的主张不过是迈向倡导平等尊重的"承认政治",而这可能意味着在价值判断上要有所迁就。后现代主义者们则更进一步,把所有的价值判断都转换成权力和反权力(counterpower)问题,这种状况恰如泰勒所说,"问题不再事关尊重,而是关乎选边站或求和气了"。[2] 杨所倡导的差异政治明显属于这种建立在泛化的权力概念之上的后现代主义阵营,但它似乎较之还要更为激进,因为它所关切的已经不是如何用权力取代价值判断的问题,也不是选边站或求和气了。它所畅想的政治,仅仅是要各个群体积极地进行自我界定、伸张差异本身、防止被其他群体标签化为异类。人与人、群体与群体之间相处的规范没有了,甚至连求和气的现实考虑也没有了,剩下的只有活跃的差异表达和混乱。正因为差异政治理论在规范性上的致命缺陷,或者更准确地说,因为它把任何规范都视为意识形态伪装的反规范特征,它最终给我们留下的似乎就只有一项可疑的成果,我们称之为"异质性崇拜"毫不为过。作为这种异质性崇拜的结果,呈现在我们面前的将不是正义,而是不连贯的乃至内在撕裂的自我,以及混沌无序的社会—政治图景。

---

[1] [美]艾丽斯·M. 杨:《正义与差异政治》,李诚予、刘靖子译,中国政法大学出版社 2017 年版,第 210 页。

[2] Charles Taylor, *The Politics of Recognition*, Princeton, Princeton University Press, p. 70.

五、正义:社会改良,抑或国家权力正当化

其实,一个社会中群体与群体之间如何相处,这个问题本身估计也是无法以明确的规范来确定的,尤其是无法制度化、法律化。根源在于,社会群体因其变动不居和边界不清,难以成为真正有道德意义的行为主体和责任主体。这也再次表明,为什么以这个意义上的社会群体为基本思考单元的差异政治理论一定会具有反规范的特征了。相反,倒是个人、社团、法人、某些地方性的社群乃至国家,反而因其明确的边界而有可能成为有道德意义的行动者。现在,假定这些主体之间相处的规范得以建制化且得到广泛遵守,我们仍然难以排除社会层面上出现有些群体被歧视、被排斥乃至在差异政治理论的意义上被宰制的情况。这些排斥不一定是来自政治层面,而是可能来自文化心理层面,并因此给被排斥的群体带来尊严、社会参与以及实质福利方面的损害。这种可能性(很多情况下就是社会现实)的存在,却证明了差异政治理论的社会洞见和批判力量。

差异政治理论处于批判理论的群落中,而批判理论本身具有社会反思和改良的意义。有效的社会批判,通常被认为是从一个社会已有的立场出发的,它试图表明一个社会尚未完全兑现其所信奉、倡导或隐含认可的原则。这种内在主义的批判被认为较之以纯粹从外部施加一套原则性主张要更为有效。[1] 杨也承认社会批判的这种内在主义特征,并强调福利资本主义构成了差异政治理论的基本语境。从上文所引述的杨对正义之目标的表达来看,差异政治理论认为正义的目标在于社会平等,它虽然认为分配范式错失了焦点,但显然也不是要否定平等分配本身(它只是反对任何单一的、模式化的、聚焦于物质的平等分配观念)。事实上,差异政治所追求的社会平等比平等分配要更丰富,要求也更多。因为在该理论看来,“为边缘人提供住所和食物,并不意味着就消除了压迫。例如,许多老人拥有充足的手段来保证舒适的生活,但是基于其边缘性的

[1] 对社会批判的内在主义解释和分析,可参见 Michael Walzer, *Thick and Thin: Moral Argument at Home and Abroad*, Notre Dame, University of Notre Dame Press, 1994, Chap. 3。

地位,他们仍然是受压迫的。即便在体制上给予边缘人舒适的物质生活,尊重其自由和尊严,边缘性所导致的不正义仍然以没用、厌倦、缺少自尊等形式存在”。[1] 在这个意义上,差异政治理论确实仍然是对福利资本主义的一种内在主义的批评,它希望福利资本主义社会在伦理上更加完善。

但不幸的是,根据我们此前的分析,在批判福利资本主义及其分配范式的过程中,它却把福利资本主义以及整个现代政治秩序背后基于个体本位的平等对待这一基本价值一并扔掉了。循此逻辑,普遍规范被视为意识形态伪装,不受任何明确规范调整的群体异质性就像社会政治领域中飘浮不定的幽灵。在这个意义上,差异政治理论已经超出了内在主义批判的范围,因为它试图在现代政治秩序的根基之处实施爆破。

这个结果初看起来令人惊讶,因为差异政治理论的起点就在于,它认为分配范式忽视了分配背后的制度结构和决策过程,因此它要矫正(以物质为中心的)分配范式之弊,把政治重新带回到正义中来。而我们在第一部分已经指出,这确实是分配范式之下的许多理论所忽视的重大问题。但差异政治理论所采用的是一个极度泛化的政治概念,从而放弃了个体之间、群体之间日常政治互动的背景制度问题。这个问题当然是传统政治理论所理解的核心政治议题,分配范式通常倾向于忽略它,而差异政治理论却似乎是要用无处不在的日常政治淹没它。因此,在对待背景性政治制度这一传统政治议题的问题上,差异政治理论与其批评对象似乎犯了一些共同的错误。当然,我们首先要问的是,那个议题确实是不能回避的吗?

要回答这个问题,就得回到差异政治与分配范式的共同点上来。如上所述,它们都接受福利资本主义的平等分配取向,只不过差异政治理论不提出模式化的分配方案,且关注的范围超出了物质分配。差异政治理论为正义设定了十分厚重的目标,其社会平等的理想具有强烈的再分配意涵和社会民主色彩。既然如此,差异政治理论就得面对分配范式的一个难题,即平等分配的理由何在?我们在文章第三部分专门分析过,平等分配需要某种去差异化的道德思

---

[1] [美]艾丽斯·M.杨:《正义与差异政治》,李诚予、刘靖子译,中国政法大学出版社 2017 年版,第66页。

维。因此,去差异化处理的理由在此就是决定性的。但差异政治理论认为,去差异化便是寻求同化,是一种变相的压迫和宰制,这就把平等分配的基础悬搁起来了。由于差异政治理论否定了无偏倚性和普遍规范的可能性,它只能走向纯粹的程序主义,一种把哈贝马斯式程序主义中那种弱的程序约束都切除掉的纯粹程序主义。"唯有民主过程才能与正义相一致",[1]这是一种无约束条件的赤裸裸的程序主义表达。如果没有一种可靠的规范性基础,单靠各社会群体积极伸张自己的差异,如何能保证结果是社会平等目标的实现,而不是弱肉强食的社会达尔文主义?

正是为平等分配寻找理由这一反思性需求,让我们再次重新回到那个传统的核心政治议题,即国家的基本制度问题。换言之,为了在福利资本主义的分配范式的基础上往前走,我们首先恰恰需要向后看,因为它涉及福利资本主义模式本身尚未完全解决的理论基础问题。这个回顾式的议题,也就是政治哲学一直特别关注的政治正当性问题。我们在第三部分也已经分析指出,罗尔斯的正义理论为平等分配和去差异化处理的理由提供了目前为止最深刻的尝试,它试图排除个人生活中的那些运气和偶然性差别所带来的影响,并为此塑造了相互性这一独立的道德观点。而他特别强调,这归根结底是因为这些因素与平等的公民身份不相干。人们常常把关注点放在他倡导的平等分配原则上,而忽视了其正义理论的起点,即平等的公民身份的预设。公民身份具有明确的政治维度,在这个基础上塑造出相互性这一道德观点,目的正在于解决政治正当性问

---

[1] [美]艾丽斯·M. 杨:《正义与差异政治》,李诚予、刘靖子译,中国政法大学出版社 2017 年版,第 111 页。中译本把"process"译为"程序",而不是"过程",似乎赋予了这个中性概念以某种道德色彩,这应该是不符合作者原意的。这种程序主义受到了商议政治理论的影响,但却比哈贝马斯式的商议民主和程序主义要激进得多。因为通常的商议民主理论虽然也是程序主义的,但事实上它不仅是强调民主过程,而且要求有规范性的程序保障。这尤其表现在,哈贝马斯一直倡导主体间性,即要采纳所有人的视角(参见 Jürgen Habermas, *Moral Consciousness and Communicative Action*, translated by Christian Lenhardt and Shierry Weber Nicholsen, Cambridge, The MIT Press, 1990, p. 65; Jürgen Habermas, *Between Facts and Norms: Contributions to a Discourse Theory of Law and Democracy*, translated by William Rehg, Cambridge, The MIT Press, 1996, pp. 161 – 162; Jürgen Habermas, *The Inclusion of the Other*, Cambridge, The MIT Press, 1998, p. 42),而且他还明确承认,自由主义的人权或基本权利乃是交往、政治商议得以可能的条件(参见 Jürgen Habermas, *The Inclusion of the Other*, p. 259; Jürgen Habermas, *Between Facts and Norms: Contributions to a Discourse Theory of Law and Democracy*, p. 505)。

题。这个理念也是罗尔斯后期才更明确地阐发出来的:“基于相互性标准的政治正当性理念可表述为:只有当我们真诚地相信我们为我们的政治行动所提出的理由……是充分的,而且我们也合乎情理地认为其他公民也可以合乎情理地接受那些理由,我们对政治权力的行使才是恰当的。”[1]政治权力是公民们平等共享的权力,因此,权力如何安排才是正当的,这需要找到各方都能够接受的理由。原初状态塑造相互性理念,目的就是要解决这个问题。因此,在罗尔斯那里,平等分配其实只是解决政治正当性问题的结果,而不是起点。平等共享权力、以彼此都可以接受的理由来安排国家的基本制度,这当然也是要让人免受他人权力的压迫或宰制。因此,他的正义理论其实并不是差异政治理论所批评的福利资本主义的纯粹分配范式,这种正义理论已经在一开始就把政治带回来了。[2]

同样是把政治重新带回到正义中来,差异政治理论聚焦于泛化的政治概念之下无规范根基的压迫或宰制,罗尔斯的理论则重新关注国家基本政治制度的

---

[1] John Rawls,“The Idea of Public Reason Revisited”,*The University of Chicago Law Review* 64, 1997,p. 771。对这个原则的相似表述,可参见 John Rawls,*Political Liberalism*,p. 217。

[2] 值得注意的是,罗尔斯的正义理论确实给平等分配奠定了道德与政治基础,但我们不能据此将其视为福利资本主义的辩护者。而为福利资本主义提供辩护,这一度恰恰是学界对罗尔斯的主流理解,其典型观点可参见 Robert Paul Wolff,*Understanding Rawls*,Princeton,Princeton University Press,1977, p. 195. 有两位学者罗列了直到二十世纪八十年代中期对罗尔斯作如此解读的一些核心文献(参见 Richard Krouse and Michael McPherson,“Capitalism,Property-Owning Democracy, and the Welfare State”,in Amy Gutmann ed. ,*Democracy and the Welfare State*,Princeton,Princeton University Press,1988,p. 79)。不过,这两位作者并不完全赞同罗尔斯的思路。其实,罗尔斯的理论比福利资本主义要激进得多,他认为自己的理论是“拥有财产的民主”理论。这两者之间的区别,可以概括如下:“福利国家资本主义把初始性的财产与才能秉赋分布方面的实质性不平等当作既定的东西予以接受,然后寻求对收入进行事后再分配;拥有财产的民主则在财产与才能秉赋的事前分布方面寻求更大的平等,与之相应,对随后的再分配措施并不那么强调。”(Richard Krouse and Michael McPherson,“Capitalism,Property-Owning Democracy and the Welfare State”,Princeton,Princeton University Press,1988,p. 84)。罗尔斯对拥有财产的民主所做的最清楚的阐述,以及对该模式与资本主义福利国家的比较,可参见 John Rawls,*Justice As Fairness:A Restatement*,ed. by Erin Kelly,Cambridge,Harvard University Press,2001,pp. 135 - 140。拥有财产的民主模式的灵感来源于英国经济学家米德(J. E. Meade),他认为,单单通过累进税等措施只能促进收入差距的平等化,而社会应当“采取措施把私人财产所有权的分布平等化,并增加由社会拥有的财产净额”(J. E. Meade,*Efficiency*,*Equality and the Ownership of Property*,Cambridge,Harvard University Press,1964,p. 75)。他曾经提出一系列经济、人口方面的具体政策主张,以实现其拥有财产的民主模式。不过,在米德那里,这些措施主要是补充而非替代现存的福利国家政策。

正当化问题。批判理论家们之所以持有一种泛化的政治概念,是因为在他们看来,原来与国家权力和政治制度直接关联的那种政治概念,隐含着一种公、私二分的僵化思维,它把与此无直接关系的东西都置于社会的或私人的领域,从而也令其处于正义的审视范围之外。他们认为,在现代社会,"政治的"与"社会的"之间的区分没有意义了,这不仅是因为经济问题本身业已变成了公共政治问题,"而首先是因为,为了让某种东西成为公共的东西所作的斗争,乃是一种为正义而展开的斗争"。[1] 从这个观点来看,包括一些与群体独特性相关的问题一开始就被排除在公共政治领域之外,让大量的不正义避开了公共的目光。这一点用于批评福利资本主义的实践是特别有力量的,因为从它之前的政治观念(无论是古典政治哲学,还是古典自由主义)来看,物质福利层面的问题根本就不是什么重要的公共政治问题,但福利资本主义却将其当作最重要的政治议题了。因此,哈贝马斯有一个判断,福利国家的历史本身就证明,"公民的公、私自主性的界线处于变动之中",公、私领域的划分"必须受制于公民们政治意志的形成"。[2] 换言之,动态的、开放的民主政治过程较之以僵化的公、私二分更能推进社会正义的实现。

差异政治理论因此特别强调不要均质化的公共空间,而是要让异质性充分地活跃起来。在杨看来,"异质性公共空间的概念暗含了两条政治原则:(1)任何人、任何行为、个人生活中的任何方面都绝不应被迫'私'化;(2)任何社会制度和实践都不应被先验地排除在公共讨论和表达的适当主体之外"。[3] 这个思路确实体现了批判理论的一贯主张。按照上述反对政治与社会、公与私静态二分的思路,批判理论家们倾向于认为,罗尔斯式的正义理论即便强调政治维度,它所谓的政治,似乎也指向静态的政治制度(罗尔斯把"社会基本结构"称作"政治的领域",也直接给人带来这种印象),而不是公共领域中动态、开放的政治过程。与之相应,它似乎也就意味着把公与私的界线提前确定下来了。因

[1] Seyla Benhabib, *Situating the Self: Gender, Community and Postmodernism in Contemporary Ethics*, New York, Routledge, 1992, p. 94.

[2] Jürgen Habermas, "Reconciliation through the Public Use of Reason: Remarks on John Rawls's Political Liberalism", *The Journal of Philosophy* 92, 1995, p. 129.

[3] [美]艾丽斯·M. 杨:《正义与差异政治》,李诚予、刘靖子译,中国政法大学出版社2017年版,第145页。

此,批判理论认为,在罗尔斯那里,“公共领域并不存在于市民社会之中,而是存在于国家及其组织之中,首先而且首要地是包括法律领域及其制度”。[1] 或者说,他把“公共领域等同于由国家的强制性权力所支配的领域”。[2] 果真如此的话,罗尔斯的正义理论就可能确实难逃差异政治理论对分配范式的批判了。

然而,这场争论中存在一种严重的误会,而且这种误会还在很大程度上是因罗尔斯把“社会基本结构”与““政治的领域”交互使用所引起的。但就其实质而言,罗尔斯所说的“社会基本结构”,其实就是社会的基本制度分配利益与负担的方式,也就是社会合作的正义原则,它并不是指静态的法律制度或强制性权力本身。作为“方式”、“原则”,它其实是一个政治议题,即国家权力如何才能正当化的问题,而不是一种静态的“领域”或“空间”。公民们在日常的公共领域中可以就这个议题展开讨论。从表面上看,正义原则是在原初状态中选择出来的,而不是在开放的公共领域中确定的。但是,一如本文第三部分已经指出的那样,原初状态不过是在塑造一种道德观点,也就是在塑造一种道德推理的方式,这种观点或推理方式当然是公民们在公共领域的讨论中也可以采用的。罗尔斯把这一点说得很明白:“我们随时都可以从这一必要的观点出发来看待社会世界。”[3]区别只在于,社会合作的基本原则(也就是正义问题)被当作一个非常特别的政治议题,因此在思考和讨论这个议题时,罗尔斯认为需要采用相互性这样一种更为厚重的道德观点。至于公共领域的其他讨论,罗尔斯式的正义理论恰恰是不设限的,无论是主题,还是程序规范。[4] 而且我们要认识到,社会基本结构这个议题所涉及的是立宪之前的社会合作原则问题,它更没有在法律或政策层面上把某些议题排除在外,因此也就不存在某些议题被迫“私”化的问题。

---

〔1〕 Seyla Benhabib,“Toward a Deliberative Model of Democratic Legitimacy”,in Fred D' Agostino and Gerald F. Gaus eds., *Public Reason*, Aldershot, Ashgate Publishing Company, 1998, p. 105.

〔2〕 David Hollenbach,“Contexts of Political Role of Religion: Civil Society and Culture”, in Paul J. Weithman ed., *Reasonable Pluralism*, New York, Garland Publishing, Inc., 1999, p. 272.

〔3〕 John Rawls, *A Theory of Justice*, Cambridge, Belknap Press, 1971, p. 587.

〔4〕 关于批判理论和商议民主理论家们在这个问题上对罗尔斯的误解,以及围绕“议题”与“空间”的区分对此所作的澄清,可参见拙文:《议题与空间:罗尔斯与哈贝马斯之间的一场误会》,载《中国人民大学学报》2010 年第 6 期。

所以,真正重要的问题就在于,社会基本结构这个议题,也就是国家权力正当化这个问题,相比于其他可能进入公共领域的议题而言究竟具有什么特别之处,因此需要采用特别的处理方式,尤其是设置如此厚重的道德约束?和一些商议政治理论一样,差异政治理论也对原初状态中的虚构的契约表示不满,因为它的去差异化处理使得它具有"独白"的特征,而这与公共领域中开放的政治讨论方式似乎有些格格不入。据此,"相比一个虚构的契约,我们更需要真正的参与结构,让现实中的人带着他们地域的、伦理的、性别的和职业的差异,固守着他们对社会问题的看法,进入到那些鼓励他们发出自己独特声音的制度当中"。[1] 那么,为什么在社会基本结构的问题上,不能让公民们在真实呈现差异的情况下来讨论呢?

社会基本结构这个议题的特殊性表现在两个方面。其一,它虽然也可以成为公共领域中讨论的议题之一,但它本质上是要解决日常政治讨论的背景条件问题。公共领域以及其中的政治过程都是在一定的制度法律背景下发生的,后者是前者的前提条件。正因为如此,汉娜 · 阿伦特(Hannah Arendt)虽然特别重视公共领域,但她强调,立法(尤其是确立政治体的制度框架的行为)是为公共领域提供背景制度的活动,它是前政治的行为。在她对古希腊时期劳动、工作(制作)和行动的著名三分法中,公共领域中的行动即是公民政治,而"法律就像环绕城邦的城墙一样,它们不是行动的结果,而是制作的产物……立法者和建筑师因属于同一范畴"。[2] 其二,与这种背景制度相关联的国家权力不仅是强制性的,更重要的是,它具有双重强制性。我们通常说国家权力是强制性的,这

---

〔1〕 [美]艾丽斯 · M. 杨:《正义与差异政治》,李诚予、刘靖子译,中国政法大学出版社 2017 年版,第 141 页。值得注意的是,哈贝马斯后来承认,原初状态中的故事是一个商谈的故事而不是独白。只不过他认为,这种商谈是原初状态中一次性确定下来的,公民们在未来的公共生活中没办法再来就此展开真正的商谈了,"他们不可能重新点燃激进民主的余烬,因为从他们的角度来看,所有关于正当性的根本性商谈已经在理论范围内发生过了,而且他们发现,理论的结论已经积淀在宪法之中了"(Jürgen Habermas,"Reconciliation through the Public Use of Reason:Remarks on John Rawls's Political Liberalism", *The Journal of Philosophy* 92, 1995, p. 128)。这个问题涉及我们如何理解商议政治中的"商议"概念,在此我们不展开讨论。但无论如何,原初状态中的商议与公共领域中对其他议题的商议毕竟采用了不同的方式、设置了不同的条件。

〔2〕 Hannah Arendt, *The Human Condition*, Chicago, The University of Chicago Press, 1958, pp. 194 - 195.

容易理解，它意味着不服从就要遭到惩罚。但国家权力更深刻的本质还不止于此。如果我们把国家系统中的生活视作一种游戏，那么它不仅是一种强制性的游戏，而且这个强制性的游戏还是我们不得不玩的游戏。

为什么说国家游戏是我们"不得不玩的"呢？我们至少可以提出两条理由：第一，只要国家存在，尤其是在现在的主权国家体系下，你如果不参加某一个国家的游戏，你就必须参加另外一个国家的游戏，也就是要面对另一个国家的强制性权力；第二，也是更重要的，国家游戏没有真正的退出机制。人们通常把移民视为一种退出国家游戏的机制。然而，移民不是一个纯粹的个人意愿问题，甚至也不仅是个人的物质条件或文化依恋问题。相反，它本身就是一种国家制度，因为移民的条件、程序都是国家权力行使的结果。在这个意义上讲，个人参与国家游戏、接受国家权力约束，其实是完全没有自由可言的。

既然如此，如果我们试图以公共领域中开放的政治讨论来寻求共识或表达同意，并以此为国家权力提供正当性支持，这其实是虚妄的。我们以为这种公开讨论、表达同意的过程能够体现自由意志，但那是根本不可能的事情，因为即便你不同意，你也无法随心所欲地退出。因此，同样基于民主的理念，要把国家权力正当化，就不是寻求人们事实上的同意，而是寻找人们"能够"同意的国家组织方式，而这只能在某些假定的条件下才能达成。我们可以说，假定性的契约之所以特别适用于国家权力正当化这一核心的政治主题，其根本理由就在于此。[1] 在这个意义上，国家固然有其历史、地理、文化的丰富要素，但在规范的意义上，它应当被视为一个建构之物。差异政治理论倡导异质化的公共领域与开放的参与过程，这种主张即便能够克服一些社会层面的不正义，却无力解决国家权力正当化这个更根本的正义问题。而且，只有在后一个正义问题得到解决的前提下，它克服社会层面的不正义的努力才有可能取得成功。

---

〔1〕 对国家权力的双重强制性特征及其相应的正当化方式的详细分析，可参见拙著《自然权利的遗产——福利权问题与现代政治秩序》第五章第三部分，商务印书馆 2018 年版，即出。令人遗憾的是，在差异政治理论看来，社会契约论本来是有丰富的民主意涵的，但传统的契约论也被用来为政治权威的正当性作辩护，从而损害了它的民主力量（参见［美］艾丽斯·M. 杨：《正义与差异政治》，李诚予、刘靖子译，中国政法大学出版社 2017 年版，第 111 页）。这就再次暴露了差异政治理论反规范、对一切权威都过分敏感的特点。

六、结语:差异政治理论的局限与前景

差异政治理论聚焦于正义的政治之维,试图激活公共空间在动态的政治过程中克服不正义的能力。但它缺少对作为公共空间之背景条件的国家政治结构的关注,从而忽略了对正义的根本政治维度即国家权力正当化问题的关切。较之以它对自由主义和福利资本主义恐惧差异的偏颇指责,差异政治理论表现出的对于制度化和规范性的恐惧才是真真切切的。因此,它呈现给我们的就是鲜明的反规范和异质性崇拜的特质,而作为其理论的结果,恐怕不是正义,而是混乱,以及基本政治认同的瓦解。

由于差异政治理论在没有解决国家权力正当化这一根本问题的背景下展开群体本位的政治思考,主张伸张群体差异、倡导不同群体进行积极的自我界定,这反而有可能把群体内的压迫和宰制掩盖起来,甚至正当化了。或者,鉴于群体在规模、力量方面的巨大差异,即便有异质性的公共空间,也有活跃的群体表达,甚至还有装模作样的倾听,但群体之间的关系却可以毫无改变——强势群体完全可以把公共空间变成自己道德表演的剧场,然后安全无虞且心安理得地享受自己的种种既定优势。更有甚者,通过这种差异政治的过程,某些弱势的群体将面对在整体上被打回到被奴役、被隔离或重返边缘化的风险。[1] 这就表明,没有普遍规范的奠基,试图通过异质性的公共空间来实现正义,这种尝试将是自我挫败的。差异政治理论在西方二十世纪六十年代以来的种种社会运动中得到了部分的灵感,但这些运动之所以能促进社会正义而不是制造纯粹的道德—政治混乱,可能恰恰是因为有了制度化的普遍规范的奠基。在这个意义上,差异政治理论在享受果实,但却试图砍掉果树,乃至刨除树根。

不过,在现代商业文明的条件下,物质问题高度政治化,分配范式主宰正义想象,确实是一个真实的社会问题和思想症候。全球范围内鲜活的政治经验告诉我们,许多分歧和冲突是无法还原为物质分配问题或生活水平问题的,它们

---

〔1〕 杨部分地承认了差异政治的这些风险(参见[美]艾丽斯·M.杨:《正义与差异政治》,李诚予、刘靖子译,中国政法大学出版社2017年版,第204~205页)。

更多地与身份、承认、尊严联系在一起。如何维系基本的正义秩序和政治认同，而又能不断地克服日常生活中存在的压迫或宰制，这当然是我们需要面对的理论挑战。“把政治重新带回到正义中来”，这是一个必要的选择，只不过差异政治理论似乎把社会批判、社会改良意义上的日常政治当作政治的全部了，忽视了国家权力正当化这一根本的政治主题。

即便国家的背景制度是正义的，日常生活的过程中也会出现种种压迫或宰制的不义，这是批判理论包括差异政治理论的基本洞见。差异政治理论的潜力和前景，应当是在重申保障国家权力正当化的基本规范的前提下，从社会改良的角度丰富社会的正义想象。而社会改良和社会批判，往往不是聚焦于正面的“正义”构想或制度建构，而是致力于发现负面的“不正义”症状。这一点非常符合差异政治理论的特征，因为它对压迫和宰制的讨论，多是将其与“不正义”的界定联系在一起的。对日常生活中明显的不正义保持敏感，并让公共空间成为讨论和揭示这些不正义的活跃的场域，这是批判理论和差异政治理论给我们带来的主要思想激励。而为了确认判定那些不正义所需要的标准，我们可能需要一再重返国家权力正当化这一政治和正义议题的处理方式。遗憾的是，忽视最后这一点，正是福利资本主义的分配范式和差异政治理论的共同缺陷。

差异的正义，抑或正义的他者？
——读《正义与差异政治》*

许小亮**

一

女性的身体与男性的身体具有本质上的差异；黑人与白人对尊严与地位的理解根本无法达成一致；非洲儿童所吸进去的空气，根本不可能有美国儿童呼出去的气息；残疾人与老年人所遭受的歧视，和贫困人口所遭受的歧视也不可同日而语。所有在社会生活中被排斥、压迫、褫夺和边缘化的人类群体都渴望得到包容，都希望自己及其所从属的群体能够获得平等的尊重和对待。要想探究人们对此种平等尊重以及平等对待的追求与奋斗的意义所在，人们对"相同"和"差异"的理解以及在此基础上所构建的正义理论则值得我们认真对待。

毋庸置疑，任何类型的社会都无法达致完全的相同与平等，因此，社会构成必然具备多元和差异的要素，同样真实的是，任何类型的社会也不可能绝对地相异，进而不存在任何可通约的价值或标准。社会的构造大体上是同中有异，异中有同。因此，力求实现包容、平等和相互尊重的正义理论必须慎重对待社会构成中的"同"与"异"。

长期以来，人们在思考和建构正义理论时，所采取的基本预设是将所有人都设想为一个抽象的理性主体，所有人都是一个自足和完备的"自我"。在这个"自我"的视域中，"同"意味着我和其他主体应共同分享的事物，而"异"则是需

---

* [美]艾丽斯·M. 杨：《正义与差异政治》，李诚予、刘婧子译，中国政法大学出版社2017年版。

** 许小亮，苏州大学王健法学院副教授，法学博士。

要被关注、被同情、被改造，进而“被提升”为与“自我”相同的“主体”。因此，在这种类型的正义理论中，所有的正义都是“自我”的正义，都是诸多和我一样的“自我”的正义。这种正义理论关注的核心要素在于，社会的资源、财富与每一个自我都应享受的尊严和人格是否被一个正义的社会结构平等地分配给我，与此同时，应通过何种政策或法律措施将那些与我不同的人改造成与我相同的主体，从而实现上述资源和尊严的平等分配。在这样的正义理论体系中，基于任何类型之区分的歧视是被禁止的，基于任何类型的区分的特别优待措施又是被允许的。我们要通过这种正义理论的构建和正义体系的运作，将所有人都变成与我们所构想的那个完备的自我一致的社会与政治主体，并且可以通过计量化的标准对之进行评估，从而形成对于人类发展的一系列的结构、过程和结果指标的考核。我们运用这样的正义标准，去发现、甄别、谴责并消除各种类型的不正义的现象，似乎不管你的社会结构、社会境况和社会发展的历史为何，只要达到我们所给出的标准，一个正义的社会就可以瞬间建成。自罗尔斯（John Rawles）以降，正义理论似乎都是按照这个模式被建构起来的，无论是罗尔斯的继承者还是批评者，似乎基本上都不怀疑这一理论进路的正确性和有效性。但艾丽斯·M. 杨教授（Iris Marion Young）的《正义与差异政治》一书则从根本上质疑此种以“自我”为中心所建构起来的正义理论，初步勾勒出正义理论长期以来被人们有意忽视、掩盖与驱逐的“他者”的维度，不管这种尝试是否成功，以及其所利用的理论资源和揭示出的生活样态是否具有足够的说服力，单单是其对“他者”在正义理论中的位置的揭示与关注，从而让我们能够对正义理论本身进行伦理的批判和反思，就值得我们认真对待。

二

一种以“自我”为中心所建构起来的正义理论必定是规范的，其所预设的正义主体之形象必定是普适的。更确切地说，这种正义理论以一个旁观的、普适的、规范化的、抽象的自我去设想我们的理想生活状态。在这一状态中，人被设想为均质化的正义主体，他们在身体、情感、肤色、种族、年龄、性别、社会出生等方面的要素都被抽离了，一切基于人的身体、习性、传统和灵魂的差异在理论抽象的瞬间全部被抹平。因此,平等的问题不再被视为人性的平等,而被视为资源、财富和外在于人性本身的社会尊重与尊严上的平等。所以,正义理论必定是分配正义的理论。这种以"自我"为中心的正义理论既不关注社会生活中既有的"同",也不考虑诸主体之间的"异",它从一个旁观者的角度观察、分析和建构社会,一切规则都被视为"不偏不倚"的设计,"正义"是以"公平"的姿态出现在我们的话语与社会结构中的。这种理论假定在这个"不偏不倚"的设计中,压迫、剥削、支配和不平等在逻辑上都不可能有存在的空间,更遑论真实的社会生活。但是,理论的构想永远都不会呈现出真实的生活,逻辑上的不可能并不意味着逻辑上的消灭和真实生活中的不在场。恰恰相反,压迫、支配和剥削有可能是以另一种隐性的逻辑存在于其正义体系之中。更值得注意的是,在真实生活中,原本处于被歧视、剥削和压迫的人及其所属的群体可能进一步地受到"正义"的压迫和剥削。歧视、剥削和压迫带上了"正义"的面具。原本被视为不平等的"差异"并没有被此种规范化、均质化和普适化的"自我"正义形象所消解。这些"差异"被进一步地植入我们的观念和行为实践中,从而使得压迫和支配不再表现为一种社会结果,而是弥散在我们的社会生活结构中,贯穿于我们的社会生活的全过程。原本被呈现的压迫与支配现在逃逸到了社会结构和社会生活过程中,从而不断实现着自身的再生产,原本有意识的压迫和支配转化为一种无意识的压迫和支配。这就是以"自我"为中心的正义理论所存在的根本性问题。

人们对正义理论的思考和正义体系的建构,事实上都不可避免地预设了主体之间的平等关系。但是以自我为中心的正义理论,从来都是将其所设想的平等的他者视为自我的镜像。这种立场导致了上述的问题,因此必须从根本上加以纠正。他者,不应是通过自我的形象而呈现在我们眼前的存在,而应将其置放到与自我对等的位置上来加以看待。他者,也从来都不是一个和自我一样的理性主体,而是完全异于自我的一个绝对不可被替代的人与群体。他者之所以不可被自我通约,是因为他者自身的丰富性、复杂性和多重异质性。他者不是单一的、可用理性描述的主体,而是多元的、共存的、感性情意的、能够包容多重身份的个体概念和社会群体概念。面向他者,自我无法主张权利,只能承担责任和义务。一个无法向他者主张权利的自我,事实上根本无法从伦理和法律上与他者进行对话，并将他者进行包容和同化。由此，他者就在这个世界上占据了一个不可被同化和剥夺的道德位置，并能够将一切被剥削、压制和支配的边缘人和少数人汇集在一起，从而对无意识的压迫和剥削进行文化、政治和法律的反抗。他者的呐喊不仅体现为一种个体的权利，更呈现出某种群体权利的意象，这种群体权利并非是以共同的利益或共同的信念凝结而成，而是作为他者的每一个主体在社会生活中"共同呈现"的结果。

因此，正义理论家在思考其正义体系时，那种动辄以自我为中心，将他者视为自我的镜像的立场必须从根本上加以摒弃。他者，绝对不是自我能够观察和感受到的主体。正义理论家的任务也绝对不是在现有的正义理论体系中进行修修补补的工作，而应不断在正义理论的方法和体系的建构上推陈出新，不断地将正义的理想和正义的果实惠及每一个被剥削、压迫和支配的主体。好的正义理论家必须将现有正义理论中通过理论抽象和化约的事物尽可能再度恢复到真实生活中的"本真"状态。自我与他者的差异，绝对不是财富、地位等可予分配的物质的差异，也非由社会自身所构成的尊重或尊严的有无与多少的差异，而是主体自身的本质性差异。由此，我们建构了一种与自我的伦理截然不同的他者伦理学，他者在伦理和政治上具有了本体的地位。一种面向他者的正义理论必须解释"他者"在何种意义上能够对抗不同于自我语境下的压迫、剥削和支配。在这样的视角下，艾丽斯·M.杨教授的《正义与差异政治》一书的优点和缺点能够一并呈现在我们的视野之中。

三

从他者的视角看，艾丽斯·M.杨所构建的基于"差异"的正义理论确实使得我们认识到了以"同质"、"规范"以及"资源平等"为追求的正义理论对边缘人群和少数人群的压迫和支配，从而使得我们能够跳出"自我"中心的正义理论，进而促成我们将正义的概念和体系面向他者。在艾丽斯·M.杨教授看来，一种面向他者的正义必须肯认分配正义范式的缺失，强调压迫、剥削和支配并非是一种社会结构，而是植根于社会运作的过程，揭露无意识的歧视事实上并没有在平等主义的论说中得到有效地解决，认识到身份并非是正义体制应当消除的对象,而应是正义体制重新加以肯认的对象。只有在这样的面向他者的正义中,一种基于差异的平等才能够形成人们真正意义上的联合,即一种社会群体才能够真正产生。只有在上述的面向他者的正义中,边缘人权和少数人群的权利才能够真正得到保障。可以说,艾丽斯·M. 杨教授对于差异在正义理论阐述和制度建构中的重要性的揭示和阐述具有相当的意义和价值。但是,其理论缺陷也是非常明显的。主要体现在以下三个方面:

首先,艾丽斯·M.杨教授所提出的面向他者的正义理论更多地停留在消极的层面,而并没有将他者上升到一种对积极的正义理论的建构和阐释的层面上。艾丽斯·M.杨教授的他者概念更多地是附着在其对传统正义理论的"自我"概念的路径依赖的批判上。换句话说,他者虽然在艾丽斯·M.杨教授的阐述中受到了重视,并且扮演了一个批判者的角色,但其却并没有将他者上升为一个超越"自我",甚至比"自我"更为重要的伦理概念,而只是将其置于与"自我"对等的位置上加以认知,从而使得"他者"并未如同"自我"那样能够成为"差异"正义理论的始基。这可以从其对后现代思想家的不断援引中得到体现。在这样一个充满福柯(Michel Foucault)、利奥塔(Jean – Francois Lyotard)、法农(Frantz Fanon)式话语的正义的差异理论中,我们无法看到一种能够真正对抗传统正义理论的可能。

其次,正是由于他者的概念并未在其正义理论中获得始基性的位置,而只是作为批判的概念。所以,艾丽斯·M.杨教授也并未能够在其正义理论中展开对于"他者"的分析和讨论,从而也就使得差异的正义理论在结构和体系上都处于一种不确定的和模糊不清的状态。谁有资格称为差异正义理论中的那个他者?这个他者该如何在差异的正义理论中构成对传统正义理论的彻底批判?譬如,我们应当以什么样的新的正义安排去取代分配正义?我们应当如何去彻底消除一种基于社会过程的不断再生产的压迫、剥削和支配?我们应当如何去对抗无意识的歧视?如此等等。所有这些问题,正因为缺乏对他者的精确定位,使得其仅仅停留在揭露和批判的层面,无法为我们找到一条真正意义上值得探索的正义之路。这或许是其所依赖的后现代理论资源本身所固有的缺陷所致。但事实上,"他者"作为一个伦理概念在哲学上并非没有得到很好的定位和解释,他者对于自我在伦理、道德和逻辑上的优越性已经在哲学领域内获得了一种比后现代主义路径更好的解释,可惜的是,艾丽斯·M.杨教授虽然提到了列维纳斯(Emmanuel Levinas),但却似乎并没有意识到列维纳斯的他者概念对于其差异正义理论的根本重要性。

再者,艾丽斯·M.杨教授并未找到一种真实的正义生活形态去对应差异的正义理论的体系。虽然她意识到了都市生活与差异之间的内在关联,并且构想了一种基于差异正义理论的理想都市生活的形态。但并没有从根本上揭示出都市生活的本质以及为何此种生活形态能够形成一种截然不同于传统正义理论体系的新的正义理论。换句话说,在艾丽斯·M.杨教授的阐述中,都市生活并没有被视为一种全然不同于现代生活的形态,都市正义和都市权利也并未被视为一种与传统的正义与权利截然不同的类型。她所构想的理想都市生活,不过是传统正义和权利理论在充满差异和陌生的都市生活中的呈现。这进一步佐证了我们的判断,即他者虽然被置于与自我对等的位置,但从来没有摆脱过自我,只不过是自我在新生活形态下的另一种呈现方式。

四

他者在正义理论中的意义,从来都不止于对以自我为中心的正义理论的批判。他者不是一种对立或附属的概念,不是将少数人群或边缘人群所遭受的不公和不义不断地呈现在现有的正义话语中,就能够实现其对正义的理论建构和制度实践。他者与自我是同一个齿轮上的两根皮带,只要一方运动,另一方必然跟随运动。以他者为中心所建构的正义理论中的差异必定要循环到以自我为中心所建构的同质中才有意义,同样,以自我为中心所建构的正义理论中的同质必定能够不断产生差异。关键的问题在于,到底谁才是发动这个齿轮的原动力。艾丽斯·M.杨教授指出以自我为中心的正义理论并非是这个运动的原动力,但却并未告诉我们以他者为中心的正义理论是如何能够与前者结合在一起形成相互批判、相互跨越和相互传输的正义理论的两极的。

思考正义不仅是人类的本能,也是人类的责任。我们不能将某一种正义理论视为当然的真理。正义理论家的真正责任,是应当反思和批判那些支配着人们对正义进行思考的范式所导致的条条框框,从而破除人们对正义的固定认知。最好是能够塑造一种新的思考正义的方式,使得人们能够在思维方法和判断标准上具有截然不同的正义理论的诸体系中进行判断和选择。或许在这一点上,《正义与差异政治》一书才是真正值得阅读的。

我的老师和朋友——哈罗德·约瑟夫·伯尔曼教授*

——纪念哈佛法学院和埃默里大学法学院荣誉教授哈罗德·约瑟夫·伯尔曼100周年诞辰(1918～2018)

鲍里斯·A.奥西比安**

樊宇译　孙新强校***

内容摘要:在《我的老师和朋友——哈罗德·约瑟夫·伯尔曼教授》一文中(对一位极其杰出的美国法学家和作家的幸福、愉快回忆),笔者描述了他在莫斯科国立大学法学院和哈罗德·约瑟夫·伯尔曼(Harold J. Belman)教授的第一次接触和此后每次重要的交流,以及他们之间近二十五年的友谊和学术合作,旨在揭示科学家之间,尤其是来自不同国家、不同时代,拥有不同生活方式和世界观的法律人之间,保持真诚、彼此信赖和有益关系的重要性。

生于不同时代,拥有不同生活方式、受过良好教育的学者之间,存在这种极其重要的、持久、友好、积极而又富有成效的关系,不仅有助于我们更好地了解不同的国家和人们,而且有助于促进他们在普通科学、文化繁荣、个人法

---

* See Boris A. Osipian, "How Professor Harold J. Berman Became My Teacher and Friend", *Emory Law Journal* 57, 2008, pp. 1433 – 1437.

** 鲍里斯·A.奥西比安:莫斯科大学(MGU)法律系(1979～1984);美国国家科学院(USSR)国家和法律研究所(1987～1990);中欧大学(CEU)国际法和宪法学系(布达佩斯,1992～1993);埃默里大学(Emory University)法学院访问学者(美国佐治亚州亚特兰大市,1993);美国律师协会在美国俄克拉荷马城的萨尔基斯大学(Sarkis University)法学院的辩护律师专业技能提升课程(美国,1999);法学副博士(Ph. D. in Law),助理法学教授;辩护律师,法律顾问和代理律师(1985～2008);亚美尼亚共和国、俄罗斯联邦原最高立法机关和最高国家行政机关法律起草者;俄罗斯联邦政府立法和比较法研究所高级法律学者(2008～2011);现为自由职业者。

*** 樊宇,北京航空航天大学法学院博士生;孙新强,北京航空航天大学法学院教授。

律意识和社会正义感、创造性才能、职业技能和个人潜能等方面的全面、迅速的发展。

也许或极有可能是上帝的安排,1982年4月15日还在莫斯科国立大学罗蒙诺索夫法律系读大三的我,见到并结识了62岁哈佛法学院令人尊敬的哈罗德·约瑟夫·伯尔曼教授(1918～2007)[1]和他美丽的夫人露丝(Rose)女士,他们刚刚从波士顿过来。我与这位杰出的伯尔曼教授是在一个专门关于美国宪法的讲座上认识的,当时受邀参加讲座的只是一些意识形态清晰、受克格勃监督的教授和老师、当地的共产党官员和莫斯科大学法律系的高年级学生。

那是四月,那天阳光明媚,我和同学们本来被安排去参加一个关于苏维埃行政法和集体农庄法的讲座。然而,长期以来我一直想听听不同学者有关国家和法律本质及历史的不同学术观点,于是,我决定冒险去听伯尔曼教授题为“谈谈美国的法律”的演讲——这是一场课外的却期盼已久的来自美国著名法学教授的演讲——而不去参加那场必定无聊、无用却又被通知必须到场的讲座。在我看来,这是一场关于“什么是真正法律意识的精神”的演讲。此外,伯尔曼教授还介绍了美国的现行立法和司法实践。他所信奉的“美国精神”也是他所在的州——马萨诸塞州的座右铭。

伯尔曼教授关于现行美国法的英语演讲持续了两个小时,期间伴随着同学们不断的提问和伯尔曼博士出人意料的回答。对我而言,伯尔曼教授的演讲非同寻常,却又相当生动、弥足珍贵、令人兴奋、让人着迷。在演讲过后的几分钟里,伯尔曼教授给我留下了鲜明、深刻的印象,他看来正是那种法学家,也是我期待已久的授业解惑的教授和导师,尤其是在莫斯科大学法学院国家和法律理论系经历了两年沉闷、枯燥和讨厌的大学学习之后,我非常渴望见到和听到的正是这样的教授和导师。

---

〔1〕 伯尔曼教授于1938年在达特茅斯学院获得学士学位。1942年,他获得了法学硕士学位(L. L. M),1947年在耶鲁大学(康涅狄格)获得博士学位。近四十年来,他在哈佛大学法学院教授法学,并在埃默里大学(格鲁吉亚,亚特兰大)教法学超过二十年。他是法学理论、哲学和历史,以及苏俄法律在内的领导性专家之一。他访问USSR和俄罗斯联邦超过四十次。1991年,他成为布拉格中央欧洲大学的组织者之一。1998年,他成为莫斯科美国法律中心的奠基人,在2000年,他创立了世界法律研究所,该所最初在布达佩斯,然后在莫斯科。此外,他当选为俄罗斯科学院荣誉博士。

伯尔曼教授是一位逻辑严谨,思维连贯,专业精深且经验丰富的美国法学教授。他用精准凝练的英语,以生动的形式和丰富的内容,介绍了美国的法律制度及司法制度的概况和实际运行。对我来说,他的演讲极易理解、清晰明了,引人入胜,且十分有益。与那些陈腐的、令人昏昏欲睡的填鸭式讲座形成了鲜明的对照,而莫斯科大学法学院许多苏联杰出的、"政治上见风使舵"、只会举手、做派官僚和墨守成规的本土教授和教师仅会此道。

伯尔曼教授掌握5种以上的不同语言,尤其精通俄语。他与陌生观众现场对话时所表现出的独有的从容不迫和聪明睿智,令我感到惊讶。他的豁达、睿智、落落大方的态度、举止,以及在向苏联学生解释极其基本的、重要的、迫切、复杂的法律问题、挑战和难题〔1〕时的那种令人信服的准确性,让我格外惊讶。他令人叹服的学术深度,豁达、开明、友好、和蔼的天性,以及对我们所有人的回应,使我意识到,等待已久的科学家和法学家到来了。他的个人特质和才华使他随后成为我在法律和秩序的正当、永恒思想方面所敬爱的第一位导师。

值得一提的是,伯尔曼教授和另一位杰出的美国法学教授罗纳德·M.德沃金(Ronald M. Dworkin),被认为是"综合法学"(亦称"统一法学"或"一体化法学")〔2〕的创始人和权威。他们试图在"综合法学"的框架内,对三种最著名、最基本的经典理论——"自然法学派"、"历史法学派"、〔3〕"法律实证主义"〔4〕——在逻辑、语义和背景上,进行整合。伯尔曼博士在上述尝试中做出了巨大贡献,原因在于他是位博学多才的法学家。他通晓哲学、法学和政治学说。此外,他还熟知各国的国家与法的历史,特别是西欧国家、革命前的沙皇俄国、苏联和现代俄罗斯的政体和法制。

---

〔1〕 Berman H. J. *Talks, on American Law, Revised Edition*, New York, Vintage Books, 1970. Berman H. J., "Comparative Law and Religion", *Mathias Reimann* 2006: págs, pp. 739 – 751.

〔2〕 Берман Г. Дж. Интегративная юриспруденция //Вера и закон: примирение права и религии. С. 342 – 343. Berman H. J. and Greiner W., *The Nature and Functions of Law*, New York, Foundation Press, 1980.

〔3〕 Берман Г. Дж. Западная традиция права: эпоха формирования. МГУ, Норма, 1998.

〔4〕 Berman H. J., *Law and Revolution*, Cambridge, Harvard University Press, 1983. As well as: Berman H. J., *Law and Revolution* 2, Cambridge, Harvard University Press, 1983; *The Impact of the Protestant Reformation on the Western Legal Traditions*, Boston, Belknap Press of Harvard University Press, 2003.

此外,他还出色地掌握了大量智慧和知识的储备,这些可能来源于圣经,以及许多关于部门法、国内立法的基本理论和历史。同时,他还广泛参与了包括国际仲裁在内的各种司法、仲裁案件,[1]提供具体的法律建议和解决方法,取得了积极的效果。例如,众所周知,自二十世纪五十年代末起,伯尔曼教授先后访问苏联和后苏联时期的俄罗斯联邦多达四十余次,在此期间,除了参加会议外,他还成功地代理了英国知名作家阿瑟·柯南·道尔(Arthur Conan Doyle)的继承人在国际仲裁庭以及俄罗斯民事法院提起的有关版权保护的案子。[2]

那次在莫斯科大学发表的极其有趣和有益的演讲之后,伯尔曼教授给听众一个机会,可以向他提问与俄罗斯和西方法律意识、法律传统的历史[3]最为相关的各种问题。他举了很多关于美国和苏联在立法、执法以及诉讼程序[4]方面的很好的例子。他回答学生的问题干脆,但很具体。然而,解答完这些给定的问题之后,他更愿意选择回答我的,用他的话来说,非常幼稚的问题,即有关苏联和美国的一些国际法、文化和教育问题。让我感到意外的是,他并没有回答我的,关于所谓的"苏联的""社会主义法"和美国的"资本主义法"发展的精神、道德和历史前景,以及两种法律之间的趋同和融合的问题。那次演讲之后,包括伯尔曼教授和他美丽的妻子露丝在莫斯科大学主楼他们的公寓里主持的晚会后,伯尔曼教授始终都没有回答我的上述两个问题。

当时,这位世界著名的美国法学家意味深长地看着我,试着让我相信,"在我将来的预定时间",我自己会找到这些问题的真正的、完整的答案,因为属于我的美好时刻还未到来。后来他经常和我重复这句话:"你最好的还在前面,还没有到来。"那次精彩的讲座刚一结束,伯尔曼教授和他漂亮、开朗、和蔼的夫人露丝就邀请我与他们一起共进晚餐,晚餐上有他们自制的美国烧烤,非常好吃。

---

〔1〕 См.:Berman H. J.,"The Interaction of Law and Religion",*Stanford Law Review* 26,1974,p. 1483. Berman H. J.,"Religious Free Domand Challenge of the Modern State",*Emory Law Journal* 39,1990,pp. 75–116.

〔2〕 См. Википедия // https://ru.wikipedia.org/wiki/Берман,_Гарольд_Джон#Биография.

〔3〕 Berman H. J. and Witte J. Jr.,"The Transformation of Western Legal Philosophy in Lutheran Germany",*Southern California Law Review* 62,1989,pp. 1575–1660.

〔4〕 Berman H. J.,*Soviet Criminal Law and Procedure*,Cambridge,Harvard University Press,1972. Берман Г. Дж.,Рей Ч. Дж. Римское право и общее право Европы. //Государство и право,1994. № 12.

另外一位受邀参加的客人是在莫斯科大学给我上“外国资本主义国家法”课程的老师,苏联知名法学教授奥古斯特·A.米申(August A. Mishin)。他来得晚些,带了自制的本地爱国酒。我们的聚会进行了很久,伴随开胃晚餐的是各种各样的讨论,直到深夜。在那个时间点,所有进出莫斯科大学主楼的门都已经被学校保安关闭了。

由于忘记了时间,我们继续探讨着有关人生意义的各种不同话题。整个过程,就解决法律、政治和社会问题不应仅停留在不同的非法的、飘摇的、昙花般的意识形态、政治模式和体制框架内,还要根据亘古不变的法律思想和秩序这一话题,我们表达了相反或者不同的意见。让我们特别感兴趣的是,不同历史时期,不同民族形成多种多样国家形式、政治结构和法律制度背后的因素和原因。在那次聚会上,伯尔曼教授好像比我自己还要了解我的创造性与学术前景。他就像一个真正的先知,预言在不久的将来,我将成为他忠实的学生,甚至有可能成为他的好朋友和学术上的工作伙伴。后来的时间证明,他当时的直觉实在是太准了。

在我们的交谈中,伯尔曼教授曾告诉我,他有浓厚的俄罗斯血统和俄罗斯文化渊源。他的祖父母出生于沙皇俄国,后来移民美国,他们俩之间交流时使用俄语,而他听不懂他们故乡的语言。所以,从幼年时起,他对俄罗斯就并非漠不关心,反而觉得自己内心对新革命后的苏维埃俄国、后来的苏联以及现代俄罗斯联邦的现实生活,有着一种特殊的、持久而温柔的爱、明显的偏爱、莫名的好感以及持续的关注。

长期以来,他一直在寻找一名可以成为他有趣好同事的正直而高尚的俄罗斯人——一个可能的对话者和交流者。就像他告诉我的那样,他没有想到,最终找到了这样一位独立、坦率、勤奋、思想自由、出生在亚美尼亚、比他整整年轻40岁的法科学生,该生不同于他很久以前就认识的那些俄罗斯教授和科学家。据他所言,因为我是名年轻的学生,虽然掌握的知识甚少,但是,在人类和社会法律生活的不同方面,确实有着许多新鲜有趣的问题。

经过几个晚上良久的交流,其中包括很多有趣、私密、有益的对话,随后,伯尔曼教授告诉我在波士顿这个他与家人居住了很久的城市附近有一个名叫水城的城市(Fort Lauderdale,劳德代尔堡,素有“美国威尼斯”的美称),其主要的人口是亚美尼亚人。在这个城市,大约一半的居民是我的同胞——西亚美尼亚人,他们在二十世纪初被迫逃离好战的土耳其人,最后在美国的土地上寻找到了避难所和庇护。那是一场可怕的种族屠杀,从 1915 年到 1918 年,在土耳其发生了一场大规模血腥屠杀亚美尼亚人的事件。在此期间,大约 150 万亚美尼亚人遭受了各种暴行、大规模的暴力驱逐、酷刑、谋杀和屠杀,其最终目标是彻底消灭这个民族。伯尔曼教授告诉我了许多关于知名的亚美尼亚裔美国人的愉快有趣的故事,这些人是他个人所熟悉的,其中包括曾经的邻居,以及一起在哈佛法学院和其他美国法律大学、机构工作过的同事。

美妙的晚餐结束时,伯尔曼教授送给了我一些大部头的英文书籍,包括他主要的法理学著作——《法的本质和功能》。[1] 一年后的 1983 年春天,他又给我邮寄了一些厚书,比如他的《法律与革命》《法社会学》,以及一些关于法律理论、法律史、法社会学和法律心理学方面非常重要的资料,其中包括关于美国宪法、民法、刑法和诉讼法的不同学术文章。因此,伯尔曼教授实际上已经把我当作他非全日制、远程教授的学生,我已经开始接受一些关于美国宪法、司法的理论和历史的短期课程。

此后和伯尔曼教授的一系列见面,发生在 1983 年仲春,那时我刚刚从莫斯科大学法学系毕业。其他几次都在 1984 年年底,在几个我们比较熟悉的酒店和餐厅,比如国立酒店、大都会酒店、圣彼得堡酒店、宇宙酒店、戈杜诺夫酒店、古塔酒店、吉利亚列夫斯基酒店、老城酒店、阿拉格维酒店、阿拉拉特酒店、诺亚方舟酒店等。他又送给我一些法学著作。此外,作为纪念,他还送给我一份珍贵的礼物,一本别致的、书页带有金边的、我们救主的福音——《圣经·新约》,其中,"我们的救主"字样由红色印成,《新约》的深褐色皮革封面上装饰着用绿色刻印的他个人姓名的首字母,写着:"赐予爱——H. J. B."。

我向他坦诚,与我睿智的祖先不同,我从不相信上帝,就在前不久,我顺利通过了一种叫作"科学无神论和共产主义"的国家考试。伯尔曼教授听后,轻松地、直接地看着我,回答说:"好吧,鲍里斯,虽然现在你不理解我这个意外礼物

[1] Berman H. J. and Greiner W., *The Nature and Functions of Law*, New York, Foundation Press, 1980.

的价值,但若干年后你会知道这本书籍中的书籍,对于你个人生活和职业生涯的特殊意义和重要意义。它对你和你的人民是必要的和有益的。"他确实拥有某种天赋,可以预见和预测到我的创造性未来。

苏联在意识形态、政治、经济上彻底崩溃和解体之前的7年中,我一共见过伯尔曼教授7次,其中4次在莫斯科(分别在1984年、1985年、1986年、1987年)。后来,我在家乡斯捷帕纳科特(纳卡自治州首府)一家国企担任首席法律顾问、亚美尼亚共和国司法部和国民大会顾问、辩护律师和代理律师。1985年,伯尔曼教授年过65岁时,由于哈佛大学法学院对所有教授确定的传统和法定年龄限制,他开始在美国佐治亚州亚特兰大市的埃默里大学法学院担任教授。

到我即将攻读法学博士学位的时候,我和伯尔曼教授的私人会面已变成了几乎每年一次。此外,他定期从波士顿和亚特兰大打到斯捷帕纳科特的国际长途,预先为这些会面做好准备,从电话里得知他在几周内将访问莫斯科,作为他众多学术、文化和其他公益慈善使命的一部分。另外一次是在1986年11月10日,那是极其特别的相遇,就在莫斯科地铁里,隔着车窗我看到伯尔曼教授突然出现在我面前,真是太意外了。他大声地说:"这简直太不可思议了。"在他看来,这是上帝的安排。1987年的那次见面,他送给我一本带有签名的最近出版的新书的第二卷,书名是《法律与革命:西方法律传统的形成》。[1] 那时,我已经开始在苏联国家科学院国家和法律研究所开始研究生学习了,这些新的法学著作和其他学术资料对我未来副博士论文的写作和最终答辩都非常有用,我的法学副博士论文是关于最初的、传统的、深刻的法律变革与未来发展的。

在戈尔巴乔夫所称的"重建与开放"的年代里,伯尔曼教授常常告诉我,他会坚定地,与前两卷一样,以相同的高度和明快的精神,续写他的新书《法律与革命》的第三卷。而我却告诉他我现在的工作是多么的艰难和紧张。我还告诉他,我有可能顺利完成副博士学位论文的写作:《由法的理念到法律的变迁:以精神、科学和实践层面为视角》(莫斯科,1991年3月26日)。[2] 我清楚地记

---

〔1〕 Berman H. J., *Law and Revolution*, Cambridge, Harvard University Press, 1983. Berman H. J., "Comparative Law and Religion", *Mathias Reimann* 2006, pp. 739 – 751.

〔2〕 См. Осипян Б. А. Трансформация права в закон: духовные, научные и практические аспекты// Государство и право. 2006, № 8. С. 43 – 50.

得,他第一次听到这个消息时感到非常吃惊,于是,他带着深深的关切和毫不掩饰的惊讶问我,我的论文怎能囊括如此庞大而又难以想象的深奥的学术话题,这个题目本身可以写多篇博士论文。他直言不讳:“好吧,我的朋友,你永远不要从事一开始就不可估量的、超凡的、不可从事的事情。”他深信不疑,对于我这样的年轻人来讲,从事这样一项艰巨的工作代表着一种鲁莽的尝试,即想要克服沉重的枷锁和身体、物质时空上无法摆脱的负担,去“拥抱巨大的东西”或者“衡量自始即无法衡量的东西”。

1987 年至 1991 年,我们彼此通过邮件联系。我再次见到伯尔曼教授是在苏联解体以后。1992 年 11 月 15 日,我们在美国佐治亚州亚特兰大市相见。这次见面前不久,我一直在布达佩斯(匈牙利)新成立的中欧大学国际法和宪法学系进修,以提高我的专业知识和实务水平。顺便提一下,这所大学法律系的创始人之一就是我所敬爱的老师,现在已经成为我亲密的好友——伯尔曼教授。1992 年 11 月,伯尔曼教授偶然得知我在布达佩斯学习法律,得到我的首肯之后,他利用了一切必要的方法以便正式邀请我去位于亚特兰大的埃默里大学访学。去美国最好的大学和法学院学习法律是我长久以来的一个梦想。

这一次,我是从布达佩斯出发去美国,以一名社会科学工作者的身份(持 J－1 签证的“法律类的访问学者”)应邀在埃默里大学法学院进行为期 6 个月的学术研究。顺便提一下,这实际上是我第一次,但幸运的是,并不是最后一次到美国访学、进修。事实上,后来我作为亚美尼亚共和国律协成员,再次来到了美国,这次是在俄克拉荷马州。我在这里的萨尔基斯大学上一些有关提高法庭辩护等专业技巧的特殊课程。那段时间,伯尔曼教授还在埃默里大学工作,他亲自指导我在法学基础理论和宪法学领域的研究,给了我很多帮助。

在亚特兰大的时候,我去他漂亮、宽敞的乡村别墅拜访了几次,并作短暂停留,包括在传统的美国节假日,如感恩节和圣诞节。有一次感恩节访问他家时,伯尔曼教授热情好客的妻子露丝为我们准备了一只美味可口的火鸡,我们怀着感恩和愉快的心情一起吃着,一边喝着陈年干红。那一次,伯尔曼教授把我介绍给了他的小儿子约翰,他是位专业的音乐家,看上去是一个非常真诚、轻松、亲切、开朗、有趣的人。

在伯尔曼教授家里,我还看到了许多不同的乐器,包括手风琴、吉他和不同类型的长笛。假日里,伯尔曼教授竟然可以轻松、愉快、热情地用手风琴演奏,并和他美丽的妻子、儿子约翰和两个可爱的小孙女,唱了一些欢快的歌曲和圣诞颂歌。我用吉他和长笛为他们伴奏,兴致高时就唱一些安静的来自披头士、滚石乐队和俄罗斯诗人(如普希金和阿赫玛托娃)的歌曲,还有一些亚美尼亚的流行歌曲和抒情歌曲。我相信这些节日的夜晚会成为我们美好、难忘的回忆。

后来,在一次去加州帕萨迪纳的旅行中,伯尔曼教授把我介绍给了他的小女儿苏珊娜,她是一位优秀的职业画家和美术家。1993 年 3 月,我从亚美尼亚人的定居城市格伦代尔出发,抵达帕萨迪纳后参加了由亚美尼亚裔美国人律师协会(AABA)组织的和平解决国际冲突的会议。在来加州之前,我参加过在佐治亚州亚特兰大市的卡特中心举行的致力于解决国际冲突的类似会议,名为"解决国家间冲突:加强政府间组织的作用"。伯尔曼教授还帮我校对了在上述国际和平会议上我所作的关于"国际安全的宪法保障"的报告。

伯尔曼教授经常将他最新的学术文章和著作作为礼物送给我,与我分享他得到的新的学术启示、见解和思想。在我访问美国时,他又送给了我一本他最新的畅销书——《信仰与秩序:法律与宗教的和解》。[1] 此外,他还提供给了我一些那时尚未发表的、有关"世界法"和"统一法学"的学术文章,这些资料最初对我仅有知识探求上的吸引力(单纯智慧上的启发),但随后却帮助我信心满满地开始了对未来有关精神和法律的论文的写作:《哲理法(Lawmetry)的精神——法律衡量学的基础》。[2] 这是我首篇关于精神和法律的文章,我不得不在心理上克服束缚和抑制我创造性想象力的两个主要因素,即穿越物质时空的真正的精神—信仰—灵知,亦即精神和信仰—传授的法律意识和对正当与永恒或永久法的理念,以及对忠诚、希望和稳定的社会秩序的理解。

尽管我对正当的、永恒法的理念和秩序的见解,与伯尔曼教授关于法的理论和哲学的观点有本质上的区别,但我仍坦率地告诉他,如果没有他的学术观点,我不可能这样深刻地、极其全面地延续他关于真正的法的理念、法律、正义

---

〔1〕 Berman H. J. , *Faith and Order: The Reconciliation of Law and Religion*, Emory, University Studies in Law and Religion, 1993.

〔2〕 Осипян Б. А. Дух правометрии, или основание межерологии права. Монография. М., Юрлитинформ. 2009, 656 С.

和社会秩序的学术观点。事实上,我向他讲了以下的话:“哈罗德,你的‘综合法’和‘世界法’的理论就像盛开在法的一般理论和历史领域中绚丽芬芳的花朵。而我的基本的、充满内心的精神—信仰—灵知或者法的精神和信仰—传授理论——我称之为“哲理法(Lawmetry)的精神”,就像一颗尚在发育、远未成熟、味道酸涩、品相丑陋的果实,它从你那美妙神奇的花朵中自然地长出。我希望有一天,我的法律理论和哲学能成为你“法律至上”法学理论的珍贵而崇高的延续。因此,正如生活向我们展示的那样,我认为,任何伟大思想的直接精神的和有机的延续,都不可能与它最初的样子相同,甚至相似。而且,我相信这是一件好事,因为,对我来说,无论在科学上还是在我们创造性的生活中,任何客观真实的进步都是在这种激烈的矛盾运动中实现的。那一刻,在我看来,尽管伯尔曼教授深感忧虑,没有表现出任何可察觉的热情,但他还是决定以长时间的沉默来表达对我的认同。

在埃默里大学法学院进行学术研究的访问期结束之时,我恰好从中欧大学国际法和宪法学系(CEU,LEG’s,1993)毕业。这时,我收到了伯尔曼教授两份很好的、有力的推荐信,原本是为了让我得以继续在欧洲和美国的顶尖教育机构接受严格的训练。他甚至提出要帮我找工作,邀请我去位于亚特兰大美国最大的律师事务所作见习律师。不幸的是,那时由于我之前的工作合同,我不能在美国久留,因此,不能使用他的推荐信,也不能接受他的工作邀请。

但我还是小心翼翼地保存着伯尔曼教授珍贵的推荐信,还有其他一些来自著名法学家的推荐信,这些学者是当时我在中欧大学学习比较法学课程时的教授:讲授“辩护学”课程的哥伦比亚大学教授——约翰·帕尔默;讲授“宪法理论和历史”课程的芝加哥大学宪法学教授——斯蒂芬·霍姆斯博士;讲授“宪法人权保护”课程的哈佛大学、斯坦福大学的教授——劳伦斯·莱斯格;最后,还有一位推荐人是著名的德国教授——亚力山大·布兰克纳格尔博士,他在柏林洪堡大学公法系讲授德国宪法。

在与伯尔曼教授长达25年的友谊中,我们经常会彼此分享我们最感兴趣的见解,关于有意义的、有目的的、有创造性的人生想法,以及学术上有关法的启示。同样,我们也会分享我们的研究成果,比如法律的一般理论、法制史发展,以及基本的部门法和比较法学,如国际法的理论和历史、宪法、行政法、民法、刑法、执行程序法、诉讼法、社区矫正法和监狱法。

我们最后一次私人会面时,伯尔曼教授对我讲了下面一段话:"鲍里斯,虽然我们使用不同的方法,甚至经常是截然相反的方向,但我们却总能全面地看待法律和现实生活中的许多问题。然而,我们都确信,我们将法律基础科学提升到了一个新的、更高精神的、道德和信仰—传授的平台,就像一个会飞的有机体或生物有两只不同的翅膀,例如,就像救赎人类的白色和平鸽的翅膀一样。在新约福音中,无所不在的圣灵只由贞洁的白鸽形象来代表,从天堂俯视地上的人们,[1]这不是偶然的"。

二十世纪九十年代中叶,苏联解体后的新俄罗斯动荡不安,我个人与伯尔曼教授的联系也少了很多,主要是因为伯尔曼教授承担着广泛的社会责任和事务。然而,他仍悉心地指导着我进行法学研究,尤其是与我那本重要著作——《哲理法的精神》有关的研究。[2] 我当时的学术活动,起初在伯尔曼教授看来,是不可思议的、不可能实现的。因为他认为,我的新学术目标,即对国家和法律现象的各种问题进行考查的范围过于宽泛艰深,穷其一生都无法实现。最初,他惊讶的是,我已经完成了宏大的、始成形的、关于精神和法律的论文初稿,从我发给他的写作大纲、目次和2001年已完成的部分,他可以预先浏览一下我的论文。

在了解了我的学术兴趣和在法学理论、法制史领域所承担的新的研究任务后,伯尔曼教授确信,我没有足够的时间来实现我的学术目标,因为我所决定探究和解决的精神和法律现象太新、太复杂。他向我坦承,他不理解我这本具有创新性的著作的书名,其中含有许多生造词汇和表达,以及一些对他来讲很不寻常也很不熟悉的新词。例如,他很难弄清楚我的一些新的概念、定义和想法,如"哲理法学"、"法律衡量学"、"法的内在精神与认同"、"法的影像或一致性"、"国家与法的合法性"、"合法的法律和立法的任意性"、"法本身的永恒理念"、

---

〔1〕 The image of such white dove and the Divine Light breaking through from the above on the background of an earthly gloom has found its place on the cover of my capital book "The Spirit of Lawmetry, or the Foundation of Measurology of Law" published in Moscow, 2008.

〔2〕 See in the Russian State Library (Российская Государственная Библиотека): Осипян Б. А. Дух правометрии, или Основание межерологии права. М., 2009. https://search.rsl.ru/ru/record/01004260520.

"法律行为的双重性质、特征及其限制"、"法律责任的基础和制度"、"起草法律和立法体系的合法性标准"、"法律系统自我发展的理念",以及"法本身的永恒理念所蕴含的普遍的双重目的,即为了使每个人罪恶的灵魂得到救赎而强加一个稳定的社会秩序,并予维持的工具";等等。

尤其让人惊讶的是,早在 2005 年,伯尔曼教授就曾预言,几乎没有任何一位著名法学家,特别是美国法学家,能够看懂和理解我那些极其复杂的新词汇、重新定义的主要法律观念、奇怪的语言特征和法的理念的能动立体影像,以及关于国家和法律的神秘影像。我对哲理法(*Jus*—法的理念本身)和实在法(*Lex*—实在的国家法)可能的双边转化的设想,以及对世界上所有文明民族和国家的法的理念和法律意识全球发展的看法和展望,[1]则尤其令他震惊。

这些法的理念向国家规则和立法的形而上的主客观转化过程,是自上而下同时发生的:一方面,最高的法的理念是前定的,它通过圣灵以直接的真理和启示(例如,作为"第一手的、闻所未闻的人类知识")的形式,下界进入国家立法者和法官的法律意识和正义感中;另一方面,与这一自上而下的运动同时,对于可能救赎每个理性人的罪恶灵魂为必要和有用的、具体的人权和负责任的自由,则自下而上地升腾。

于是,宪法上的这些人权和自由得到了合理、合法、有利地提高与升华,应正式地、公开地施加,写进实在的立法规范和规则中,随后,通过与最高的法本身的理念融合,转变为合法的实在法。例如,在《以意识的精神和信仰—传授道路为基础的法的理论和哲学》[2]一文中,我所提出的在精神、感知和一般语境中,永恒的法的理念的主要变革目标是两重、二元或双向的,旨在为每一个形似

---

[1] See Осипян Б. А. Трансформация права в закон: духовные, научные и практические аспекты (посвящение светлой памяти проф. В. П. Казимирчука)//Государство и право, 2006, № 8. С. 43 – 50. Право как верный путь к порядку и душеспасению, или направления действия надлежащей и непреходящей идеи права //Религия и право, 2015, № 3. С. 28 – 38. Два главных вектора действия идеи права и правомерного закона //Вестник развития науки и образования, 2015, № 4. С. 4 – 20. Надлежащий социальный правопорядок как первооснова и конечная цель действия человеческого правосознания и правомерного закона //"Чёрные дыры" в российском законодательстве, 2016, № 1. С. 24 – 32. Перспективы глобального развития права //Современное право, 2004, № 2. С. 44 – 48.

[2] See Осипян Б. А. Смысл истинной теории и философии права //Вопросы правоведения, 2010, № 2. С. 59 – 77.

上帝的勤奋的理性人[1]的可能精神释放(解放)和救赎(拯救)而建立一个正当的社会秩序。

在我看来,正由于伯尔曼教授的误解,我们的关系才会遭受了几乎半年的危机,我们通常热情友好的相互关系中保持着冷漠和沉默。对他来讲,从他所熟悉的美国法学家——尤其是那些通常会随意地将法的理念与非法的制定法混为一谈的法律实证主义者——的观点中,很难探寻到对我的新的精神的、思想观念的积极看法。可以肯定,这就是为什么他对我研究哲理法的精神和法律衡量学的可行性和可能的持久力深表怀疑的原因。对于这样一位学识渊博、学术经验丰富、受过高等教育的人来说,我的法律理论和法哲学似乎是陌生的,听起来完全是神秘的、毫无意义的,或者从某种意义上讲,非常奇怪,不可接受,近似于疯狂。然而,过了一段时间,我突然收到了伯尔曼教授的一封来信,他让我将有关法律理论和法律史的已完成部分和研究成果发给他。另外,他还要了一些有关亚美尼亚和俄罗斯的部门法、法律解释、诉讼执行和司法方面的文章。

这样,应伯尔曼教授的个人请求,我给他发了一封电子邮件,内容包括题为《哲理法的精神》的有关精神和法律的论文前七章的目录和概要。此外,我还将我的其他几部主要专著的摘要也发给了他,如《通过宪法机关加强俄罗斯国家法律基础的可能性》[2]《律师(辩护人):可靠的法律顾问、仲裁者、每个渴求正

---

〔1〕 See Осипян Б. А. Право как верный путь к порядку и душеспасению, или направления действия надлежащей и непреходящей идеи права //Религия и право, 2015, № 3. С. 28 – 38. Два главных вектора действия идеи права и правомерного закона //Вестник развития науки и образования, 2015, № 4. С. 4 – 20. Надлежащий социальный правопорядок как первооснова и конечная цель действия человеческого правосознания и правомерного закона //“Чёрные дыры” в российском законодательстве, 2016, № 1. С. 24 – 32.

〔2〕 See Осипян Б. А. Возможности укрепления правовых основ российского государства органами конституционного правосудия. М. ,2009.

义者的辩护人》[1]《犯罪与刑罚的概念、原因论》[2]《民法交易、合同、责任、损害赔偿原理》[3]《俄罗斯法律意识和制定法:从〈东斯拉夫法典〉到〈俄罗斯宪法〉》[4]《亚美尼亚法律意识史精髓》[5]《欧洲法与司法的完善之道》,[6] 还有几篇当时尚未发表的学术文章,内容涉及统一理论、哲学和法律史、国际法和宪法的形成和发展的合法标准,[7] 以及现代刑事、行政、狱政、民法和诉讼法的思想渊源和基础。

2003 年,在我的请求下,我在莫斯科大学的校友——A. P. 拉吉莫夫(A. P. Ljubimov)教授(长期以来他一直担任俄罗斯联邦国家杜马主办的法律和政治杂志《二十一世纪的代表权》的总编)同意伯尔曼教授作为该期刊专家委员会的

---

[1] See Осипян Б. А. Адвокат как Человек, Ходатай и Защитник всякого нуждающегося в правосудии потерпевшего или обвиняемого лица //Журнал "Аналитика" 2017. № 5. (Казах) 03. 05. 17. http://www. zakon. kz/4856807 – advokat-kak-chelovek-khodatajj-i. html.

[2] See Осипян Б. А. Понятие, признаки и элементы состава преступления //Юридический вестник ДГУ, 2016, № 2. С. 110 – 120. Критерии правомерного различения понятий и составов гражданского правонарушения (деликта), дисциплинарного проступка, административного правонарушения и преступления //Юридическая наука и правоохранительная практика. 2016. № 4. С. 14 – 24. Юридическое определение понятия уголовного наказания //Юридический вестник ДГУ. 2017. № 1.. С. 113 – 123. Правомерные критерии законодательного определения и судебного назначения разных видов и размеров уголовных наказаний //Гражданин и право. 2017. № 10. С. 65 – 77.

[3] See Осипян Б. А. Контракт как добровольный, свободный и ответственный совместный путь договаривающихся сторон, ведущий к реализации идеи права //Гражданское право. 2011. № 3. С. 34 – 41. Нравственно-правовые основания заключения гражданских сделок и договоров в России // Гражданин и право. 2017. № 3. С. 27 – 40.

[4] See Осипян Б. А. Истоки русского правосознания //Современное право. 2008. № 3. С. 53 – 59. ; № 4. С. 55 – 59. Пути исследования духа русского права //История государства и права. 2009. № 4. С. 44 – 47. "Русская Правда" как зародыш русского права//"LexRussica". 2011. № 4. С. 651 – 667.

[5] See Осипян Б. А. Первый проект "Конституции Духовного Дома Армян" 1184 года, или "Армянский Судебник" совечного и святого учёного богослова Мхитара Гоша //Право и жизнь. 2016. № 7. № 8. № 9. С. 227 – 258.

[6] See Осипян Б. А. Пути совершенствования европейского права и деятельности Европейского Суда по правам человека //Вопросы правоведения. 2014. 2014. № 4. С. 3 – 12. Правомерные возможности защиты прав российских граждан в Европейском Суде по правам человека // Международное право и международные организации / International Law and International Organizations. — 2015. – № 1. – С. 54 – 67.

[7] See Осипян Б. А. Перспективы глобального развития права //Современное право. 2004. № 2. С. 44 – 48.

荣誉成员。当时,我作为这个发行很广的期刊的特别记者(2003~2008),有机会做了一期伯尔曼教授关于全球法律发展前景的采访。

有一次,我和伯尔曼教授以及他的夫人露丝女士,作为客人一起应邀在拉吉莫夫教授家聚会,我直截了当地问伯尔曼教授:"哈罗德,你有没有一些目前还没发表的学术文章,用英语写的?","有的话,如果你同意,我个人可以把其中一篇翻译成俄语,经你确认后,我会尽快试着将译文发表在我们的法学期刊上。"在那次漫长而精致的晚餐后的1个月,我翻译的伯尔曼教授的题为《世界法:神圣精神的普世法理》[1]的俄译本发表了。伯尔曼教授评论说,新发表的这篇俄文版似乎比他的英文原版好得多。他认为这归因于我对他的思想做了补充修改和细化。尽管有些观点我并不认同,因为他无条件地相信有点神化的、实在的"世界法"即将到来。

伯尔曼教授因对世界和俄罗斯的法律意识、法律教育和法律技能培养产生了不可估量的影响而受到了极大的尊重。对此,2006年7月初他给莫斯科大学法学院和莫斯科国立法律研究院(Moscow State Law Academy)高年级学生讲完课后不久,就得到了正式认可。而这得益于莫斯科大学宪法学系主任、宪法学教授S. A. 阿瓦基安(S. A. Avakian)博士所作出的必要组织协助工作,以及莫斯科国家法律研究院已故创始人兼院长、俄罗斯科学院院士O. E. 库塔菲(O. E. Kutafin)教授的切实帮助。

尤其是,为了特别表彰伯尔曼教授多年来的法学研究和努力,他被以上几位俄罗斯法学家授予了"地球上的生命"国际奖章。在那场高规格的接待会末尾,伯尔曼教授用他那充满隐喻而简洁的表达方式,自嘲地、开心地说了以下的话:"1945年春天,我所收到的第一枚勋章,是战时'青铜星章',为了表彰我有效和成功地破译了纳粹用密码机传送的机密信息。[2] 我是1945年春天获得那枚奖章的,那时我还很年轻,在(法国)诺曼底欧洲战场上服役于苏联的盟

---

〔1〕 См. Перевод Осипяна Б. А. статьи с английского на русский язык //Берман Г. Дж. "Мировое право:экуменическая юриспруденция Святого Духа" //Представительная власть – XXI век. 2005. № 1(61). С. 9 – 13.

〔2〕 第二次世界大战(1942~1945),伯尔曼教授以一名拦截员的身份参战,解码了德国机密编码机"谜",并被授予铜星奖章。

军——美国军队。今天,在和平年代,我收到了第二枚奖章。我共获得了两枚奖章,一枚是为了'世界战争',一枚是为了'世界和平'。下一次,我还希望,也许有可能,为了我的'世界法'而获得第三枚奖章。"

与此同时,在他的研究和我的研究中,不断涌现出越来越多的新的法的启示、见解和系统的思想。2007 年秋末,在我的一篇新的学术论文《俄语:学习俄罗斯法律精神的关键》[1]在俄罗斯享有盛誉的《现代法律》期刊上发表后,伯尔曼教授主动提出了一个意外的建议:他和我就国际法和国家法律意识、正义感、法的宗教和语言向度,[2]共同撰写一篇宏大的关于精神、法律和历史的文章。这篇拟议中的论文的写作将利用来自他和我都精通的七种语言(希伯来语、拉丁语、希腊语、英语、德语、俄语和亚美尼亚语)中的实例。他还告诉我,为了完成这项合作计划,他已经收集到了足够的所需资金、文献、技术和组织支持。

然而,2007 年的 11 月初,我突然接到伯尔曼教授的助理帕特里夏 · 托马斯(Patricia Thomas)的电话,她通知我伯尔曼教授最近在马萨诸塞州橡树崖镇的玛莎葡萄园医院紧急住院的消息。她说伯尔曼教授非常想和我在电话里讲几句话,作为他关心的密友,我马上同意听听他的声音。

他首先跟我讲的是以下几句话:"亲爱的鲍里斯,我现在有语言障碍,没办法跟你讲太久,但我想让你尽可能地和我多说些话,请尽量大声点,这样我就能听清楚了。"于是,我用很大的声音和他讲了大约半个小时,都是许多最重要的事情,包括我们崇高的合作事业的开始情况。

但是,他遗憾地告诉我,我们约定的宏伟壮丽的计划,即共同创作一本有关"正当和永恒法"的精神和语言向度的重要著作,将不得不在没有他的参与下完成。他看起来相信,不管遇到什么困难,我都能克服。我嘲笑地对他说,抛下老友,让他在困境中孤自地应对如此的煎熬和人生的严峻考验,真的,不太厚道。

随后,他用一种几乎听不见的声音说了一些充满感情的鼓励的话:"在这个

〔1〕 See Осипян Б. А. Русский язык как ключ к познанию духа русского права //Современное право. 2007. № 9. С. 23 –29.

〔2〕 See Осипян Б. А. Языковые измерения надлежащей и непреходящей идеи права и правомерного общеобязательного закона. //Вестник развития науки и образования. 2015. № 5. С. 56 –73.

地球上,我们很有可能不会再见面了,但我非常希望我们能在那里再次相聚,在那里永生。”几天后,我收到了他去世的悲痛消息,那天是2007年11月13日。

2008年2月13日本该是伯尔曼教授90岁的生日。我收到他信赖的学生和同事——埃默里大学法学院法学与宗教研究中心主任约翰·威特(John Witte)教授的电子邮件。威特教授请求我写一篇向伯尔曼教授致敬的文章,以纪念我与他保持多年的美好的友谊,并将文章发表在《埃默里大学法学期刊》上。[1] 我欣然接受了他的提议,几天之内,我便将我的颂词文章发给了他,随后连同其他受到过伯尔曼教授深切爱护的学生及同事撰写的颂词一起,发表在了《埃默里大学法学期刊》上。

在我的文章中,我怀着极大的感激和敬意,对与我的第一位个人法学老师、同时也是亲密朋友和同事之间的美好回忆表达了敬意。伯尔曼教授有着超乎想象的影响力和才华,是世界著名的法学家。文章详细描述了我们第一次相识的情形,以及我们彼此跨越25年的友好合作的学术情谊。我与伯尔曼教授所有的个人会面和对话,不仅影响了我个人的整个发展,也影响了我随后的精神、学术、法律和其他创造性生活,以及日常社会活动。

值得高兴的是,不仅对我,而且对所有其他有所成就的法学者,特别是对哈佛大学和埃默里大学的老师、学生、校友,我的第一位法学老师、忠实的朋友——哈罗德·约瑟夫·伯尔曼教授,现在被认为是上帝赐予的、灵选的、高贵的、有价值的、认真的、勤奋的、才华横溢的、富有创造力的现代法学家的形象,这不仅是在美国和俄罗斯,还包括世界上所有其他接受法学教育的、开化的、文明的地方。[2] 所有与他长期共事的人,那些对他非常熟悉的人,都认为他是当代法学理论和历史的睿智的杰出代表,特别是在“综合法学”和“世界法”领域。

2018年2月13日是伯尔曼教授诞辰100周年纪念日,他的创造精神、渊博的法学知识和丰富的人生阅历一直持续地福佑着我们,对于所有国家的法学教育者和法学学者来说,这一切都是必要的。他能够取得如此成就,除了他的许多有益的首创精神和学术著作之外,他还利用了个人、专业和学术生活的所有

---

〔1〕 See Boris A. Osipian., “How Professor Harold Joseph Berman Became My Teacher and Friend”, *Emory Law Journal* 57, 2008, pp. 1433 - 1437.

〔2〕 Berman H. J., “Comparative Law and Religion”, *Mathias Reimann*, 2006, pp. 739 - 751.

启示和见解。我深信,我们都将持续长久地热爱和欣赏他伟大的人格、学术创造力和学术成果。而且,我还相信,他将永远和我们在一起,连同他的爱、他的生活信念和他对最高真理的美好希冀(“真理”——哈佛大学的座右铭),他留给我们大量创造性的遗产以及他那些善良、美丽、永恒的事迹已对此作出了证成。

最后,为了纪念我睿智的老师、亲爱的朋友——伯尔曼教授,我愿意把我最新创作的一首小诗送给他,就像他还活着,和我们一起互动、欢乐,假如今天他还和我们在一起的话,(我猜)他肯定会喜欢的:

我们生来不为名利诱惑,
与那尘世私欲、血腥战争,
我们生就为了灵感,
为了与天堂律法的和谐。

波士顿,2017 年 12 月 25 日